KB181440

TOPIK II VOCABULARY

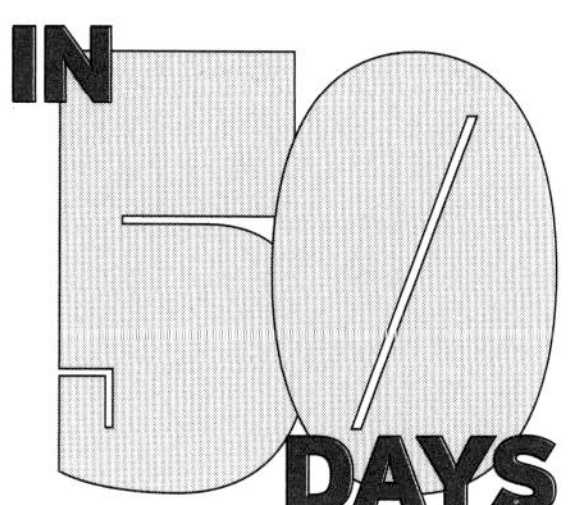

TOPIK II VOCABULARY IN 50 DAYS

WRITTEN BY	Kim Sookji, Shin Yeri
TRANSLATED BY	Jamie Lypka
FIRST PUBLISHED	May, 2024
FIRST PRINTING	May, 2024
PUBLISHER	Chung Kyudo
EDITOR	Lee Suk-hee, Sohn YeoRam, Baek Da-heuin
COVER DESIGN	ziwan
INTERIOR DESIGN	ziwan
VOICE ACTOR	Kim Seong-hee, Yoo Sun-il, Aaron Mayhugh

DARAKWON
Darakwon Bldg., 211 Munbal-ro, Paju-si
Gyeonggi-do, Republic of Korea 10881
TEL : 02-736-2031 **FAX** : 02-732-2037
(Marketing Dept. ext.: 250~252, Editorial Dept. ext.: 420~426)

ISBN : 978-89-277-3336-2 13710

---

http://www.darakwon.co.kr
http://koreanbooks.darakwon.co.kr

Visit the Darakwon homepage to learn about our other publications and promotions and to download the contents in MP3 format.

Understand through Sentences

& Check with Quizzes

KIM SOOKJI / SHIN YERI

TOPIK II VOCABULARY IN 50 DAYS

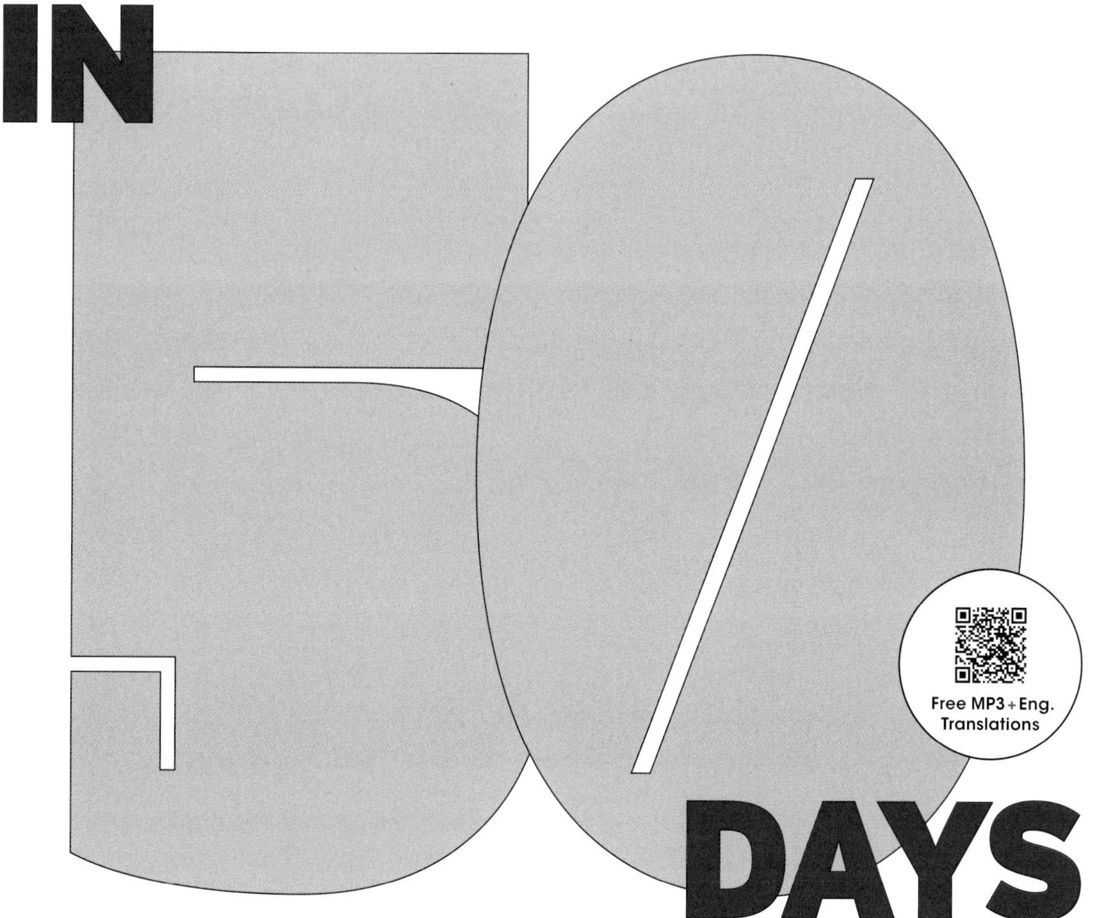

DARAKWON

머리말 INTRODUCTION

"TOPIK(한국어능력시험)을 준비한다고요? 뭐가 제일 힘들어요?"

학생들에게 이런 질문을 던지면 제일 먼저 돌아오는 대답은 '단어가 어렵다', 혹은 모르는 '단어가 너무 많다'는 대답이 압도적입니다. 아무래도 한국어 어휘에는 한자어도 많고 같은 단어라도 맥락에 따라 다르게 쓰이는 경우가 많기 때문이겠지요. 이 책은 한국어능력시험(TOPIK) 중·고급을 대비하는 학생들이 어휘 학습 과정에서 가장 고민스러워하는 두 가지 문제를 해결해 주고자 집필되었습니다.

첫째, 수많은 어휘 중 어떤 것을 알아야 할까?

시험까지 얼마 남지 않은 학생들은 도대체 무엇을 공부해야 하는지 결정하는 것이 가장 고민스러울 것입니다. 짧은 시간 동안 집중적으로 공부를 하는 데에는 단연코 기출 어휘 학습이 우선되어야 합니다. 이 책은 중·고급 수준에 맞는 1,400여 개의 필수 어휘를 선정하여 수록하였습니다. 토픽 시험이 개정된 2014년 이후 공개된 모든 기출 문제를 분석했습니다. 그리고 국립국제교육원에서 제공하는 '토픽 어휘 공개 목록' 및 국내 주요 대학과 기관 교재에 실린 주요 어휘들을 취합하여 가장 출제 빈도와 중요도가 높은 어휘를 선별하였습니다.

둘째, 자꾸 잊어버리는 어휘를 어떻게 외우면 좋을까?

단순히 어휘만 외워서는 잊어버리기 쉬울 뿐만 아니라 실제 대화 상황이나 문장에서 써먹지 못하기 일쑤입니다. 그래서 반드시 문장을 통해 어휘가 사용된 맥락을 익히고 어휘를 활용해 문장으로 만드는 연습이 필요합니다. 이 책은 본격적인 의미 학습에 앞서 학습자가 어휘가 쓰인 문장을 보고 어휘의 뜻을 추론하면서 의미가 더욱 견고하게 기억되도록 하였습니다. 본격적으로 의미와 함께 제시되는 다양한 상황의 예문으로 다시 한번 어휘를 완벽하게 이해했는지 확인할 수 있습니다.

TOPIK II Vocabulary in 50 Days는 학습자들의 이러한 고민을 해결하는 방향으로 책을 구성하고자 했습니다. 또한 더욱 깊이 있고 단단한 암기를 위해 '출제 TIP'과 '배경지식'을 담았으며, 원어민의 정확한 발음으로 녹음된 어휘와 예문의 음원을 QR 코드로 제공합니다. 학습한 것을 체크할 수 있도록 Day별 연습 문제와 총 다섯 개의 복습과를 약 열흘마다 하나씩 배치하였고, 실전 대비를 위해 미니 모의고사 2회분도 실었습니다. 혼자 학습하는 학생들뿐만 아니라 한국어 수업 현장에서도 다양하게 활용되기를 바랍니다.

책이 나오기까지 많은 응원과 사랑을 준 가족들에게 진심으로 고마운 마음을 전합니다. 또한 좋은 책을 만들고 싶다는 바람이 이루어지도록 꼼꼼하게 검토하고 노력해 주신 다락원 한국어출판부 분들께도 깊은 감사의 마음을 전합니다. 마지막으로 이 책이 한국어능력시험(TOPIK)을 준비하는 학습자뿐만 아니라, 한국어를 공부하는 모든 학습자에게 목표 달성을 위한 길잡이가 될 수 있기를 진심으로 기원합니다.

저자 일동

"You're preparing for the Test of Proficiency in Korean (TOPIK), what's the hardest part?"

When I ask students this question, the overwhelming response is that the words are difficult or that there are too many words they don't know. This book aims to solve two of the most common problems that students preparing for the Test of Proficiency in Korean (TOPIK) face when learning vocabulary: first, which vocabulary to use, and second, which words to use in different contexts.

First, what vocabulary do I need to know?

Second, students who have only a short time before the exam are even more concerned about deciding what to study. With such a short time to study intensively, learning vocabulary should be a priority. This book contains a selection of over 1,400 essential intermediate-advanced vocabulary words. First, we analyzed all the questions published since 2014, when the topic test was revised. We selected the most frequently used and important vocabulary words from the "Topic Vocabulary List" provided by the National Institute of International Education and the textbooks of major universities and institutions in Korea.

Second, how can I memorize vocabulary that I keep forgetting?

Simply memorizing vocabulary is not only easy to forget, but also difficult to use in real-life conversations or sentences. Therefore, it is necessary to practice interpreting sentences, learning the context in which the vocabulary is used, and using it in sentences. In this book, you can learn the meaning of vocabulary by looking at the sentences in which the vocabulary is used and infer the meaning of the vocabulary before learning the full meaning, so that the meaning can be memorized more firmly. You can check your understanding of the vocabulary with the example sentences in different situations, which are presented with the full meaning.

TOPIK II Vocabulary in 50 Days is designed to address both of these concerns. It also includes 'Exam Tips' and 'Background Knowledge' for deeper and more solid memorization, and provides QR audio of vocabulary and example sentences recorded by native speakers with correct pronunciation. There are daily exercises and five review lessons, one every ten days, to help you check your progress, and two mini-mock exams to prepare you for the real tests. I hope this book will be used not only by students studying on their own but also in Korean language classes.

I would like to express my sincere gratitude to my family for their support and love until this book came out. I would also like to express my deepest gratitude to the staff of DARAKWON Korean Publishing Department for their careful review and efforts to make sure that my wish to make a good book was fulfilled. Finally, I sincerely hope that this book will serve as a guide for all learners of Korean, not only those preparing for the Test of Proficiency in Korean (TOPIK), to achieve their goals.

The Authors

이 책의 구성 및 활용

이 책은 토픽 필수 어휘를 문장을 통해 효과적으로 암기할 수 있도록 학습 단계를 '준비 단계 - 학습 단계 - 확인 단계'로 구성한 것이 특징이다.
토픽 중고급 필수 어휘 1,400개를 주제별로 나누어 매일 약 30개의 단어를 45일 동안 학습하도록 구성하였으며, 약 10일간 학습 후 '복습과'에서 배운 어휘들을 확인할 수 있도록 하였다.

1. 준비 단계 | 문장으로 추측하기

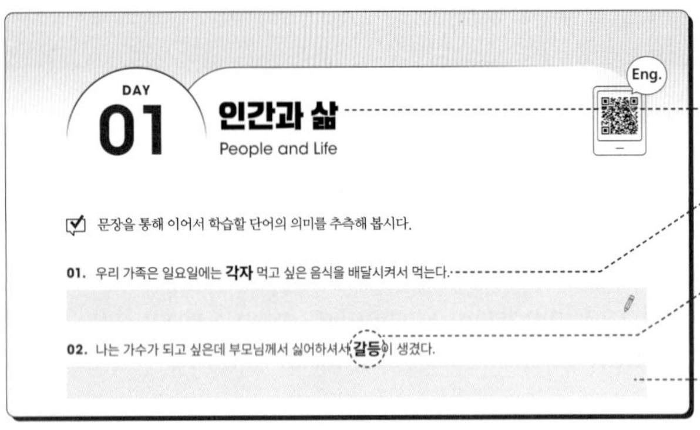
DAY 01 인간과 삶
People and Life

문장을 통해 이어서 학습할 단어의 의미를 추측해 봅시다.

01. 우리 가족은 일요일에는 **각자** 먹고 싶은 음식을 배달시켜서 먹는다.

02. 나는 가수가 되고 싶은데 부모님께서 싫어하셔서 **갈등**이 생겼다.

- Day별 주제
- 주제 관련 문장: 주제와 관련된 문장을 보고 학습할 단어의 의미를 추측 가능
- 오늘 학습할 어휘: 문장 속 오늘 학습할 어휘를 굵게 표시함.
- 메모: 문장을 모국어로 번역하거나 잘 모르는 내용을 표시하는 등 자유롭게 활용 가능

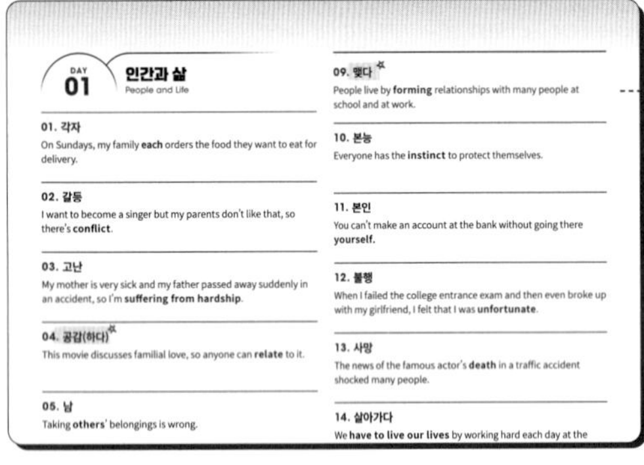
DAY 01 인간과 삶
People and Life

01. 각자
On Sundays, my family **each** orders the food they want to eat for delivery.

02. 갈등
I want to become a singer but my parents don't like that, so there's **conflict**.

03. 고난
My mother is very sick and my father passed away suddenly in an accident, so I'm **suffering from hardship**.

04. 공감(하다)
This movie discusses familial love, so anyone can **relate** to it.

05. 남
Taking **others'** belongings is wrong.

09. 맺다
People live by **forming** relationships with many people at school and at work.

10. 본능
Everyone has the **instinct** to protect themselves.

11. 본인
You can't make an account at the bank without going there **yourself**.

12. 불행
When I failed the college entrance exam and then even broke up with my girlfriend, I felt that I was **unfortunate**.

13. 사망
The news of the famous actor's **death** in a traffic accident shocked many people.

14. 살아가다
We **have to live our lives** by working hard each day at the

- 추가 번역 제공 : 본문에서 한국어로 제시된 설명의 영어 번역을 Day 별 QR 코드를 통해 쉽고 빠르게 확인할 수 있도록 함.

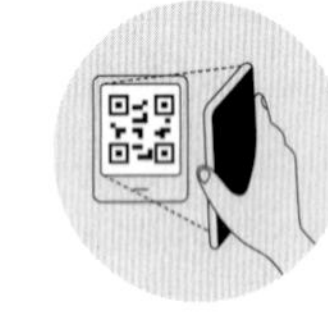

2. 학습 단계 | 예문으로 익히기

- 표제어: Day별 주제 안에서 가나다 순으로 정리
- 품사: 명 명사, 동 동사, 형 형용사, 관형 관형사, 부 부사
- 고빈도: 출제 빈도가 높은 단어를 별표와 하이라이트로 표시
- 관련 활용 표현: 필요 시에 연관된 표현 제시
  기출 표현 실제 기출된 표현
  유의어, 반의어

14. 살아가다
동
to make a living,
to live life,
to get by

가: 요즘 안 좋은 일들이 너무 많이
It's hard lately because too man
나: **살아가면서** 행복한 일, 불행한 일
As we **live life**, we face both ha
happen soon.

기출 표현 살아갈 시간, 살아오다, 살아

15. 삶 ☆
명
life
반의어 죽음

어려운 사람을 도와주며 사는 것은
I believe that living by helping peop

기출 표현 삶의 질, 삶을 살다

출제 TIP
시험에 자주 출제되는 '삶'과 비슷한

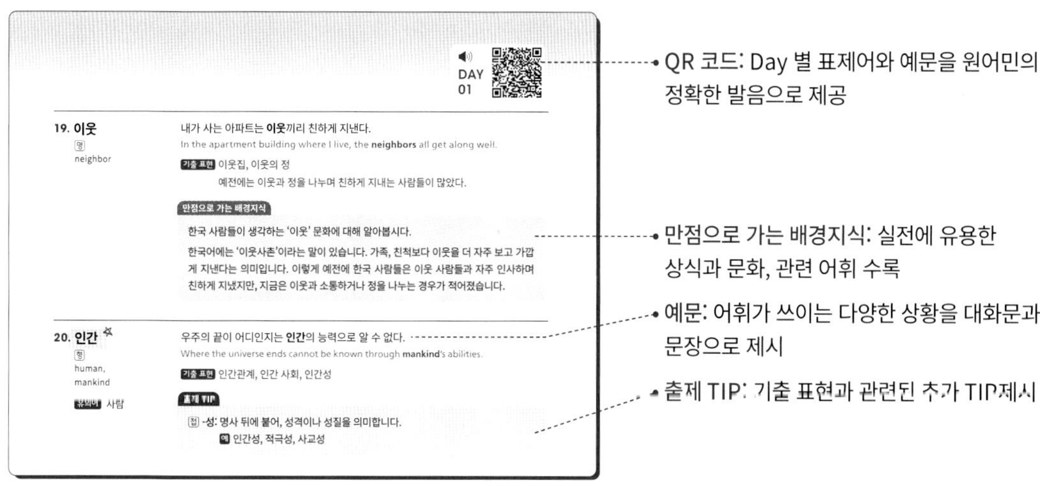

3. 확인 단계 | 이해 점검하기

Day의 마지막 페이지에서 연습 문제를 통해 앞에서 공부한 내용을 점검 가능

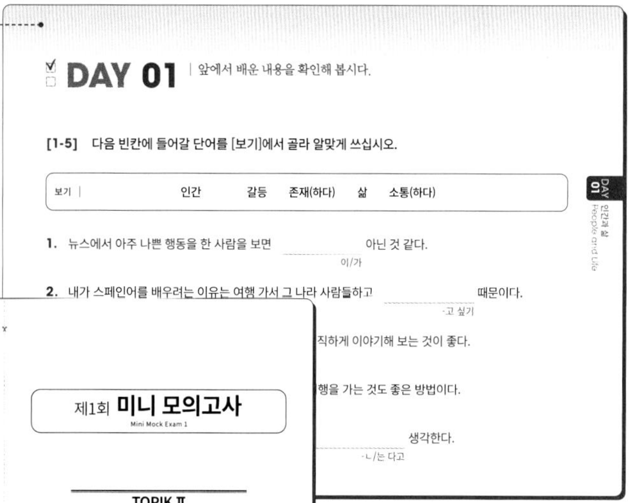

DAY 01 | 앞에서 배운 내용을 확인해 봅시다.

[1-5] 다음 빈칸에 들어갈 단어를 [보기]에서 골라 알맞게 쓰십시오.

보기 | 인간 갈등 존재(하다) 삶 소통(하다)

1. 뉴스에서 아주 나쁜 행동을 한 사람을 보면 ________ 아닌 것 같다. (이/가)

2. 내가 스페인어를 배우려는 이유는 여행 가서 그 나라 사람들하고 ________ 때문이다. (-고 싶기)

...직하게 이야기해 보는 것이 좋다.

...행을 가는 것도 좋은 방법이다.

________ 생각한다. (-ㄴ/는 다고)

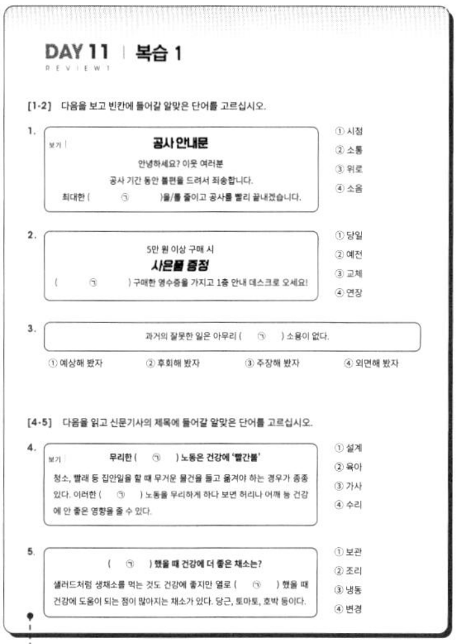

DAY 11 | 복습 1

[1-2] 다음을 보고 빈칸에 들어갈 알맞은 단어를 고르십시오.

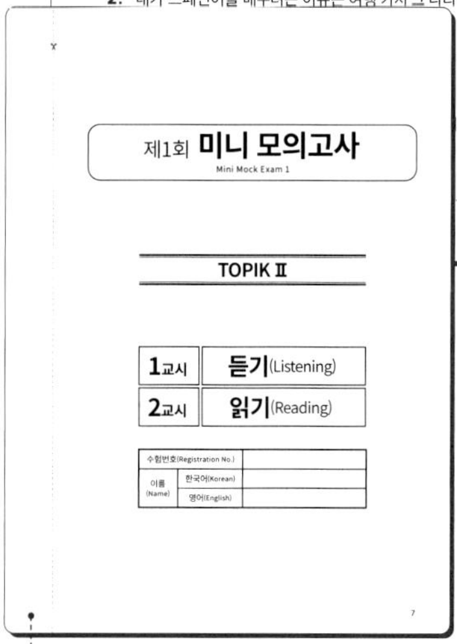

제1회 미니 모의고사
Mini Mock Exam 1

TOPIK Ⅱ

1교시	듣기(Listening)
2교시	읽기(Reading)

4. 복습과

10일마다 TOPIK의 실제 유형과 유사하게 구성한 다양한 지문(안내문, 신문 기사, 설명문 등)과 문항들을 통해 단어 의미를 다각적으로 확인 가능

5. 미니 모의고사

TOPIK의 실제 듣기와 읽기 문제 유형들로 구성한 '미니 모의고사' 2회분을 수록하여 학습한 어휘를 TOPIK에서 활용할 수 있도록 함.

How to Use This Book

This book is characterized by the following learning steps: warm-up, learning, and reviewing to effectively memorize essential vocabulary in sentences. The 1,400 essential intermediate-advanced vocabulary words are divided into topics, and you can learn about 30 words a day for 45 days, you can check the vocabulary you have learned in the "Review" day after about 10 days of learning.

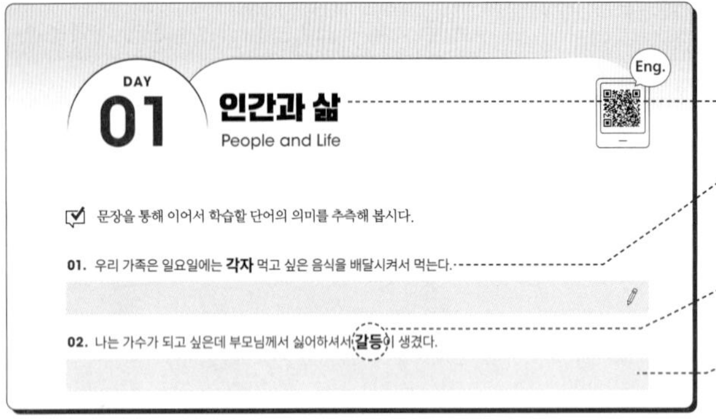

1. Warm-up | Guess with sentences

- Topics by Day
- Topic-related sentences: See sentences related to the topic and guess the meaning of the word to learn.
- Today's vocabulary: Check the bolded vocabulary you'll learn in the sentence.
- Notes: Translate the sentence into your native language or mark anything you're unsure of.

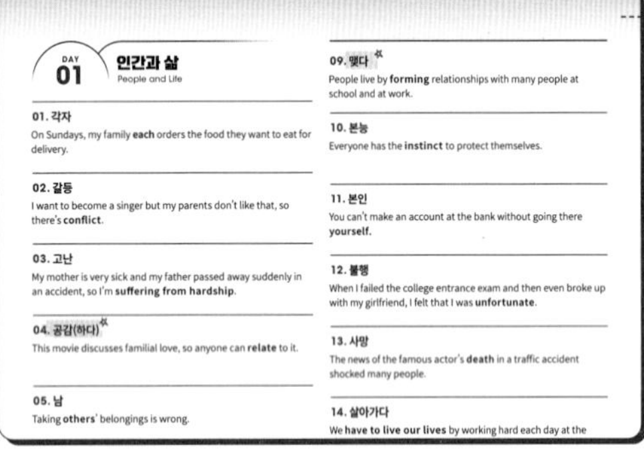

- Additional translations : Provide quick and easy access to English translations of Korean-only descriptions in the text via QRs for each day.

2. Learning | Familiarize with examples

- Headings: Organized alphabetically within each day's topic
- Parts of speech: 명 noun, 동 verb, 형 adjective, 관형 article, 부 adverb
- High Frequency: Stars and highlights for words that occur frequently
- Related Conjugation Expressions: Actual test expressions 기출 표현, synonyms 유의어, and antonyms 반의어 are also presented where needed.

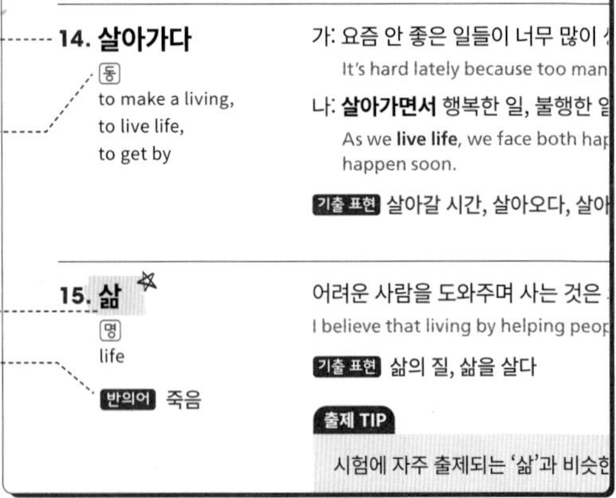

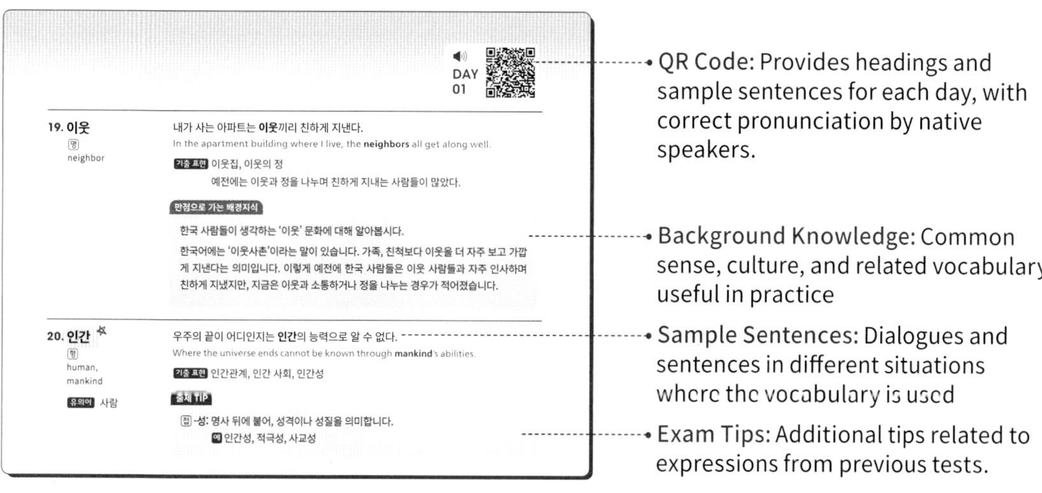

DAY 01

19. 이웃
명
neighbor

내가 사는 아파트는 **이웃**끼리 친하게 지낸다.
In the apartment building where I live, the **neighbors** all get along well.

기출 표현 이웃집, 이웃의 정
예전에는 이웃과 정을 나누며 친하게 지내는 사람들이 많았다.

만점으로 가는 배경지식

한국 사람들이 생각하는 '이웃' 문화에 대해 알아봅시다.
한국어에는 '이웃사촌'이라는 말이 있습니다. 가족, 친척보다 이웃을 더 자주 보고 가깝게 지낸다는 의미입니다. 이렇게 예전에 한국 사람들은 이웃 사람들과 자주 인사하며 친하게 지냈지만, 지금은 이웃과 소통하거나 정을 나누는 경우가 적어졌습니다.

20. 인간
명
human, mankind
유의어 사람

우주의 끝이 어디인지는 **인간**의 능력으로 알 수 없다.
Where the universe ends cannot be known through **mankind**'s abilities.

기출 표현 인간관계, 인간 사회, 인간성

출제 TIP
접 -성: 명사 뒤에 붙어, 성격이나 성질을 의미합니다.
예 인간성, 적극성, 사교성

- QR Code: Provides headings and sample sentences for each day, with correct pronunciation by native speakers.
- Background Knowledge: Common sense, culture, and related vocabulary useful in practice
- Sample Sentences: Dialogues and sentences in different situations where the vocabulary is used
- Exam Tips: Additional tips related to expressions from previous tests.

3. Checking | Check your understanding

Review what you've learned with the exercises on the last page of the day.

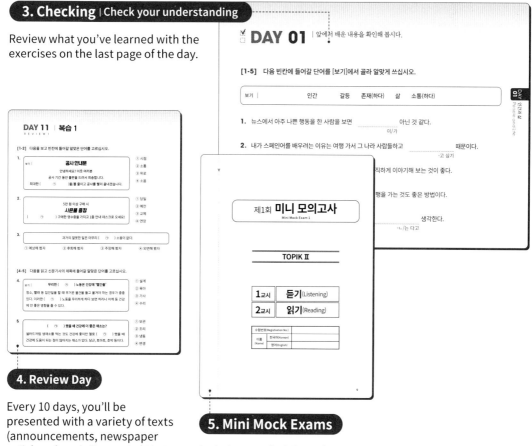

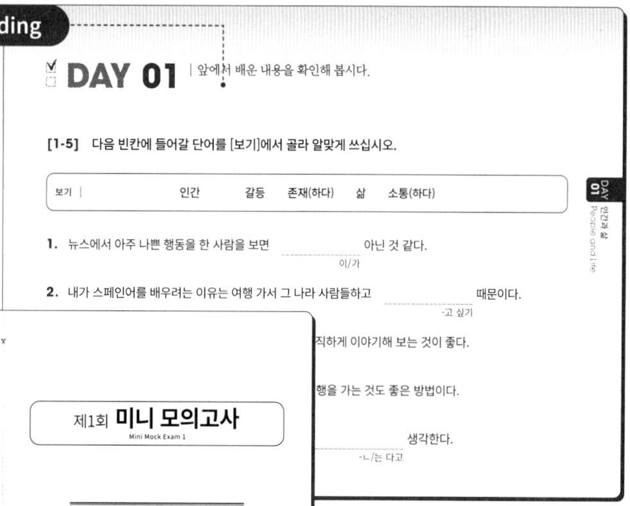

DAY 01 | 앞에서 배운 내용을 확인해 봅시다.

[1-5] 다음 빈칸에 들어갈 단어를 [보기]에서 골라 알맞게 쓰십시오.

보기 | 인간 갈등 존재(하다) 삶 소통(하다)

1. 뉴스에서 아주 나쁜 행동을 한 사람을 보면 ______ 아닌 것 같다. (이/가)

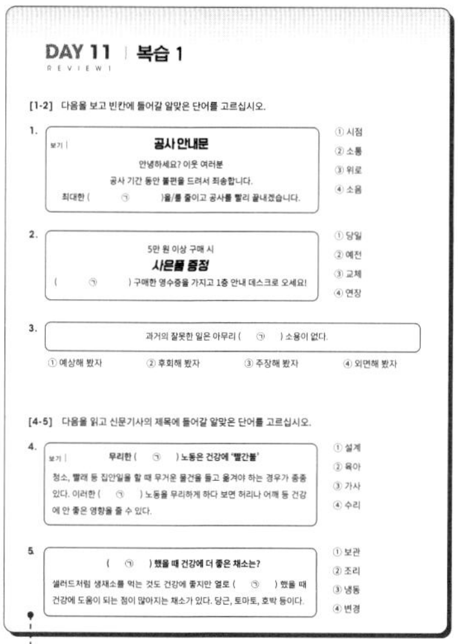

2. 내가 스페인어를 배우려는 이유는 여행 가서 그 나라 사람들하고 ______ 때문이다. (-고 싶기)

4. Review Day

Every 10 days, you'll be presented with a variety of texts (announcements, newspaper articles, descriptions, etc.) that mimic the real types of TOPIK questions, allowing you to check your vocabulary in multiple ways.

DAY 11 | 복습 1

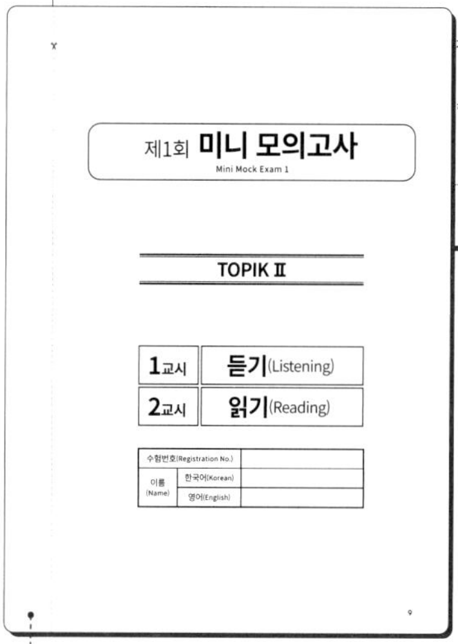

제1회 미니 모의고사
Mini Mock Exam 1

TOPIK II

1교시 듣기(Listening)
2교시 읽기(Reading)

5. Mini Mock Exams

Includes two "mini mock exams" with realistic listening and reading question types from TOPIK.

목차 TABLE OF CONTENTS

DAY 01

인간과 삶

People and Life

문장을 통해 이어서 학습할 단어의 의미를 추측해 봅시다.

01. 우리 가족은 일요일에는 **각자** 먹고 싶은 음식을 배달시켜서 먹는다.

02. 나는 가수가 되고 싶은데 부모님께서 싫어하셔서 **갈등**이 생겼다.

03. 어머니는 많이 아프시고 아버지는 갑자기 사고 때문에 돌아가셔서 **고난**이 찾아왔다.

04. 이 영화는 가족에 대한 사랑을 이야기하고 있어서 누구나 **공감할 수 있다**.

05. **남**의 물건을 가져가는 것은 잘못된 행동이다.

06. 한국 아이돌 가수가 세계적으로 최고의 인기를 **누리고 있다**.

07. 집에 오신 손님들에게 과일을 **대접했다**.

08. 내 친구 민수의 아버지는 나하고 축구도 같이 하며 나를 아들처럼 **대하신다**.

09. 사람은 학교, 회사에서 많은 사람들과 관계를 **맺으면서** 산다.

10. 사람은 누구나 자기 자신을 지키려는 **본능**을 가지고 있다.

01. 각자
명/부
each

공부 계획은 **각자**의 상황에 맞게 세우는 것이 좋다.
It's good to create a study plan that matches **each** situation.

기출 표현 각자 맡은 일, 각자 책임을 지다

02. 갈등
명
conflict

가: 부부 사이의 **갈등**을 해결하기 위해서 어떻게 해야 할까요?
What should couples do to solve **conflicts** between them?

나: 솔직하게 대화로 **갈등**을 해결하는 것이 제일 좋은 방법인 것 같아요.
I think the best method is to solve **conflicts** through honest conversation.

기출 표현 갈등이 생기다, 갈등을 빚다, 갈등을 해결하다, 갈등을 겪다

03. 고난
명
hardship, suffering, adversity

가: 태어날 때부터 소리를 들을 수 없었는데 어떻게 노래를 만들게 되셨나요?
You were born deaf, so how did you end up writing songs?

나: 들을 수 없다는 **고난**을 극복하기 위해서 포기하지 않고 열심히 노력했습니다.
In order to overcome the **hardship** of not being able to hear, I worked hard and didn't give up.

기출 표현 고난이 닥치다, 고난을 극복하다

04. 공감(하다) 
명/동
(to have) sympathy, (to be in) agreement, to relate

가: 저는 지하철에서 노약자에게 자리를 양보해야 한다고 생각합니다.
I think that people should give up their seats on the subway to the elderly and infirm.

나: 저도 그 의견에 **공감합니다**. 노약자를 위해 양보가 꼭 필요하다고 생각합니다.
I **agree** with that opinion. I think we must absolutely make concessions for the elderly and infirm.

기출 표현 명에 공감하다 | 말에 공감하다, 태도에 공감하다, 공감을 이끌어내다

05. 남
명
others, stranger

가: 학교 친구들이 내 머리가 너무 길다고 하는데 난 지금 내 스타일이 좋아.
My friends at school say my hair is too long but I like my style right now.

나: **남**의 말에 너무 신경 쓰지 마.
Don't worry too much about what **other people** say.

기출 표현 남과 비교하다

06. 누리다
동
to enjoy

나는 지금 사랑하는 가족과 친구들과 살면서 행복을 **누리고 있다고** 생각한다.
I think I'm **enjoying** happiness now, living with the family and friends whom I love.

출제 TIP

함께 자주 사용하는 단어를 외웁시다.

- 행복
- 자유
- 인기
- 삶

\+ 을/를 누리다

07. 대접(하다)
명/동
treatment,
to treat (someone to something),
to serve

주말에 우리 집에 온 손님들을 **대접하느라고** 계속 바빴다.
I was kept busy **serving** guests who came to my house over the weekend.

기출 표현 대접을 받다

08. 대하다
동
to treat (someone in some way)

가: '맛나식당' 가 봤어요? 어때요?
Have you been to Mat-na Restaurant? How is it?

나: 맛있어요. 그리고 식당 사장님이 손님을 친절하게 **대해서** 갈 때마다 기분이 좋아요.
It's good. And the owner of the restaurant **treats** the customers kindly, so I feel good every time that I go.

기출 표현 명처럼 대하다, 사람을 대하다, 친구/가족처럼 대하다

09. 맺다
동
to form,
to make

해외에서 유학할 때 인연을 **맺은** 친구와 10년째 잘 지내고 있다.
I've been getting along well for 10 years now with a friend with whom I **formed** a relationship when I studied abroad.

기출 표현 관계를 맺다, 인연을 맺다

10. 본능
명
instinct

오래 생각해서 결정하는 것보다 **본능**에 따라 결정하는 것이 좋은 결과를 가져올 때가 있다.
There are times when good results come from making a decision based on **instinct** rather than thinking for a long time before deciding.

기출 표현 본능을 가지다, 본능에 따르다

문장을 통해 이어서 학습할 단어의 의미를 추측해 봅시다.

11. **본인**이 아니면 은행에서 통장을 만들 수 없다.

12. 대학교 입학시험에 떨어지고, 여자 친구와도 헤어졌을 때 내가 **불행하다고** 느꼈다.

13. 유명한 배우의 교통사고 **사망** 소식은 많은 사람들에게 충격을 주었다.

14. 우리는 자신이 해야 하는 일을 열심히 하며 하루하루 **살아가야 한다**.

15. 이 영화는 인간의 **삶**과 죽음에 대해 생각하게 만든다.

16. 대화를 할 때는 **상대**의 눈을 보고 말해야 한다.

17. 나는 한국어를 열심히 공부해서 한국 사람과 한국어로 **소통할 수 있다**.

18. 친구가 나를 처음 봤을 때 표정이 안 좋아서 나를 싫어한다고 **오해했다**.

19. 학교 가는 길에 옆집에 사는 **이웃**을 만나서 인사를 했다.

20. **인간**이 동물과 가장 다른 점은 글자를 사용한다는 것이다.

Day 01-2

11. 본인

명
(one)self,
personally

가: 여보, 우리 아들이 노래를 잘하니까 가수가 되면 좋겠어요.
Honey, it'd be great if our son became a singer because he sings so well.

나: 그래요? **본인**이 좋아하는 일을 직업으로 선택하는 것이 제일 좋다고 생각해요.
Really? I think it's best for him to choose what he **himself** likes as a job.

기출 표현 본인의 마음, 본인의 의견

---

12. 불행(하다)

명/형
misfortune,
unhappiness,
to be unhappy,
to be unfortunate

내가 사랑하는 사람이 나를 좋아하지 않는 것이 제일 큰 **불행**이라고 생각한다.
I think my greatest **misfortune** is that the person I love doesn't like me.

기출 표현 불행을 느끼다

---

13. 사망

명
death

코로나 바이러스 때문에 **사망**에 이르기도 한다.
COVID can even lead to **death**.

기출 표현 동 사망에 이르다

---

14. 살아가다

동
to make a living,
to live life,
to get by

가: 요즘 안 좋은 일들이 너무 많이 생겨서 힘들어요.
It's hard lately because too many bad things have happened.

나: **살아가면서** 행복한 일, 불행한 일 모두 겪게 되잖아요. 곧 좋은 일이 생길 거예요.
As we **live life**, we face both happy things and unhappy things. Good things will happen soon.

기출 표현 살아갈 시간, 살아오다, 살아온 시간

---

15. 삶

life

반의어 죽음

어려운 사람을 도와주며 사는 것은 의미 있는 **삶**이라고 생각한다.
I believe that living by helping people in need is a meaningful **life**.

기출 표현 삶의 질, 삶을 살다

출제 TIP

시험에 자주 출제되는 '삶'과 비슷한 단어를 정리해 봅시다.

- 삶: 인간이 사는 일
- 목숨: 숨을 쉬고 살아 있는 것
  예 그때 사고로 목숨을 잃었다면 지금 이렇게 행복한 삶을 살 수 없었을 것이다.

---

16. 상대

명
another (person),
other (person),
opponent,
counterpart

가: 오늘 경기 어땠어?
How was the game today?

나: **상대팀** 선수가 다쳤을 때 경쟁 상대지만 다 같이 돕는 모습이 감동적이었어.
It was moving to see everyone helping out when a player on the **other** team was hurt, even though they were competitors.

기출 표현 상대방

---

17. 소통(하다)

명/동
communication,
to communicate

요즘은 집에서 일하면서 인터넷으로 **소통하는** 사람들이 많아졌다.
Lately, the amount of people who work from home and **communicate** via the internet has increased.

기출 표현 의사소통

출제 TIP

'의사소통'이란 생각이나 뜻이 서로 통하는 것을 말합니다.

18. 오해(하다)

명/동
misunderstanding,
to misunderstand

내 한국어 발음이 안 좋아서 한국 친구가 내 말을 **오해한 적이 있다**.
My Korean friend **has misunderstood** what I've said before because my Korean pronunciation isn't good.

기출 표현 오해를 풀다

19. 이웃

명
neighbor

내가 사는 아파트는 **이웃**끼리 친하게 지낸다.
In the apartment building where I live, the **neighbors** all get along well.

기출 표현 이웃집, 이웃의 정
예전에는 이웃과 정을 나누며 친하게 지내는 사람들이 많았다.

만점으로 가는 배경지식

한국 사람들이 생각하는 '이웃' 문화에 대해 알아봅시다.

한국어에는 '이웃사촌'이라는 말이 있습니다. 가족, 친척보다 이웃을 더 자주 보고 가깝게 지낸다는 의미입니다. 이렇게 예전에 한국 사람들은 이웃 사람들과 자주 인사하며 친하게 지냈지만, 지금은 이웃과 소통하거나 정을 나누는 경우가 적어졌습니다.

20. 인간

명
human,
mankind

유의어 사람

우주의 끝이 어디인지는 **인간**의 능력으로 알 수 없다.
Where the universe ends cannot be known through **mankind**'s abilities.

기출 표현 인간관계, 인간 사회, 인간성

출제 TIP

접 -성: 명사 뒤에 붙어, 성격이나 성질을 의미합니다.
예 인간성, 적극성, 사교성

문장을 통해 이어서 학습할 단어의 의미를 추측해 봅시다.

21. 한 조사에 따르면 한국인이 가장 좋아하는 **인물**은 세종대왕이라고 한다.

22. 이 영화는 한 여자가 어렸을 때부터 할머니가 될 때까지의 **인생에 대한** 이야기이다.

23. 우리 할머니는 **정**이 많아서 항상 맛있는 음식을 만들면 이웃과 나눠 드신다.

24. 우리가 사는 지구에는 인간뿐만 아니라 다양한 동물과 꽃과 나무 등이 **존재한다**.

25. 우리 선생님은 학생들에게 관심이 많고 재미있어서 **친근하게** 느껴진다.

26. 지하철에서 **타인**의 얼굴이나 몸을 몰래 찍는 사람을 보면 경찰에 신고해야 한다.

27. 처음 한국에서 유학 생활을 할 때 말이 **통하지 않아서** 힘들었다.

28. 결혼은 **평생** 한 사람을 사랑하겠다고 약속하는 것이다.

29. 좋은 습관을 **형성하려면** 적어도 3주 동안 꾸준히 노력해야 한다.

30. 공항에 도착했을 때 친구들이 마중 나와서 **환영한다고 말했다**.

21. 인물

명
(famous or historical) figure, character, person

가: 나라마다 돈에 유명한 **인물**이 있잖아요. 한국 돈 만 원짜리에 있는 사람은 누구예요?
Every country has famous **figures** on their money, right? Who's the person on the Korean 10,000 won bill?

나: 세종대왕이에요. 한국 사람들이 존경하는 **인물**이죠.
King Sejong. He's a **figure** that Korean people respect.

기출 표현 인물을 배출하다, 존경하는 인물, 화제의 인물

출제 TIP

시험에 자주 출제되는 단어 '인간', '인물'은 비슷하지만 의미 차이가 있습니다.

- **인간**: 사람 예 학교나 회사에서 인간관계 때문에 힘들어하는 사람들이 많다.
- **인물**: 능력이 뛰어난 사람
  예 우리 학교는 대통령, 운동선수, 가수 등 많은 인물을 배출했다.

---

22. 인생

명
life

가: 어떻게 작가가 되셨습니까?
How did you become a writer?

나: 고등학교 때 선생님께서 글을 잘 쓴다고 말해 주셨습니다. 그 한마디가 제 **인생**을 바꿨어요.
In high school, my teacher told me that I was good at writing. That one sentence changed my **life**.

기출 표현 인생을 바치다

---

23. 정

명
kindness, affection

예전에는 이웃과 **정**을 많이 나누고 지냈는데 요즘은 이웃이 누구인지도 모르는 사람이 많다.
In the past, people used to get along and share **affection** with their neighbors, but these days, there are many people who don't even know who their neighbors are.

기출 표현 정을 나누다, 정이 많다, 정이 들다

---

24. 존재(하다)

명/동
existence, to exist

가: 아이가 정말 예뻐요.
Your child is so lovely.

나: 네, 아이가 **존재하는** 것만으로도 힘이 되네요.
Yes, just the fact that my child **exists** gives me strength.

기출 표현 존재를 인정하다

---

25. 친근하다

형
friendly, familiar

인간과 가장 **친근한** 동물은 개다.
The animal that is most **friendly** to humans is the dog.

기출 표현 친근감, 친근하게 느끼다

출제 TIP

접 **-감**: 명사 뒤에 붙어, 느낌을 의미합니다.
예 친근감, 존재감, 책임감

26. 타인
명
others,
other people,
stranger

유의어 남

타인과의 관계에서 가장 중요한 것은 서로를 이해하는 것이다.
The most important thing in relationships with **other people** is to understand one another.

기출 표현 타인을 의식하다

---

27. 통하다
동
to get across,
to communicate

가: 어떤 사람을 좋아해요?
What kind of person do you like?

나: 저는 말이 잘 **통하는** 사람을 좋아해요. 말이 잘 **통하면** 싸울 일이 없잖아요.
I like people I can **communicate** with well. If you can **communicate** well, there's nothing to argue about.

기출 표현 말이 통하다

---

28. 평생
명
forever,
one's whole life,
"as long as I live"

가: 가장 행복한 기억이 뭐예요?
What's your happiest memory?

나: 가고 싶은 대학교에 합격했을 때요. 그때 기분은 **평생** 잊지 못할 거예요.
When I got accepted into the college I wanted to go to. I won't ever forget that feeling **as long as I live**.

기출 표현 평생을 보내다

---

29. 형성(하다)
명/동
formation,
to form

사람들과 좋은 관계를 **형성하기 위해서** 다른 사람들의 말을 잘 들을 줄 알아야 한다.
In order to form good relationships with people, you need to know how to listen well to others.

기출 표현 형성되다, 관계/세력/가치관을 형성하다

---

30. 환영(하다)
명/동
(to) welcome

가: 오늘 식당에 사람이 왜 이렇게 많아요?
Why are there so many people at the restaurant today?

나: 대학교 신입생 **환영** 모임이 있대요.
They say there's a **welcome** meeting for new college students.

기출 표현 환영을 받다

DAY 01 | 앞에서 배운 내용을 확인해 봅시다.

[1-5] 다음 빈칸에 들어갈 단어를 [보기]에서 골라 알맞게 쓰십시오.

보기	인간	갈등	존재(하다)	삶	소통(하다)

1. 뉴스에서 아주 나쁜 행동을 한 사람을 보면 ____________ 아닌 것 같다.
이/가

2. 내가 스페인어를 배우려는 이유는 여행 가서 그 나라 사람들하고 ____________ 때문이다.
-고 싶기

3. 친구와 ____________ 생겼을 때는 그 친구와 솔직하게 이야기해 보는 것이 좋다.
이/가

4. 매일 반복되는 똑같은 ____________ 지쳤을 때 여행을 가는 것도 좋은 방법이다.
에

5. 나는 우주 어딘가에 인간이 아닌 다른 생명체가 ____________ 생각한다.
-ㄴ/는다고

[6-7] 다음 단어에 맞는 설명을 알맞게 연결하십시오.

6. 잘못 생각하거나 잘못 이해했다. • • 공감(하다)

7. 다른 사람의 감정이나 의견에 같은 느낌이나 생각일 때 • • 오해(하다)

[8-9] 빈칸에 공통으로 들어갈 단어를 쓰십시오.

보기	본능	인물	상대	불행

8. 제가 제일 존경하는 (　　　　)은/는 세종대왕이에요.

오늘 방송에서는 한국 가수 최초로 세계적인 음악 축제에서 상을 받은 화제의 (　　　　)이/가 나옵니다.

____

9. 아이는 이야기할 (　　　　)이/가 없어서 심심했다.

나의 경쟁 (　　　　)은/는 축구 실력이 비슷한 우리 반 정우다.

____

DAY

02 감정

Emotions

☑ 문장을 통해 이어서 학습할 단어의 의미를 추측해 봅시다.

01. 졸업식에 서 있는 아이를 보니까 다 큰 것 같아서 **감격스러웠다**.

02. 내 친구는 화가 나면 얼굴에 **감정**이 다 나타난다.

03. 비가 많이 내려서 내일 계획된 여행이 취소될까 봐 **걱정스럽다**.

04. 무서운 영화를 보고 혼자 어두운 밤길을 걸어가니까 **겁**이 났다.

05. 배우 김규원은 기자들의 계속되는 질문에 대답하기 **곤란하다며** 자리에서 일어났다.

06. 할아버지께서는 몇 달 동안이나 연락이 없는 아들이 **괘씸하다며** 화를 내셨다.

07. 몸도 아픈데 오늘까지 숙제를 끝내야 해서 너무 **괴롭다**.

08. 친한 친구 두 명이 서로 싸우면서 나한테 누가 더 잘못했냐고 물었을 때 정말 **난처했다**.

09. 새 학기에 선생님과 반 친구들이 모두 **낯설었다**.

10. 5살짜리 아이의 그림 실력이 **놀라워서** 모두 박수를 쳤다.

11. 작가 김태오 씨는 어렵게 살아온 자신의 인생을 솔직하고 **담담하게** 이야기했다.

01. 감격스럽다
형
to be impressed, to be moved, to be touched

가: 아이 키우면서 가장 **감격스러웠을 때**는 언제였어요?
When did you feel the most **moved** while raising your child?

나: 아이가 처음 걸었을 때가 제일 감격스러운 순간이었어요.
When my child first walked was the most moving moment.

기출 표현 감격스러운 순간, 감격스러운 표정

---

02. 감정 ☆
명
emotion

영화를 보고 느끼는 **감정**은 사람마다 다르다.
The **emotions** felt when watching a movie differ from person to person.

기출 표현 감정을 읽다, 감정을 느끼다

---

03. 걱정스럽다
형
to be worried, to be anxious

가: 벌써 내일이 민수 유학 가는 날이네요. 미국에 아들을 혼자 보내기가 너무 **걱정스럽네요.**
Tomorrow is already the day that Minsu leaves to study abroad. I'm so **worried** about sending my son alone to America.

나: 걱정 마세요. 이제 다 커서 혼자 잘할 수 있을 거예요.
Don't worry. He's all grown up now so he'll be able to do well.

기출 표현 걱정스러운 표정, 걱정스럽게 바라보다, 자식이 걱정스럽다

출제 TIP

'걱정'에 대한 단어를 정리합시다.

- **걱정거리:** 명 걱정되는 일
  예 요즘 나의 가장 큰 걱정거리는 시험이다.
- **걱정하다:** 걱정하는 사람(주로 '다른 사람') + ____________을/를걱정하다
  예 부모님은 유학 간 자식을 걱정한다.
- **걱정되다:** 걱정하는 사람(주로 '나') + ____________이/가 걱정되다/걱정스럽다
  예 나는 부모님의 건강이 걱정된다.

---

04. 겁
명
fear, fright

아이가 큰 개를 보고 **겁**먹은 얼굴이 되었다.
The child looked **frightened** at seeing the big dog.

기출 표현 겁(을) 먹다

---

05. 곤란(하다)
명/형
difficulty, to feel embarrassed, to struggle, to feel troubled

사탕이 한 개 있는데 아이 두 명이 모두 먹고 싶어 해서 누구를 줘야 할지 **곤란했다.**
There was one candy but both of the two children wanted to eat it, so I **struggled** to know whom to give it to.

기출 표현 곤란을 당하다

---

06. 괘씸하다

형

to be disgraceful, to be shameful

친한 친구가 나한테 거짓말을 한 것을 알았을 때 너무 **괘씸했다.**

When I found out that my close friend had lied to me, it **was** so **disgraceful**.

기출 표현 말/행동이 괘씸하다

---

07. 괴롭다

형

to suffer, to be in pain, to be distressed

가: 어제도 술 마셨어?

Did you drink alcohol again yesterday?

나: 응, 헤어진 남자 친구 때문에 요즘 너무 **괴로워.**

Yeah, **I'm in** so much **pain** lately because of my ex-boyfriend.

기출 표현 괴로움

---

08. 난처하다

형

to be embarrased, to feel awkward

친구와 내일 만나기로 약속했는데 여자 친구가 그날 만나자고 해서 **난처하다.**

I promised to meet my friend tomorrow but my girlfriend wants to meet that day so I **feel awkward**.

기출 표현 입장이 난처하다

---

09. 낯설다

형

to be unfamiliar

반의어 낯익다

가: 아이가 제 얼굴이 **낯선지** 많이 우네요.

Your child is crying a lot, maybe because my face is **unfamiliar**.

나: 우리 아이가 낯을 많이 가려서 처음 본 사람을 보면 많이 울어요.

My child is really shy, so he cries a lot when he sees someone for the first time.

기출 표현 얼굴이 낯설다

출제 TIP

- **낯을 가리다:** 낯선 사람을 대하기 싫어하거나 어려워하는 경우를 말합니다.

  예 형은 처음 만난 사람들과도 빨리 친해지지만 나는 낯을 가리는 성격이라서 친해지기 어렵다.

---

10. 놀랍다

형

to be amazing, to be surprising

유의어 굉장하다

매일 운동을 했더니 내 몸에 **놀라운** 변화가 생겼다.

I worked out every day and an **amazing** change happened to my body.

기출 표현 힘이 놀랍다, 위력이 놀랍다

---

11. 담담하다

형

to be calm, to be composed

가: 지니가 오래 만난 남자 친구랑 헤어졌다며?

I heard Jini broke up with her long-term boyfriend.

나: 지니가 많이 슬퍼할 줄 알았는데 **담담하게** 이야기해서 놀랐어.

I thought Jini would be really sad but I was surprised that she spoke so **calmly**.

기출 표현 담담한 얼굴, 담담하게 받아들이다

☑ 문장을 통해 이어서 학습할 단어의 의미를 추측해 봅시다.

12. 비행기를 타러 공항에 왔는데 가방에 여권이 없어서 너무 **당황스러웠다**.

13. 집에 가는 길이 너무 어두워서 나쁜 일이 생길까 봐 혼자 가는 것이 **두렵다**.

14. 오랜만에 찾아온 화창한 날씨에 나들이를 떠난 시민들은 **들뜬** 기분을 감추지 못했다.

15. 월급이 적지만 일할 때 즐거워서 나는 지금 직장에 **만족한다**.

16. 피곤할 때는 아침을 간단하게 먹는 것도 **번거롭다**.

17. 학교에서 시험을 볼 때마다 1등을 지켜야 한다는 **부담감**이 크다.

18. 내 남자 친구가 나와 제일 친한 친구를 좋아한다고 했을 때 살면서 제일 큰 **분노**를 느꼈다.

19. 커피를 시켰는데 20분이 넘어도 커피가 나오지 않아서 **불만**을 가질 수밖에 없었다.

20. 바빠서 결혼기념일을 잊었다는 남편에게 **서운한** 마음이 들었다.

21. 점심도 못 드시고 일하시는 부모님을 생각하니 **속상해서** 눈물이 났다.

22. 선생님이 한 시간 만에 반 친구들의 이름을 다 외운 것이 너무 **신기했다**.

23. 친한 친구가 나에게 거짓말을 해서 친구에게 많이 **실망했다**.

Day 02-2

12. 당황스럽다
형
to be flustered, to be embarassed

계산하려고 하는데 지갑이 없어서 너무 **당황스러웠다.**
I was going to pay but I didn't have my wallet and I **got** very **flustered**.

기출 표현 동 당황하다 | 당황스러운 얼굴, 당황스러운 상황

---

13. 두렵다
형
to be scared, to be afraid
유의어 겁나다

가: 왜 항상 휴대폰을 손에 들고 있어요?
Why do you always carry your cellphone in your hand?
나: 아프신 어머니의 전화를 못 받을까 봐 **두려워서요.**
I'**m afraid** I might miss a call from my sick mother.

기출 표현 동 두려워하다 | 두려운 눈빛, 두려운 존재

---

14. 들뜨다
동
to be excited
유의어 설레다

가: 드디어 내일 여행 가는 날이지? 기분이 어때?
Tomorrow's finally the day you go on your trip, right? How do you feel?
나: 당연히 좋지. 너무 **들떠서** 잠도 못 잤어.
I feel good, of course. I'm so **excited** that I couldn't even sleep.

기출 표현 들뜬 분위기, 축제에 들뜨다

---

15. 만족(하다)
명/동
satisfaction, to feel satisfied

가: 어제 친구랑 간다고 한 식당 어땠어?
How was the restaurant you said you were going to yesterday with your friend?
나: 사람이 많기는 했는데 난 음식이 맛있고 양도 많아서 **만족했어.** There were a lot of people, but the food was good and the portions were big so I **was satisfied**.

기출 표현 형 만족스럽다 | 만족도, 만족도가 높다, 만족도를 높이다, 만족해 하다

출제 TIP

'만족'과 관련된 단어는 시험에 매우 자주 출제되는 단어입니다.

- **만족도:** 만족을 느끼는 정도로 '높다', '낮다', '조사'와 함께 자주 쓰입니다.
  예 태양회사는 고객 만족도 조사에서 1위를 차지했다.
- **만족감:** 만족한 느낌으로 '느끼다'와 함께 자주 쓰입니다.
  예 고객들은 좋은 서비스를 받으면 만족감을 느낀다.
- **만족해 하다:** 다른 사람이 만족을 느끼는 것을 보고 말할 때 사용합니다.
  예 내가 요리한 음식을 손님이 만족해 하며 맛있게 드실 때 기분이 좋다.

---

16. 번거롭다
형
to be inconvenient, to be cumbersome

가: 요즘에는 서류를 방문하지 않고 핸드폰 앱으로 낼 수 있어서 정말 편해요.
It's really convenient these days because documents can be submitted through an app without having to go in person.
나: **번거롭게** 방문하지 않아도 돼서 좋네요.
It's nice that you don't have to make an **inconvenient** visit.

기출 표현 번거로운 일, 번거로운 작업

17. 부담감

명

pressure, burden

가: 3년 만에 새 영화에 출연한 기분이 어떠십니까?

How does it feel to be in a new film after 3 years?

나: 지난 영화가 큰 사랑을 받아서 이번에도 잘해야 한다는 **부담감**을 갖고 있습니다.

My last film received a lot of love so I'm feeling the **pressure** that I have to do well this time too.

기출 표현 형 부담스럽다 | 부담감을 갖다, 부담감이 크다, 부담감을 없애다

---

18. 분노(하다)

명/동

anger, resentment, fury, to be furious

가: 어제 "아이들"이라는 방송 봤어요?

Did you see the show "Children" yesterday?

나: 네, 아이를 때리는 부모를 보면서 **분노했어요.**

Yes, I **was furious** to see parents hitting their child.

기출 표현 분노 조절, 분노를 느끼다

---

19. 불만

명

complaint, discomfort

반의어 만족

가: 요즘 손님들의 만족도가 높지 않네요.

Recently our customer satisfaction rating isn't high.

나: 계산할 때 오래 기다려야 하는 것에 대해 **불만**이 많은 것 같습니다.

It seems there are a lot of **complaints** about having to wait a long time to pay.

기출 표현 형 불만스럽다 | 불만족, 불만을 표(현)하다

---

20. 서운하다

형

to feel sad, to feel hurt

유의어 섭섭하다

가: 무슨 일 있어? 얼굴이 안 좋아 보이네.

Is something the matter? Your face doesn't look so good.

나: 친한 친구가 나만 빼고 다른 친구들이랑 놀러 간다고 하니까 너무 **서운해.**

I'**m** really **hurt** that my close friend is going out with other friends and leaving me out.

기출 표현 동 -기가 서운하다 | 서운한 답변

---

21. 속상하다

형

to feel upset, to feel sad

가: 지난주에 선물 받은 지갑을 잃어버려서 너무 **속상해요.**

I'**m** so **upset** because I lost the wallet that I got as a gift last week.

나: 지난주에 선물 받았다고요? 정말 **속상하겠네요.**

You got it as a gift last week? You **must be** really **upset**.

기출 표현 속상한 일, 매우 속상하다

---

22. 신기하다

형

to be amazing, to be surprising

가: 어제 텔레비전에서 한 마술 쇼 봤어? 갑자기 돈이 없어지는 걸 보니까 너무 **신기했어.**

Did you see the magic show that was on TV yesterday? Seeing that money disappear suddenly **was** so **amazing**.

나: 맞아. 나도 그 마술이 제일 **신기하더라고.**

I know. I thought that magic trick **was** really **amazing** too.

기출 표현 신기한 마술, 신기하게 느끼다

---

23. 실망(하다)

명/동

disappointment, to be disappointed

가: 어제 본 영화 재미있었어? 나도 예매하려고 하는데.

Was the movie you saw yesterday fun? I want to get a ticket too.

나: 친구가 추천해 줘서 기대했는데 정말 재미없어서 **실망했어.**

I was looking forward to it because my friend recommended it, but I **was disappointed** because it was so boring.

기출 표현 형 실망스럽다 | 실망감, 실망이 크다, 실망한 기색

☑ 문장을 통해 이어서 학습할 단어의 의미를 추측해 봅시다.

24. 한국 여행을 왔는데 광화문이 공사 중이어서 구경하지 못해 **아쉬웠다**.

25. 요즘 인터넷에서 사용하는 유행어를 보면 한글이 잘못 사용되는 것 같아서 **안타깝다**.

26. 어렸을 때 동생이 잘못하면 나도 같이 혼나서 너무 **억울했다**.

27. 나는 언니나 오빠가 없어서 **외로움**을 느끼면서 자랐다.

28. 나는 비가 오거나 흐린 날에는 쉽게 **우울해진다**.

29. 한국어 말하기 대회에서 1등을 한 아들이 너무 **자랑스럽다**.

30. 그 농구 선수는 갑자기 무릎 수술을 해야 한다는 말에 **좌절했다**.

31. 커피를 주문하고 기다리고 있는데 수업 시간이 5분밖에 안 남아서 **조급하다**.

32. 가장 친한 친구의 결혼을 **진심**으로 축하해 줬다.

33. 2년 동안 같이 지낸 룸메이트가 고향에 돌아가고 나니 마음이 너무 **허전하다**.

34. 지금까지 살면서 가장 **후회하는** 일은 좋아했던 사람에게 부끄러워서 연락을 못 한 일이다.

24. 아쉽다

형

to be a shame, to feel sorry

가: 태오 씨, 다음 주에 벌써 고향에 돌아가네요.
You're going back home next week already, Taeoh.

나: 네, 시험 준비 때문에 친구들하고 밥도 같이 못 먹고 가게 돼서 정말 **아쉬워요.**
Yeah, it's such a **shame** that I can't even have a meal with friends before I go because I'm preparing for the exam.

기출 표현 돌아가기가 아쉽다, 작별이 아쉽다, 탈락이 아쉽다, 버리기가 아쉽다

---

25. 안타깝다

형

to be regrettable, to be a shame

가: 오늘 경기가 김 선수의 마지막 경기였는데요. 우승을 놓쳐서 **안타깝네요.**
Today's match was player Kim's last. It'**s regrettable** that they didn't win.

나: 네, 마지막 경기가 승리로 끝났으면 더 좋았을 텐데요.
Yes, it would have been nicer to finish the last match with a win.

기출 표현 안타까운 경기, 사정이 안타깝다

출제 TIP

답답한 마음을 표현하는 단어를 정리해 봅시다.

- **아쉽다:** 어떤 일이나 시간을 더 함께 하고 싶은 마음을 표현할 때 사용합니다.
  예 친구가 고향에 돌아가서 아쉬워요.
- **안타깝다:** 필요한 것이 없거나 부족해서 가슴이 답답할 때 사용합니다. **예** 많은 학생들이 자신이 하고 싶은 일이 무엇인지 모르겠다고 할 때 너무 안타깝다.

---

26. 억울하다

형

to feel wronged, to feel like something is unfair

가: 친구들 말만 듣고 너를 오해해서 미안해.
I'm sorry I only listened to what my friends said and misunderstood you.

나: 나는 네 지갑을 절대 안 가져갔다고 했잖아. 그동안 **억울해서** 잠도 못 잤어.
I told you I'd never take your wallet, didn't I? The whole time, it felt so **unfair** that I couldn't even sleep.

기출 표현 억울한 누명, 억울한 심정

---

27. 외로움

loneliness

가: 유학 생활하면서 외롭고 힘들 때는 어떻게 해요?
What do you do when you feel lonely and have a difficult time while studying abroad?

나: 제 취미가 등산이에요. 산에서 자연을 감상하면서 **외로움**을 달래요.
My hobby is hiking. I relieve my **loneliness** enjoying nature in the mountains.

기출 표현 외로움을 달래다, 외로움을 이겨내다

---

28. 우울(하다)

명/형

depression, melancholy, to feel depressed

가: 우리 딸이 대학교 입학시험에 떨어져서 너무 **우울해해요.**
Our daughter'**s** so **depressed** because she failed her college entrance exam.

나: 딸의 기분이 나아지도록 같이 바다라도 보고 오면 어때요?
How about going to see the ocean together so that she can feel better?

기출 표현 우울증

29. 자랑스럽다

형

to feel proud

유의어 대견하다

가: 좋아하는 운동선수가 누구예요?
Which sports player do you like?

나: 축구선수 손흥민요. 아시아 선수 최초로 프리미어 리그에서 상을 받았거든요. 너무 **자랑스러워요.** I like the soccer player Son Heungmin. He was the first Asian player to win an award in the Premier League. I **feel** so **proud**.

기출 표현 아버지가 자랑스럽다, 자식이 자랑스럽다, 조국이 자랑스럽다

출제 TIP

명사에 '–스럽다'를 사용해서 형용사로 만들 수 있습니다. 지금까지 배운 단어를 정리해 봅시다.

- **자랑스럽다** 예 열심히 노력해서 시험에서 1등을 한 나 자신이 자랑스럽다.
- **걱정스럽다** 예 친구가 매일 늦게까지 일만해서 건강이 나빠질까 봐 걱정스럽다.
- **당황스럽다** 예 엄마한테 공부한다고 거짓말했는데 영화관에서 엄마를 만나서 당황스러웠다.
- **후회스럽다** 예 아침에 엄마에게 화를 낸 것이 후회스럽다.
- **사랑스럽다** 예 아기가 나를 볼 때마다 예쁘게 웃어서 너무 사랑스러웠다.

---

30. 좌절(하다)

명/동

frustration,
to feel frustrated,
to feel discouraged

나는 원하는 대학교에 합격하지 못했을 때 가장 크게 **좌절했다.**
When I wasn't accepted into college, that was when I felt the most **discouraged**.

기출 표현 좌절을 겪다, 좌절이 크다, 깊은 좌절

---

31. 조급하다

형

to be impatient,
to feel rushed

유의어 성급하다

중요한 회의가 있는데 길이 너무 막혀서 마음이 **조급하다**.
I have an important meeting and there's so much traffic so I feel **impatient**.

기출 표현 조급한 성격, 조급하게 말하다

---

32. 진심

명

truth, sincerity

길에서 처음 본 사람이 내가 이상형이라고 하는데 **진심**인지 거짓인지 모르겠다.
A person that I saw on the street for the first time told me I was their ideal type, but I don't know if it's the **truth** or a lie.

기출 표현 진심을 전하다, 진심으로 축하하다, 진심으로 사랑하다

---

33. 허전하다

형

to be empty,
to feel like something is missing

부모님과 떨어져서 살면 편할 줄 알았는데 부모님의 잔소리를 안 들으니까 **허전하다.**
I thought it would be comfortable to live away from my parents, but since I don't hear my parents' nagging, it **feels like something's missing**.

기출 표현 교실이 허전하다, 마음이 허전하다

---

34. 후회(하다)

명/동

(to) regret

가: 다음 주가 시험인데 공부를 하나도 안 했어.
The exam is next week but I haven't studied at all.

나: 나도. 항상 **후회하면서도** 미리 안 하게 돼.
Me neither. I always **regret** it but don't end up doing it beforehand.

기출 표현 형 후회스럽다 | 후회가 되다, 후회가 남다, 후회가 없다

DAY 02 | 앞에서 배운 내용을 확인해 봅시다.

[1-5] 다음 빈칸에 들어갈 단어를 [보기]에서 골라 알맞게 쓰십시오.

보기	곤란하다	당황스럽다	만족하다	실망하다	안타깝다	괴롭다

1. 어렸을 때 엄마가 더 좋은지 아빠가 더 좋은지 물어보는 질문이 ________ -았/었다.
2. 돈이 없어서 아기에게 줄 우유도 없다는 사람의 말에 나는 너무 ________ -았/었다.
3. 화장실에 휴지가 없을 때 징말 ________ -았/었다.
4. 열심히 공부해서 시험 점수가 잘 나올 것이라고 기대했는데 점수가 낮아서 ________ -았/었다.
5. 그 배우는 상은 못 탔지만 세계적인 대회에 가 본 것만으로 ________ -았/었다.

[6-10] 다음 상황에 알맞은 단어를 [보기]에서 골라 쓰십시오.

보기	감격스럽다	부담스럽다	아쉽다	억울하다	좌절하다

6. 결혼식 때 친구들이 축하 노래를 불러 주는데 너무 고맙고 기뻐서 눈물이 나왔다.

   (   )

7. 수업 시간에 내 뒤에서 친구들이 떠들었는데 선생님이 나한테 조용히 하라고 화를 내셨다.

   (   )

8. 우리 팀이 이기고 있었는데 끝까지 경기에 집중하지 못해서 경기에 졌다. 안타깝고 슬프기도 했다.

   (   )

9. 친구가 생일 선물로 예쁜 가방을 줬는데 이 가방이 너무 비싸다는 것을 알고 마음이 불편했다.

   (   )

10. 가수가 되고 싶어서 오디션을 봤는데 떨어졌다. 집에 오는 길이 너무 슬펐다.

    (   )

DAY

03 성격

Personality

문장을 통해 이어서 학습할 단어의 의미를 추측해 봅시다.

01. 많이 웃고 **긍정적으로** 생각하면 좋은 일이 생긴다고 한다.

02. 내 친구는 입맛이 **까다로워서** 해외여행을 가면 그 나라 음식을 잘 못 먹는다.

03. 내 친구는 여행 가기 전에 많이 알아보고 **꼼꼼하게** 계획을 세운다.

04. 성격이 **내성적인** 사람들은 사람을 많이 만나는 직업보다 혼자 집중할 수 있는 일이 좋다.

05. 친구가 자꾸 돈을 빌려달라고 해서 **냉정하게** 안 된다고 말했다.

06. 내 친구는 **둔해서** 내가 머리를 잘라도 어디가 달라졌는지 잘 모른다.

07. 나는 춤을 추는 것에 **매력**을 느껴서 일주일에 4번은 춤을 추러 간다.

08. 스트레스는 건강에 매우 **부정적인** 영향을 준다.

09. 나는 **사교적인** 편이라서 친구도 많고 아는 사람이 많다.

10. 아이들은 모두 **선한** 마음을 가지고 있다고 생각한다.

01. 긍정적

관형/명
positive, affirmative

반의어 부정적

가: 이번 시험 잘 못 보면 어떻게 하지?
What will I do if I don't do well on the test this time?

나: 열심히 공부했으니까 분명히 잘 볼 거야. **긍정적으로** 생각해.
You studied hard so you'll definitely do well. Think **positive**.

기출 표현 긍정적이다, 긍정적으로 생각하다, 긍정적 변화, 긍정적인 영향

출제 TIP

접 -**적**: 명사 뒤에 붙어, 그 명사 성격을 가지고 있거나 그 상태에 있음을 나타냅니다.
예 긍정적, 부정적, 내성적, 문화적, 일반적

---

02. 까다롭다

형
to be picky, to be fussy

가: 아이가 많이 우네요.
Your child is crying a lot.

나: 네, 아이가 너무 **까다로워서** 옷이 조금만 불편해도 울어요.
Yes, he'**s** very **fussy** so he cries if his clothes are even a little bit uncomfortable.

기출 표현 조건이 까다롭다, 입맛이 까다롭다, 까다로운 성격

---

03. 꼼꼼하다

형
to be detailed, to be meticulous, to be punctual

반의어 덜렁대다

가: 언니도 너랑 성격이 똑같아?
Is your sister's personality the same as yours?

나: 아니, 언니는 성격이 **꼼꼼한데** 나는 꼼꼼하지 않아서 물건을 자주 잃어버려.
No, my sister **is meticulous** but I'm not, so I often lose things.

기출 표현 꼼꼼하게 살펴보다, 꼼꼼히

---

04. 내성적

관형/명
introverted

반의어 외향적

가: 우리 아이는 **내성적이라서** 새 학기에 너무 힘들어하네요.
My child is **introverted** so the new semester is very hard for her.

나: 시간이 좀 걸리더라도 친구를 사귀고 나면 괜찮아질 거예요.
Even if it takes a little time, it'll be all right after she makes friends.

기출 표현 내성적인 성격

---

05. 냉정하다

형
to be cold

유의어 쌀쌀하다

김 교수님은 늘 **냉정한** 표정으로 학생들을 대해서 학생들이 무서워한다.
Professor Kim always treats students with a **cold** expression, so they're scared of him.

기출 표현 현실을 냉정히 보다, 냉정한 표정

---

06. 둔하다

형
to be slow, to be uncoordinated, to be obtuse

가: 운동을 좋아하세요?
Do you like sports?

나: 저는 행동이 느리고 **둔해서** 운동을 잘 못해요. 하지만 경기를 보는 건 좋아해요.
I'**m** slow and **uncoordinated** when I move so I'm not good at sports. But I like watching matches.

기출 표현 둔하고 어리석다

07. 매력

명
appeal, charm

가: 가수 BTS의 **매력**이 뭐라고 생각하세요?
What do you think is the **appeal** of the singers BTS?

나: 노래 가사로 솔직하게 마음을 표현하는 것이 가장 큰 **매력**이라고 생각해요.
I think their biggest **charm** is that they express their feelings honestly in their song lyrics.

기출 표현 매력적, 매력을 느끼다, 매력을 가지다, 매력에 빠지다, 매력이 있다/없다, 매력이 넘치다

---

08. 부정적

관형/명
negative

반의어 긍정적

가: 부모님들은 아이들이 연예인을 좋아하는 것을 **부정적으로** 생각하는 것 같아요.
It seems that parents think **negatively** about their children liking celebrities.

나: 가수나 배우를 좋아하면 공부에 집중하기 어려우니까요.
That's because it's hard to focus on your studies if you like a singer or actor.

기출 표현 부정적이다, 부정적인 영향, 부정적 결과, 부정적 감정

출제 TIP

시험에 매우 자주 출제되는 단어 '긍정적', '부정적'과 함께 쓰이는 단어들을 함께 정리해 봅시다.

- **긍정적**
- **부정적**

\+ **영향, 태도, 생각, 결과, 반응**

---

09. 사교적

관형/명
outgoing, social

가: **사교적인** 성격은 어떤 직업이 적성에 맞을까요?
What kind of job would suit an **outgoing** personality?

나: 사람을 많이 만나는 직업이 좋죠. 예를 들면 연예인이나 외교관이 잘 어울릴 것 같아요.
A job where you meet a lot of people would be good. For example, I think a celebrity or a diplomat would be a good fit.

기출 표현 사교성이 있다

---

10. 선하다

형
to be kind,
to be good-hearted

유의어 착하다

반의어 악하다

가: 1반은 반 친구들 모두가 한 달에 한 번 봉사활동을 한다면서요?
I heard that all the students in class 1 do volunteer work once a month.

나: 네, 처음에는 선생님만 했는데 선생님의 **선한** 행동이 학생들에게 좋은 영향을 준 것 같아요.
Yeah, at first only the teacher did, but it seems the teacher's **kind** actions had a good effect on the students.

기출 표현 선한 마음, 선한 일

문장을 통해 이어서 학습할 단어의 의미를 추측해 봅시다.

11. 문제를 끝까지 듣지 않고 **성급하게** 답을 말해서 틀렸다.

12. 내 친구는 학교에 한 번도 지각이나 결석하지 않고 열심히 공부하는 **성실한** 학생이다.

13. 나는 수업 시간에 대답도 잘 안 하고 선생님이 질문하면 얼굴이 빨개지는 **소극적인** 학생이었다.

14. 나는 **신중해서** 무엇이든지 결정하기 전에 많이 생각한다.

15. 그 영화는 사람들이 힘을 모아 **악한** 악당으로부터 마을을 지키는 이야기이다.

16. 사람이 잘 때 장난감이 말을 하고 놀 거라고 생각하는 어린이가 **엉뚱하고** 귀엽다.

17. 한국에서 어른에게 모자를 쓰고 인사하는 것은 **예의**가 없는 행동이다.

18. 내 친구는 여행 가기 전에 먹을 것, 날씨, 물건 등을 **완벽하게** 준비해서 가는 사람이다.

19. 나라를 지키는 군인들이 정말 **용감하다고 생각한다**.

20. 좋아하는 사람에게 **용기**를 내서 고백했다.

Day 03-2

11. 성급하다

형

to be impatient, to be rash, to be hasty

유의어 급하다

반의어 느긋하다

가: 저는 **성급해서** 할 일이 있으면 빨리 끝내는 편이에요. 그래서 실수를 할 때가 가끔 있어요.

I'm **impatient** so if I have something to do, I'm the type to finish it quickly. So sometimes I make mistakes.

나: 저는 반대로 너무 느긋해서 약속 시간에 자주 늦거나 준비를 잘 못 할 때가 많아요.

On the other hand, I'm too laid-back so I'm often late for appointments or there are lots of times when I'm not well prepared.

기출 표현 부 성급히 | 성급한 결정

---

12. 성실하다

형

to be diligent, to be sincere

반의어 불성실하다

가: 성공한 사람들을 보면 다 **성실한** 것 같아요.

If you look at successful people, they all seem to be **diligent**.

나: 맞아요. 해야 할 일을 계속해 나가는 **성실한** 태도가 성공의 이유인 것 같아요.

Right. It seems that their **diligent** attitude of always doing what they need to do is the reason for their success.

기출 표현 성실한 자세, 성실한 태도

---

13. 소극적

관형/명

passive

반의어 적극적

가: 회사에 불만이 있으면 사장님께 이야기도 하고 적극적으로 행동하세요.

If you have complaints with the office, speak with your boss and be proactive.

나: 그렇게 하면 저한테 안 좋은 영향이 있을까 봐 **소극적으로** 행동할 수밖에 없어요.

I'm worried that if I do that, it'll have a bad effect on me, so all I can do is act **passively**.

기출 표현 소극적인 대응, 소극적인 표현

---

14. 신중하다

형

to be careful, to be prudent

가: 회사를 그만두기로 결정했어?

Have you decided to quit the company?

나: 아니, 일이 적성에 맞는지 더 **신중하게** 고민하고 결정하려고.

No, I want to think more **carefully** about whether this job is suited for me.

기출 표현 부 신중히 | 신중하게 결정하다

---

15. 악하다

형

to be bad, to be evil

반의어 선하다

가: 뉴스 봤어요? 길에서 아무 잘못 없는 사람들을 때린 사람이 경찰에 잡혔대요.

Did you see the news? They said the police caught the person who was hitting people on the street for no reason.

나: 그런 사람을 보면 태어날 때부터 **악한** 사람이 있는 것 같아요.

When I see someone like that, I think some people are **evil** from birth.

기출 표현 악한 마음

---

16. 엉뚱하다

to be silly,
to be fanciful,
to be whimsical

가: 전구를 발명한 에디슨도 어렸을 때 **엉뚱한** 생각을 많이 했대요.
They say that Edison, who invented the lightbulb, had a lot of **fanciful** thoughts when he was young.

나: **엉뚱한** 생각을 하는 사람들은 다른 사람들이 생각하지 못하는 것을 만들어 내는 것 같아요.
I think that people who think **fanciful** thoughts create things that other people can't even think of.

기출 표현 엉뚱하게 반응하다

---

17. 예의
명
manners,
etiquette,
politeness

가: 아이가 **예의**가 바른 것 같아요. 만날 때마다 인사를 잘하더라고요.
Your child seems to have good **manners**. She greets me well every time we meet.

나: 어른들을 만나면 **예의**가 있게 행동하라고 가르쳤거든요.
We taught her to behave **politely** when she meets adults.

기출 표현 예의가 바르다, 예의를 지키다

만점으로 가는 배경지식

옛날부터 한국 사람들은 예의를 중요하게 생각한 만큼 상황이나 상대에 따라 예의를 갖춰 높임말을 사용해 왔습니다. 또한 한국 사람들은 다른 사람을 부를 때 영어의 you, he, she처럼, '당신, 그, 그녀' 등의 대명사를 자주 사용하지 않습니다. 그 사람의 이름이나 호칭을 부르는 것이 더 예의 있다고 생각하기 때문입니다.

---

18. 완벽(하다)
명/형
perfection,
to be perfect

가: 어제 축구 봤어요? 진짜 너무 재미있었어요.
Did you watch the soccer game yesterday? It was seriously so fun.

나: 저도 봤어요. 우리 팀이 5:0으로 이기다니 **완벽한** 승리였어요.
I saw it too. Our team winning 5:0 was a **perfect** victory.

기출 표현 완벽을 추구하다, 완벽한 조건

---

19. 용감하다
형
to be brave

가: 길에서 도둑이 할머니의 지갑을 훔쳐서 도망갔는데 시민들이 뛰어가서 도둑을 잡았대요.
A thief on the street stole an old lady's wallet and ran away, but good passersby ran after him and caught the thief.

나: 정말 **용감한** 시민들이네요.
Those are really **brave** passersby.

기출 표현 용감한 행동, 용감하게 나서다

---

20. 용기
명
bravery, courage

가: 부모님께서 내가 거짓말한 것을 아실까 봐 너무 걱정돼.
I'm so worried that my parents will know that I lied.

나: 그렇게 걱정하지 말고 **용기**를 내서 부모님께 사실대로 말씀드려.
Stop worrying like that, gather your **courage**, and tell your parents the truth.

기출 표현 용기를 내다, 용기를 주다

문장을 통해 이어서 학습할 단어의 의미를 추측해 봅시다.

21. 자기만 생각하는 **이기적인** 사람들은 다른 사람들이 힘든 것은 생각하지 않는다.

22. 우리 아버지는 내가 모르는 걸 물어보면 웃으며 설명해 주시는 **자상한** 분이시다.

23. 내 친구의 **장점**은 항상 모든 일을 긍정적으로 생각한다는 것이다.

24. 나는 선생님께서 질문하시면 가장 먼저 큰 소리로 대답하며 **적극적으로** 수업에 참여한다.

25. 나는 운동 경기의 승부에 **집착해서** 팀이 경기에서 지면 며칠 동안 속상하다.

26. 우리 엄마는 화나는 일이 있어도 흥분하지 않고 **차분하게** 말씀하신다.

27. 어렸을 때 나는 **참을성**이 부족해서 쉽게 화를 냈다.

28. 사고가 났을 때는 당황하지 말고 **침착하게** 행동해야 한다.

29. 나는 돈이 많고 유명하게 사는 것보다 내가 좋아하는 일을 하면서 **평범하게** 살고 싶다.

30. **호기심**이 많은 아이는 궁금한 것이 있으면 직접 해 보는 것을 좋아한다.

21. 이기적

관형/명
selfish

반의어 이타적, 희생적

가: 그 사람은 항상 자기 기분만 중요하고 자기가 편한 대로만 행동하려고 해요.
He always acts like only his feelings are important and does what makes him comfortable.

나: 정말 **이기적인** 사람이네요. 그러니까 친구가 없는 것 같아요.
He's a really **selfish** person. I think that's why he has no friends.

기출 표현 이기심

출제 TIP

접 -심: 명사 뒤에 붙어, '마음'이라는 뜻을 나타냅니다.
예 이기심, 경쟁심, 배려심

22. 자상하다

형
to be considerate, to be sweet

가: 이상형이 어떻게 되세요?
What's your ideal type?

나: 언제나 가족을 먼저 생각하는 **자상한** 사람이면 좋겠어요.
I like someone **considerate** who always thinks of their family first.

기출 표현 자상한 말투, 자상하게 설명하다

23. 장점

명
strong point, advantage, strength

반의어 단점

가: 우리 학교의 가장 큰 **장점**이 뭐라고 생각해?
What do you think our school's biggest **strength** is?

나: 좋은 선생님들이 많다는 것이지.
It's that we have a lot of good teachers, of course.

기출 표현 동/형-다는 장점이 있다 | 장단점, 장점을 찾다

24. 적극적

관형/명
active, proactive

가: 저는 **적극적인** 성격이라서 제가 하고 싶은 일이 있으면 무엇이든지 해 보려고 해요.
I have an active **personality** so if there's something I want to do, I'll do it no matter what it is.

나: 정말 좋은 성격이네요.
That's a really good personality.

기출 표현 적극적인 참여

25. 집착(하다)

명/동
obsession, to obsess

가: 우리 아이는 자기 이불에 엄청 **집착해서** 여행 갈 때도 꼭 이불을 가져가야 돼요.
My child is so **obsessed** with his blanket that we have to bring it even when we travel.

나: 저도 어렸을 때 곰 인형에 **집착해서** 정말 많이 샀어요.
When I was a child, I was also **obsessed** with teddy bears, so I bought so many of them.

기출 표현 집착이 심하다, 명(돈, 사람, 물건) + 에 집착하다

26. 차분하다

형

to be calm,
to be placid

유의어 조용하다, 침착하다

가: 클래식 음악을 들으면 마음이 **차분해지는 것 같아요.**

I **think** my mind **becomes calmer** when I listen to classical music.

나: 맞아요. 조용한 연주 소리를 들으면 저도 **차분해져요.**

Right. When I hear the sound of a quiet performance, I **get calmer** too.

기출 표현 마음이 차분하다

---

27. 참을성

명

patience,
perseverance

유의어 인내심, 끈기

가: 오늘 박 선수는 인상적인 경기를 보여 주면서 팀을 승리로 이끌었는데요.

Today, player Park showed us an impressive game and led the team to victory.

나: 박 선수가 **참을성**이 많기로 유명하잖아요. 힘든 훈련도 참고 열심히 한 결과인 것 같아요.

Player Park is famous for having a lot of **perseverance**. I think it's the result of enduring difficult training and working hard.

기출 표현 참을성이 있다/없다, 참을성을 기르다

---

28. 침착하다

형

to be calm,
to be composed

유의어 차분하다

가: 비행기 사고가 났는데 승무원들이 **침착하게** 승객들을 탈출하게 도와줬대요.

They say there was an accident on the plane but the flight attendants **calmly** helped the passengers escape.

나: 정말 다행이에요. **침착하게** 대처한 덕분에 많은 사람들이 살았네요.

That's such a relief. Because they managed it **calmly**, so many people survived.

기출 표현 침착한 대응, 침착하게 대처하다

---

29. 평범하다

형

to be ordinary,
to be normal

가: 요즘 텔레비전을 보면 연예인들의 **평범한** 일상을 보여 주는 프로그램이 많은 것 같아요.

If you watch TV lately, it seems like there are a lot of programs that show the **normal** daily lives of celebrities.

나: 네, 연예인들의 화려한 모습보다 **평범한** 모습을 보는 것이 재미있더라고요.

Yes, it's more fun to see celebrities' **ordinary** appearance rather than a flashy one.

기출 표현 외모가 평범하다, 평범하게 살다

---

30. 호기심

명

curiosity

가: 왜 여행을 좋아하세요?

Why do you like to travel?

나: 어렸을 때부터 세계 문화에 대한 **호기심**이 많아서 직접 제 눈으로 보고 싶었어요.

Every since I was young, I've been very **curious** about world cultures so I wanted to see them with my own eyes.

기출 표현 호기심이 강하다, 호기심이 생기다

DAY 03 | 앞에서 배운 내용을 확인해 봅시다.

[1-5] 다음 빈칸에 들어갈 단어를 [보기]에서 골라 알맞게 쓰십시오.

보기	꼼꼼하다	부정적	차분하다	용감하다	이기적	신중하다

1. 나는 며칠 전에 길에서 담배를 피우는 사람에게 가서 피우지 말라고 ________-게 말했다.

2. 집을 계약하기 전에 계약서를 ________-게 확인해야 한다.

3. 일을 시작도 하기 전에 안 될 거라고 ________으로 생각하면 안 된다.

4. 자동차나 집을 사는 것처럼 매우 큰돈이 필요할 때는 ________-게 생각하고 결정하는 것이 좋다.

5. 아이가 양보할 줄 모르고 너무 ________인 성격이라면 친구나 가족과 함께 요리한 후에 나눠 먹는 놀이를 많이 하는 것이 좋다.

[6-8] 사람들의 이야기를 읽고 어울리는 성격을 쓰십시오.

6. 저는 늘 좋은 결과가 있을 거라고 생각하고 열심히 해요.

( )

7. 우리 아버지는 회사에 지각한 적이 한 번도 없어요.

( )

8. 저는 쉽게 흥분하지 않아요. 무슨 일이 있어도 서두르지 않고 가만히 생각한 다음에 행동해요.

( )

DAY

04 태도

Attitude

문장을 통해 이어서 학습할 단어의 의미를 추측해 봅시다.

01. 대학교 시험을 준비하고 있는 동생을 **격려하기 위해서** 맛있는 음식을 사 줬다.

02 공사장에서는 사고가 나기 쉽기 때문에 안전모를 꼭 쓰고 사고를 **경계해야 한다**.

03. 의사는 환자에게 일주일에 세 번 이상 운동하라고 **권유했다**.

04. 좋아하는 사람한테 연락하고 싶은데 부끄러워서 연락할까 말까 **망설였다**.

05. 나는 대학원에 가서 공부를 더 하고 싶은데 부모님께서는 내 의견에 **반대하신다**.

06. 그는 여배우와 사귄다는 소문은 사실이 아니라며 SNS에 **반박하는** 글을 올렸다.

07. 가수 박정우 씨의 새 노래가 나오자마자 1위를 하면서 좋은 **반응**을 얻고 있다.

08. 내 친구 마이클은 항상 다른 사람을 먼저 **배려하는** 마음이 따뜻한 친구이다.

09. 상대방의 잘못을 **비판하기 전에** 먼저 나도 잘못한 것이 없는지 생각해 봐야 한다.

01. 격려(하다)

명/동

encouragement, to encourage

가: 감독님, 결승전을 앞두고 있는 선수들에게 **격려** 말씀 부탁드리겠습니다.

Coach, please give some words of **encouragement** to the players who are about to face the finals.

나: 지금까지 연습한 시간을 믿고 끝까지 최선을 다한다면 좋은 결과가 있을 거라고 생각합니다.

I think that if you believe in the training you've done so far and give it your best until the end, we'll have good results.

기출 표현 따뜻한 격려, 격려의 말, 격려를 보내다

02. 경계(하다)

명/동

(to be) alert, (to be on) guard

가: 날씨가 따뜻해지면서 밖으로 나들이 가는 사람들이 많아졌는데요, 야외 활동 시 주의 사항이 있을까요?

As the weather gets warmer, more and more people are going on outings outdoors. Are there any precautions for outdoor activities?

나: 봄이 되면 곤충이나 동물의 활동도 많아지기 때문에 물리지 않도록 **경계해야 합니다**.

In the spring, bugs and animals are more active so we **should be on alert** so that we don't get bitten.

기출 표현 경계하는 눈빛

03. 권유(하다)

명/동

advice, suggestion, to advise, to suggest

유의어 권하다

가: 어려운 사람들을 도와달라는 친구의 간곡한 **권유**로 한 달에 만 원씩 후원금을 내기로 했어.

At my friend's earnest **suggestion** to help people in need, I decided to donate 10,000 won each month.

나: 잘했어. 작은 돈이라도 모이면 큰 도움이 될 거야.

Good job. Even a small amount of money adds up to become a big help.

기출 표현 부모님의 권유, 간곡한 권유

04. 망설이다

동

to hesitate, to waver

유의어 머뭇거리다

가: 어제 백화점에서 마음에 드는 옷을 봤는데 너무 비싸서 살까 말까 **망설이다가** 그냥 집에 왔어.

I saw some clothes that I liked at the department store yesterday, but they were so expensive that I **hesitated** between buying them or not and ended up just coming home.

나: 많이 비쌌어?

Were they really expensive?

기출 표현 한참 망설이다, 결정을 망설이다

05. 반대(하다)

명/동

opposite, to oppose, to be against

반의어 찬성(하다)

가: 이번 여름휴가 때 어디로 갈지 결정했어?

Have you decided where to go this summer vacation?

나: 나는 바다를 보러 가고 싶은데 동생이 **반대해서** 아직 어디로 갈지 결정을 못했어.

I want to go to the ocean but my brother's **against** it, so we haven't been able to decide where to go yet.

기출 표현 결정/계획/의견에 반대하다

06. 반박(하다)

명/동

refutation, rebuttal, to refute, to dispute, to counter

가: 우리 회사 신제품이 안 좋다는 의견이 많은데 어떻게 **반박할** 계획인가요?

There are a lot of opinions saying our company's new product is no good, so how do you plan to **counter** that?

나: 네, 부정적 의견에 **반박하고** 신제품의 장점을 홍보할 자료를 준비했습니다.

Right, I've prepared materials to **refute** the negative opinions and promote the advantages of our new product.

기출 표현 근거를 들어 반박하다

출제 TIP

비슷한 의미의 단어인 '반대하다', '반박하다'를 비교해 봅시다.

- **반대하다:** 행동, 의견 모든 것에 따르지 않을 때 사용합니다.
  예 사랑하는 사람과의 결혼을 부모님께서 반대하신다.
- **반박하다:** 주장, 의견 등 주로 말에 따르지 않을 때 사용합니다.
  예 어렸을 때 외국어를 배워야 한다는 나의 주장에 대해 반박하는 사람들이 많았다.

---

07. 반응(하다)

명/동

response, to respond, reaction, to react

가: 돈이 없어서 가게에서 라면을 훔친 남자에 대한 사람들의 **반응**을 봤어요?

Did you see people's **reactions** to the man who stole ramyun from a store because he didn't have any money?

나: 네, 불쌍하다는 **반응**과 잘못된 행동이라는 **반응**이 모두 있더라고요.

Yes, there were **responses** of pity and **responses** saying he had done something wrong.

기출 표현 민감하게 반응하다, 뜨거운 반응, 반응을 얻다

---

08. 배려(하다)

명/동

consideration, to be considerate

가: 아파트에서 살면 이웃을 **배려해서** 밤늦게 큰 소리를 내지 말아야 돼요.

If you live in an apartment, you have to be **considerate** of the neighbors and not make loud noises late at night.

나: 맞아요. 조금씩 다른 사람을 **배려하면서** 살면 싸울 일이 없지요.

That's right. If we live with a little **consideration** for others, there isn't any reason to fight.

기출 표현 세심한 배려, 배려하는 마음

---

09. 비판(하다)

명/동

criticism, to criticize

가: 힙합은 사회의 문제점을 **비판하는** 가사가 많은 것 같아.

I think that hip hop has a lot of lyrics that **criticize** the problems in society.

나: 맞아. 그래서 힙합 음악을 들으면 사회의 문제에 대해 생각해 보게 돼.

Right. That's why when I listen to hip hop music, it makes me think about society's problems.

기출 표현 결과를/방식을/의견을/문제점을 비판하다, 거센 비판

문장을 통해 이어서 학습할 단어의 의미를 추측해 봅시다.

10 나는 유학 생각이 없는데 부모님은 유학의 좋은 점을 말씀하시며 나를 **설득하셨다**.

11. 부모님은 내가 혼자 해외여행을 간다고 하니까 나쁜 일이 생길까 봐 **염려하셨다**.

12 나는 이번 학기에는 열심히 공부했기 때문에 시험을 잘 볼 것이라고 **예상한다**.

13. 어제 싸운 친구와 길에서 만났는데 서로 **외면하고** 지나갔다.

14. 식당에서 내가 주문한 음식이 잘못 나와서 바꿔 달라고 **요구했다**.

15. 요즘 감기가 유행인데 곧 개학하면 더 많은 학생들이 감기에 걸릴까 봐 **우려하고** 있다.

16. 힘든 일이 있을 때 따뜻한 말로 **위로해 준** 친구가 오랫동안 기억에 남는다.

17. 선생님은 아침마다 학생들이 책을 읽을 수 있도록 조용한 분위기를 **유도했다**.

18. 회사는 새로 만든 약이 효과가 있는지에 대한 결론을 **유보하기로 했다**.

19. 남자가 말할 때 다른 곳을 보면서 대답을 안 하는 것을 보니까 범인으로 **의심**이 갔다.

20. 사람들이 계속 의심을 하며 물어보자 남자는 자기가 거짓말을 한 것이라고 **인정했다**.

10. 설득(하다)

명/동

persuasion, to persuade, to convince

가: 이번 유학생 노래 대회에 나간다면서요?
I heard you're going to be in the international student singing competition.

나: 네, 반 친구들에게 **설득**을 당해서 용기 내서 나가 보기로 했어요.
Yeah, my classmates **persuaded** me so I decided to be brave and try it.

기출 표현 설득력, 끈질기게 설득하다, 설득을 당하다

출제 TIP

접 -력: 명사 뒤에 붙어, 능력이나 힘의 뜻을 나타냅니다.
예 설득력, 경제력, 생활력

---

11. 염려(하다)

명/동

(to) fear, (to) worry

유의어 걱정하다

가: 한국은 아이를 많이 낳지 않아서 큰 문제라면서요?
I heard that in Korea, many people aren't having babies and it's a big problem.

나: 네, 그 문제에 대해서 많은 사람들이 **염려하고 있어요**.
Yes, a lot of people **are worried** about that issue.

기출 표현 형 염려스럽다 | 건강을 염려하다, 주위의 염려

---

12. 예상(하다)

명/동

anticipation, expectation, to anticipate, to expect

유의어 예측(하다)

가: 여행 잘 갔다 왔어요? 제주도는 남쪽에 있어서 많이 더웠죠?
Did you have a good trip? Jeju Island is in the south, so it must have been really hot, right?

나: 저도 많이 더울 줄 알았는데 **예상**과 달랐어요. 비가 많이 와서 좀 쌀쌀했어요.
I thought it would be really hot too, but it was different from what I **expected**. It rained a lot so it was a little chilly.

기출 표현 예상과 달리, 예상되다

---

13. 외면(하다)

명/동

rejection, (to) disregard, to reject, to turn away

가: 토요일에 봉사활동 한다면서? 어떤 일을 하는 거야?
I heard you were volunteering on Saturdays. What kind of work are you doing?

나: 사람들에게 **외면**을 당한 동물들을 보호하는 일을 하고 있어.
I'm working to protect animals who have been **turned away** by people.

기출 표현 외면(을) 당하다

---

14. 요구(하다)

명/동

(to) request, (to) demand

가: 이번에 학교에서 등록금을 내린다고 해.
They say the school is reducing tuition fees this time.

나: 정말? 등록금을 내려 달라는 학생들의 **요구**를 들어준 건가 봐.
Really? I guess they met to the students' **demands** to lower the tuition.

기출 표현 요구되다, 요구 사항, 요구를 들어주다

---

15. 우려(하다) ☆

명/동

concern,
(to) worry,
to be concerned

유의어 염려하다

가: 요즘 커피숍에서 일회용 컵을 사용하지 않는다고 해요.

They say that coffee shops aren't using disposable cups these days.

나: 네, 환경 오염이 너무 심각해서 플라스틱 사용에 대한 **우려**의 목소리가 커요.

Yes, the environmental pollution is so serious that there are loud **concerns** about the use of plastic.

기출 표현 우려의 목소리가 크다, 우려를 나타내다

출제 TIP

걱정할 때 사용하는 비슷한 단어를 정리해 봅시다.

- **염려(하다):** 미래의 모르는 일에 대해서 걱정할 때 많이 사용합니다. 예 내가 처음 운전을 시작했을 때 부모님께서는 사고가 나지 않을까 염려하셨다.
- **우려(하다):** 부정적인 현재 상황 때문에 미래에 안 좋은 일이 생길까 봐 걱정할 때 많이 사용합니다. 예 비가 너무 많이 내려서 홍수가 날까 봐 우려하는 사람들이 많다.

---

16. 위로(하다)

명/동

consolation,
(to) comfort,
to console

가: 시험에 떨어진 친구가 너무 슬퍼해요.

My friend who failed his test is really sad.

나: 그 친구가 힘을 낼 수 있게 **위로해** 주세요.

Comfort him so that he can cheer up.

기출 표현 따뜻한 위로, 위로가 되다, 위로를 받다

---

17. 유도(하다) ☆

명/동

guidance,
to guide, to elicit,
to induce

한 백화점은 고객들의 솔직한 반응을 **유도하기 위해서** 의견을 낸 고객들에게 선물을 주기로 했다.

In order to elicit honest responses from customers, one department store decided to give gifts to customers who offered their opinions.

기출 표현 반응을/결론을/구매를 유도하다, 적극적으로 유도하다

---

18. 유보(하다)

명/동

postponement,
to postpone, to defer

유의어 보류(하다), 연기(하다)

그 남자는 가수가 되고 싶다는 꿈을 **유보하고** 우선 돈을 벌기로 했다.

The man **deferred** his dream of becoming a singer and decided to make money first.

기출 표현 결론을 유보하다, 평가를 유보하다

---

19. 의심(하다)

명/동

suspicion,
to suspect, (to) doubt

반의어 믿음

가: 아까부터 계속 이 길로 돌아오는 것 같아. 길 알고 가는 것 맞아?

It feels like we keep coming back to this road. Are you sure you know the way?

나: 이쪽으로 가는 게 확실해. **의심하지 말고** 나 따라와.

I'm certain it's this way. **Stop doubting** and follow me.

기출 표현 의심을 받다, 의심이 가다

---

20. 인정(하다) ☆

명/동

acknowledgement,
admission, to admit,
to acknowledge

내 친구는 노래를 누가 들어도 **인정할 만큼** 잘한다.

My friend is so good at singing that whoever hears her **acknowledges** it.

기출 표현 명에게 인정을 받다 | 잘못을 인정하다

문장을 통해 이어서 학습할 단어의 의미를 추측해 봅시다.

21. 사장님의 결정에 문제가 있었지만 아무도 문제를 **제기하지 않았다**.

22. 선생님께서 한국어 말하기를 잘할 수 있는 방법을 **제시해 주셨다**.

23. 우리 반은 다른 반 친구들에게 축구 시합을 **제안했다**.

24. 우리 어머니는 자식들의 의견을 항상 **존중해 주신다**.

25. 그 남자는 자기가 지갑을 가져간 것이 아니라고 **주장했다**.

26. 교수님은 내가 만든 PPT에 잘못된 내용이 있다고 **지적하셨다**.

27. 반 친구들이 모두 **찬성해서** 내일부터 새로운 규칙을 시작하기로 했다.

28. 내 친구는 사람의 얼굴만 보고 그 사람의 모든 것을 **평가한다**.

29. 같은 물건이 가게에 따라 가격이 다른 것에 대해서 소비자들은 불만을 **표했다**.

30. 선생님은 수업 시간에는 한국어로만 말하게 하셨지만 쉬는 시간에는 영어로 말하는 것을 **허락하셨다**.

21. 제기(하다)

명/동

raising, filing, to raise (a point), to bring up

가: 토론을 할 때 상대방의 의견을 잘 들어야 반론을 **제기할 수 있어요.**

When debating, you have to listen well to your opponent's opinion in order to **raise** a counterargument.

나: 네, 말하는 것보다 듣는 게 더 중요하다고 하잖아요.

Yes, they say that listening is more important than speaking.

기출 표현 문제를 제기하다, 반론을 제기하다, 불만 제기

---

22. 제시(하다)

명/동

suggestion, to suggest

가: 우리 아빠는 내가 고민이 있을 때마다 해결책을 **제시해 주셔.**

Whenever I'm worried about something, my dad **suggests** solutions.

나: 부모님과 고민을 함께 나누는 것은 정말 좋은 것 같아.

I think it's really good to share your worries with your parents.

기출 표현 근거를/방안을/해결책을 제시하다

---

23. 제안(하다)

명/동

suggestion, to suggest

가: 다른 회사에 다니는 선배가 자기 회사로 옮기라고 **제안하더라고.**

A senior of mine who works for another company **suggested** that I move to his company.

나: 그 회사는 어떻대? 지금 회사보다 좋으면 옮기는 것도 좋지.

What does he say the company is like? If it's better than your company now, it'd be good to move.

기출 표현 제안이 나오다, 제안을 받아들이다.

출제 TIP

의견을 말하는 비슷한 단어를 정리해 봅시다.

- **제기(하다):** 주로 문제나 불만 등 부정적인 의견을 말할 때 사용합니다.
  예 친구는 학교의 문제점을 제기했다.
- **제시(하다):** 이유나 방법에 대해서 말할 때 주로 사용합니다.
  예 친구는 내 고민을 듣고 해결책을 제시했다.
- **제안(하다):** 새로운 의견이나 내용을 말할 때 주로 사용합니다.
  예 친구는 다음 주에 여행을 가자고 제안했다.

---

24. 존중(하다)

명/동

(to) respect

가: 민수 씨 선생님은 정말 학생들을 **존중하시는 것 같아요.**

I think Minsu's teacher really **respects** the students.

나: 맞아요. 항상 학생들의 의견을 들어 주시고 학생들을 위해서 노력하시거든요.

Right. He always listens to their opinions and works hard for them.

기출 표현 존중을 받다, 존중을 표시하다

---

25. 주장(하다)

명/동

argument, (to) claim, to argue (that)

가: 어제 학교에서 토론할 때 상대 팀이 너무 강하게 **주장**을 펼쳐서 기분이 안 좋았어요.

I felt bad during the debate at school yesterday when the other team put forth their **argument** so strongly.

나: 토론을 하다 보면 그럴 때가 있어요.

That kind of thing happens when debating.

기출 표현 주장을 펼치다, 주장을 내세우다, 주장을 반박하다

---

26. 지적(하다)

명/동

(to) point (out), (to) comment

가: 회사 생활이 너무 힘드네요. 아주 조금만 실수해도 **지적**받아요.

Office life is too hard. Even the smallest mistake that I make gets **pointed out**.

나: 일이 익숙해지면 괜찮아질 거예요. 힘내세요.

It'll be all right once you get used to it. Cheer up.

기출 표현 지적을 받다, 지적을 당하다, 문제점을 지적하다

---

27. 찬성(하다)

명/동

approval, to approve, to be in favor of

반의어 반대(하다)

가: 저는 아이들이 어렸을 때 외국어를 공부하는 것에 대해서 **찬성하는** 입장이에요.

I'm **in favor of** children studying foreign languages when they're young.

나: 저도 그래요. 어렸을 때 외국어를 공부하면 좋은 점이 많은 것 같아요.

Me too. I think there are a lot of advantages to studying a foreign language when you're young.

기출 표현 찬성과 반대, 찬성의 입장

---

28. 평가(하다)

명/동

evaluation, to evaluate

가: 요즘에는 학생들이 스트레스를 받는다고 시험을 안 본다면서요?

I heard that recently, the students aren't taking tests because they say they're stressed.

나: 네, 시험을 봐야 학생들의 실력을 제대로 **평가할 수 있을** 텐데요.

Yes, but students will have to take tests in order for their skills to be properly **evaluated**.

기출 표현 평가 결과, 평가 기준, 평가를 내리다

---

29. 표하다

동

to express

유의어 표명하다

한국 대통령은 미국 대통령의 한국 방문에 대해 환영의 뜻을 **표했다**.

The president of Korea **expressed** his welcome for the American president's visit to Korea.

기출 표현 뜻을 표하다, 입장을 표하다

---

30. 허락(하다)

명/동

(to give) permission

가: 부모님께 한국으로 유학 가는 것을 **허락** 받았다면서?

I heard you got **permission** from your parents to study abroad in Korea.

나: 응, 그동안 계속 반대하셨는데 드디어 **허락해 주셨어**.

Yeah, they were against it this whole time but they finally **gave** me **permission**.

기출 표현 허락을 받다

출제 TIP

비슷한 단어를 정리해 봅시다.

- **허락(하다)**: 일상생활을 포함해서 모든 일을 할 수 있게 들어준다는 상황에서 사용합니다. 예 부모님께서 여자 친구와 결혼을 허락하셨다.
- **허가(하다)**: 법이나 정해진 규칙 안에서 할 수 있다는 상황에서 많이 사용합니다. 예 학교의 허가를 받지 않은 사람들은 학교에 들어갈 수 없다.

[1-5] 다음 빈칸에 들어갈 단어를 [보기]에서 골라 알맞게 쓰십시오.

보기 | 염려(하다) 제안(하다) 존중(하다) 평가(하다) 인정(하다) 배려(하다)

1. 부장님은 회사 일을 배우기 위해서 밤낮으로 일한 나의 노력을 ____________(-았/었다).

2. 지하철이나 버스에는 몸이 불편한 사람을 ____________(-기 위한) 자리가 있다.

3. 친구가 밤늦게까지 연락이 안 돼서 무슨 일이 생겼을까 봐 ____________(-았/었다).

4. 아무리 어린아이라도 한 명의 인간으로 ____________(-아/어야) 된다고 생각한다.

5. 사장님은 이번 사업의 결과를 아주 좋게 ____________(-았/었다).

[6-8] 다음 사람들의 이야기를 읽고 밑줄 친 의견과 관련해서 어울리는 단어를 연결하십시오.

미카 요즘 우리 사회에 믿을 수 없거나 나쁜 사람이 너무 많습니다. 저는 아이들에게 길에서 <u>어려운 사람을 보면 잘 도와줘야 한다고 가르쳐야 하는지도 다시 한번 생각해 봐야 한다고 생각합니다</u>.

마이클 <u>저도 동의합니다</u>. 요즘 나쁜 사람들은 도움이 필요한 것처럼 속여서 사람들에게 접근하기 때문에 정말 도움이 필요한 사람인지 아닌지 잘 판단할 수 없습니다.

정순 <u>하지만</u> 우리 사회의 모든 사람을 의심하고 나쁜 사람이라고 생각하며 사는 것은 너무 피곤한 일 아닐까요? 저는 아이들에게는 주변의 모든 <u>사람들과 서로 돕고 살아야 한다고 가르치는 것이 맞다고 생각합니다</u>.

6. 미카 • • 찬성하다

7. 마이클 • • 반대하다

8. 정순 • • 경계하다

DAY
05 시간 표현
Expressions of Time

문장을 통해 이어서 학습할 단어의 의미를 추측해 봅시다.

01. 김 작가는 2년에 **걸쳐서** 소설을 썼다.

02. 대학교 입학 서류를 내는 **기한**은 이번 달까지입니다.

03. 시험까지 2주 남았는데 수학이 너무 어려워서 학원에서 **단기** 수업을 들으려고 한다.

04. 친구는 사고로 많이 다쳤기 때문에 사고 **당시**의 일을 기억하지 못했다.

05. 입학식 **당일**에는 차가 많아서 복잡하니까 버스나 지하철을 이용하십시오.

06. 퇴근 시간 **무렵** 차가 막히기 시작했다.

07. 2001년 1월 1일은 **21세기**가 시작된 날이다.

08. 수백 년의 **세월**이 흘러서 경복궁은 서울의 관광지가 됐다.

09. 교수님 말에 따르면 아이들이 언어를 잘 배울 수 있는 **시기**는 4살부터라고 한다.

10. 요즘은 핸드폰으로 음식이나 물건을 주문하는 **시대이다**.

01. 걸치다

동

to span, to extend, over (a period of time)

가: 아직도 점심을 안 먹었어요?
You haven't had lunch yet?

나: 네, 회의가 아침 9시부터 4시간에 **걸쳐서** 진행돼서 밥 먹을 시간도 없었어요.
No, the meeting **spanned** from 9 am to 4 pm so there was no time to eat.

기출 표현 (숫자) + 세기에 걸치다

---

02. 기한

명

time limit, due date, deadline

가: 서류 잘 제출했어요?
Did you submit your documents well?

나: 아니요, 서류 제출 **기한**을 넘기는 바람에 제출하지 못했어요.
No, I missed the **deadline** to submit the documents so I couldn't submit them.

기출 표현 유통 기한, 제출 기한, 기한을 정하다, 기한을 넘기다, 기한을 지키다

---

03. 단기

명

short time, short-term

반의어 장기

가: 수영을 빨리 잘하고 싶어요.
I want to get good at swimming quickly.

나: 수영은 **단기**에 잘할 수 없어요. 천천히 기본부터 잘 배우면 나중에 잘할 수 있을 거예요.
There's no way to get good at swimming in a **short time**. If you slowly learn well, starting with the basics, then later you'll be able to do it well.

기출 표현 단기적, 단기 계획, 단기 교육

---

04. 당시

명

at the time, then, in those days

가: 옛날에는 지구가 네모 모양이라고 생각했대요.
They said that in the past, people thought the Earth was rectangular.

나: 그 **당시**에는 과학이 발전하지 않았으니까요.
That's because science wasn't advanced **in those days.**

기출 표현 그 당시, 그때 당시, 당시 상황

---

05. 당일

명

one-day, the day of, same-day

가: 남이섬이 정말 예쁘다고 들어서 가 보려고요. 하루 만에 다 볼 수 있어요?
I heard that Nami Island is really beautiful so I want to go. Can I see it all in one day?

나: 그럼요. 남이섬은 서울이랑 가깝고 작은 섬이라서 **당일** 여행을 가면 좋은 곳이에요.
Of course. Nami Island is close to Seoul and it's a small island, so it's a good place for a **one-day** trip.

기출 표현 이용 당일, 사건 당일, 당일로 다녀오다

---

06. 무렵
명
about (when), around (when), toward
유의어 즈음

가: 언제부터 가수가 되고 싶었어요?
When did you start wanting to become a singer?

나: 10살 **무렵**인 것 같아요. 학교 노래 대회에서 1등을 했거든요.
I think it was **about when** I was 10 years old. I came in first place in a school singing competition.

기출 표현 저녁 무렵, 해가 질 무렵

---

07. 세기
명
century

가: 경복궁은 언제 만들어졌어요?
When was Gyeongbokgung Palace created?

나: 14**세기**에 처음 지었어요.
It was first built at the beginning of the 14th **century**.

기출 표현 (숫자) + 세기에 걸치다, 반세기

출제 TIP

세기는 '역사'에 대한 주제나 신문이나 뉴스에서 많이 사용됩니다.

예 세종대왕은 **15세기**에 한글을 만드셨다.

예 그 건물은 **반세기**에 걸쳐 만든 건물이다.

'세기' 앞에는 주로 숫자가 옵니다. 또한 예전에 일어난 상황이 오랫동안 계속되었던 경우 '무렵', '걸치다'와 함께 사용합니다.

---

08. 세월
명
time (passing, not a precise point in time)

가: 다음 주가 아들 결혼식이죠? 기분이 어때요?
Your son's wedding is next week, right? How are you feeling?

나: 아이가 태어난 게 엊그제 같은데 **세월**이 정말 빠르게 가는 것 같아요.
It feels like he was born just the other day. **Time** seems to go so quickly.

기출 표현 오랜 세월, 세월이 가다/흐르다/빠르다

---

09. 시기

period, time, moment

가: 수미 씨, 30살에 대학교에 입학하셨는데 소감이 어떠세요?
Sumi, you entered college when you were 30, what are your impressions?

나: 공부에는 정해진 **시기**가 없다고 생각합니다. 늦게 입학한 만큼 더 열심히 공부하겠습니다.
I think there's no set **period** for learning. As late as I was starting school, I'll study that much harder.

기출 표현 어려운 시기, 학습 시작 시기, 관심을 보이는 시기

---

10. 시대
명
era, age, period

가: 유럽 여행 가서 뭐가 제일 좋았어요?
What was the best part of your trip to Europe?

나: 미술관에서 중세 **시대** 그림을 직접 볼 수 있어서 너무 좋았어요.
I really liked that I could see paintings from the medieval **era** in person at the museum.

기출 표현 1인 미디어 시대, 시대가 바뀌다, 새 시대를 열다

☑ 문장을 통해 이어서 학습할 단어의 의미를 추측해 봅시다.

11. 요즘 배가 자주 아파서 검사를 했는데 결과가 나오는 데 **시일**이 걸린다고 한다.

12. 놀이터에서 아이들이 노는 모습을 보니까 나의 어린 **시절**이 생각났다.

13. 중요한 시험이 얼마 남지 않은 **시점**에는 공부도 중요하지만 건강도 잘 챙겨야 한다.

14. 학생들이 대학교 입학시험을 일주일 **앞두고** 열심히 공부했다.

15. 집 계약 기간이 끝나가는데 이 집에서 더 살고 싶어서 1년 더 **연장했다**.

16. 고향에 오랜만에 갔는데 **예전** 모습 그대로라서 어릴 때 생각이 많이 났다.

17. 우리 마을에 있는 나무는 50년이 넘는 **오랜** 시간 동안 그 자리를 지키고 있다.

18. **요즘**은 인터넷으로 쇼핑, 게임, 친구 만들기 등 모든 것을 할 수 있는 시대다.

19. 토픽 쓰기 시험에 300자 **이내**로 글을 쓰는 문제가 있다.

20. 아직 말도 제대로 못 하는 아이에게 영어를 가르치는 것은 **이르다고 생각한다**.

Day 05-2

11. 시일
명
time, day, date

가: 언제까지 공사를 하는 거예요? 너무 시끄러워요.
How long will the construction be going on for? It's too loud.

나: 불편을 드려서 죄송합니다. 빠른 **시일** 내에 공사를 끝내도록 하겠습니다.
I apologize for the inconvenience. We'll try to finish in as quick a **time** as possible.

기출 표현 빠른 시일 내에, 시일이 걸리다, 시일 안에 마치다

---

12. 시절
명
days, years

가: 요즘 부모님을 보면 나이가 많이 드신 것 같아요.
These days, when I see our parents, it seems like they've gotten much older.

나: 그러게요. 우리를 키우느라고 젊은 **시절**을 다 보내서 그런가 봐요.
Tell me about it. It must be because they spent all of their young **days** raising us.

기출 표현 학창 시절, 어린 시절, 대학생 시절

---

13. 시점
명
moment, time

가: 결승전을 앞둔 선수들에게 가장 필요한 것은 무엇일까요?
What is it that players need the most right ahead of the playoffs?

나: 지금 이 **시점**에 가장 필요한 것은 이길 수 있다는 자신감이라고 생각합니다.
In this **moment**, I think the thing we need the most is the confidence that we can win.

기출 표현 과거의 시점

출제 TIP

'때'를 나타내는 단어를 정리해 봅시다.

- **시대** 예 박물관에 가면 시대에 따라 전시된 물건들을 볼 수 있다.
- **시절** 예 대학생 시절에 돈이 없어서 아르바이트를 많이 했다.
- **시점** 예 사장님은 회사가 시대에 맞게 변화해야 할 시점이라고 생각했다.

---

14. 앞두다
동
to be ahead, to have (an amount of time), to go (until something)

가: 이제 결혼을 한 달 **앞두고** 있네요. 준비는 다 했어요?
There's just a month **to go until** your marriage. Are you all ready?

나: 준비할 게 많아서 정신이 없어요. 아직도 준비를 다 못 했어요.
There are so many things to prepare that I'm all over the place. I haven't been able to get everything ready yet.

기출 표현 시험/졸업/시간을 앞두다

---

15. 연장(하다)
명/동
extension, to extend

유의어 늘이다, 늦추다

가: 이번 달에 인터넷 계약이 끝나는데 다른 회사로 바꾸는 게 좋을까?
Our internet contract is ending this month. Would it be good to change to a different provider?

나: 2년 더 **연장하면** 선물을 준다는데 **연장하는** 건 어때?
They say that if we **extend** for another 2 years, they'll give us a gift, so what do you think about **extending**?

기출 표현 연장 근무, 연장 공연, 기간을 연장하다, 계약을 연장하다

---

16. 예전

명

the past, old times

가: 아까 그 사람이 누군데 그렇게 좋아해?

Who was that person earlier who you like so much?

나: 중학교 때 좋아하던 오빠인데 **예전**처럼 지금도 멋있네.

It was an older boy whom I liked in middle school, and he's just as cool now as he was in **the past**.

기출 표현 예전 모습, 예전 그대로, 예전과 다름없다, 예전만 못하다

---

17. 오랜

형

long, old

가: 어제 용기 내서 고백했는데 그 사람도 날 좋아하고 있었대.

Yesterday I gathered my courage and confessed my feelings and the other person said that she liked me too.

나: 축하해. 진짜 **오랜** 시간 좋아했잖아.

Congratulations. You've liked her for a really **long** time.

기출 표현 오랜 시간, 오랜 세월, 오랜 노력

출제 TIP

긴 시간을 나타내는 '오래'와 '오랜'을 구별해 봅시다.

- **오래:** 부사 뒤에 동사와 함께 사용합니다.
  예 집에서 학교까지 멀어서 오래 걸린다.
- **오랜:** 형용사 뒤에 '시간, 세월, 노력'과 같이 명사와 사용합니다.
  예 이 집에서 오랜 시간을 살았다.

---

18. 요즘 ☆

명

these days, lately

유의어 요새

가: 예전에는 운동을 싫어해서 전혀 안 했어요.

In the past, I didn't like exercise so I didn't do it at all.

나: 정말요? **요즘**은 매일 아침에 운동을 하잖아요.

Really? **These days**, you exercise every morning.

기출 표현 요즘 시대, 요즘 아이들, 요즘 유행이다

---

19. 이내

명/부

within

가: 어디야? 이번에도 또 늦어?

Where are you? Are you late again?

나: 미안해. 지금 지하철에서 내렸어. 5분 **이내**로 도착할 수 있어.

Sorry. I just got off the subway. I can be there **within** 5 minutes.

기출 표현 오 미터 이내, 오만 원 이내

---

20. 이르다 ☆

동

to be early

유의어 빠르다

가: 김 과장님은 항상 출근이 **이른 것 같아**. 매일 제일 먼저 오시잖아.

Manager Kim always **seems to** come to work **early**. He's the first one to arrive every day.

나: 아침을 회사에서 드신대. 그래서 집에서 일찍 출발하신대.

I heard he eats breakfast at work. So that's why he leaves home early.

기출 표현 이른 아침, 아직 이르다, 시작이 이르다

문장을 통해 이어서 학습할 단어의 의미를 추측해 봅시다.

21. 7세 **이전**에 피아노를 배우면 머리가 좋아진다는 말이 있다.

22. 다음 올림픽 개막 **일시**는 2028년 7월 21일이다.

23. **장시간** 운전을 하면 피곤하기 때문에 중간에 쉬면서 운전하는 것이 좋다.

24. 바람이 서늘해지고 하늘이 맑은 것을 보니까 이제 가을에 **접어든 것 같다**.

25. 내 친구는 약속을 하면 **제시간**에 온 적이 한 번도 없는데 오늘도 늦어서 화를 냈다.

26. 우리 팀은 경기 **초반** 선수 한 명이 다쳐서 아주 힘든 경기를 했다.

27. 이번 달 **중순**부터 많이 더워지겠습니다.

28. 큰 병이라도 **초기**에 발견하면 고칠 수 있다.

29. 지금은 성공한 김 사장님은 회사의 **초창기**를 생각하면 정말 힘들었다고 말했다.

30. 이 핸드폰은 산 날짜부터 **향후** 2년간 고장이 나면 무료로 고칠 수 있다.

21. 이전
명
before, previously
반의어 이후

내 친구는 대학교 졸업 **이전**에 취직해서 친구들 중에서 가장 먼저 일을 시작했다.
My friend got a job **before** college graduation so they were the first of our friends to start working.

기출 표현 19세기 이전, 이전부터, 산업 혁명 이전

---

22. 일시
명
date and time

가: 다음 주 회의 **일시**와 장소는 이메일로 보내 드리겠습니다.
I'll send you the **date and time** of next week's meeting in an email.
나: 네, 알겠습니다.
Understood.

기출 표현 방송 일시, 촬영 일시, 회의 일시

---

23. 장시간
명
long, a long time
반의어 단시간

가: 점심 먹었어요?
Did you have lunch?
나: 아니요, 아침부터 **장시간** 회의를 해서 이제 겨우 끝났어요.
No, I was in a **long** meeting since this morning and only just finished.

기출 표현 장시간 노동, 장시간이 걸리다

---

24. 접어들다
동
to enter, to reach
유의어 들어서다

가: 30대에 **접어드니까** 건강을 잘 챙겨야겠다는 생각이 들어요.
Now that I've **reached** my 30s, I'm thinking that I need to take care of my health.
나: 저도요. 20대 때는 건강이 중요하다는 생각을 별로 못했어요.
Me too. I didn't really think that my health was important in my 20s.

기출 표현 기계 시대로 접어들다, 여름에 접어들다

---

25. 제시간
명
on time, the correct time
유의어 제때

가: 기차 출발하기 전까지 올 수 있겠어?
Will you be able to arrive before the train departs?
나: 일 끝나자마자 출발하면 **제시간**에 도착할 수 있을 거야.
If I leave as soon as I finish work, I'll be able to arrive **on time**.

기출 표현 제시간에 끝내다, 제시간에 도착하다, 제시간에 오다

---

26. 초반
명
beginning, early part, first half

가: 20대 **초반**에는 옷에 관심이 많았어요.
I was really into clothes in my **early** 20s.
나: 저도요. 유행에 관심이 많아서 유행하는 옷이나 신발을 많이 샀어요.
Me too. I was interested in trends and bought a lot of trendy clothes and shoes.

기출 표현 19세기 중반, 후반에 들어가다

출제 TIP

관련 표현의 예문을 익혀 봅시다.

- **중반** 예 한 설문 조사에서 30대 중반 남자들이 가장 좋아하는 운동은 야구라고 했다.
- **후반** 예 한국은 1990년대 후반부터 아이돌 가수가 인기를 많이 얻었다.

27. 중순

명

the middle (10 days) of a month

가: 이번 달 **중순** 이후부터 돼지고기 가격이 많이 오른대요.

They say the price of pork will go up a lot after **the middle of the month**.

나: 그래요? 채소도 과일도 너무 비싼데 고깃값까지 오른다니 생활비가 많이 들겠어요.

Really? Fruit and vegetables are already so expensive, and if the price of meat goes up too, the cost of living is going to be really high.

기출 표현 내달 중순(다음 달 중순), 일월 중순, 중순 무렵

출제 TIP

연관 표현을 익혀 봅시다.

- **초순, 중순, 하순:** 한 달 중에서 처음, 중간, 마지막 단계를 의미합니다.
  예 7월 하순에 세계적인 축구 대회가 열린다.
  한국은 보통 12월 초순에 첫눈이 내린다.
  월/달 + '초순, 중순, 하순'
- **초반, 중반, 후반:** 어떤 일이나 나이 대, 시간, 경기의 처음, 중간, 마지막 단계를 말합니다.
  예 축구 경기는 경기 초반에 골을 넣는 팀이 유리하다.
  나이대/경기/시간 + '초반, 중반, 후반'

---

28. 초기

명

beginning, early period, early stage, first trimester

반의어 반대(하다)

가: 아기가 생겼다면서요? 축하해요.

I heard you're having a baby. Congratulations.

나: 감사합니다. 아직 **초기**라서 건강관리를 잘해야 한대요.

Thank you. It's still just **the first trimester** so they say I have to take good care of my health.

기출 표현 정권 초기, 조선 초기, 초기에 발견하다

출제 TIP

연관 표현을 익혀 봅시다.

- **중기** 예 조선 시대에는 중기에 큰 전쟁이 있었다.
- **후기** 예 반 고흐는 19세기 후기를 대표하는 화가이다.

---

29. 초창기

명

early days, initial period

가: 나라를 만든 **초창기** 때는 여러 가지 법을 새로 만드는 것이 특징인 것 같아요.

I think the **early days** of the founding a country are characterized by creating several new laws.

나: 맞아요. 새 나라에 맞는 법을 만드는 게 제일 먼저 할 일이죠.

That's right. The first thing that needs to be done is creating laws that suit the new country.

기출 표현 건국 초창기, 초창기 시절, 초창기 영화

---

30. 향후

명

future, from now on, after

유의어 이후

가: 이번 콘서트가 끝나면 **향후** 계획이 어떻게 되십니까?

After this concert is over, what are your plans for the **future**?

나: 콘서트를 잘 끝내고 나면 쉬면서 노래를 만들 예정입니다.

After finishing this concert, I plan to rest and write songs.

기출 표현 향후 계획, 향후 일정, 향후의 전망, 향후 변화

DAY 05 | 앞에서 배운 내용을 확인해 봅시다.

[1-4] 다음 빈칸에 들어갈 단어를 [보기]에서 골라 알맞게 쓰십시오.

보기 | 제시간 당시 앞두다 초기 향후

1. 졸업을 ________ 대학원에 갈지 회사에 취직할지 고민이다.
-고
2. 여자 친구를 처음 만난 그 ________ 에 나는 19살이었다.
3. 사업을 시작한 ________ 에는 모르는 것이 많아서 고생했다.
4. 날씨 때문에 비행기가 ________ 에 출발하지 못했다.

[5-6] 다음 빈칸에 공통으로 들어갈 단어를 [보기]에서 골라 알맞게 쓰십시오.

보기 | 당일 시대 시점 장기

5. 유럽으로 ( ) 여행을 떠날 예정이라서 준비를 꼼꼼하게 해야 한다.
언어는 빨리 잘할 수 없기 때문에 ( ) 목표를 세우고 꾸준히 열심히 공부해야 한다.
____

6. 옛날에는 신문이나 텔레비전 광고가 중요했는데 요즘은 인터넷 광고가 중요한 ( )(이)다.
박물관에 가면 공룡을 ( ) 순서대로 구분한 전시를 볼 수 있다.
____

[7-9] 다음 밑줄 친 단어와 비슷한 의미의 단어를 쓰십시오.

보기 | 요즘 접어들다 이르다 연장(하다)

7. 벌써 덥네요. 시원한 음식이 생각나는 걸 보니까 여름에 <u>들어선 것 같아요</u>. ( )
8. 기차 출발 시간이 7시인데 아직 3시간이나 남았네. 지금 출발하는 건 너무 <u>빠르다</u>. ( )
9. 이 바지가 <u>요새</u> 유행하는 스타일이다. ( )

DAY

06 여가 생활

Leisure Time

문장을 통해 이어서 학습할 단어의 의미를 추측해 봅시다.

01. 대학에 들어가면 축구 동아리에 **가입해서** 운동도 하고 친구도 사귈 생각이다.

02. 여행 **경비**가 부족해서 가까운 거리는 걷고 택시 대신 버스나 지하철을 타기로 했다.

03. 바쁜 일상을 사는 사람들의 최고 **관심사**는 게임, 쇼핑, 영화와 같은 여가 활동이다.

04. 서울은 복잡하면서도 아름다운 도시 생활의 **광경**을 볼 수 있는 여행지이다.

05. 따뜻한 봄 날씨를 느끼기 위해 **교외**로 드라이브를 다녀왔다.

06. 내가 가입한 영화 **동아리**는 일주일에 한 번 모여 함께 영화도 보고 이야기도 나눈다.

07. 연휴를 맞아 공항에는 여행을 **떠나는** 사람들로 북적이고 있다.

08. 사진작가인 우리 형은 카메라 하나만 가지고 계획 없이 **무작정** 여행을 떠나곤 한다.

09. 요즘 사람들은 숙박 앱을 통해 여행 때 **묵을** 호텔을 예약한다.

10. 최근 답답한 집 안을 **벗어나서** 야외에서 즐길 수 있는 스포츠가 인기다.

Day 06-1

01. 가입(하다)

명/동
registration, to register for, to join

반의어 탈퇴(하다)

가: 요가 동아리는 여자들만 **가입할 수 있나요?**
Can only women **join** the yoga club?

나: 아니요, 남녀 모두 **가입할 수 있습니다.**
No, both men and women **can join**.

기출 표현 명에 가입하다 | 동아리/동호회에 가입하다, 회원 가입, 가입자, 가입비

---

02. 경비

명
fees, expenses, funds

유의어 비용

유학 **경비**를 마련하기 위해 1년 동안 아르바이트를 했다.
In order to prepare **funds** for studying abroad, I worked a part-time job for 1 year.

기출 표현 경비가 들다, 경비를 줄이다, 경비를 마련하다

출제 TIP

접 **-비**: 명사 뒤에 붙어, 그 일을 하는 데 드는 '비용'이나 '돈'의 뜻을 나타냅니다.
예 생활비, 가입비, 숙박비, 활동비

---

03. 관심사

명
interest

이 드라마는 10대 여학생들의 최대 **관심사**인 우정과 사랑이라는 주제를 담고 있다.
This TV drama is full of themes that are teenage girls' greatest **interests**, like friendship and love.

기출 표현 관심사가 같다/다르다, 관심사를 고려하다

---

04. 광경

명
sight, scenery, scene

가: 어제 설악산에 갔다면서요?
I heard you went to Mt. Seorak yesterday.

나: 네, TV에서만 보던 아름다운 **광경**을 직접 보니까 감동적이었어요.
Yes, seeing in person the beautiful **scenery** that I'd only seen before on TV was really moving.

기출 표현 광경을 보다

---

05. 교외

명
suburbs

바쁜 일상에 지친 사람들이 주말에 **교외**로 나가 맑은 공기를 마시며 재충전의 시간을 갖는다.
On the weekend, people who are tired from their busy daily lives go out to the **suburbs** and take time to recharge, breathing in the fresh air.

기출 표현 교외로 나가다

06. 동아리

명

club, group

가: **동아리** 활동을 한 적이 있어요?

Have you ever done any **club** activities?

나: 네, 학교에서 댄스 **동아리**를 만들어서 활동한 적이 있어요.

Yes, in school I created a dance **club** and was active.

기출 표현 동아리 활동을 하다, 동아리를 만들다, 동아리에 가입하다

---

07. 떠나다

동

to leave

반의어 돌아오다

고향을 **떠나** 한국에서 산 지 벌써 10년이 되었다.

It's already been 10 years since I **left** my hometown and came to live in Korea.

기출 표현 명(으)로 명을/를 떠나다 | 한국으로 여행을 떠나다

---

08. 무작정

부

thoughtlessly, blindly, aimlessly

가: 버스가 왜 이렇게 안 오지?

Why isn't the bus coming?

나: **무작정** 기다리지 말고 시간을 한번 확인해 봐.

Don't just wait around **aimlessly**; check the time.

기출 표현 무작정 떠나다

---

09. 묵다

동

to stay (somewhere)

가: 여행 가면 어디에서 지낼 예정이에요?

Where do you plan to stay when you travel?

나: 친구 집에서 며칠 **묵으려고요.**

I'**ll stay** at a friend's house for a few days.

기출 표현 명에서 묵다 | 호텔에서 묵다

---

10. 벗어나다

동

to get out from, to get free of, to escape

유의어 빠져나오다

현대인들은 스트레스에서 **벗어나기** 힘들다.

Modern people have a hard time **getting free of** stress.

기출 표현 명에서 벗어나다, 명을/를 벗어나다 |
부담/고통/제약/상황에서 벗어나다, 일상을 벗어나다

문장을 통해 이어서 학습할 단어의 의미를 추측해 봅시다.

11. 해외여행은 경비가 많이 들어서 국내 여행으로 계획을 **변경했다**.

12. 10월의 마지막 휴일을 맞아 공원은 아름다운 단풍을 즐기려는 사람들로 **북적였다**.

13. 요가는 건강한 몸을 만들어 줄 뿐만 아니라 일상에 활력을 **불어넣는다**.

14. 나의 **소소한** 일상을 오랫동안 기억하기 위해 사진을 찍어서 SNS에 올리기로 했다.

15. 나는 장난감을 **수집하는** 것이 취미여서 주말마다 문구점을 찾아다닌다.

16. 여행을 떠나려는 사람들이 몰리면서 주말뿐만 아니라 평일에도 **숙박** 예약을 하기가 매우 어렵다.

17. 요즘은 기차 시간을 인터넷을 통해 **알아볼 수 있어서** 역에 직접 갈 필요가 없다.

18. 날씨가 따뜻해져서 주말 이틀 중 하루는 자전거 타기, 등산과 같은 **야외** 활동을 한다.

19. 바쁜 일상을 벗어나 가족과 **여가** 활동을 함께 하며 삶의 여유를 느끼고 싶다.

20. 너무 바빠서 취미와 여가 생활을 즐길 **여유**가 없는 회사원들이 많다.

21. 건강한 몸을 만들고 **일상생활**에서 받는 스트레스도 풀기 위해 운동을 시작했다.

Day
06-2

11. 변경(하다)
명/동
(to) change

유의어 바꾸다

개인 정보를 보호하기 위해서 비밀번호를 자주 **변경하는** 것이 좋다.
It's good to **change** your password frequently in order to protect your personal information.

기출 표현 변경되다, 계획을 변경하다

---

12. 북적이다
동
to be crowded

유의어 붐비다, 북적거리다

기차역은 고향에 내려가려는 사람들로 **북적였다.**
The train station was **crowded** with people heading out to their hometowns.

기출 표현 명(으)로 북적이다 | 사람들로 북적이다

---

13. 불어넣다
동
to instill, to inspire

그의 영화는 일상에 지친 아이들에게 용기와 희망을 **불어넣어** 주었다.
His movie **instilled** courage and hope in children tired from their daily lives.

기출 표현 활력을 불어넣다

---

14. 소소하다
형
to be small, to be simple

작고 **소소한** 일이라도 꾸준히 계속하면 좋은 결과를 얻을 수 있다.
Even if it's something small and **simple**, if you keep it up, you'll get good results.

기출 표현 소소한 일상

---

15. 수집(하다)
명/동
collection, to collect

유의어 모으다

논설문이나 설명문을 쓸 때는 먼저 자료를 **수집해야 한다.**
When writing persuasive or descriptive writing, you **must** first **collect** material.

기출 표현 명을/를 수집하다 | 정보/자료를 수집하다

---

16. 숙박

명
lodging, accommodation

여행 경비가 부족해서 저렴한 **숙박** 시설을 알아보고 있다.
My travel expenses are insufficient, so I'm looking into inexpensive **accommodation** facilities.

기출 표현 숙박비, 숙박 시설, 숙박을 알아보다

---

17. 알아보다

동
to look into, to search, to check

유의어 조사하다

가: 기차 시간을 **알아보려면** 어떻게 해야 돼요?
What should I do to **check** the time for the train?

나: 인터넷으로 검색하거나 역에 전화해 보세요.
Try searching online or calling the station.

기출 표현 정보를/가격을 알아보다

---

18. 야외

명
outdoors, outside

가: 내일 밖에 나가서 운동을 좀 하려고요.
I'm going to go out tomorrow and exercise a little.

나: **야외** 활동을 하기에는 아직 너무 춥지 않아요?
Isn't it still too cold for **outdoor** activities?

기출 표현 야외로 나가다

---

19. 여가

명
leisure, free time

여가 시간에 주로 책을 읽거나 밖에서 자전거를 탄다.
In my **free time** I mostly read books or ride my bike outside.

기출 표현 여가 생활, 여가 활동, 여가 시간, 여가를 즐기다

---

20. 여유

명
spare, relaxation, freedom

요즘 아이들은 공부하느라 마음껏 뛰어놀 **여유**가 없다.
These days, children don't have the **freedom** to run and play as they'd like because they're studying.

기출 표현 여유가 있다/없다, 여유를 얻다, 여유가 생기다, 여유가 넘치다

---

21. 일상

명
daily life

가: 이게 뭐예요?
What's this?

나: 제 블로그예요. 요즘 블로그에 제 **일상**을 사진과 글로 남기고 있어요.
It's my blog. Lately I upload photos and writing about my **daily life** to my blog.

기출 표현 일상생활, 일상적

문장을 통해 이어서 학습할 단어의 의미를 추측해 봅시다.

22. 여러 사람이 함께하는 여행은 각자의 **일정**을 맞추기가 매우 힘들다.

23. 이번 여행은 일정 없이 **자유롭게** 다니며 여행을 즐기고 싶다.

24. 방학은 학교생활에 지친 학생들의 몸과 마음을 **재충전할 수 있는** 시간이다.

25. 이번 여름 방학을 어떻게 보낼 것인지 미리 계획을 **짜 보았다**.

26. 최근에는 유명한 관광지 대신 자신의 **취향**에 맞는 장소를 찾는 여행이 인기이다.

27. 이번 휴가 때는 조용한 산에서 **캠핑**을 하면서 여유를 느끼고 싶다.

28. 보통 영화 감상, 등산 등과 같은 취미 생활을 통해 스트레스를 **해소한다**.

29. 배우 김규원 씨는 대학 시절 연극 동아리에서 **활동했다**.

30. 휴식과 여가는 바쁘고 힘든 일상에 **활력**이 된다.

31. 주말을 맞아 공항과 고속도로 **휴게소**는 여행을 떠나려는 사람들로 북적였다.

32. 일을 하다가 피곤할 때는 잠시라도 밖에 나가서 **휴식**을 취하는 것이 좋다.

22. 일정
명
schedule
유의어 스케줄

가: 갑자기 약속을 취소한다고?
You're saying you have to suddenly cancel our appointment?
나: 응, 업무 **일정**이 바빠서 시간을 못 낼 것 같아.
Yeah, my work **schedule** is busy so I don't think I can make the time.

기출 표현 여행 일정, 일정을 짜다, 일정을 마치다

---

23. 자유롭다
형
to be free

시험이 끝나면 당분간 여행을 다니면서 **자유롭게** 쉬고 싶다.
After the test is over, I want to travel for a little while and rest in **freedom**.

기출 표현 자유롭게 이야기하다/토론하다/표현하다/행동하다/활동하다

---

24. 재충전(하다)
명
(to) recharge

가수 박정우 씨는 음악 활동을 당분간 쉬면서 **재충전**의 시간을 가질 계획이라고 한다.
The singer Park Jeongwu says he plans to rest from music activities and take time to **recharge**.

기출 표현 재충전하다, 재충전이 되다, 재충전이 필요하다, 재충전을 시키다

---

25. 짜다
동
to make (a schedule or plan), to arrange

가: 여행 준비는 잘하고 있어요?
Are your travel preparations going well?
나: 계획은 **짰는데** 아직 숙소 예약은 못 했어요.
I **made** plans but I haven't been able to book accommodations yet.

기출 표현 일정을 짜다, 계획을 짜다

---

26. 취향
명
(personal) taste, preference

가: 저는 멜로나 코미디 영화보다는 액션 영화를 더 좋아해요.
I like action movies more than melodramas or comedies.
나: 저하고 영화 **취향**이 비슷하네요. 저도 액션 영화를 좋아해요.
Your **taste** in movies is similar to mine. I like action movies too.

기출 표현 취향이 같다/다르다, 취향이 까다롭다, 취향이 비슷하다, 취향에 맞다

---

27. 캠핑
명
camping

캠핑카에는 주방, 침대, 테이블 등이 있어서 어디에서나 편하게 **캠핑**을 즐길 수 있다.
Camping cars have a kitchen, bed, table, etc. so that you can enjoy **camping** comfortably from anywhere.

기출 표현 캠핑장, 캠핑을 가다

출제 TIP

'캠핑'과 관련된 어휘를 알아봅시다.

- **캠핑장**: 캠핑을 할 수 있도록 야외에 시설을 마련해 놓은 곳
- **캠핑카**: 여행하면서 조리와 숙박을 할 수 있게 만든 자동차

28. 해소(하다)

명/동

resolution, to resolve, to ease, to relieve

유의어 없애다

스트레칭을 하면 피로를 **해소하는 데** 도움이 된다.

If you stretch, it can help to **relieve** fatigue.

기출 표현 해소되다, 어려움을/불만을/불편을/갈등을/스트레스를 해소하다

---

29. 활동(하다)

명/동

activities, to be active, to promote

그는 오랫동안 장애인들을 돕는 봉사 **활동**을 하고 있다.

He has been doing volunteer **activities** to help disabled people for a long time.

기출 표현 작품/동호회/봉사/연구 활동, 활동비, 활동적, 활동이 활발하다, 활동을 벌이다

---

30. 활력

명

energy, vitality

유의어 활기

아침에 운동을 하면 **활력**이 넘치는 하루를 시작할 수 있다.

If you exercise in the morning, you can start your day full of **energy**.

기출 표현 활력을 불어넣다, 활력이 넘치다, 활력을 잃다

---

31. 휴게소

명

rest stop, service area

운전하다가 졸릴 때는 **휴게소**에 들러 휴식을 취하는 것이 좋다.

When you're driving and get tired, it's good to stop at a **service area** and take a break.

기출 표현 고속도로 휴게소, 휴게소를 찾다, 휴게소에 들르다

출제 TIP

접 -소: 명사와 결합하여 어떤 일을 하는 장소를 나타냅니다.

- **휴게소:** 잠깐 쉬는 장소
- **매표소:** 표를 파는 장소
- **사무소:** 일을 하는 장소

---

32. 휴식

명

break, rest

유의어 쉬다

가: 몸이 아픈 건 괜찮아졌어요?

Have you recovered from being ill?

나: 네, **휴식**을 취하고 나니까 괜찮아졌어요.

Yes, since I took a **break** I'm doing better.

기출 표현 휴식처, 휴식을 취하다, 휴식 시간, 휴식 공간

☑ DAY 06 | 앞에서 배운 내용을 확인해 봅시다.

[1-5] 다음 빈칸에 들어갈 단어를 [보기]에서 골라 알맞게 쓰십시오.

보기 | 가입하다 해소하다 자유롭다 알아보다 벗어나다

1. 요즘은 직접 가게에 가지 않아도 핸드폰 가격을 인터넷으로 ______(-(으)ㄹ) 수 있다.
2. 자전거를 혼자 타다가 동호회에 ______(-아/어서) 취미가 같은 사람들과 함께 타니까 더 재미있다.
3. 스트레스를 ______(-는) 방법 중에 하나는 운동이다.
4. 캠핑은 도시를 ______(-아/어서) 자연 속에서 여유를 즐길 수 있어서 좋다.
5. 혼자 여행하면 먹고 싶은 것도 마음대로 먹고 하고 싶은 것도 ______(-게) 할 수 있다.

[6-9] 다음 빈칸에 공통으로 들어갈 단어를 [보기]에서 골라 알맞게 쓰십시오.

보기 | 일상 활동(하다) 수집(하다) 변경(하다) 묵다

6. 가: 요즘 매일 똑같은 ______(이/가) 계속돼서 너무 재미없어.
   나: 주말에 여행이라도 다녀오지 그래?

7. 가: 여행 준비는 얼마나 했어?
   나: 비행기 표하고 ______(-(으)ㄹ) 곳만 예약했어. 다른 계획은 아직 안 짰어.

8. 가: 와, 이게 뭐예요?
   나: 저희 아빠 취미가 여러 나라 동전을 ______(-는) 거예요. 그건 프랑스 동전이네요.

9. 가: 우리 선생님은 5년 전부터 버려진 동물을 돌보는 봉사 ______(을/를) 하고 있대요.
   나: 저도 들었어요. 정말 대단해요.

DAY
07 음식과 조리
Food and Cooking

☑ 문장을 통해 이어서 학습할 단어의 의미를 추측해 봅시다.

01. 커피 **가루**를 냉장고에 넣어 두면 음식 냄새를 없앨 수 있다.

02 영화관 매점에서 팝콘이나 샌드위치와 같은 **간단한** 음식을 살 수 있다.

03. 치킨은 닭고기를 **고온**의 기름에 튀겨서 만든 음식이다.

04. 현미, 보리와 같은 **곡물**을 먹으면 건강에도 좋고 다이어트에도 도움이 된다.

05. 날씨가 추워지면서 따뜻한 **국물** 음식을 찾는 사람이 많다.

06. 채소와 과일은 깨끗이 씻고 **껍질**을 벗겨 먹는 것이 안전하다.

07. 오랫동안 두고 먹을 음식은 **냉동해서** 보관하는 것이 좋다.

08. 편의점에는 전자레인지에 **데워서** 간편하게 먹을 수 있는 음식들이 많다.

09. 해외에서 **맛볼 수 있던** 음식을 요즘은 국내에서도 쉽게 먹을 수 있다.

10. 시장에 가면 과일, 떡, 고기 등 다양한 **먹을거리**를 맛보거나 구경할 수 있다.

Day 07-1

01. 가루
명
powder, grounds, flour

가: 아이가 **가루**로 된 약을 먹기 힘들어해요.
It's difficult for my child to take **powdered** medicine.
나: 그럼 물약으로 바꿔 드릴게요.
Then I'll change it into liquid medicine for you.

기출 표현 가루가 되다, 가루로 만들다

---

02. 간단하다
형
to be simple, to be easy
반의어 복잡하다

가: 점심 먹었어요?
Did you eat lunch?
나: 바빠서 컵라면으로 **간단하게** 때웠어요.
I was busy so I **simply** made do with instant ramyun.

기출 표현 부 간단히 | 간단한 일, 간단한 설명, 과정이 간단하다, 간단히 설명하다

---

03. 고온
명
high temperature
반의어 저온

이 음식은 160°C 이상의 **고온**으로 조리해야 맛과 향을 살릴 수 있다.
This food needs to be cooked at a **high temperature** of over 160°C to bring out its taste and aroma.

기출 표현 고온 상태, 고온 현상, 고온의 날씨

---

04. 곡물
명
grain
유의어 곡식

요즘 사람들은 **곡물**과 채소 대신에 고기를 더 많이 먹는다.
People these days eat more meat instead of **grains** and vegetables.

기출 표현 곡물을 생산하다, 곡물을 수확하다, 곡물을 재배하다

출제 TIP
자주 쓰이는 곡물의 종류도 함께 알아두세요.
- 쌀, 밀, 벼, 옥수수, 보리, 콩

---

05. 국물
명
broth, soup

가: 옷이 더러워졌네요.
Oh, your clothes are dirty.
나: 아까 점심 먹다가 옷에 **국물**을 흘렸거든요.
I was eating lunch earlier and spilled **soup** on my clothes.

기출 표현 국물을 마시다, 국물이 식다, 국물이 짜다

06. 껍질

명

skin, peel, shell

가: 제가 음식 준비를 도와드릴까요?

Shall I help you prepare the food?

나: 네, 이 칼로 감자 **껍질**을 좀 벗겨 주세요.

Sure, please take the **peel** off the potatoes with this knife.

기출 표현 과일 껍질, 껍질을 깎다, 껍질을 까다, 껍질을 벗기다

---

07. 냉동(하다)

명/동

frozen, to freeze

유의어 얼리다

가: 이 음식은 어떻게 보관해요?

How do I store this food?

나: 오래 두고 먹으려면 **냉동** 보관해야 돼요.

If you're going to keep it for a long while before eating it, you have to store it **frozen**.

기출 표현 냉동 장치, 냉동 보관, 냉동 시설, 냉동을 시키다

---

08. 데우다

동

to heat up

밥이 차가워서 전자레인지에 따뜻하게 **데워** 먹었다.

The rice was cold so I **heated** it **up** in the microwave and ate it.

기출 표현 음식을 데우다

---

09. 맛보다

동

to taste

가: 내일 부산에 가는데 어디에 가 보면 좋을까요?

I'm going to Busan tomorrow. Where should I go?

나: 자갈치시장에 가 보세요. 신선한 해산물을 **맛볼 수 있어요.**

Go to Jagalchi Market. You can **taste** fresh seafood.

기출 표현 음식을 맛보다

---

10. 먹을거리

명

foods, foodstuff, things to eat

제주는 볼거리와 **먹을거리**가 다양해서 관광객들에게 인기가 많은 여행지이다.

Jeju is a popular travel destination for tourists because it has various **things to** see and **eat**.

출제 TIP

의존명사 **거리**

주로 명사나 '-(으)ㄹ'과 함께 쓰이며 어떠한 일을 하는 데 내용이 되는 재료를 말합니다.

예 명 **거리:** 관심거리, 걱정거리, 구경거리, 일거리

동 **-(으)ㄹ 거리:** 말할 거리, 만들 거리, 들을 거리, 마실 거리

동사와 결합할 때는 '거리' 앞에 띄어 쓰는 것이 원칙이지만 사람들이 많이 사용하는 단어는 붙여 쓰기도 합니다.

예 볼거리, 놀거리, 읽을거리, 쓸거리

문장을 통해 이어서 학습할 단어의 의미를 추측해 봅시다.

11. 만두는 밀가루 **반죽**에 고기, 채소와 같은 재료를 넣어 만든다.

12. 명절에는 온 가족이 **밥상** 앞에 모여 앉아 아침 식사를 한다.

13. 우유, 치즈, 버터와 같은 유제품은 냉장고에 **보관해야 한다**.

14. 늘 신선하고 좋은 재료를 사용하는 것이 이 식당의 인기 **비결**이라고 한다.

15. 요리사인 캐서린 씨는 김치를 만드는 **비법**을 배우기 위해 한국에 유학을 왔다고 한다.

16. 김밥이나 샌드위치와 같은 **상하기 쉬운** 음식은 만들자마자 바로 먹는 것이 좋다.

17. 오이에는 **수분**이 많아 더운 여름에 먹으면 몸의 열을 내려 준다.

18. 냉장고가 없던 시절에는 김치를 **숙성시키고** 오랫동안 보관하기 위해 땅에 묻어 저장했다.

19. 퇴근길에 **식료품** 가게에 들러 저녁으로 먹을 고기와 우유를 샀다.

20. 채소와 과일을 적게 먹고 기름진 음식을 많이 먹는 잘못된 **식습관**은 고쳐야 한다.

21. 날씨가 더워서 **식욕**이 떨어지는 여름에는 수분이 많은 채소를 먹는 것이 좋다.

11. 반죽(하다)
명/동
dough, batter, to knead

밀가루를 **반죽해서** 빵을 만들었다.
I made flour into **dough** and made bread.

기출 표현 반죽을 하다, 반죽을 만들다

12. 밥상
명
(dining) table

밥상 위에 밥과 반찬이 놓여 있다.
Rice and side dishes are on the **table**.

기출 표현 밥상을 차리다, 밥상을 치우다, 밥상에 둘러앉다

13. 보관(하다)
명/동
storage, to store

가: 생선에서 이상한 냄새가 나는 걸 보니까 상했나 봐요.
Seeing as how there's a strange smell coming from the fish, it must have gone bad.

나: **보관**을 잘못한 것 같아요.
I think it was **stored** wrong.

기출 표현 보관되다, 보관을 시키다

14. 비결
명
secret, key

유의어 비법

가: 마이클 씨가 이번 시험에서 또 1등을 했대요.
I heard Michael came in first place on the test again this time.

나: 공부를 잘하는 **비결**이 무엇인지 궁금하네요.
I wonder what his **secret** to studying well is.

기출 표현 건강 비결, 맛의 비결, 비결을 말하다

15. 비법
명
secret, secret method

유의어 비결

가: 김치 맛있게 만드는 **비법**을 좀 가르쳐 주세요.
Please teach me the **secret method** of making delicious kimchi.

나: 우선 재료가 신선해야 합니다.
First of all, the ingredients have to be fresh.

기출 표현 비법을 알려 주다, 비법을 배우다, 비법을 공개하다

16. 상하다
[동]
to spoil, to go bad

우유가 **상했는지** 맛이 이상하다.
The milk might have **spoiled**, it tastes strange.

기출 표현 음식이 상하다

---

17. 수분
[명]
water, moisture

여름에는 땀을 많이 흘리기 때문에 **수분**을 충분히 섭취해야 한다.
Because we sweat a lot in summer, we need to consume plenty of **water**.

기출 표현 수분이 부족하다, 수분을 섭취하다

---

18. 숙성(하다)
[명/동]
ripening,
to ripen, to age,
to mature

와인은 **숙성** 기간이 길수록 맛과 향이 좋다.
The longer the **aging** period, the better the taste and aroma of wine.

기출 표현 숙성되다, 숙성시키다, 숙성 기간

---

19. 식료품
[명]
groceries, food

식료품을 구입할 때 소비 기한을 꼭 확인해야 한다.
When buying **groceries**, you must make sure to check the use-by date.

기출 표현 식료품을 사다/팔다

---

20. 식습관
[명]
eating habits

가: 살을 빼려면 어떻게 해야 돼요?
What do you have to do to lose weight?

나: **식습관**을 바꾸고 꾸준히 운동을 해야 돼요.
You have to change your **eating habits** and exercise consistently.

기출 표현 올바른 식습관, 식습관을 갖다, 식습관이 잘못되다

---

21. 식욕
[명]
appetite

유의어 입맛

가: 점심 먹었어요?
Did you have lunch?

나: 아니요, 날씨가 더워서 그런지 **식욕**이 없네요.
No, I don't have an **appetite**, maybe because the weather is so hot.

기출 표현 식욕이 있다/없다, 식욕이 떨어지다, 식욕이 생기다

문장을 통해 이어서 학습할 단어의 의미를 추측해 봅시다.

22. 뜨거운 음식을 자주 먹으면 건강에 안 좋기 때문에 조금 **식혀서** 먹는 것이 좋다.

23. 평일에는 직접 밥을 해 먹고 주말에는 밖에 나가 **외식**을 한다.

24. 음식의 **위생**을 생각해서 음식을 만들기 전에 비누로 손을 깨끗이 씻어야 한다.

25. 음식을 너무 많이 주문해서 남은 **음식물**은 포장해 왔다.

26. 이 식당은 메뉴가 다양해서 각자의 **입맛**에 맞는 음식을 고를 수 있다.

27. 감자는 **저장**을 잘하면 오래 두고 먹을 수 있다.

28. 김치찌개는 김치를 볶은 다음 물을 부어 끓여서 **조리한다**.

29. 유학 생활을 하면서 가장 그리운 것은 어머니께서 **차려 주신** 아침 밥상이다.

30. 음식을 만드는 주방은 집 안 어느 곳보다 **청결해야 한다**.

31. 요리할 때 마늘을 넣어 주면 음식의 맛과 향이 **한층** 더 좋아진다.

32. 요리사들은 재료의 맛과 **향**에 어울리는 조리 방법을 늘 고민한다.

22. 식히다

동

to cool down, to cool off

가: 운동했더니 땀이 많이 나요.

I exercised so I'm sweating a lot.

나: 찬물 좀 마시면서 땀을 **식히세요**.

Have a drink of cold water and **cool off**.

기출 표현 차를 식히다, 땀을 식히다, 더위를 식히다

---

23. 외식

명

eating out

가: 주말에 뭐 할까요?

What should we do this weekend?

나: 밖에 나가서 **외식**도 하고 영화도 봐요.

Let's go **eat out** and see a movie.

기출 표현 외식비, 외식하다, 외식을 나가다

---

24. 위생

명

hygiene, cleanliness

여름에는 음식이 쉽게 상하기 때문에 **위생** 관리를 잘해야 한다.

In summer, you have to keep everything **clean** because food goes bad easily.

기출 표현 위생적/비위생적, 위생 시설, 위생 관리, 위생 점검

---

25. 음식물

명

food and drink

음식물 쓰레기를 줄이려면 음식을 먹을 만큼만 만들어야 한다.

To reduce **food and drink** waste, you should make only as much food as you'll eat.

기출 표현 음식물 쓰레기, 음식물을 버리다

---

26. 입맛

명

appetite, one's taste

유의어 식욕

가: 한국 음식은 먹을 만해요?

Do you like Korean food?

나: 네, 고향 음식과 비슷한 음식이 많아서 **입맛**에 잘 맞아요.

Yes, a lot of foods are similar to foods from my hometown, so it suits **my taste** well.

기출 표현 입맛이 있다/없다, 입맛에 맞다, 입맛이 좋다, 입맛이 나다

---

27. 저장(하다)

명/동

storage, to store, to save

여행 가서 찍은 사진을 컴퓨터에 **저장해 두었다**.

I **saved** the pictures I took during my trip to my computer.

기출 표현 저장되다, 저장을 시키다, 음식을/정보를 저장하다

출제 TIP

기출 어휘인 '저장고'에 대해 알아 둡시다.

- **저장고:** 물건 등을 저장해 두는 창고를 말합니다.

28. 조리(하다)

명/동
cooking,
to cook

유의어 요리

같은 재료라도 **조리** 방법에 따라 맛이 다르다.
The same ingredients can taste different depending on the **cooking** method.

기출 표현 조리실, 조리 기구, 조리 방법(조리법), 조리 과정, 음식을 조리하다

출제 TIP

접 -실: 명사 뒤에 붙어 그 일을 하는 '방'의 뜻을 나타냅니다.
예 조리실, 사무실, 휴게실

---

29. 차리다

동
to set (up), to prepare

나는 저녁을 **차려 놓고** 가족을 기다렸다.
I **prepared** dinner and waited for my family.

기출 표현 음식을 차리다, 밥상을 차리다, 저녁을 차리다

출제 TIP

기출 어휘인 '상차림'에 대해 알아 둡시다.

- **상차림:** 음식을 만들어 차린 상을 말합니다.

---

30. 청결(하다)

명/형
cleanliness,
to be clean

병에 걸리지 않으려면 주위를 항상 **청결하게** 관리해야 한다.
If you don't want to get sick, you should always keep your surroundings **clean**.

기출 표현 청결을 지키다

---

31. 한층

명
(even) more, much

유의어 더욱

밖에 나가서 맑은 공기를 마시니까 기분이 **한층** 좋아졌다.
Having gone outside to breathe in some fresh air, I feel **much** better.

기출 표현 한층 더, 한층 형-아/어지다

---

32. 향

명
aroma, scent

유의어 향기

과일 **향**이 나는 비누로 몸을 씻었다.
I washed myself with a fruit-**scented** soap.

기출 표현 향이 나다, 향이 좋다, 향이 강하다

DAY 07 | 앞에서 배운 내용을 확인해 봅시다.

[1-5] 다음 빈칸에 들어갈 단어를 [보기]에서 골라 알맞게 쓰십시오.

보기 | 위생 식습관 저장(하다) 외식 비결

1. 어렸을 때부터 여러 가지 음식을 골고루 잘 먹을 수 있게 좋은 ________(을/를) 키워 줘야 한다.
2. 이 식당은 주방이 보여서 ________ 상태를 직접 볼 수 있다.
3. 김치를 많이 먹는 한국에서는 김치만 따로 ________(-(으)ㄹ 수) 있는 김치냉장고가 있다.
4. 내일은 엄마 생신이라서 분위기 좋은 식당에서 ________(을/를) 하려고 한다.
5. 그 요리사는 음식 맛의 ________(은/는) 좋은 재료를 사용하는 것이라고 했다.

[6-7] 다음 단어에 맞는 설명을 알맞게 연결하십시오.

6. 물에 넣어서 커지게 하다 • • 데우다
7. 차가운 음식을 따뜻하게 만들다 • • 불리다

[8-9] 빈칸에 공통으로 들어갈 단어를 쓰십시오.

보기 | 차리다 냉동하다 간단하다 조리하다

8. 어머니께서 늘 아침마다 우리의 밥을 (   ).
   내 친구는 음식을 좋아하는 그릇에 담고 식탁에 예쁘게 (   ) 것을 좋아한다. ________
9. 아침에는 시간이 없어서 (   ) 음식을 먹는다.
   볶음밥을 만드는 방법은 (   ). ________

DAY 07 음식과 조리 Food and Cooking

DAY

08 주거

Living Spaces

문장을 통해 이어서 학습할 단어의 의미를 추측해 봅시다.

01. 지금 살고 있는 집 주변에 지하철역이 **건설될** 예정이라고 한다.

02. 이 호텔은 세계적으로 유명한 **건축가**가 지었다.

03. 우리 아파트는 주차할 수 있는 **공간**이 적어서 불편하다.

04. 시끄러운 소리에 깜짝 놀라 창문을 열어 보니 밖에서 도로 **공사**를 하고 있었다.

05. 벽에 선반을 달기 위해 **구멍**을 뚫었다.

06. 크리스마스에 친구들을 초대하기 위해 집을 예쁘게 **꾸미고** 음식을 준비했다.

07. 이사하면서 **낡은** 가구와 고장 난 물건들은 버리기로 했다.

08. 집이 오래되어서 집 **내부**의 주방, 화장실 등을 모두 수리했다.

09. 겨울에 두꺼운 커튼을 **달면** 실내 온도가 높아진다.

10. 주말에 세제와 **청소 도구**를 꺼내서 집안 곳곳을 쓸고 닦았다.

11. 옛날 사람들은 강한 바람에 잘 견딜 수 있도록 **돌**을 쌓아 집을 지었다.

01. 건설(하다)
명/동
construction, to construct, to build

교통 문제를 해결하기 위해 새로운 도로를 **건설할** 예정이다.
There are plans to **build** a new road in order to solve traffic problems.

기출 표현 댐을/도로를 건설하다

---

02. 건축(하다)
명/동
architecture, construction, to construct, to build

반의어 세우다

타지마할은 인도의 대표적인 **건축물**이다.
The Taj Mahal is a representative piece of Indian **architecture**.

기출 표현 건축물, 건축가, 재건축, 건축 재료, 건축 공사, 아파트/학교를 건축하다

출제 TIP

'건축'과 관련된 어휘를 알아봅시다.
- **건축물:** 땅 위에 지은 건물을 통틀어 말합니다.
- **건축가:** 건축에 대한 전문 지식이나 기술을 가진 사람을 말합니다.
- **재건축:** 기존에 있던 건물을 허물고 다시 건물을 세우는 것을 말합니다.

---

03. 공간
명
space, area

영화관은 사람들이 많이 이용하는 문화 **공간** 중 하나이다.
Movie theaters are one of the cultural **spaces** that people use a lot.

기출 표현 주차 공간, 공간이 생기다, 공간이 넓다/좁다, 공간을 차지하다

---

04. 공사(하다)
명/동
construction, to construct

가: 집 근처 공사장 소음 때문에 잠을 잘 수 없어요.
I can't sleep because of the noise from the construction site near my house.

나: **공사**가 빨리 끝났으면 좋겠네요.
I hope the **construction** finishes soon.

기출 표현 공사장, 도로 공사, 공사를 진행하다

출제 TIP

접 **-장:** 명사 뒤에 붙어 '장소'의 뜻을 나타냅니다.
- **공사장:** 공사를 하는 곳
- **운동장:** 운동을 하는 곳

---

05. 구멍
명
hole

축구를 하다가 운동화에 **구멍**이 나서 버리고 새로 샀다.
When I was playing soccer, I got a **hole** in my sneakers, so I threw them away and bought new ones.

기출 표현 구멍이 나다, 구멍을 내다, 구멍을 뚫다, 구멍이 생기다

06. 꾸미다

동

to decorate

가: 오늘 무슨 날이에요? 왜 꽃을 샀어요?

Is it a special day today? Why did you buy flowers?

나: 꽃으로 집 안을 예쁘게 **꾸미려고요.**

I'm going to **decorate** the house prettily with flowers.

기출 표현 집을 꾸미다, 공간을 꾸미다

---

07. 낡다

형

to be worn (out),
to be old

유의어 오래되다

자전거가 오래돼서 **낡았지만** 아직 탈 만하다.

My bicycle is old so it's **worn out**, but it's still good for riding.

기출 표현 시설이 낡다, 건물이 낡다, 옷이 낡다, 컴퓨터가 낡다

---

08. 내부

명

inside, interior

반의어 외부

기차를 타기 전에 역 **내부**에 있는 식당에서 밥을 먹었다.

Before taking the train, I ate food at a restaurant **inside** the station.

기출 표현 건물 내부, 내부 수리, 내부 시설, 내부로 들어가다, 내부가 넓다

---

09. 달다

동

to hang, to attach

반의어 떼다

옷에 달린 단추가 떨어져서 새로 **달았다.**

The button on my clothes fell off so I **attached** a new one.

기출 표현 커튼을 달다, 단추를 달다

---

10. 도구

명

tool, equipment

낚시가 취미인 형은 주말마다 낚시 **도구**를 챙겨서 바다에 간다.

My older brother, whose hobby is fishing, gathers his fishing **equipment** and goes to the ocean every weekend.

기출 표현 청소 도구, 도구를 사용하다, 도구를 이용하다, 도구를 챙기다

---

11. 돌

명

stone, rock

가: 다리가 불편해 보여요. 다쳤어요?

Your leg looks uncomfortable. Did you get hurt?

나: 네, 걷다가 **돌**에 걸려서 넘어졌어요.

Yes, I was walking when I tripped on a **rock** and fell.

기출 표현 돌을 쌓다

문장을 통해 이어서 학습할 단어의 의미를 추측해 봅시다.

12. 집주인이 다음 달까지 집을 **비워 달라고** 해서 이사할 집을 알아보고 있다.

13. 지붕이 낡아서 비만 오면 집 안으로 빗물이 **샌다**.

14. 이 아파트는 올해 안으로 **설계**를 마치고 내년 3월부터 공사를 시작할 예정이다.

15. 아침마다 주변 건물들의 공사 **소음**이 들려서 잠을 잘 수 없다.

16. 그 사람은 나무와 흙을 **소재**로 한 건축으로 상을 받았다.

17. 화장실 변기를 여러 번 **수리했는데도** 계속 고장이 난다.

18. 겨울에는 밖에서 하는 활동이 줄고 **실내**에서 하는 활동이 늘어난다.

19. 도시를 떠나 시골에서 생활하니까 마음이 **안정되고** 여유로워졌다.

20. 한옥과 같은 전통 가옥은 건물의 **외부**에 화장실이 있다.

21. 우리 집은 거실이 따로 없어서 큰 방 하나를 거실 **용도**로 쓴다.

22. **자연 친화적인** 집을 짓기 위해 콘크리트 대신 나무, 흙, 돌과 같은 소재를 사용했다.

12. 비우다
동
to empty, to vacate

가: 제가 청소를 도와드릴게요.
I'll help you with the cleaning.
나: 그럼 이 쓰레기통을 좀 **비워 주세요.**
Then **please empty** this garbage can.

기출 표현 방을 비우다, 집을 비우다

13. 새다
동
to leak

가: 이사하려고?
You're moving?
나: 응, 비만 오면 집 안으로 물이 **새서** 살기 불편해.
Yeah, it's uncomfortable to live here because whenever it rains, water **leaks** into the house.

기출 표현 물이 새다, 비가 새다

14. 설계(하다)
명/동
(to) design

우리 집은 아버지께서 직접 **설계하고** 지으셨다.
My father **designed** and built our house himself.

기출 표현 설계되다, 설계자, 건물을 설계하다

15. 소음
명
noise

공항 근처에 사는 주민들은 비행기 **소음**으로 인해 불편을 겪고 있다.
Residents who live near the airport suffer discomfort due to airplane **noise**.

기출 표현 공사 소음, 소음이 심하다, 소음을 줄이다

16. 소재

명
material

아이들은 피부가 약하기 때문에 면과 같은 천연 **소재**의 옷을 입는 것이 좋다.
Because children have delicate skin, it's best for them to wear clothes made of natural **materials** like cotton.

기출 표현 명을/를 소재로 하다 | 천연 소재

17. 수리(하다)
명/동
repairs, to repair
유의어 고치다

자동차가 고장 나서 **수리**를 맡겼다.
My car broke down, so I took it to be **repaired**.
기출 표현 수리를 맡기다, 수리비

---

18. 실내
명
indoors
반의어 실외

가: 비가 와서 수영을 못 하겠네요.
We won't be able to go swimming because it's raining.
나: 수영장이 **실내**에 있어서 비가 와도 수영할 수 있어요.
The pool is **indoors,** so we can swim even if it rains.
기출 표현 실내 환경, 실내 분위기, 실내로 들어가다

---

19. 안정
명
calm, quiet, stability
반의어 불안정

집은 휴식과 **안정**을 취하는 공간이다.
A house is a space to rest and be **calm**.
기출 표현 안정감, 안정적, 안정되다, 안정시키다, 안정을 찾다

---

20. 외부
명
exterior, outside
반의어 내부

옷은 **외부**의 오염 물질로부터 몸을 보호해 준다.
Clothes protect the body from pollutants in the **exterior** environment.
기출 표현 외부인, 외부 공간, 외부의 자극

---

21. 용도
명
usage, use

부모님은 스마트폰을 전화를 걸고 받는 **용도**로만 사용하신다.
My parents only **use** their smartphones to make and receive phone calls.
기출 표현 용도가 다양하다

---

22. 자연 친화적
관형/명
environmentdly friendly, environmental friendliness

한옥은 **자연 친화적인** 건물로 주로 나무와 흙, 돌로 지어졌다.
Hanoks are **environmentally friendly** buildings built mainly out of wood, earth, and stone.
기출 표현 자연 친화적 공간

문장을 통해 이어서 학습할 단어의 의미를 추측해 봅시다.

23. **전등**을 새것으로 바꾸니까 어두웠던 방이 밝아졌다.

24. 아파트와 같은 **주거** 공간이 늘면 학교와 가게도 늘어난다.

25. 답답한 도시 생활에서 벗어나 시골에 **주택**을 짓고 살고 싶어 하는 사람들이 많아졌다.

26. 우리 집 주변에 **지상** 25층의 고층 아파트가 건설될 예정이라고 한다.

27. 일이 바빠 며칠 동안 청소를 하지 못했더니 방이 **지저분하다**.

28. 집에서 쓰지 않는 물건들을 정리해서 **창고**에 쌓아 두었다.

29. 새로 산 청소기는 침대 **틈**과 가구 사이에 쌓인 먼지까지 깨끗하게 청소할 수 있다.

30. 옛날 사람들은 땅을 **파서** 기둥을 세우고 지붕을 덮어 집을 지었다.

31. 도시 사람들의 대부분이 선호하는 주거 **형태**는 아파트이다.

32. 아침저녁으로 30분씩 **환기**를 하면 집안의 나쁜 공기를 밖으로 내보낼 수 있다.

23. 전등

명
light, lamp

자기 전에 집 안의 **전등**을 모두 껐다.
I turned off all the **lights** before going to sleep.

기출 표현 전등을 바꾸다, 전등을 켜다/끄다

---

24. 주거(하다)

명/동
housing, residence, to reside

유의어 살다

아파트는 도시의 대표적인 **주거** 형태이다.
Apartments are a representative form of city **housing**.

기출 표현 주거비, 주거 지역, 주거 환경, 주거 공간, 아파트에 주거하다

---

25. 주택

명
house, housing

도시에 사는 인구가 늘면서 **주택** 부족 문제가 심각해졌다.
As the population in the city rose, the problem of insufficient **housing** grew serious.

기출 표현 주택 문제, 주택을 마련하다

---

26. 지상

명
above ground

반의어 지하

지하 주차장에 자리가 없어서 **지상**에 주차했다.
There were no spots in the underground parking lot, so I parked **above ground**.

---

27. 지저분하다

형
to be dirty, to be messy

거리는 사람들이 버리고 간 쓰레기로 **지저분해졌다.**
The street **grew dirty** with trash people had thrown away.

기출 표현 지저분해지다

---

28. 창고

명

storage, warehouse

시골집 **창고** 안에는 농사 기구가 보관되어 있다.

Farm equipment is stored in the **warehouse** of country houses.

기출 표현 창고에 넣다, 창고에 보관하다, 창고로 쓰다(이용하다)

---

29. 틈

명

space

버스 안은 움직일 **틈**도 없이 사람들로 가득했다.

The bus was so full of people that there was no **space** to move.

기출 표현 문틈, 창문 틈

---

30. 파다

동

to dig

나무를 심으려고 땅을 **팠다**.

I **dug** up the ground to plant a tree.

기출 표현 구멍을 파다, 땅을 파다

---

31. 형태

명

form, type, shape

가족 구성원 수가 줄면서 가족의 **형태**도 바뀌었다.

As the number of family members decreased, the **shape** of the family also changed.

기출 표현 형태가 나타나다/등장하다, 형태를 유지하다, 액체 형태

---

32. 환기(하다)

명/동

ventilation,
to ventilate

가: 추운데 창문은 왜 열었어요?

It's cold. Why did you open the window?

나: 집안 공기가 안 좋아서 **환기**를 좀 시키려고요.

The air inside the house isn't good so I'm going to **ventilate** it.

기출 표현 환기되다, 환기를 시키다

DAY 08 | 앞에서 배운 내용을 확인해 봅시다.

[1-5] 다음 빈칸에 들어갈 단어를 [보기]에서 골라 알맞게 쓰십시오.

보기	소음	용도	환기(하다)	형태	안정되다

1. 술은 요리할 때 재료를 씻거나 냄새를 없애는 등 다양한 ________ 활용할 수 있다.
   (으)로
2. 조용한 음악을 들으면서 커피를 마시면 마음이 ________.
   -ㄴ/는다
3. 윗집 ________ 때문에 매일 너무 시끄럽다.
4. 물은 얼음이나 수증기의 ________ 존재할 수 있다.
   (으)로도
5. 요리할 때는 창문을 열고 ________ 이 좋다.
   -는 것

[6-7] 다음 밑줄 친 단어와 비슷한 의미의 단어를 찾아 알맞은 형태로 바꿔 보십시오.

보기	꾸미다	수리(하다)	공간	낡다

6. 할머니 집에는 <u>오래된</u> 책상이 있다. (   )
7. 자전거가 고장이 나서 <u>고쳐야 한다</u>. (   )

[8-9] 빈칸에 공통으로 들어갈 단어를 쓰십시오.

보기	건축	실내	소재	도구

8. 이 아파트는 새로운 방법으로 (   )했다.
   우리 학교는 새 도서관을 (   )하기로 했다. ________
9. 날씨가 너무 더울 때는 (   )에서 운동하는 것이 좋다.
   (   )에서는 선글라스를 벗는다. ________

결혼과 육아
Marriage and Children

문장을 통해 이어서 학습할 단어의 의미를 추측해 봅시다.

01. 부모나 형제, 자녀가 없이 혼자 사는 사람들을 **1인 가구**라고 한다.

02. 결혼을 하고 나서 **가사**를 돌보는 것이 얼마나 힘든지 깨닫게 되었다.

03. 이 드라마에 나오는 남자는 아내와 두 딸과 함께 사는 평범한 가정의 **가장이다**.

04. 내 꿈은 사랑하는 사람과 결혼해서 행복한 **가정**을 이루는 것이다.

05. 조사에 따르면 **기혼**의 숫자가 갈수록 줄어든다고 한다.

06. 최근 개인의 삶을 즐기기 위해 결혼을 **꺼리는** 젊은 사람들이 늘고 있다.

07. 최근 1인 가구의 수는 늘고 있는 반면 아이를 **낳는** 가구의 수는 줄고 있다.

08. 우리 할머니는 바쁜 부모님을 **대신해서** 나를 돌봐 주신다.

09. 휴일에 아이들을 **데리고** 놀이공원에 다녀왔다.

10. 대학을 졸업하고 부모님에게서 **독립해서** 혼자 살고 있다.

01. 가구
명
household, family

농촌에서 농사를 짓는 **가구**가 해마다 줄고 있다.
The number of **households** farming in farming villages is decreasing each year.

기출 표현 1인 가구, 가구 수

---

02. 가사
명
housekeeping, housework

유의어 집안일

우리 집은 온 가족이 **가사** 활동을 나눠서 한다.
In my house, our whole family shares the **housework**.

---

03. 가장
명
head of the household, breadwinner

나는 우리 집안의 생계를 책임지는 **가장**이다.
I'm **the head of my household**, responsible for our livelihood.

기출 표현 가장이 되다, 집안의 가장

---

04. 가정
명
home, family

따뜻한 **가정**을 유지하려면 가족 모두가 서로를 배려해야 한다.
In order to maintain a warm **home**, all the members of a family should have consideration for one another.

기출 표현 가정을 이루다, 가정 폭력

---

05. 기혼
명
married

반의어 미혼

아이를 낳지 않겠다는 **기혼** 여성이 늘고 있다.
The number of **married** women who say they won't have children is increasing.

기출 표현 기혼 남성, 기혼 여성, 기혼 자녀

출제 TIP

'기혼'과 '미혼'은 신문, 뉴스, 그래프나 설문 조사 등에 자주 등장하므로 꼭 함께 공부하세요.

06. 꺼리다

동
to avoid,
to be reluctant
(to do something)

유의어 싫어하다

누나는 내성적이어서 사람들 앞에서 말하는 것을 **꺼린다.**
My older sister is introverted so she **avoids** talking in front of people.

기출 표현 명을/를 꺼리다 | 맛을 꺼리다, 결혼을 꺼리다

---

07. 낳다

동
to give birth,
to have (a child)

유의어 출산하다

가: 우리 집 고양이가 어제 새끼를 **낳았어요.**
My cat **gave birth** to kittens yesterday.

나: 축하해요. 몇 마리 낳았어요?
Congratulations. How many did she have?

기출 표현 아이를 낳다, 새끼를 낳다

---

08. 대신(하다)

명/동
(to) substitute,
instead of, in place of

아침에는 시간이 없어서 밥 **대신** 빵을 먹는다.
I don't have time in the morning so I eat bread **instead of** rice.

기출 표현 명(으)로 대신하다

---

09. 데리다

동
to bring (someone),
to take (someone)

아이를 맡길 곳이 없어서 외출할 때 항상 **데리고** 다닌다.
I have nowhere to leave my child so I always **bring** him with me when I go out.

기출 표현 데리고 가다/오다, 데리러 가다/오다

---

10. 독립(하다)

명/동
independence,
to be independent

나는 어릴 때부터 혼자 살아서 **독립심**이 강하다.
I've lived alone since I was young, so my sense of **independence** is strong.

기출 표현 독립적, 독립심

문장을 통해 이어서 학습할 단어의 의미를 추측해 봅시다.

11. 혼자 사는 것이 편하다고 생각하는 **독신** 남녀가 많아졌다.

12. 일하는 동안 아이를 **돌봐 줄** 사람이 없어서 회사를 그만두기로 했다.

13. 맞벌이 부부라서 부모님께 아이를 **맡기고** 출근한다.

14. 친구들이 모두 결혼을 해서 **미혼인** 사람은 나밖에 없다.

15. 결혼은 **반려자**와 평생을 함께 할 것을 약속하는 날이다.

16. 우리 부부는 아이를 키우는 **방식**에 대한 생각이 서로 달라서 자주 싸운다.

17. 회사에 다니면서 육아를 **병행하는** 것은 매우 힘들다.

18. 그는 아이의 양육비와 생활비를 혼자 **부담한다**.

19. 모든 **부모**는 자식이 행복하게 살기를 바란다.

20. 회사를 다니지 않고 **살림**만 하는 사람을 전업주부라고 한다.

21. 아버지는 누나가 낳은 **손자**를 매우 예뻐하셨다.

22. **아기**를 키우다 보면 자신만의 시간을 갖기 힘들다.

Day 09-2

11. 독신
명
single, unmarried

가: 요즘은 **독신**으로 살고 싶다는 사람들이 많은 것 같아.
It seems like a lot of people want to live **single** these days.
나: 맞아. 나도 혼자 사는 게 편해서 계속 이렇게 살고 싶어.
That's right. I'm comfortable living alone so I also want to keep living like this.

기출 표현 독신 남성/여성, 독신 생활, 독신으로 살다

---

12. 돌보다
동
to look after, to take care of

그는 몸이 불편한 장애인을 **돌보는** 일에 평생을 바쳤다.
He dedicated his life to **taking care of** disabled people.

기출 표현 아이를/노인을/가족을/동물을 돌보다

---

13. 맡기다
동
to leave (something with someone), to entrust

병원에 입원하게 돼서 아이를 부모님께 **맡겼다**.
I was hospitalized so I **left** my child with my parents.

기출 표현 명(장소)에 맡기다 | 아이를 맡기다, 일을 맡기다

---

14. 미혼
명
single, unmarried

반의어 기혼

가: 결혼했어요?
Are you married?
나: 아니요, 아직 **미혼이에요**.
No, I'm still **single**.

기출 표현 미혼 남녀, 미혼 남성/여성, 미혼으로 지내다

---

15. 반려
명
companion

반려동물을 키우는 문제로 가족 간에 갈등이 생겼다.
A conflict arose in the family over the issue of raising pets [**companion animals**].

기출 표현 반려식물, 반려자

출제 TIP

'반려자'란 '짝이 되는 사람'을 뜻하는 말로, 보통 부부 중 한 명을 말할 때 쓰입니다.

만점으로 가는 배경지식

예전에는 강아지나 고양이와 같은 동물을 사람에게 즐거움을 주기 위해 기른다는 의미로 '애완동물'이라고 불렀습니다. 하지만 최근 동물도 사람과 함께 살아가는 가족이라는 인식이 커지면서 '반려동물'이라고 부르기 시작했습니다. 기출 어휘인 '반려식물'도 반려동물처럼 일상에 가까이 두고 기르는 식물을 말합니다.

---

16. 방식
명
method, way

나라마다 언어가 다르고 사는 **방식**도 다르다.
Different countries have different languages and different **ways** of life.

기출 표현 양육 방식, 건축 방식, 사업 방식, 방식이 다르다, 방식을 바꾸다, 방식을 도입하다

---

17. 병행(하다)

명/동

(to do two things) at the same time

가: 요즘 공부하면서 아르바이트하고 있어요.

Lately I'm working a part-time job while studying.

나: 두 가지 일을 **병행하기** 힘들지 않아요?

Isn't it hard to do those two things **at the same time**?

기출 표현 병행되다, 병행시키다, 두 가지를 병행하다

---

18. 부담(하다)

명/동

(to shoulder a) burden

월세와 생활비는 룸메이트와 반씩 **부담한다**.

My roommate and I each **shoulder** half of the rent and our living expenses.

기출 표현 비용을 부담하다, 값을 부담하다, 일을 부담하다

---

19. 부모

명

parents

결혼을 하기 위해 **부모님**께 허락을 받으러 갔다.

We went to get my **parents**' permission in order to get married.

기출 표현 학부모, 부모를 모시다

출제 TIP

'학부모'란 학생의 아버지와 어머니를 뜻하는 말로, 학생의 '보호자'를 뜻합니다.

---

20. 살림(하다)

명/동

keeping house, to keep house

가: 요즘 어떻게 지내요?

How are you doing lately?

나: 회사 그만두고 집에서 **살림하면서** 지내고 있어요.

I quit my job and I'm **keeping house** at home.

기출 표현 살림이 어렵다

---

21. 손자

명

grandson

반의어 손녀

할아버지는 모아 놓은 모든 재산을 **손자**에게 물려줬다.

The grandfather passed all the assets he had accumulated on to his **grandson**.

기출 표현 손자를 돌보다

---

22. 아기

명

baby

가: **아기**가 계속 우네요.

The **baby** keeps crying.

나: 배가 고픈가 봐요.

It must be hungry.

기출 표현 아기를 낳다, 아기가 태어나다, 아기를 돌보다, 아기가 자라다

문장을 통해 이어서 학습할 단어의 의미를 추측해 봅시다.

23. 자녀 **양육** 문제로 갈등을 겪는 부부들이 많다.

24. 아이와 보내는 일상을 글로 남기기 위해 **육아** 일기를 쓰기 시작했다.

25. 최근 늦게 결혼하는 여성이 늘면서 35세 이상의 고령 **임산부**가 늘고 있다.

26. 우리 누나는 결혼 5년 만에 **임신** 소식을 알려 많은 사람들의 축하를 받았다.

27. 맞벌이 부모들은 **자녀**와 대화할 수 있는 시간이 부족하다.

28. **집안** 문제 때문에 요즘 걱정이 돼서 잠이 안 온다.

29. 곧 **출산**을 앞둔 친구에게 아기 옷을 선물했다.

30. 자녀를 맡길 곳을 찾지 못한 맞벌이 부부들은 시댁이나 **친정** 부모님의 도움을 받는다.

31. 회사 일이 바쁜 엄마 대신 아빠가 육아 **휴직**을 신청했다.

32. 아기를 낳아 키워 보니 부모님의 사랑과 **희생**에 감사하는 마음이 들었다.

23. 양육(하다)

명/동

child rearing, to raise a child

유의어 키우다

아이의 성격은 부모의 **양육** 방식에 영향을 받는다.

A child's personality is affected by the way their parents **raise** them.

기출 표현 양육비, 양육 방식, 자녀를 양육하다

---

24. 육아

명

childcare, parenting, ripening,

가: 요즘은 아빠들이 적극적으로 **육아**에 참여하더라고요.

I find that fathers these days actively participate in **childcare**.

나: 맞아요. **육아 휴직**을 신청하는 아빠들도 늘고 있어요.

Right. The number of fathers who apply for **childcare leave** is increasing.

기출 표현 육아 휴직, 육아를 돕다

---

25. 임산부

명

A woman who is pregnant or recently gave birth

이 영화는 무서운 장면이 많아서 심장이 약한 사람이나 **임산부**는 보지 않는 것이 좋다.

There are a lot of scary scenes in this movie, so it's better that people with weak hearts or a **pregnant or recently postpartum woman** don't watch it.

기출 표현 임산부를 배려하다

---

26. 임신(하다)

명/동

pregnancy, to be pregnant

임신을 하니까 몸이 무거워서 집안일을 하기가 힘들다.

Since I'm **pregnant**, my body is heavier and doing housework is difficult.

기출 표현 임신과 출산

---

27. 자녀

명

children

유의어 자식

부모는 **자녀**를 교육할 의무가 있다.

Parents have an obligation to educate their **children**.

기출 표현 자녀 교육, 자녀를 양육하다

---

28. 집안
명
family, home

집안 형편이 어려워서 학교를 그만둘 수밖에 없다.
My **family** is in a difficult situation so I have no choice but to quit school.

기출 표현 집안 사람, 집안 형편

---

29. 출산(하다)
명/동
(to give) birth

유의어 낳다

가: 김 선생님이 오늘 건강한 아이를 **출산하셨대요.**
I heard Ms. Kim **gave birth** to a healthy baby today.

나: 정말요? 축하 인사를 드려야겠네요.
Really? I'll have to congratulate her.

기출 표현 아기를 출산하다

만점으로 가는 배경지식

태어나는 아이의 수는 줄고 노인 인구의 수는 느는 현상을 각각 '저출산', '고령화'라고 합니다. 또한 이러한 현상이 나타나는 사회를 '저출산 · 고령화 사회'라고 합니다.

---

30. 친정
명
a married woman's maiden family

반의어 시댁

가: 일할 때는 누가 아이를 돌봐요?
Who looks after your child while you work?

나: **친정** 부모님께서 돌봐 주세요.
My parents do.

기출 표현 친정아버지, 친정어머니, 친정에 가다

---

31. 휴직(하다)
명/동
(to take a) leave (of absence)

건강이 나빠져서 회사에 **휴직**을 신청했다.
My health worsened so I applied for a **leave of absence** from work.

기출 표현 육아 휴직, 휴직을 신청하다

---

32. 희생(하다)
명/동
(to) sacrifice

가: 저를 키우느라 고생하신 부모님께 제 아이까지 맡기려니 너무 죄송해요.
I'm so sorry to leave my child with my parents who worked so hard to raise me.

나: 부모님은 늘 자식을 위해 **희생하시는** 것 같아요.
I think parents are always **sacrificing** for their children.

기출 표현 희생되다, 희생시키다, 희생정신, 자신을 희생하다

DAY 09 | 앞에서 배운 내용을 확인해 봅시다.

[1-4] 다음 빈칸에 들어갈 단어를 [보기]에서 골라 알맞게 쓰십시오.

보기	가사	낳다	양육	부담(하다)	독신

1. 우리 이모는 하는 일이 재미있고 아이를 ________(-고) 싶은 생각이 없어서 계속 ________((으)로) 살 거라고 했다.

2. 맞벌이를 하는 부모들은 회사 일과 ________(을/를) 병행해야 해서 힘들 때가 있다.

3. 결혼하기 전에 ________ 분담에 대해서 이야기를 나누는 것이 좋다.

4. 우리 부부는 맞벌이를 하며 생활비를 함께 ________(-ㄴ/는다).

[5-7] 빈칸에 공통으로 들어갈 단어를 쓰십시오.

보기	맡기다	방식	대신(하다)	살림

5. 세탁소에 빨래를 (   ).

급하게 일이 생겨서 아이를 부모님께 (   ).

____

6. 어머니는 나하고 싸운 친구 부모님에게 자식을 (   ) 사과한다고 했다.

마시고 싶은 커피가 없어서 커피를 (   ) 차를 마셨다.

____

7. 결혼 초반에는 생활 (   )이/가 많이 달라서 많이 싸운다.

선생님은 학생들이 적극적으로 참여할 수 있도록 재미있는 수업 (   )을/를 늘 생각한다.

____

DAY

10 스포츠

Sports

문장을 통해 이어서 학습할 단어의 의미를 추측해 봅시다.

01. 한국 대표팀 선수들은 대회 기간 동안 안정된 경기를 펼치며 우승 **가능성**을 높였다.

02. **감독**은 선수들의 계속된 실수를 바라보며 실망스러운 표정을 지었다.

03. 동계 올림픽은 4년마다 **개최되는** 국제 겨울 종합 스포츠 대회이다.

04. 옐로카드는 축구나 럭비 등의 스포츠에서 **경고**를 의미한다.

05. 축구 팬들은 훈련으로 **고생하는** 선수에게 응원의 메시지를 보냈다.

06. 경기를 마친 선수들은 **관중**들에게 손을 흔들며 인사했다.

07. 한 선수가 경기 중 머리에 부상을 입어 **교체됐다**.

08. **국가대표** 선수들은 올림픽을 위해 4년 동안 쉬지 않고 훈련한다.

09. 우리 대표팀은 이번 대회에서 1점 차이로 우승을 **놓치고 말았다**.

10. 박건우 선수는 올림픽 3회 연속 금메달이라는 **대단한** 실력으로 인정받고 있는 선수이다.

Day 10-1

01. 가능(하다)

명/형
possibility,
to be possible

반의어 불가능

인터넷이 발달하면서 전 세계 사람들과 자유로운 정보 교환이 **가능해졌다.**

With the development of the internet, it has become **possible** to freely exchange information with people from all over the world.

기출 표현 가능성이 높다, 가능성을 갖다, 가능성이 열리다, 방법/해결이 가능하다

---

02. 감독

명
coach, manager,
director

이 배우는 수준 높은 연기 실력으로 **감독**에게 인정을 받았다.

This actor received recognition from the **director** for his high-quality acting skills.

기출 표현 영화 감독, 감독상

---

03. 개최(하다)

명/동
opening, hosting,
to open, to host,
to hold

유의어 열다

전쟁의 아픔을 전 세계에 알리기 위한 사진전이 **개최되었다.**

A photography exhibition was **held** to tell the whole world about the pain of war.

기출 표현 명이/가 개최되다 | 박람회를/시상식을/올림픽을/대회를 개최하다

---

04. 경고(하다)

명/동
warning, to warn

수업 시간에 친구와 이야기하다가 선생님에게 **경고**를 받았다.

I was talking with a friend during class and received a **warning** from the teacher.

기출 표현 명에게 경고하다, 명을/를 경고하다 | 경고를 주다, 경고를 받다

---

05. 고생(하다)

명/동
difficulties,
(to go through)
trouble,
(to suffer) hardship

유의어 수고

가: 여행 잘 갔다왔어요?

Did you have a good trip?

나: 계획 없이 여행을 떠났다가 **고생**만 했어요. 다음부터는 계획을 잘 세우려고요.

I left for the trip without any plans but had nothing but **troubles**. Next time I'll plan well.

기출 표현 명(으)로 고생하다, 형 고생스럽다 | 고생을 겪다, 고생이 심하다, 고생을 참다

---

06. 관중

명

spectators, crowd, audience

유의어 관객

가: 오늘 경기 많이 힘드셨지요?

Today's game was very difficult, wasn't it?

나: **관중**들의 응원 덕분에 힘든 줄도 몰랐습니다.

Thanks to the cheers of the **crowd**, it didn't feel difficult at all.

기출 표현 관중이 많다, 관중이 응원하다/환호하다

---

07. 교체(하다)

명/동

replacement, to replace, (to) substitute

유의어 바꾸다

직원들의 업무 편의를 위해 오래된 컴퓨터를 새것으로 **교체했다.**

The old computers were **replaced** with new ones for the convenience of the employees at work.

기출 표현 명을/를 명(으)로 교체하다 | 교체되다, 선수를 교체하다

---

08. 국가대표

명

member of a national team, national athlete

가: 박건우 선수의 꿈은 무엇입니까?

Player Park Geonwu, what is your dream?

나: 나중에 **국가대표** 선수가 되는 것이 꿈입니다.

My dream is to become a **member of the national team** in the future.

기출 표현 국가대표 선수, 국가대표로 선발되다

---

09. 놓치다

동

to miss

반의어 잡다

가: 내가 이 일을 잘할 수 있을지 모르겠어.

I'm not sure if I can do this job well.

나: 그렇게 망설이다가 기회를 **놓칠지도 몰라.**

If you hesitate like that, you might **miss** your chance.

기출 표현 일을/기회를/메달을 놓치다

---

10. 대단하다

형

to be great, to be incredible

가: 내가 만든 케이크야. 어때?

Here's a cake I made. What do you think?

나: 솜씨가 **대단하다.** 정말 맛있어 보여.

Your skills **are incredible**. It looks really delicious.

기출 표현 부 대단히 | 인기가/실력이 대단하다

문장을 통해 이어서 학습할 단어의 의미를 추측해 봅시다.

11. 나는 이번 마라톤 **대회**에 참가해 우승했다.

12. 작년 대회에서 우승한 우리나라 축구팀은 올해 대회에서도 우승에 **도전한다**.

13. 이 춤은 **동작**이 간단하고 쉬워서 누구나 따라 할 수 있다.

14. 우리 팀 선수들은 이번 축구 경기에서 3골을 넣으며 **뛰어난** 실력을 보여 주었다.

15. 나이가 어린 선수라고 **만만하게** 생각해서는 안 된다.

16. 올림픽을 앞둔 선수들은 밤낮없이 훈련에 **매달리고 있다**.

17. 훈련 중 손가락 **부상**을 당한 박건우 선수는 내일 경기에 참가할 수 없게 되었다.

18. 올림픽을 앞두고 부상을 입은 선수들이 많아지면서 감독은 깊은 **고민에 빠졌다**.

19. 지난 대회 우승팀인 한국은 경기 초반부터 **상당한** 실력을 보여 주었다.

20. 운동선수는 강한 체력과 **순간적인** 판단력이 필요하다.

21. 축구 **실력**을 기르기 위해 아침마다 운동장에서 연습한다.

11. 대회

명
competition, tournament

학교 체육 **대회**에서 우리 반이 1등을 했다.
My class came in first place at the school sports **competition**.

기출 표현 대회를 열다, 대회가 열리다, 대회를 개최하다, 대회에 나가다/참가하다, 체육 대회, 단합 대회

---

12. 도전(하다)

명/동
(to) challenge, (to) attempt, (to) try

올림픽에서 금메달을 딸 때까지 계속해서 **도전할** 생각이다.
I plan to keep **trying** until I win a gold medal at the Olympics.

기출 표현 명에 도전하다, 명에게 도전하다 | 도전을 계속하다, 도전을 포기하다

---

13. 동작

명
move, movement, gesture

유의어 움직이다

춤을 잘 추기 위해 **동작**을 크고 빠르게 했다.
In order to do the dance well, I made large, quick **movements**.

기출 표현 동작이 느리다, 동작이 맞다

---

14. 뛰어나다

형
excellent, remarkable

유의어 우수하다

이 배우는 **뛰어난** 연기력으로 시청자들의 사랑을 받고 있다.
This actor is receiving love from viewers for his **remarkable** acting skills.

기출 표현 실력이 뛰어나다, 솜씨가 뛰어나다, 경치가 뛰어나다

---

15. 만만하다

형
to be easy (to take), to be a pushover

가: 내일 경기할 상대 팀에 대해 어떻게 생각하십니까?
What do you think about the team you'll be up against tomorrow?

나: 결코 **만만치 않은** 상대라고 생각합니다.
I think they're never an **easy** opponent **to take**.

기출 표현 만만하게 생각하다, 결코 만만하지 않다, 만만한 상대

출제 TIP

'만만하지 않다'는 '만만치 않다'와 같은 준말로도 자주 사용합니다.

예 실력이 만만하지 않다 = 실력이 만만치 않다

---

16. 매달리다

동
to cling to, to depend on, to busy oneself with

그는 결혼도 포기한 채 밤낮없이 일에만 **매달려** 산다.
He lives **clinging** only **to** his work day and night, even giving up on his marriage.

기출 표현 명에 매달리다

17. 부상

명
injury

그는 사고로 큰 **부상**을 입고 병원으로 옮겨졌다.
He was majorly **injured** in the accident and was moved to a hospital.

기출 표현 부상자, 부상을 입다, 부상을 당하다

출제 TIP

접 -자: 명사 뒤에 붙어 '사람'의 뜻을 나타냅니다.

- **부상자:** 부상을 입은 사람
- **참가자:** 참가하는 사람

---

18. 빠지다 ☆

동
to fall into

감독은 부상으로 좌절에 **빠진** 선수를 위로했다.
The coach comforted the player who had **fallen into** frustration due to her injury.

기출 표현 고민에 빠지다, 좌절에 빠지다

---

19. 상당하다

형
to be considerable

유의어 대단하다

가: 어제 축구 경기 봤어요? 우리 팀이 5:0으로 이겼어요.
Did you see the soccer game yesterday? Our team won 5:0.

나: 네, 봤어요. 실력이 **상당하던데요**?
Yeah, I saw. Their skills were **considerable**.

기출 표현 부 상당히 | 실력이 상당하다, 상당히 위험하다

---

20. 순간 ☆

명
instant, moment

그는 결정적인 **순간**에 멋진 골을 넣어서 팀을 우승으로 이끌었다.
He scored a goal at the decisive **moment**, leading his team to victory.

기출 표현 순간적, 위기의 순간, 결정적인 순간

---

21. 실력

명
skill, talent

가: 미카 씨, 한국어 **실력**이 많이 늘었네요.
Mika, your Korean **skills** have improved a lot.

나: 뭘요. 아직 많이 부족해요.
Not at all. I still have a long way to go.

기출 표현 실력이 좋다, 실력이 뛰어나다, 실력이 늘다, 실력이 부족하다, 실력을 겨루다, 실력을 발휘하다

문장을 통해 이어서 학습할 단어의 의미를 추측해 봅시다.

22. 한 선수가 **심판**에게 경고를 받자 인정할 수 없다는 듯 불만을 나타냈다.

23. 경기장은 선수들을 **응원하는** 관중들의 목소리로 가득찼다.

24. 경기 전 감독은 인터뷰를 통해 상대 팀이 누구든 **이길 수 있다고** 말했다.

25. 박건우 선수는 경기에서 뛰어난 활약으로 팀을 우승으로 **이끌었다**.

26. 야구 선수 박건우는 완벽한 **자세**로 공을 던져 관중들에게 큰 박수를 받았다.

27. 이번 세계 태권도 대회에 전 세계 18개국에서 2,200여 명의 선수가 **참가할** 예정이다.

28. 감독은 경기 후반에 **체력**이 떨어진 선수를 다른 선수로 교체했다.

29. 감독은 선수들의 부상이 심해 다음 경기에 나갈 수 없을 거라고 **판단했다**.

30. 경기 중 반칙을 한 선수가 심판의 **판정**을 기다리고 있다.

31. 스포츠 **해설가**는 복잡한 경기 내용을 알기 쉽게 설명해 준다.

32. 우리 나라 축구 대표팀의 감독은 고등학교 시절 **활약한** 축구 선수였다.

33. 선수들은 더운 날씨에도 불구하고 땀을 흘리며 체력 **훈련**을 시작했다.

22. 심판

명

umpire, referee, judge

경기 중간에 감독은 **심판**에게 경기를 잠시 멈춰 달라고 요청했다.

In the middle of the game, the coach asked the **referee** to stop the game for a moment.

기출 표현 축구 경기 심판

---

23. 응원(하다)

명/동

(to) cheer

나는 경기가 있는 날마다 좋아하는 팀을 **응원하기 위해** 경기장을 찾는다.

Every day that there's a game, I go to the stadium **in order to cheer** for the team I like.

기출 표현 응원가, 선수를/팀을 응원하다

출제 TIP

'응원가'란 경기를 할 때 선수들을 응원하기 위해 부르는 노래를 뜻합니다.

---

24. 이기다

동

to win, to beat

유의어 승리하다

반의어 지다, 패배하다

가: 경기 결과가 어떻게 됐어?

What were the results of the match?

나: 우리 팀이 1:0으로 **이겼어**.

Our team **won** 1:0.

기출 표현 상대편을 이기다, 경기/선거/전쟁에서 이기다, 슬픔을 이기다, 이겨내다

---

25. 이끌다

동

to lead, to guide, to draw

이 드라마는 대학생들의 순수한 사랑 이야기로 많은 사람들의 공감을 **이끌었다**.

This drama **drew** the sympathy of a lot of people with its story of a pure love between college students.

기출 표현 공감을 이끌다, 변화를 이끌다, 문화를 이끌다, 단체를 이끌다, 사회를 이끌다

---

26. 자세

명

posture, position

잘못된 **자세**로 오래 앉아 있으면 허리 건강에 좋지 않다.

If you sit in the wrong **position** for a long time, it isn't good for your back.

기출 표현 바른 자세, 자세를 잡다

---

27. 참가(하다)

명/동

participation, to participate

반의어 불참(하다)

가: 마라톤 대회에 **참가하려면** 어떻게 해야 하나요?

What do I need to do to **participate** in the marathon?

나: 이번 주말까지 인터넷으로 신청하시면 됩니다.

You need to register online by this weekend.

기출 표현 명에 참가하다 | 참가비, 참가자, 프로그램에 참가하다, 모임에 참가하다, 참가를 원하다, 참가를 신청하다

---

28. 체력
명
(physical) strength, stamina

체력을 기르기 위해 아침마다 운동을 한다.
In order to build up my **strength**, I work out every morning.

기출 표현 체력 관리, 체력을 검사하다

---

29. 판단(하다)
명/동
judgment, decision, to judge, to decide

사람은 겉모습만 보고 **판단할 수 없다**.
You **can't judge** a person by their appearance alone.

기출 표현 판단력, 정확한 판단, 가치를 판단하다, 상황을 판단하다, 판단을 내리다, 객관적으로 판단하다

---

30. 판정(하다)
명/동
judgment, decision, to judge, to decide

경기 중에는 심판의 **판정**에 따라야 한다.
During a game, you must follow the **judgment** of the referee.

기출 표현 판정 기준, 판정을 내리다, 판정을 받다, 판정에 따르다

---

31. 해설(하다)
명/동
commentary, to commentate

가: 이 전시회는 작품마다 해설을 들을 수 있어서 작품을 이해하기가 쉽네요.
It's easy to understand the pieces in this exhibition because we can listen to commentary for each piece.

나: 맞아요. 이렇게 **해설**을 들으면서 작품을 보니까 느낌이 다르네요.
Right. It feels different to see the pieces while listening to **commentary** like this.

기출 표현 해설가, 해설을 듣다, 내용을 해설하다

출제 TIP

접 **-가**: 명사 뒤에 붙어, 그 일을 '직업으로 하는 사람' 또는 '전문으로 하는 사람'의 뜻을 나타냅니다.
예 해설가, 건축가, 음악가

---

32. 활약(하다)
명/동
activity, to be active

가: 오늘은 뛰어난 노래 실력으로 해외에서도 큰 **활약**을 펼치고 있는 가수 박정우 님을 모시겠습니다.
Today, we have singer Park Jeongwu, who's incredibly **active** abroad as well with his remarkable singing talent.

나: 안녕하세요. 박정우입니다.
Hello. I'm Park Jeongwu.

기출 표현 명(으)로 활약하다 | 활약을 벌이다, 활약을 펼치다, 활약을 보이다

---

33. 훈련(하다)
명/동
training, to train

가: 어? 박건우 선수가 안 보이네.
Huh? I don't see player Park Geonwu.

나: 박건우 선수는 **훈련** 중에 부상을 당해서 이번 경기에 못 나온대.
They say he was injured during **training** so he can't play in this game.

기출 표현 훈련시키다, 훈련을 받다, 훈련을 마치다

DAY 10 | 앞에서 배운 내용을 확인해 봅시다.

[1-5] 다음 빈칸에 들어갈 단어를 [보기]에서 골라 알맞게 쓰십시오.

보기	개최하다	빠지다	실력	도전	이기다

1. 사장님은 중요한 결정을 앞두고 고민에 ______(-았/었다).
2. 우리 회사는 이번에 광고를 하지 않고 물건을 팔기로 했는데 이것은 새로운 ______ 이다.
3. 한국은 2002년에 일본과 월드컵을 ______(-았/었다).
4. 우리 학교는 작년에 축구 결승전에서 졌는데 올해는 ______(-아/어서) 기분이 너무 좋다.
5. 내 친구는 영어 ______(이/가) 좋아서 번역 일을 하고 있다.

[6-7] 다음 밑줄 친 단어의 반대말을 쓰십시오.

6. 미카 씨는 미국에서 오랫동안 살아서 영어로 의사소통이 가능하다. (　　　　)
7. 이번 대회에는 유명한 선수들이 모두 참가했다. (　　　　)

[8-10] 다음 설명에 알맞은 단어를 [보기]에서 찾아 쓰십시오.

보기	순간	판단하다	감독	고생하다

8. 일의 전체를 맡아 알려 주고 결정하는 사람 ______
9. 아주 짧은 시간 ______
10. 어렵고 힘든 일을 겪다 ______

DAY 10 스포츠 Sports

DAY 11 | 복습 1
REVIEW 1

[1-3] 다음을 보고 빈칸에 들어갈 알맞은 단어를 고르십시오.

1.

보기 |

공사 안내문

안녕하세요? 이웃 여러분
공사 기간 동안 불편을 드려서 죄송합니다.
최대한 (㉠)을/를 줄이고 공사를 빨리 끝내겠습니다.

① 시점
② 소통
③ 위로
④ 소음

2.

5만 원 이상 구매 시
사은품 증정
(㉠) 구매한 영수증을 가지고 1층 안내 데스크로 오세요!

① 당일
② 예전
③ 교체
④ 연장

3.

과거의 잘못한 일은 아무리 (㉠) 소용이 없다.

① 예상해 봤자　② 후회해 봤자　③ 주장해 봤자　④ 외면해 봤자

[4-5] 다음을 읽고 신문 기사의 제목에 들어갈 알맞은 단어를 고르십시오.

4.

보기 |

무리한 (㉠) 노동은 건강에 '빨간불'

청소, 빨래 등 집안일을 할 때 무거운 물건을 들고 옮겨야 하는 경우가 종종 있다. 이러한 (㉠) 노동을 무리하게 하다 보면 허리나 어깨 등 건강에 안 좋은 영향을 줄 수 있다.

① 설계
② 육아
③ 가사
④ 수리

5.

(㉠) 했을 때 건강에 더 좋은 채소는?

샐러드처럼 생채소를 먹는 것도 건강에 좋지만 열로 (㉠) 했을 때 건강에 도움이 되는 점이 많아지는 채소가 있다. 당근, 토마토, 호박 등이다.

① 보관
② 조리
③ 냉동
④ 변경

[6-9] 다음을 읽고 밑줄 친 부분에 나타난 나의 심정으로 알맞은 것을 고르십시오.

6.

나는 휴가를 떠나기 위해 공항에 갔다. 짐을 부치고 탑승을 기다리는 동안 공항에서 쇼핑을 하고 있었다. 쇼핑을 마치고 비행기에 타려는 순간 탑승권이 없어진 것을 알았다. <u>순간 나는 아무 생각도 나지 않았다</u>.

① 감격스럽다　② 부담스럽다　③ 만족스럽다　④ 당황스럽다

7.

어제는 내 생일이었다. 학교에 갔는데 아무도 나에게 생일 축하한다고 하지 않았다. <u>나도 모르게 어두운 표정을 지었다</u>. 그런데 갑자기 친구들이 케이크를 들고 오며 생일 축하 노래를 해 줬다. 나를 놀라게 하려고 비밀 파티를 준비했다는 말을 듣고 친구들이 정말 고마웠다.

① 억울하다　② 신기하다　③ 곤란하다　④ 속상하다

8.

크리스마스를 기념하기 위해 가족들과 함께 맛있는 음식을 만들기로 했다. 부모님과 함께 마트에서 식료품을 사서 집에 왔다. 크리스마스 노래를 들으며 요리 준비를 하니까 더욱 신이 났다. 맛있는 음식, 케이크를 두고 파티를 하고 싶어서 <u>빨리 저녁이 됐으면 좋겠다고 생각했다</u>.

① 아쉽다　② 두렵다　③ 들뜨다　④ 외롭다

9.

일주일 전에 친구 루비가 발표 준비를 좀 도와달라고 했다. 나는 할 일이 있었지만 친구를 돕고 싶었다. 루비의 발표를 함께 준비하고 도와줘서 뿌듯했다. 그런데 어제 내가 지각을 하는 바람에 수업을 잘 못 들었다. 루비에게 수업 내용을 좀 알려 달라고 했는데 루비는 바쁘다면서 그냥 가 버렸다. <u>나는 할 말을 잃고 말았다</u>.

① 서운하다　② 조급하다　③ 허전하다　④ 담담하다

[10-12] 다음을 읽고 (　　)에 공통으로 들어갈 단어를 고르십시오.

10.

- 친구가 다음 주 휴일에 여행을 가자고 (　　　).
- 선생님께서 다음 주부터 읽고 싶은 책을 가져오라고 (　　　).
- 사장님은 휴식 시간에 대한 직원들의 (　　　)을/를 생각해 보겠다고 했다.

① 반대(하다)
② 제안(하다)
③ 격려(하다)
④ 인정(하다)

11.

- 이 티셔츠는 가볍고 여름에 입기 좋은 얇은 (   )(이)라서 시원하다.
- 새로 나온 지하철 의자는 불에 잘 타지 않는 (   )(으)로 만들어졌다.
- 아기 용품을 만드는 (   )이/가 건강에 안 좋은 영향을 주어서는 안 된다.

① 내부
② 도구
③ 소재
④ 지상

12.

- 그 팀은 이기고 있다가 역전 당해서 다 이긴 경기를 (   ).
- 좋은 회사에서 인턴으로 일할 수 있는 기회를 (   ) 후회하고 있다.
- 어제 있었던 스피드 스케이팅 경기에서 박 선수는 0.1초 차이로 아깝게 메달을 (   ).

① 통하다
② 놓치다
③ 누리다
④ 표하다

[13-18] 다음 글을 읽고 빈칸에 들어갈 알맞은 단어를 고르십시오.

13.

더운 여름에는 시원한 음식을 찾게 된다. 그 중 수박은 더위를 (   )기 좋은 대표적인 과일이다. 수박은 갈증을 없애 줄 뿐만 아니라 비타민도 많기 때문에 더운 여름에 건강에 좋은 과일이다.

① 식히다　　② 비우다　　③ 새다　　④ 상하다

14.

나는 커피보다 차를 좋아한다. 차에 대해서 더 공부하고 함께 마실 친구도 있으면 좋을 것 같아서 지난달에 학교에 있는 '차 사랑' 동아리에 (   ). 평일에는 오전 9시부터 오후 5시까지 동아리 방이 열려 있기 때문에 시간이 있을 때마다 동아리 방에 가곤 한다.

① 걸치다　　② 떠나다　　③ 요구하다　　④ 가입하다

15.

지난여름 휴가는 다시 생각하고 싶지 않을 만큼 별로였다. 나는 여행에서 제일 중요한 것이 (   ) 시설이다. 내가 예약한 호텔은 방 상태가 매우 더러웠고 욕실에서는 냄새가 났다. 나는 호텔에 이러한 문제점에 대해 불만을 말했지만 달라지는 것은 없었다.

① 경비　　② 교외　　③ 숙박　　④ 여가

16.

축구 경기에서 골을 막는 골키퍼는 매우 중요한 포지션이다. 그런데 경기 중 골키퍼가 반칙을 해서 퇴장을 당하면 어떻게 될까? 골키퍼 없는 축구 경기는 있을 수 없기 때문에 반칙을 하지 않은 필드 선수 중에서 한 명이 나가고 골키퍼는 다른 선수로 (   )된다. 억울한 선수가 생길 수 있기 때문에 골키퍼는 특히 퇴장 당하지 않도록 하는 것이 좋다.

① 경고　　② 교체　　③ 판단　　④ 활약

17. 다음을 읽고 밑줄 친 부분과 바꿔 쓸 수 있는 단어를 고르십시오.

> 대부분 항공권을 예약할 때 날짜를 정해야 한다. 하지만 날짜를 바꿀 수 있는 표를 산다면 보통 표를 산 날로부터 일 년 안으로 일정을 변경할 수 있다. 이러한 항공권은 국제선이냐 국내선이냐에 따라 규정이 다르기 때문에 사기 전에 잘 확인하는 것이 좋다.

① 변경(하다) ② 오해(하다) ③ 가입(하다) ④ 수집(하다)

18. 다음 글을 읽고 ㉠과 ㉡에 공통으로 들어갈 말로 알맞은 단어를 고르십시오.

> 막 엄마 배에서 태어난 신생아는 바로 눈앞에 있는 것만 볼 수 있을 정도로 시력이 낮다. 또한 다양한 색깔을 구분할 수 없고 까만색과 하얀색만 잘 볼 수 있다. 아기가 두 눈을 동시에 사용하여 한 가지 사물을 보는 (㉠)은/는 태어난 지 3~4개월 후부터라고 한다. 이 (㉡)에 아기가 눈을 잘 맞추지 않거나 계속 다른 곳을 보는 것처럼 보인다면 빨리 병원에 가는 것이 좋다.

① 당시 ② 초기 ③ 무렵 ④ 시기

[19-20] 다음을 읽고 질문에 답하십시오.

> 아이의 성격과 태도는 부모의 양육 태도에 따라 결정된다고 해도 과언이 아니다. 그만큼 어린 시절 부모의 양육 태도가 중요하다. 좋은 양육 태도는 부모가 아이를 (㉠) 때 일관성 있는 태도를 보이는 것이다. 자녀의 특정 행동에 대해 어떤 상황에서는 혼을 내고 어떤 상황에서는 넘어간다면 자녀는 어떤 행동이 올바른 행동인지 아닌지 헷갈릴 수 있다. 또한 자녀를 이해하고 ㉡믿는 태도가 중요하다. 부모가 자녀의 감정에 공감하고 자녀를 믿어 주고 응원한다면 자녀는 존중받는다고 느낄 수 있다.

19. (㉠)에 들어갈 단어를 고르십시오.

① 이르다 ② 빠지다 ③ 맡기다 ④ 대하다

20. ㉡과 반대되는 의미의 단어를 고르십시오.

① 외면하다 ② 의심하다 ③ 집착하다 ④ 소통하다

DAY 12

공연과 행사

Performances and Events

Eng.

문장을 통해 이어서 학습할 단어의 의미를 추측해 봅시다.

01. 날씨가 너무 더워서 그런지 수영장에 사람들이 **가득했다**.

02. 좋아하는 가수의 콘서트에 가서 직접 노래를 들으니까 너무 **감동적이었다**.

03. 이번 음악 축제는 야외 **공연**이었는데 분위기도 좋고 날씨도 좋아서 기억에 남는 **공연**이었다.

04. 공연이 끝나자 많은 **관객**들은 일어나서 박수를 쳤다.

05. 전시회에서 그림을 **관람할 때**는 조용히 해야 한다.

06. 공연장 **규모**가 커서 많은 관람객들이 공연을 즐길 수 있었다.

07. 가수를 보려고 사람들이 갑자기 **몰려서** 사고가 날 뻔했다.

08. 어제 본 연극에서 마지막에 관객을 **무대** 위로 올라오게 해서 같이 노래했다.

09. **뮤지컬**의 매력은 춤과 노래를 함께 볼 수 있다는 것이다.

10. 이번 봄꽃 축제에는 사진과 그림 전시회가 있어서 **볼거리**가 많다.

01. 가득(하다)
[부/형]
to be full

가: 새해 복 많이 받으세요.
Happy New Year.
나: 감사합니다. 좋은 일만 **가득한** 새해가 되시길 바랄게요.
Thank you. I wish you a new year **full** of only good things.

기출 표현 [명](으)로 가득 차다 | 미소가/웃음이 가득하다

---

02. 감동적
[관형/명]
moving, touching

가: 영화 어땠어요?
How was the movie?
나: 엄마를 생각하는 아이의 마음이 너무 **감동적이었어요.**
The feelings of the child who thought of their mother were so **moving**.

기출 표현 감동적인 이야기, 감동을 받다, 감동을 주다

---

03. 공연
[명]
performance, concert, show

가: 어제 본 **공연** 어땠어요?
How was the **show** you saw yesterday?
나: 너무 재미있어서 한 번 더 보고 싶어요.
It was so fun that I want to see it again one more time.

기출 표현 공연 시간, 공연 준비, 공연이 열리다, 공연을 보다

---

04. 관객
[명]
audience, viewer, spectator

유의어 관중

가: 우리 영화 보러 갈까? 이 영화를 본 **관객**이 백만 명이 넘었대.
Shall we go see a movie? They say that over 1,000,000 **viewers** have seen this movie.
나: 그렇게 많은 **관객**이 봤대? 재미있겠다.
That many **viewers** have seen it? It sounds fun.

기출 표현 관객의 반응, 관객이 많다, 관객이 모여들다

---

05. 관람(하다)
[명/동]
watching, to watch, to see

가: 연극 공연을 **관람할 때**는 조용히 앉아 있어야 해서 좀 힘들어요.
It's a little difficult to **watch** a play because you have to sit quietly.
나: 그러게요. 야구 경기를 볼 때는 술을 마셔도 되는데 말이에요.
Really. You can even drink alcohol while watching a baseball game.

기출 표현 관람료, 관람객, 관람 시간, 연극을/경기를/영화를 관람하다

출제 TIP

'관람'과 관련된 어휘를 알아봅시다.

- **관람료:** 연극, 영화, 경기, 미술품 등을 보기 위해 내는 요금을 말합니다.
- **관람객:** 연극, 영화, 경기, 미술품 등을 보는 사람을 말합니다.

06. 규모
명
size, scale

가: 이번에 BTS가 한국에서 제일 **규모**가 큰 공연장에서 콘서트를 한대요.
They say BTS is holding their concert this time at the biggest arena [the arena with the largest **size**] in Korea.

나: 아마 그래도 콘서트 표가 금방 팔릴 거예요.
Even so, concert tickets will probably sell out right away.

기출 표현 거대한 규모, 규모가 크다

---

07. 몰리다
동
to flock to

가: 공연이 끝나고 사람들이 출구로 **몰려서** 나올 때 많이 복잡했어요.
People **flocked to** the exits when the show ended, so it was crowded on the way out.

나: 그래서 저는 공연이 끝나도 앉아서 기다려요.
That's why even after a show ends, I sit and wait.

기출 표현 사람이 몰리다, 한쪽으로 몰리다. 기자가 몰리다.

---

08. 무대
명
stage

가: 나도 언젠가 꼭 가수가 되고 싶어.
I definitely want to become a singer too one day.

나: **무대**에서 공연하는 네 모습을 나도 꼭 보고 싶어.
And I definitely want to see you performing on **stage**.

기출 표현 무대 위/아래, 무대를 꾸미다, 무대로 나가다

---

09. 뮤지컬
명
musical

가: 이 **뮤지컬**에 왕으로 나오는 배우가 내가 제일 좋아하는 배우야.
The actor who plays the king in this **musical** is my favorite actor.

나: 그래? 그 배우가 노래도 잘하고 연기도 잘한다던데 공연 꼭 보러 가자.
Really? I heard that he sings well and acts well too. Let's go see the show for sure.

기출 표현 뮤지컬 공연, 뮤지컬 배우, 뮤지컬을 관람하다

출제 TIP

'공연'의 종류를 정리해 봅시다.

- **뮤지컬:** 현대 가극으로 배우들이 노래도 하고 춤을 추며 연기하는 공연입니다.
- **오페라:** 16세기에 시작된 가극으로 대부분의 대사를 노래로 표현하는 공연입니다.
- **클래식 연주회:** 다양한 악기로 고전 음악을 연주하는 공연입니다.
- **연극:** 관객과 가까운 무대에서 배우가 연기합니다.
- **무용:** 음악에 맞춰 몸으로 표현하는 공연입니다.

---

10. 볼거리
명
something to see, attraction

유의어 구경거리

가: 한국 기념품을 사고 싶은데 어디에 가면 살 수 있어요?
I want to buy a Korean souvenir. Where can I buy one?

나: 인사동에 가 보세요. 한국 그림이나 물건을 파는 가게가 많아서 **볼거리**가 많아요.
Try going to Insadong. There are a lot of shops selling Korean paintings or items, so there are lots of **things to see**.

기출 표현 재미있는 볼거리, 볼거리가 많다, 볼거리가 다양하다

☑ 문장을 통해 이어서 학습할 단어의 의미를 추측해 봅시다.

11. 어제 본 공연은 배우들이 아무것도 없는 무대에서 연기했는데 그 모습이 **색달랐다**.

12. 미국에서 '올해 뮤지컬상'을 **수상한** 공연을 다음 달에 한국에서 볼 수 있다.

13. 이번 영화제 **시상**은 배우, 감독, 음악 등 13개 부분으로 나눠 한다.

14. 배우 김규원 씨는 이번 영화에서 경찰 **역할**을 맡았다.

15. 뮤지컬은 한 역할을 여러 명의 배우가 **연기**하는데 배우에 따라 다른 연기를 볼 수 있다.

16 이번 드라마는 유명한 드라마 작가 김태오 씨가 **연출**까지 맡았다고 한다.

17. 아이돌 그룹 BTS가 무대에 오르자 팬들이 **열광하기** 시작했다.

18. 콘서트에 직접 가서 보면 관객들의 뜨거운 **열기**를 느낄 수 있다.

19. 새해를 맞이해서 1월 1일에 광화문에서 국민을 위한 큰 축제가 **열렸다**.

20. 콘서트나 뮤지컬 공연은 **앞좌석**이 뒷좌석보다 더 비싸다.

Day 12-2

11. 색다르다
형
to be different,
to be unusual

가: 오늘 어디 가요? 처음 본 머리 모양인데 정말 **색다르고** 멋지네요.
Are you going somewhere today? It's the first time I've seen you with that hairstyle. It's really **different** and cool.

나: 고마워요. 오늘 중요한 약속이 있어서요.
Thanks. It's because I have an important appointment today.

기출 표현 기분이 색다르다, 색다른 분위기, 색다른 느낌

---

12. 수상(하다)
명/동
winning (an award),
to win (an award)

가: 올해의 배우상을 수상한 김규원 씨, **수상** 소감을 말씀해 주세요.
Mr. Kim Gyuwon, who won the Actor of the Year award, please tell us how you feel about **winning**.

나: 제 영화를 봐 주신 많은 분들에게 진심으로 감사합니다.
I'm truly thankful to the many people who watched my movie.

기출 표현 상을 수상하다, 수상자, 수상 작품, 수상한 소감

---

13. 시상(하다)
명/동
(to) award

가: 사장님께서 이번 우수 직원에게는 많은 상금을 **시상할** 계획이래요.
They say that the boss plans to **award** a lot of prize money to the Best Employee this time.

나: 그래요? 누가 우수 직원 상을 받을까요?
Really? I wonder who will win the Best Employee award.

기출 표현 시상식, 우수상 시상, 특별상을 시상하다

출제 TIP

'상'에 대한 단어를 정리해 봅시다.

- **수상**: 상을 받는 행동을 의미합니다.
  예 김 과장은 올해의 직원 상을 수상했다.
- **시상**: 상을 주는 행동을 의미합니다.
  예 사장님은 김 과장에게 올해의 직원 상을 시상했다.

---

14. 역할
명
role

가: 이 영화에서 할아버지가 진짜 중요한 **역할**을 해요.
The grandfather plays a really important **role** in this movie.

나: 말하지 마세요. 아직 그 영화를 안 봤단 말이에요.
Don't tell me. I haven't seen the movie yet.

기출 표현 역할을 맡다, 역할을 다하다, 역할을 정하다

---

15. 연기(하다)
명/동
acting,
playing (a part),
to act, to play (a part)

가: 그 배우 **연기**를 진짜 잘하더라. 영화 보다가 진짜 나쁜 사람인 줄 알았잖아.
That actor is really good at **acting**. While I was watching the movie, I really thought he was a bad person.

나: 맞아. 항상 착한 역할이었는데 나도 보다가 깜짝 놀랐어.
Right. He's always played good guy roles. I was really surprised too when I saw it.

기출 표현 연기력, 연기자, 배우의 연기, 연기를 잘하다

---

16. 연출(하다)
[명/동]
direction,
production,
to direct,
to produce

가: 이번 콘서트에서 무대 **연출**이 너무 좋아서 공연에 더 집중했던 것 같아.
The stage **direction** was so good at this concert that I think I really focused on the performance more.

나: 나도 그랬어. 노래와 분위기에 맞게 무대 **연출**을 잘했더라.
Me too. I think they did a good job with the stage **direction**, matching the songs and the atmosphere.

기출 표현 무대 연출, 드라마를/공연을/연극을/영화를 연출하다

17. 열광(하다)
[명/동]
enthusiasm,
excitement,
to be excited,
to go wild

가: 어제 우리 팀 선수가 마지막에 골 넣는 거 봤어?
Did you see the player on our team score a goal at the last second?

나: 그럼, 경기장에서 직접 봤는데 모든 사람들이 **열광했어**.
Of course, I saw it in person at the stadium and everyone **went wild**.

기출 표현 열광적, 뜨겁게 열광하다

18. 열기
[명]
excitement,
heat, fever

저는 지금 축제 현장에 나와 있습니다. 축제를 즐기는 사람들의 **열기**가 뜨겁습니다.
I'm currently here at the site of the festival. The **excitement** is high from people enjoying the festival.

기출 표현 뜨거운 열기, 열기가 뜨겁다

19. 열리다
[동]
to open, to hold,
to take place

가: 뉴스 봤어? 네가 기다리던 전시회가 다음 주에 **열린대**.
Did you see the news? They say that the exhibition you were waiting for is **opening** next week.

나: 알아. 난 다음 주에 **열리자마자** 가려고 표를 예매했어.
I know. I booked a ticket so that I can go **as soon as it opens** next week.

기출 표현 공연이 열리다, 축제가 열리다, 파티가 열리다

20. 좌석
[명]
seat

가: 영화 볼 때 어떤 자리를 좋아해?
Where do you like to sit when you see a movie?

나: 가장 집중이 잘 되어서 중간 **좌석**을 제일 좋아해.
I like the middle **seats** best because I can concentrate the best.

기출 표현 좌석을 안내하다, 좌석이 남다, 좌석에 앉다

문장을 통해 이어서 학습할 단어의 의미를 추측해 봅시다.

21. 김규원 씨는 지금 최고의 영화배우지만 5년 전에는 별로 **주목받지 못했다**.

22. 그 영화는 **주인공**의 평범한 일상에 대한 이야기이다.

23. 이번 축제는 주말 이틀 동안 **진행됩니다**.

24. 그 가수는 공연 중에 객석을 가득 **채운** 관객들에게 감사의 인사를 했다.

25. 이 프로그램은 가수들의 무대를 본 **청중**들이 최고의 무대를 하나 뽑는다는 내용이다.

26. 이곳은 인기가 많은 드라마 **촬영**을 한 곳이라서 사람들이 많이 온다.

27. 우리 학교에서는 9월에 세계 음식 문화 **축제**가 열린다.

28. 부산은 올해도 '국제 영화제'를 성공적으로 **치렀다고** 발표했다.

29. 콘서트가 시작되자 **팬**들이 열광하며 소리를 질렀다.

30. 이번 축제에는 뮤지컬, 콘서트 등 볼거리가 **풍성하게** 준비되어 있다.

31. 비 때문에 마라톤 **행사**가 취소되었다.

21. 주목(하다)
명/동
(to pay) attention

가: 미국에서 가장 큰 공연장에서 K-Pop 콘서트가 열린대.
I heard they're holding a K-Pop concert at the biggest arena in America.

나: 한국 문화가 전 세계 사람들의 **주목을 받고 있는 것 같아.**
It **seems like** Korean culture **is getting attention** from people all around the world.

기출 표현 주목을 끌다, 주목을 받다, 세계가 주목하다

---

22. 주인공
명
hero, main character

가: 오늘 커피숍에서 잘생긴 남자가 나한테 첫눈에 반했다고 그러더라? Today at a coffee shop, a handsome man told me he fell in love with me at first sight.

나: 정말? 드라마 **주인공**이 된 것 같았겠다.
Really? You must have felt like you were the main **character** in a drama.

기출 표현 영화 주인공, 드라마 주인공, 주인공으로 나오다, 주인공을 맡다

---

23. 진행(하다)
명/동
(to) host, to present, to go on

가: 이 오디션 프로그램은 진행자가 **진행**을 너무 잘해서 재미있는 것 같아.
This audition program is fun because the host does such a good job **presenting**.

나: 맞아, 합격자를 발표할 때 긴장되면서도 너무 재미있어.
Right, I feel nervous when they announce who got through, but it's so fun.

기출 표현 진행자, 행사를/프로그램을/축제를 진행하다, 진행이 순조롭다

---

24. 채우다
동
to fill

가: 어제 수업할 때 제일 앞에 앉아서 공부하더라? 평소에는 뒷자리를 좋아하잖아.
You sat in the very front during class yesterday. You usually like the seats in the back.

나: 교수님이 앞자리부터 **채워서** 앉으라고 하셔서 앞에 앉았어.
The professor said to **fill up** the seats in the front first, so I sat in the front.

기출 표현 객석을 채우다, 빈자리를 채우다, 가득 채우다

---

25. 청중
명
audience, spectator

유의어 관객

뮤지컬 공연이 끝나자 **청중**들은 모두 일어나서 박수를 쳤다.
When the musical performance ended, the whole **audience** stood up and clapped.

기출 표현 청중이 열광하다, 청중이 집중하다, 청중을 바라보다

출제 TIP

비슷한 단어를 정리해 봅시다.

- **관객:** 주로 운동 경기나 볼거리가 다양한 공연 등을 보는 사람들을 가리킵니다.
  예 야구 경기가 끝나고 관객들은 자기 자리의 쓰레기를 스스로 치웠다.
- **청중:** 강연이나 음악회를 듣기 위해 모인 사람들을 가리키므로 '운동 경기'에는 사용하지 않습니다. **예** 김 박사의 강연을 들은 청중 중에 한 명이 질문을 했다.

---

26. 촬영(하다)
명/동
filming, shooting, to film, to shoot

가: 내가 보고 싶었던 영화가 드디어 개봉한대.
I heard the movie I wanted to see is finally coming out.

나: **촬영** 기간이 1년이 넘는다던 그 영화 말이지?
You mean that movie that took over a year to **film**, right?

기출 표현 비디오 촬영, 사진 촬영, 촬영 장면, 촬영이 끝나다

27. 축제

명

festival

가: 저는 세계의 여러 **축제**에 가는 것을 좋아해요.

I like going to different **festivals** around the world.

나: 이게 스페인의 '토마토 **축제**'에 갔을 때 사진이죠? 재미있어 보이네요.

This is a photo from when you went to the Tomato **Festival** in Spain, right? It looks really fun.

기출 표현 기념 축제, 불꽃 축제, 지역 축제, 축제가 열리다, 축제를 즐기다

---

28. 치르다

동

to carry out, to hold, to undergo

경복궁은 조선 시대에 왕이 살던 곳으로 나라의 중요한 행사를 **치른** 곳이기도 합니다.

Gyeongbokgung Palace is where kings lived and where important events for the country were **carried out** during the Joseon Dynasty.

기출 표현 행사를 치르다

---

29. 팬

명

fan

가: 1등 하신 소감 한 말씀 부탁드립니다.

Please say some words about how it feels to win first place.

나: 항상 제 노래를 사랑해 주셔서 **팬** 여러분께 진심으로 감사드립니다.

I'm truly grateful to all of my **fans** for always loving my songs.

기출 표현 영화/음악/뮤지컬/축구 팬, 열성 팬

만점으로 가는 배경지식

한국의 팬 문화를 알아봅시다.

BTS의 팬클럽 '아미'가 유명해지면서 한국의 팬덤 문화도 주목을 받게 됐습니다. 팬덤을 이루고 있는 팬 중 적극적으로 활동하고자 하는 사람들은 '팬클럽'에 가입합니다. 팬클럽 회원이 되면 스타의 공연이나 팬 미팅 같은 행사에 갈 수 있는 기회가 많아집니다. 요즘은 단순히 자신이 좋아하는 스타의 공연에 찾아가서 응원하는 것뿐만 아니라 다양한 활동을 합니다. 사람들이 많이 다니는 지하철역이나 버스에 좋아하는 연예인의 광고를 하며 응원하기도 하고 좋아하는 연예인의 이름으로 어려운 사람들을 위해 기부하거나 봉사 활동을 합니다.

---

30. 풍성하다

형

to be plenty, to be abundant

한국 명절인 '추석'에는 가족들이 모여서 **풍성하게** 음식을 준비하고 함께 먹는다.

During the Korean holiday Chuseok, family members gather to prepare **plenty** of food and eat it together.

기출 표현 표현력이 풍성해지다, 볼거리가 풍성하다

---

31. 행사

명

event

백화점에서 어린이날을 맞이해서 다양한 **행사**를 준비했다.

Various **events** were planned at the department store to celebrate Children's Day.

기출 표현 나눔 행사, 오픈 행사, 행사가 열리다, 행사를 개최하다

[1-5] 다음 빈칸에 들어갈 단어를 [보기]에서 골라 알맞게 쓰십시오.

보기	진행(하다) 관객 역할 연기 가득(하다)

1. 이번 축제에는 공연도 있고 전시회도 있어서 볼거리가 ________.

2. 이번 축제를 ________(-ㄴ/는) 사회자가 너무 재미있게 잘했다.

3. 김 배우가 지난번 영화에서는 도둑 ________(을/를) 맡았는데 이번 드라마에서 변호사 ________(을/를) 맡아서 새로운 모습을 보여 줄 예정이다.

4. 주말에 영화관에 영화를 보러 온 ________(이/가) 많았다.

5. 김 배우가 이번 영화에서 아이를 사랑하는 엄마로 나와서 많은 사람들에게 감동을 주는 ________(을/를) 보여 줬다.

[6-10] 다음 괄호 안에 알맞은 단어를 고르십시오.

봉준호 감독은 뛰어난 영화 **6.** (연출 / 활동) 능력으로 전 세계가 **7.** (관람하는 / 주목하는) 영화감독이다. 봉 감독은 이번에 세계적인 영화 **8.** (행사 / 일정)에 초대받았다. 이 영화제에서 봉 감독이 **9.** (지적할 것으로 / 수상할 것으로) 많은 사람들이 **10.** (채우고 / 예상하고) 있다.

DAY
13 대중 매체와 미디어
Media and Mass Media

문장을 통해 이어서 학습할 단어의 의미를 추측해 봅시다.

01. 가수의 새 노래가 15일에 **공개될** 예정이다.

02. '해리 포터'는 책이 먼저 아주 많은 인기를 **끌어서** 영화로 만들어졌다.

03. 부모 없이 혼자 텔레비전을 보는 아이들은 안 좋은 내용에 **노출될 수 있다**.

04. 배우 박건우 씨가 드라마 **녹화** 중에 다쳐서 그날 **녹화**는 그 다음 주로 미뤄졌다.

05. 서울 오케스트라는 공원에서 연주회를 열며 클래식을 어려워하는 대중들에게 친근하게 **다가가려고** 노력한다.

06. 많은 연예인들이 SNS를 통해 **대중**과 소통한다.

07. 영화가 개봉하는 첫날, 배우들을 취재하기 위해 많은 방송 **매체**들이 극장을 찾았다.

08. 우리는 다양한 형태의 **미디어**를 통해 많은 소식을 알 수 있다.

09. 유명한 여자 아이돌 가수와 남자 배우가 사귄다는 사실이 신문에 **보도되었다**.

10. 1년에 한 번 언론 보도를 위해 노력한 기자들 중 10명을 **선정해서** 상을 준다.

01. 공개(하다)
명/동
(to) release
반의어 비공개

경찰은 오늘 범인 이 씨의 얼굴을 언론에 **공개한다고** 말했다.
The police said that they would **release** the face of the suspect, Mr. Lee, to the media today.
기출 표현 공개 행사, 공개되다, 언론에 공개하다

---

02. 끌다
동
to draw (in), to lead

가: 한국 음식이 세계 사람들의 관심을 **끌고 있대.**
They **say that** Korean food **is drawing** the attention of people all over the world.
나: 맞아, 외국에 사는 내 친구한테도 들었어.
Right, I heard that from my friend who lives abroad, too.
기출 표현 인기를 끌다, 주목을 끌다, 시선을 끌다, 관심을 끌다

---

03. 노출(하다)
명/동
exposure, to expose

가: 요즘은 드라마 속에서 물건을 **노출시켜서** 광고하는 방법이 많은 것 같아.
It seems like there are a lot of ways to advertise these days **by exposing** people to things in dramas.
나: 맞아, 주인공이 타는 차, 먹는 음식을 드라마 속에 **노출시켜서** 많은 사람들이 보게 하는 거야. Yeah, the car the main character drives and the food they eat get a lot of **exposure** in a drama, so a lot of people see them.
기출 표현 비밀 노출, 노출시키다, 정보가 노출되다

---

04. 녹화(하다)
명/동
recording, filming, to record, to film

가: 민정아, 내 결혼식 때 도와줘서 정말 고마워. 결혼식 **녹화하느라고** 힘들었지?
Thank you so much for helping out at my wedding, Minjeong. It was hard for you to **record** the ceremony, wasn't it?
나: 아니야, 괜찮았어. 앞으로 힘들 때마다 그 영상이 힘이 되면 좋겠다.
No, it was fine. I hope that video can give you strength in the future whenever you're having a tough time.
기출 표현 방송 녹화, 녹화 비디오, 녹화 현장

---

05. 다가가다
동
to approach, to get close

가: 그동안 슬픈 노래를 많이 부르셨는데 이번에 발표한 노래는 다르다면서요?
You've sung a lot of sad songs before, but I heard the song you're releasing this time is different?
나: 네, 이번에는 즐겁고 행복한 노래로 많은 분들에게 **다가가고** 싶었습니다.
Yes, this time, I want to **get closer** to a lot of people with a song that's fun and happy.
기출 표현 대중에게 다가가다

---

06. 대중
명
the public

가: 이곳에서 하는 일을 소개해 주십시오. Please introduce the work you do here.
나: 버려지는 강아지나 고양이들이 많다는 것을 **대중**에게 알리는 일을 하고 있습니다.
We're working to inform **the public** that there are many abandoned cats and dogs.
기출 표현 대중문화, 대중가요, 대중 매체, 대중교통, 대중과 소통하다

만점으로 가는 배경지식

한국의 대중문화에 대해서 알아봅시다.

한국 대중문화는 20세기에 들어서 '한류'라는 이름으로 전 세계적으로 사랑받기 시작했습니다. 최근에는 한국 대중가요인 '케이팝' 뿐만 아니라, 인터넷 연재 만화인 '웹툰', 한국 드라마와 영화 등 다양한 대중문화가 인기를 끌고 있습니다.

---

07. 매체

명

media

(outlets or forms)

가: 예전에는 가장 정보를 잘 전달할 수 있는 **매체**가 텔레비전이었던 것 같아요.

I think that in the past, TV was the form of **media** that could deliver information best.

나: 맞아요, 그런데 요즘은 인터넷이 발달해서 인터넷이 제일 정보 전달이 빠른 매체인 것 같아요.

That's right. But these days, since the internet has developed, I think it's the fastest form of media for delivering information.

기출 표현 대중 매체, 방송 매체, 광고 매체

출제 TIP

대중에게 정보를 전달하는 '대중 매체'의 종류가 시험에 자주 출제됩니다. 정리해 봅시다.

- **영상 매체:** 텔레비전, 인터넷 방송
- **인쇄 매체:** 신문, 책, 잡지

---

08. 미디어

명

media

유의어 (대중)매체

요즘은 개인 방송 중심의 **1인 미디어** 시대이다.

These are the days of **single-person media**, centered around individual broadcasting.

기출 표현 영상 미디어, 1인 미디어, 디지털 미디어

출제 TIP

소셜 미디어와 소셜 네트워크 서비스(SNS)에 대해 정리해 봅시다.

- **소셜 미디어**
  SNS보다 넓은 개념으로 사람들이 온라인에서 다양한 콘텐츠를 만들고 공유하고 소비하는 미디어를 의미합니다. 예 블로그, 팟캐스트, 유튜브, 틱톡 등
- **소셜 네트워크 서비스(SNS)**
  보통 소셜 미디어에 포함된다고 보며, 온라인에서 사용자 간 관계를 맺고 소통하는 서비스와 그 서비스를 제공하는 플랫폼을 가리킵니다.
  예 페이스북, 인스타그램, 밴드, 카카오스토리 등

---

09. 보도

명

report

김 기자는 뉴스 **보도**를 위해 전쟁터까지 직접 갔다.

Reporter Kim went to the battlefield herself in order to **report** the news.

기출 표현 보도되다, 보도 기사, 보도 뉴스, 신문 보도

---

10. 선정(하다)

명/동

selection, choice,
to select, to choose

유의어 선발(하다), 뽑다

우리 학교에서는 매년 꼭 읽어야 할 책을 **선정해서** 알려 준다.

Each year at my school, they **select** and inform us of the books we have to read.

기출 표현 명(으)로 선정되다 | 수상자 선정, 작품 선정

☑ 문장을 통해 이어서 학습할 단어의 의미를 추측해 봅시다.

11. 좋아하는 드라마를 **시청하기 위해** 퇴근하자마자 집으로 갔다.

12. 이 역사 프로그램은 16세기부터 지금까지 시대별 옷의 변화 **양상**을 설명한다.

13. 가수 빈 씨는 보도된 열애설이 사실이냐는 기자의 질문에 아무 **언급**도 하지 않았다.

14. 여러 외국 **언론**에서 한국 음식의 장점에 대해서 소개했다.

15. 요즘은 집에서 운동 **영상**을 따라서 운동하는 사람들이 많아졌다.

16. 요즘 텔레비전 프로그램들은 재미 **위주**의 프로그램들이 많다.

17. 각 방송사에는 일주일 동안 방송된 프로그램에 대해 시청자의 **의견**을 듣는 프로그램이 있다.

18. **인쇄** 매체를 대표하는 것은 신문과 책이다.

19. 멋있는 배우가 드라마에서 담배를 피우는 장면을 보면 어린 아이들이 담배가 멋있다고 **인식할까 봐** 걱정이 된다.

20. 영화를 촬영한 후에 **편집**을 하면서 영화에 어울리는 노래도 넣는다.

11. 시청 ☆
명
watching, viewing

가: 인터넷 방송의 가장 큰 장점이 무엇이라고 생각하십니까?
What do you think is the greatest advantage of internet broadcasting?
나: **시청자**와 실시간으로 소통할 수 있다는 점이 가장 큰 장점인 것 같습니다.
I think being able to communicate with **viewers** in real time is the greatest advantage.

기출 표현 시청자, 시청률, 드라마 시청, 뉴스를 시청하다

---

12. 양상
명
aspect, appearance

이번 정효준 작가의 전시에는 초기부터 최근까지의 그림이 모두 있어서, 변화 **양상**을 확인할 수 있습니다.
This exhibition by the artist Jeong Hyojun has paintings from his early period through now, so you can see **aspects** of change.

기출 표현 변화 양상, 시대별 양상

---

13. 언급(하다)
명/동
reference, to refer, (to) comment

유의어 말(하다)

미국 대통령은 '문화의 힘'에 대해서 말할 때 한국 가수 BTS를 **언급했다**.
When the American president spoke about the "power of culture," he **was referring** to the singers BTS.

기출 표현 언급되다, 자세한 언급, 언급을 피하다

---

14. 언론
명
the press, the media

제주도의 작은 식당이 **언론**을 통해 알려지게 되면서 인기가 많아졌다.
The small restaurant on Jeju Island grew popular when it became known through **the media**.

기출 표현 언론사, 언론 매체, 언론인

---

15. 영상
명
video

가: 와, 이 **영상** 직접 만들었어? 정말 잘 만들었다.
Did you make this **video** yourself? It's really well made.
나: 응, 여행 다닐 때마다 나중에 추억하고 싶어서 **영상**으로 만들거든.
Yeah, I make a **video** each time I go on a trip because I want to remember it later.

기출 표현 동영상, 영상물, 영상에 담다

---

16. 위주

명

N-oriented, base, focus

유의어 중심

가: 제가 응원하는 야구팀이 감독님을 바꾸고 성적이 너무 좋아졌어요.

The baseball team that I root for changed coaches and their results improved a lot.

나: 바뀐 감독은 선수들을 능력이나 실력 **위주**로 뽑아서 선수들이 더 열심히 한다고 들었어요.

I heard that the new coach picks players **based** on their talent or skills, so the players work even harder.

기출 표현 흥미 위주, 입시 위주, 경쟁 위주

---

17. 의견

명

opinion

유의어 견해, 생각

오늘 방송에서는 건강한 식단에 대해 전문가의 **의견**을 들어 보도록 하겠습니다.

In today's broadcast, we'll be hearing **opinions** from experts on healthy diets.

기출 표현 시청자 의견, 의견을 모으다, 의견을 주장하다, 의견을 나누다

---

18. 인쇄(하다)

명/동

(to) print

가: 이 책은 **인쇄**가 잘못된 것 같아요.

I think this book was **printed** wrong.

나: 그러네요. 뒷장은 **인쇄**가 잘못돼서 글씨가 전혀 안 보여요. 교환해야겠네요.

Yes, it seems so. The back of the page was **printed** wrong, so you can't see the writing at all. You'll have to exchange it.

기출 표현 인쇄되다, 인쇄 매체

---

19. 인식(하다)

명/동

recognition, perception, to recognize, to perceive

유의어 알다, 지각(하다)

가: 오리는 태어나서 처음 만난 대상을 엄마라고 **인식한대요**.

They say that ducks **recognize** the first thing they see when they're born as their mother.

나: 맞아요. 그래서 아기 오리가 처음 만난 소녀를 엄마로 생각하고 따르는 감동적인 영화도 있잖아요.

That's right. That's why there's even that touching movie about the duckling who follows around a girl it first meets and thinks she's its mother.

기출 표현 부정적 인식, 인식 개선, 사회 인식, (으)로 인식하다, 인식되다

---

20. 편집(하다)

명/동

editing, to edit

오늘 촬영한 영상은 **편집** 후에 다음 주에 방송될 예정이다.

The video that was filmed today is scheduled to be broadcast next week after **editing**.

기출 표현 영화 편집, 기사 편집

문장을 통해 이어서 학습할 단어의 의미를 추측해 봅시다.

21. 한국 대통령은 미국 기자와의 **인터뷰**를 통해 곧 미국에 방문하겠다고 밝혔다.

22. 오늘 방송은 교육 **전문가** 5분을 모시고 아이의 공부 방법에 대한 이야기를 나눠 보겠습니다.

23. 유명한 배우의 사고 소식을 인터넷 뉴스로 **접했다**.

24. 영화가 끝나면 영화를 **제작한** 사람들의 이름이 나온다.

25. 청취자들은 라디오를 **청취하면서** 실시간으로 의견을 보낼 수 있다.

26. 이 프로그램은 아이들의 책 읽기에 **초점**을 맞춘 교육 프로그램이다.

27. 그 배우는 처음으로 **출연한** 영화에서 주인공을 맡았다.

28. 한국에 온 세계적인 가수의 소식을 먼저 보도하기 위한 기자들의 **취재** 열기가 뜨거웠다.

29. 아이들이 좋아하는 만화 '뽀로로'는 인기가 많아지면서 영화, 책, 게임 등 다양한 **콘텐츠**가 만들어졌다.

30. 일주일에 한 번 여러 주제에 대해서 찬성과 반대로 나눠 **토론하는** 프로그램을 방송한다.

31. 인터넷에 두 시간짜리 영화를 **핵심** 내용만 정리한 10분짜리 영상이 있다.

32. 그 배우는 텔레비전 **화면**으로 보는 것보다 실제로 보는 것이 훨씬 예쁘다.

21. 인터뷰
명
interview

가: 오늘 **인터뷰**의 주인공은 인기 배우 김규원 씨입니다. 안녕하세요?
The star of today's **interview** is popular actor Kim Gyuwon. Hello.

나: 네, 안녕하세요. 김규원입니다.
Hello, I'm Kim Gyuwon.

기출 표현 인터뷰를 하다, 인터뷰 기사

---

22. 전문
명
expertise, specialty

가: 한국어에 대한 **전문** 지식을 배우고 싶어요.
I want to learn **expert** knowledge about Korean.

나: 그러면 국어국문학이나 한국어 교육을 전공하는 게 어때요?
Then how about majoring in Korean language and literature or Korean language education?

기출 표현 전문가, 전문성, 전문 분야, 전문 지식

---

23. 접하다
동
to encounter, to learn about

가: 요즘 아이들은 인터넷을 통해 다양한 정보를 **접하는** 것 같아요.
It seems like children these days **encounter** a lot of different information through the internet.

나: 그래서 걱정이에요. 안 좋은 정보도 부모 모르게 접할까 봐요.
That's why I worry. They might encounter bad information without their parents knowing.

기출 표현 뉴스를 접하다, 소식을 접하다, 인터넷으로 접하다

---

24. 제작(하다)
명/동
production, making, to produce, to make

'해리 포터'는 소설이 영화로 **제작된** 대표적인 예다.
"Harry Potter" is a representative example of a novel that was **made** into a movie.

기출 표현 명(으)로 제작되다 | 제작비, 제작진

---

25. 청취(하다)
명/동
listening, to listen

가: 어떻게 영어를 잘하게 되셨어요?
How did you get good at English?

나: 미국 뉴스 방송을 **청취하고** 발음을 따라하려고 노력했어요.
I tried **listening** to American news broadcasts and following the pronunciation.

기출 표현 청취자

---

26. 초점
명
focus

유의어 중점

오늘 수업은 듣기 실력을 올리는 것에 **초점**을 맞췄습니다.
Today's lesson **focused** on improving listening skills.

기출 표현 관심의 초점, 초점을 두다, 초점을 맞추다

---

27. 출연(하다)
명/동
appearance,
to appear,
to be in
(a movie, show, etc.)

유의어 나오다

가: 영화 재미있었어?
Was the movie fun?

나: **출연한** 배우들의 연기는 좋았는데 내용이 좀 별로였어.
The actors who **were in it** acted well, but the story wasn't that great.

기출 표현 출연자, 특별 출연, 광고/드라마/영화에 출연하다

---

28. 취재(하다)
명/동
covering,
to cover (the news)

오늘 제주도에 비가 아주 많이 내렸는데요. 현장에 있는 **취재** 기자 연결해 보겠습니다.
It rained heavily on Jeju Island today. Let's connect to the **covering** reporter who's on the scene.

기출 표현 취재진, 취재 기자, 취재 경쟁

---

29. 콘텐츠
명
content

가: 이번 축제 어떠셨습니까?
How was the festival?

나: 이번 축제는 볼거리가 많았는데 볼거리뿐만 아니라 직접 해 볼 수 있는 다양한 **콘텐츠**가 있으면 더 좋았을 것 같습니다.
The festival had a lot of attractions, but I think it would have been even better if it had not just attractions but also various **content** that people could try for themselves.

기출 표현 다양한 콘텐츠, 문화 콘텐츠

---

30. 토론(하다)
명/동
(to) debate

토론을 할 때는 자신의 의견을 분명히 말하는 것도 중요하지만 반대 의견을 잘 듣는 것도 중요합니다.
When **debating**, it's important to clearly state your opinion, but it's also important to listen well to the opposing opinion.

기출 표현 찬반 토론, 토론자

---

31. 핵심
명
(main) point, core

오늘 과제는 책을 읽고 **핵심** 내용을 정리해 오는 것입니다.
Today's assignment is to read the book and summarize the **main points**.

기출 표현 핵심 내용, 핵심을 집어내다, 핵심 역할

---

32. 화면
명
screen

가: 저는 영화는 꼭 영화관에서 보는 것을 좋아해요.
When it comes to movies, I really like to see them in the movie theater.

나: 저도요, 영화관에서 보면 **화면**도 넓고 소리도 커서 영화에 집중이 잘돼요.
Me too. When you watch in the theater, the **screen** is wide and the sound is loud, so you can focus well on the movie.

기출 표현 화면에 나오다, 화면을 보다

☑ DAY 13 | 앞에서 배운 내용을 확인해 봅시다.

[1-5] 다음 빈칸에 들어갈 단어를 [보기]에서 골라 알맞게 쓰십시오.

보기	공개되다	대중	제작(하다)	의견	출연(하다)

1. 그 배우는 이번 드라마에서 연기를 잘해서 ________의 인기를 얻게 됐다.
2. A회사의 신차가 내일 오후에 ________-(으)ㄹ 예정이다.
3. BTS는 미국 방송에 ________-아/어서 노래를 불렀다.
4. 드라마를 ________-기 위해서 먼저 배우들을 뽑아야 한다.
5. 대화를 할 때는 상대방의 ________도 잘 들을 줄 알아야 한다.

[6-8] 다음 빈칸에 알맞은 단어를 [보기]에서 찾아 쓰십시오.

보기	핵심	시청	인식(하다)	전문

6. 어떤 것에 대해서 오랫동안 연구하고 지식과 경험이 많은 상태 ________
7. 일의 가장 중요한 부분이나 중요한 내용 ________
8. 어떤 일을 구별하고 판단해서 아는 것 ________

DAY

14 역사

History

문장을 통해 이어서 학습할 단어의 의미를 추측해 봅시다.

01. 6월 6일 현충일은 나라를 위해 목숨을 **걸고** 싸운 조상들을 생각하는 날이다.

02. 어느 시대나 상위 **계층**과 하위 **계층**의 갈등이 존재한다.

03. 이집트 피라미드는 세계적인 **고대** 건축물 중의 하나이다.

04. 도서관에 있는 **고서**는 빌릴 수 없고 전시회가 있을 때만 볼 수 있다.

05. 궁은 왕과 그의 가족, 그들을 위해 일하는 사람들이 함께 사는 곳이었고 특별한 **궁중** 문화가 있었다.

06. 왕이라고 해도 **권력**을 마음대로 쓸 수 없었다.

07. 조선 시대에 역사를 잘 **기록해 놓은** 덕분에 오늘날 조선 시대의 상황을 알 수 있다.

08. 이순신 장군은 조선 시대 때 나라를 지키다가 **목숨**을 잃은 영웅이다.

09. 고대 **문명**은 강 주변에서 발달했다는 특징이 있다.

10. **문헌** 자료를 통해서 국어의 역사를 알 수 있다.

11. 미국은 옛날부터 여러 나라 사람들이 모여 들어 지금은 다양한 **민족**으로 이루어진 나라가 되었다.

01. 걸다

동

to risk, to stake (something on something)

가: 어제 축구 경기 봤어요? 다친 선수가 너무 열심히 뛰어서 감동적이었어요.

Did you see the soccer game yesterday? Seeing the hurt player run so hard was moving.

나: 경기 후 그 선수의 인터뷰를 봤는데 오늘 경기에 운명을 **걸고** 열심히 뛰었대요.

I saw an interview with that player after the game, and he said he **staked** his fate on today's game and ran hard.

기출 표현 목숨을 걸다, 운명을 걸다, 기대를 걸다

---

02. 계층

명

(social) class

조선 시대에는 낮은 **계층** 사람들은 학교도 못 다니고 직업 선택의 자유도 없었다.

During the Joseon Dynasty, people in the lower **classes** couldn't go to school and didn't have the freedom to choose their job either.

기출 표현 상류 계층, 지배 계층, 사회 계층, 낮은 계층

---

03. 고대

명

ancient times

가: 뉴스 봤어요? 이번에 새롭게 **고대** 문자와 그림이 발견됐대요.

Did you see the news? They said **ancient** writing and paintings were newly discovered.

나: 정말요? 공사를 하다가 발견한 거예요?

Really? They were doing construction when they discovered them?

기출 표현 고대 문명, 고대 국가

만점으로 가는 배경지식

역사적으로 시대를 구분하는 단어를 한국 역사에 따라 정리해 봅시다.

- **고대:** 한국에서는 고조선부터 통일 신라 시대까지를 말합니다. (기원전 2333년 ~ 935년)
- **중세:** 고려 시대 처음부터 고려 시대 말까지를 말합니다. (918년 ~ 1392년)
- **근대:** 조선 시대 말 부분을 말합니다. (1876년 ~ 1919년)

---

04. 고서

명

old (or antique) book

가: 할아버지, 이 오래된 책은 뭐예요?

Grandpa, what's this old book?

나: 옛날 사람들의 생활 방식이 쓰여 있는 **고서**란다.

It's an **antique book** that describes how people used to live in the past.

기출 표현 고서 전시회

---

05. 궁중

명

palace, (royal) court

가: 이 떡볶이는 맵지도 않고 맛있네요.

This tteokbokki tastes good and isn't spicy.

나: 왕이 즐겨 먹던 **궁중** 요리 중에 하나라서 **궁중** 떡볶이라고 불러요.

It's one of the palace foods that kings used to enjoy, so it's called "**gungjung** tteokbokki" [**royal palace** tteokbokki].

기출 표현 궁중 음악, 궁중 요리

---

06. 권력
명
power, authority

가: 뉴스 봤어요? 음주 운전을 한 남자가 벌을 받지 않게 됐대요.
Did you see the news? They say that the man who was drunk driving won't be getting a punishment.

나: 봤어요. 국회의원인 아버지의 **권력**을 이용해서 빠져나오다니 화가 나네요.
I saw. It makes me mad that he used the **authority** of his father, a national assemblyman, to get out of it.

기출 표현 권력을 쓰다, 권력을 지키다, 권력을 강화하다

---

07. 기록(하다)
명/동
(to) record

가: 선생님, 박물관 안을 자유롭게 돌아다녀도 될까요?
Teacher, can we freely explore the inside of the museum?

나: 네, 보면서 관심 있는 물건의 설명을 수첩에 **기록하세요**.
Yes, make a **record** in your notebooks describing the objects you find interesting as you look around.

기출 표현 기록물, 역사적 기록, 기록을 남기다

출제 TIP

접 -물: 명사 뒤에 붙어, 물건이나 물질의 뜻을 나타냅니다.
예 기록물, 출판물

---

08. 목숨
명
life

나는 커서 많은 사람들의 **목숨**을 구하는 소방관이 되고 싶어.
When I grow up, I want to be a firefighter who saves the **lives** of lots of people.

기출 표현 목숨을 던지다(= 목숨을 걸다), 목숨을 잃다, 목숨을 구하다, 목숨을 지키다

---

09. 문명
명
civilization

가: 지난번에 갔다 온 여행은 어땠어? 이집트에 갔었지?
How was the trip you went on last time? You went to Egypt, right?

나: 응, 세계의 **문명**이 시작된 이집트 나일강에 직접 가 보니까 정말 좋았어.
Yeah, going for myself to the Nile River in Egypt, where global **civilization** started, was really great.

기출 표현 고대 문명, 현대 문명, 과학 문명

---

10. 문헌
명
literature (reading material), document

유의어 기록물, 문서

가: 이 드라마, 역사적 사실에 맞게 잘 썼다면서?
I heard this drama was written to match historical facts?

나: 응, 드라마 작가가 오랫동안 **문헌** 자료를 찾아보고 쓴 거래.
Yeah, the writer said they researched old **literary** materials for a long time to write it.

기출 표현 문헌 자료, 문헌을 살펴보다

---

11. 민족
명
a people, (an ethnic) race, ethnic group

가: 이 분은 누구예요?
Who is this person?

나: 이 분은 우리 **민족**을 위해 목숨을 바치신 분이에요.
This is a person who dedicated his life to our **people**.

기출 표현 단일 민족, 다민족, 민족의식

☑ 문장을 통해 이어서 학습할 단어의 의미를 추측해 봅시다.

12. 김 교수는 오랫동안 땅속에 묻혀있던 고대 유물을 **발견했다**.

13. 김 교수는 지난달에 발견된 유물이 고대 여성들이 사용하던 귀걸이라고 **밝혔다**.

14. 세종대왕은 **백성**을 위한 글자가 꼭 필요하다고 생각했다.

15. 오랫동안 바닷속에 있던 배에서 **보물**이 잔뜩 나왔다고 한다.

16. 목숨을 걸고 나라를 지킨 역사 속 인물들의 정신을 **본받고 싶다**.

17. 박물관에는 **선조**들이 남긴 유물들이 많이 전시되어 있다.

18. 옛날에 외국 문화를 받아들이자는 **세력**과 받아들이지 말자는 **세력**으로 나뉘어 논쟁을 벌였다.

19. 한국의 경주는 **신라**의 수도였다.

20. 왕은 나라의 많은 일을 **신하들**과 함께 했다.

21. 조선 후기에는 왕이 가진 힘이 많이 **약화됐다**.

22. 세종대왕은 많은 **업적**을 남기셨는데 그중에서 한글을 만든 것은 가장 뛰어난 **업적**이다.

12. 발견(하다)
명/동
discovery, to discover

가: 한국 강원도에서 공룡의 발자국이 **발견됐대.**
I heard they **discovered** dinosaur tracks in Gangwon Province in Korea.
나: 나도 뉴스 봤어. 나도 직접 가서 한번 보고 싶다.
I saw that news too. I want to go see them in person.

기출 표현 발견되다, 새로운 발견, 유물을 발견하다

---

13. 밝히다
동
to reveal

경찰은 이번 사고의 원인을 **밝히기 위해** 조사하고 있다.
The police are doing an investigation **to reveal** the cause of the accident.

기출 표현 밝혀지다, 원인을 밝히다, 입장을 밝히다

---

14. 백성
명
the people (antiquated), the nation, (a king's) subjects

유의어 국민

가: 한국 사람들은 세종대왕을 참 좋아하는 것 같아요.
I think Koreans love King Sejong the Great.
나: 네, 세종대왕은 **백성**들의 생활이 편해지도록 글자를 만든 사람이라서요.
Yes, because King Sejong the Great was the person who created (the Korean) alphabet to make the life of his **people** easier.

기출 표현 백성을 다스리다

---

15. 보물
명
treasure

가: 네가 생각하는 너의 가장 소중한 **보물**이 뭐야?
What do you think is your most important **treasure**?
나: 나는 어렸을 때부터 쓴 일기장이 내 **보물** 1호야.
My greatest **treasure** is the diary I wrote in since I was young.

기출 표현 보물을 찾다, 보물 상자

---

16. 본받다
동
to emulate, to follow after

유의어 따르다, 배우다

가: 앞으로 어떤 선수가 되고 싶습니까?
What kind of player would you like to become in the future?
나: 제가 존경하는 아버지를 **본받아서** 힘든 일이 있어도 절대 포기하지 않는 선수가 되겠습니다.
Emulating my father, whom I respect, I'd like to become a player who never gives up even when there are difficulties.

기출 표현 정신을 본받다, 태도를 본받다

---

17. 선조
명
ancestors

유의어 조상

가: 한국 음식을 대표하는 것이 김치인데 옛날에 냉장고가 없었을 때는 어떻게 보관했을까요?
Kimchi is representative of Korean food, but how was it stored in the past when people didn't have refrigerators?
나: 땅속이 차가워서 김치를 땅속에 묻었대요. **선조**들의 지혜가 대단했던 것 같아요.
They say they used to bury it in the ground because it's cold underground. I think the wisdom of our **ancestors** was amazing.

기출 표현 선조들의 지혜, 선조의 뜻

---

18. 세력
명
power, force

가: 역사를 보면 왕의 아들들이 자신이 왕이 되려고 **세력** 다툼을 많이 한 것 같아요.
If you look at history, it seems that the sons of the king had a lot of **power** struggles because they wanted to become king themselves.

나: 맞아요. 다른 **세력** 사람들을 죽이기도 했대요.
That's right. It's said that they killed other people in **power** as well.

기출 표현 정치 세력, 세력 싸움(= 세력 다툼)

---

19. 신라
명
Silla (ancient Korean kingdom)

가: **신라**는 언제 만들어진 나라예요?
When was the country of **Silla** created?

나: 기원전 57년에 만들어진 고대 한국의 나라 중에 하나예요.
It's one of the countries of ancient Korea and was created in 57 BCE.

기출 표현 신라를 건국하다

만점으로 가는 배경지식

한국의 역사 속 나라들을 정리해 봅시다.

고조선	고구려, 백제, 신라	발해, 통일 신라	고려	조선
(기원전 2333)	(기원전 20~668년)	(698년~900년)	(918년~1392년)	(1392년~1910년)

---

20. 신하
명
(a king's) retainer, vassal

반의어 왕

가: 경복궁의 근정전은 무엇을 하던 곳인가요?
What was Gyeongbokgung Palace's Geunjeongjeon used for?

나: 근정전은 새해에 **신하**들이 왕에게 인사를 드리거나 나라의 큰 행사를 열던 장소였습니다.
Geunjeongjeon was a place where the king's **retainers** would greet him at the beginning of the new year, or where large national events would be held.

기출 표현 신하의 도리, 신하의 입장

---

21. 약화(하다)
명/동
weakness, to weaken

반의어 강화(하다)

가: 일기 예보에서 강력한 태풍이 온다고 들었어요.
I heard from the weather forecast that a strong typhoon is coming.

나: 네, 그런데 다행히 태풍이 바다를 지나면서 세력이 많이 **약화하고 있대요**.
Yes, but thankfully, they said that the strength of the typhoon **is getting** much **weaker** as it crosses the ocean.

기출 표현 약화되다, 세력 약화

---

22. 업적
명
achievement, results

가: 그분이 그렇게 유명한 사람이에요?
That person is that famous?

나: 네, 뛰어난 연구 **업적**을 바탕으로 노벨상도 받은 분인걸요.
Yes, she even won a Nobel Prize for her remarkable research **achievements**.

기출 표현 위대한 업적, 업적을 남기다

문장을 통해 이어서 학습할 단어의 의미를 추측해 봅시다.

23. 세종대왕은 한자를 못 읽는 백성들을 불쌍하게 **여겨서** 한글을 만들기로 결심했다.

24. 서울은 조선 시대 때부터 수도여서 **역사**가 아주 오래된 도시다.

25. 사진전에서 **오늘날**이 될 때까지 한국이 변화한 모습을 확인할 수 있다.

26. 아인슈타인은 과학 발전에 **위대한** 업적을 남겼다.

27. 한국에서는 설날이나 추석 같은 명절에는 맛있는 음식을 차려서 **조상**에게 인사를 한다.

28. **조선** 시대에 대한 기록이 많다 보니 조선 시대를 배경으로 하는 드라마가 많다.

29. 내가 **존경하는** 인물은 나라를 위해 목숨을 걸고 싸운 이순신 장군이다.

30. 고인돌은 고대 **지배자**의 무덤으로 알려져 있다.

31. 이 책을 읽으면 조선이 어떻게 **탄생하게** 되었는지 그 역사를 알 수 있다.

32. **현대** 사회는 예전과 달리 매우 빠르게 변하고 있다.

33. 불이 나서 무너진 '숭례문'은 다시 고쳤지만 곳곳에 여전히 사고의 **흔적**이 있다.

23. 여기다

동

to consider, to regard

유의어 생각하다

가: 어떻게 하면 늘 행복하게 지낼 수 있을까요?
What can I do to always be happy?

나: 매일을 소중하게 **여기고** 할 수 있는 일을 열심히 하면 행복하다고 느낄 수 있을 거예요.
If you **consider** each day as precious and work hard at the things you can do, you'll be able to feel happiness.

기출 표현 중요하게 여기다, 가치 있게 여기다, 가족으로 여기다, 소중히 여기다

---

24. 역사

명

history

가: 왜 한국 **역사** 수업을 들어요?
Why are you taking a Korean **history** class?

나: 한국어를 공부하니까 한국의 **역사**와 문화에도 관심이 생겼어요.
Since I'm studying Korean, I've gotten interested in Korea's **history** and culture too.

기출 표현 역사적 기록, 세계의 역사

---

25. 오늘날

명

present day, the present

유의어 현재

가: 와, 공장에 로봇이 정말 많네요.
Wow, there certainly are a lot of robots in the factory.

나: 네, **오늘날**에는 위험하거나 단순한 작업은 로봇이 많이 하거든요.
Yes, in **the present**, robots do many of the jobs that are dangerous or simple.

기출 표현 오늘날까지 전해지다, 오늘날에 이르다

---

26. 위대하다

형

to be great

유의어 대단하다, 훌륭하다

가: 제가 제일 존경하는 사람은 어머니예요.
The person I respect the most is my mother.

나: 저도 그래요. 세상에서 제일 **위대한** 것은 어머니의 사랑인 것 같아요.
Me too. I think the **greatest** thing in the world is the love of a mother.

기출 표현 위대한 인물, 업적이 위대하다

---

27. 조상

명

ancestors

유의어 선조

반의어 후손

가: 옛날에는 김치가 매운맛이 아니었다면서요?
I heard that kimchi used to not be spicy?

나: 네, 고추가 들어오기 전까지 **조상**들은 김치를 안 맵게 만들어서 먹었대요.
Yes, they say that before chilies came into Korea, our **ancestors** used to make kimchi that wasn't spicy.

기출 표현 조상을 모시다

---

28. 조선

명

Joseon (a historical dynasty)

가: **조선** 시대에는 왕의 모든 일을 기록하는 사람이 있다고 했잖아요.
You said that during the **Joseon** Dynasty, there was a person who recorded everything the king did.

나: 네, 기록한 것을 책으로 만들었어요. 그 책의 이름이 '조선왕조실록'이에요.
Yes, they made the records into a book. The name of that book is "Annals of the Joseon Dynasty."

기출 표현 조선 시대, 조선 건국, 조선왕조실록

만점으로 가는 배경지식

조선 시대부터 일제 강점기 전까지 있었던 중요한 사건을 정리해 봅시다.

태조 이성계 조선 건국	세종대왕 한글 창제	임진왜란	대한 제국 설립	한일 강제 병합
1392	1446	1592	1897	1910

29. 존경(하다)
[명/동]
(to) respect

가: 선생님께 편지를 쓰려는데 뭐라고 써야 할지 모르겠어요.
I want to write a letter to my teacher but I don't know what I should write.
나: 선생님을 **존경하고** 감사하는 마음을 표현해 봐요.
Try expressing your feelings of **respect** and gratitude for your teacher.

기출 표현 존경을 받다, 존경하는 인물

---

30. 지배(하다)
[명/동]
(to) rule, to govern

유의어 통치(하다)

가: 탈춤의 탈은 너무 이상하게 생겼어요.
The masks used in Korean mask dance look so strange.
나: 탈춤에서는 백성들을 괴롭히는 **지배** 계층을 웃기면서도 이상하게 표현하려고 했거든요.
In mask dance, the people tried to laugh at the **ruling** class that troubled them by portraying them in a funny way.

기출 표현 지배 계층, 지배를 받다, 식민지 지배

---

31. 탄생(하다)
[명/동]
birth, to be born

유의어 태어나다

가: 우주를 보고 있으면 정말 신기한 것 같아요.
Looking at the universe, it's really amazing.
나: 맞아요. 이렇게 큰 우주가 **탄생했다는** 것이 정말 신기해요.
It is. The fact that such a huge universe **was born** is really amazing.

기출 표현 아이의 탄생, 새로 탄생되다

---

32. 현대
[명]
modern day, today, modernity

가: 서울 여행은 어땠어요?
How was your trip to Seoul?
나: 경복궁 앞에 높은 빌딩을 보고 서울은 전통과 **현대**가 조화로운 도시라고 느꼈어요.
Looking at the tall buildings in front of Gyeongbokgung Palace, I felt that Seoul is a city where tradition and **modernity** are in harmony.

기출 표현 현대 문명, 현대 과학

출제 TIP
'현대'와 같이 시대를 구분하는 표현에는 '고대', '중세', '근대'가 있습니다.

---

33. 흔적
[명]
traces, signs, remains

가: 화성에 간 우주인이 화성에 물이 흐른 **흔적**을 발견했대요.
They say that an astronaut who went to Mars found **traces** of flowing water there.
나: 그럼 지구 말고 다른 행성에서 사람이 살 수도 있는 거예요?
Then people can live on planets other than Earth?

기출 표현 흔적이 남다, 흔적을 남기다

☑ DAY 14 | 앞에서 배운 내용을 확인해 봅시다.

[1-5] 다음 빈칸에 들어갈 단어를 [보기]에서 골라 알맞게 쓰십시오.

보기 | 궁중 현대 발견(하다) 여기다 목숨

1. 김 교수는 이 약의 새로운 효과를 ________ . (-았/었다)

2. 서울시는 시민들에게 다양한 전통 음악을 소개하기 위해 경복궁에서 ________ 음악을 감상할 수 있는 행사를 준비했다.

3. 옛날에는 할아버지와 할머니, 손자까지 같이 사는 집이 많았지만 ________ 사회에서는 가족의 모습이 옛날과 많이 달라졌다.

4. 할아버지는 돌아가신 할머니의 반지를 소중히 ________ 예쁜 보석함에 넣어 두셨다. (-고)

5. 불이 난 건물에 아직 사람이 있는 것을 알고 용감한 시민은 ________ 걸고 구하러 갔다. (을/를)

[6-8] 다음 빈칸에 알맞은 단어를 [보기]에서 찾아 쓰십시오.

보기 | 역사 기록(하다) 조선 업적 밝히다

6. 시간이 흘러도 기억할 수 있게 지금 사실을 적는다. ________

7. 세상에 도움이 될 만큼 대단한 결과를 만든 것. ________

8. 알려지지 않은 사실을 널리 알린다. ________

DAY **15**

전통

Tradition

문장을 통해 이어서 학습할 단어의 의미를 추측해 봅시다.

01. 이 도자기는 유명한 작가가 만든 것으로 현재 10억이 넘는 **가치**가 있다고 한다.

02. 전통 결혼식과 달리 요즘은 **간소하게** 결혼식을 하는 사람이 많아지고 있다.

03. 세계 문화 축제에서 각 나라의 대표들은 민족의 **고유** 의상을 입었다.

04. 지금은 싸고 흔한 국수가 고려 시대에는 특별한 날에만 먹을 수 있는 **귀한** 음식이었다.

05. 신라 시대 문화재인 돌탑에 **금**이 가서 많은 사람들이 걱정하고 있다.

06. 한국에서는 설날에 복을 **기원하며** 복주머니를 선물한다.

07. 한글은 하늘, 땅, 사람의 모양을 보고 만든 **독창적인** 글자이다.

08. 한국, 중국, 일본은 한자를 사용하는 한자 **문화권이다**.

09. 수원에 있는 '화성'은 조선 시대에 독창적인 기술로 만든 **문화재이다**.

10. 역사적 가치가 높은 문화재는 잘 **보존해야 한다**.

01. 가치
명
value

유명한 관광지인 경복궁은 역사적으로도 **가치**가 높은 곳이다.
The famous tourist destination Gyeongbokgung Palace is a place with high historical **value**.

기출 표현 문화 가치, 가치를 평가하다, 가치를 지니다, 가치가 크다/높다/있다/없다

---

02. 간소하다
형
to be simple, to be plain

유의어 간편하다

가: 옛날에 한국에서는 명절 아침에 가족들이 모두 모여서 음식을 준비했다면서요?
I heard that in the past in Korea, a whole family would gather on holiday mornings and prepare food?

나: 네, 하지만 요즘은 음식도 적게 준비하고 **간소하게** 명절을 보내기도 해요.
Yes, but these days, people prepare less food and have a **simple** holiday.

기출 표현 간소화하다, 간소하게 치르다, 간소한 절차

---

03. 고유(하다)
명/형
(to be) indigenous, to be innate, to be characteristic

가: 한국의 **고유**문화에는 어떤 것이 있어요?
What kinds of **characteristically** Korean culture are there?

나: 존댓말을 사용하는 것과 명절에 조상님께 인사를 드리는 것이 있어요.
There's using honorific speech and greeting ancestors on the holidays.

기출 표현 고유한 특성, 고유의 맛

---

04. 귀하다
형
to be precious, to be rare, to be of noble birth

가: 이 책을 보면 과거에는 신분에 따른 차별이 정말 심했네요.
Reading this book, in the past, discrimination based on status was really severe.

나: 맞아요. **귀한** 신분이 입을 수 있는 옷도 따로 있었대요.
That's right. They say there were even separate clothes that **noble** classes could wear.

기출 표현 신분이 귀하다, 귀한 손님

---

05. 금
명
crack

가: 이 유리컵에 **금**이 가 있으니까 쓰지 마세요.
There's a **crack** in this glass cup, so don't use it.

나: 큰일 날 뻔했네요. 알려 줘서 고마워요.
That would have been bad. Thanks for letting me know.

기출 표현 금이 가다, 금을 긋다

---

06. 기원(하다)
명/동
(to) wish, (to) pray

유의어 바라다

가: 한국의 명절 중 단오는 어떤 날이에요?
What kind of day is the Korean holiday Dano?

나: 단오는 한 해 농사가 잘되기를 **기원하는** 날이에요.
Dano is a day for **praying** that the year's harvest will be good.

기출 표현 성공 기원, 풍년을 기원하다

---

07. 독창적 ☆

명

creative, original

가: 이 선풍기 좀 보세요. 날개가 없는데 시원한 바람이 나와요.

Look at this fan. It doesn't have any blades but it blows cool air.

나: 이 회사가 **독창적인** 기술로 유명하잖아요.

This company is famous for its **creative** technology.

기출 표현 독창적으로 만들다

---

08. 문화권

명

cultural area, cultural sphere

가: 한국에서는 '까치'가 좋은 소식을 가져오는 새라고 생각해요.

In Korea, it's thought that magpies are birds that bring good news.

나: 정말요? 미국이나 유럽같은 서양 **문화권**에서는 '까치'가 안 좋은 소식을 가져온다고 생각해요.

Really? In Western **cultural spheres** like America or Europe, it's thought that magpies bring bad news.

기출 표현 동양 문화권, 서양 문화권, 다른 문화권

---

09. 문화재

명

cultural heritage, cultural asset

가: 이번 여름 방학에 친구와 경주에 여행가려고요.

This summer vacation, I'm going to travel to Gyeongju with a friend.

나: 경주는 한국 문화를 느낄 수 있는 좋은 여행지예요. 신라 시대 **문화재**가 잘 보존되어 있거든요.

Gyeongju is a good travel destination where you can experience Korean culture. **Cultural assets** from the Silla Dynasty are well preserved.

기출 표현 문화재를 보호하다/보존하다, 문화재로 지정되다, 문화재를 관리하다

만점으로 가는 배경지식

문화적, 역사적 가치가 있다고 인정되는 것들을 문화재라고 부릅니다. 문화재는 종류가 매우 다양합니다.

- **유형 문화재:** 건축물, 책, 그림, 예술품 등 형태가 있는 문화재
- **무형 문화재:** 판소리, 춤, 공연, 놀이와 같이 형태가 없는 문화재
- **세계 문화유산:** 문화재 중 세계적으로 가치가 있다고 평가되는 문화재를 '유네스코'에서 관리 보호함.

---

10. 보존(하다) ☆

명/동

preservation, to preserve

가: 문화재를 **보존하기 위해서** 어떤 일을 할 수 있을까요?

What kind of things can we do **to preserve** cultural assets?

나: 문화재의 중요성을 홍보하고 항상 깨끗하게 유지하려고 노력해야 돼요.

We should promote the importance of cultural assets and always try to keep them clean.

기출 표현 전통문화를 보존하다, 문화재를 보존하다, 보존되다

문장을 통해 이어서 학습할 단어의 의미를 추측해 봅시다.

11. 경복궁은 조선 중기에 불에 탄 적이 있는데 성공적으로 **복원해서** 지금의 모습이 되었다.

12. 전통적인 제사의 **본질**은 조상을 존경하는 마음을 갖는 것이다.

13. 전통 결혼식을 많이 안 하게 되면서 **사라진** 전통 결혼 문화가 많다.

14. 신라 시대에는 불교 **사상**을 중요하게 여겼다.

15. 평소에는 허리를 숙이고 인사를 하지만 명절과 같은 특별한 날에는 **예**를 갖추어 절을 한다.

16. 한글은 간단한 형태로 다양한 소리를 나타낼 수 있는 **우수한** 글자이다.

17. 신사임당이 살았던 집은 **원래** 모습을 보존하기 위해서 나라에서 보물로 지정하여 관리하고 있다.

18. **유교**는 예를 중요하게 생각하는 학문으로 한국 사람들의 생각에 많은 영향을 끼쳤다.

19. 이 지역 축제는 신라 시대 때 왕의 생일을 축하하는 잔치에서 **유래했다**.

20. 한국 사람들은 과학적인 문자인 한글에 대해 **자부심**이 강하다.

21. 옆집 노부부의 **자손**들은 모두 성공한 사업가이다.

Day 15-2

11. 복원(하다)
명/동
restoration, to restore

유의어 복구(하다)

가: 지난주에 경주에 다녀온다고 했었죠? 어땠어요?
You said you were going to Gyeongju last week, right? How was it?

나: 제가 보고 싶었던 문화재가 **복원** 중이라서 볼 수 없어서 아쉬웠어요.
It was disappointing because the cultural asset that I wanted to see was undergoing **restoration** so I couldn't see it.

기출 표현 복원 작업, 문화재 복원, 복원되다, 복원이 가능하다

---

12. 본질
명
essence

가: 어제 친구가 저에게 화를 냈는데 이유를 모르겠어요.
My friend got mad at me yesterday but I don't know the reason why.

나: 문제의 **본질**이 뭔지 생각해 봐요. 실수로 한 행동이나 말에 상처를 받았을 수도 있어요.
Think about what the **essence** of the problem is. Your friend could have been hurt by something you said or did by accident.

기출 표현 문제의 본질, 본질을 파악하다

---

13. 사라지다
동
to disappear

유의어 없어지다

가: 뭘 그렇게 봐요?
What are you looking at like that?

나: 비행기가 구름 속에 **사라졌다가** 다시 나오는 모습을 보고 있었어요.
I'm looking at an airplane **disappear** into the clouds and come out again.

기출 표현 가치가/전통이 사라지다

---

14. 사상
명
idea, thought

유의어 생각, 견해

남한과 북한은 **사상**이 서로 다르다.
North and South Korea have different **ideas** from one another.

기출 표현 사상의 자유

---

15. 예
명
manners, etiquette, courtesy

유의어 예절

유교의 영향으로 옛날부터 한국에서는 **예**를 중요하게 생각하였다.
Owing to Confucian influence, **etiquette** has been considered important in Korea since the past.

기출 표현 예를 갖추다, 예를 지키다

---

16. 우수(하다)
명/형
excellence, to be excellent

이번 중간시험에서 성적이 **우수한** 학생 5명에게는 장학금을 준다.
A scholarship will be given to 5 students with **excellent** scores on this midterm exam.

기출 표현 우수성, 우수 학생, 우수 사원

---

17. 원래

명/부

origin, originally, naturally

가: 정리를 잘하려면 어떻게 하면 좋을까요?

What's a good way to get organized?

나: 물건을 사용하면 **원래** 자리에 두는 것부터 시작하면 돼요.

You can start with putting something back in its **original** place when you use it.

기출 표현 원래대로

---

18. 유교

명

Confucianism

어른들께 존댓말을 사용하는 것은 대표적인 **유교** 문화 중에 하나이다.

Using honorific speech with older people is one representative aspect of **Confucian** culture.

기출 표현 유교 문화, 유교 사상

만점으로 가는 배경지식

조선 시대에는 유교를 중요하게 여겼으며 늘 바르게 행동하고 부모에게 효도하며, 나라를 사랑하라고 가르쳤습니다. 또한 사람과 사람 사이에 질서와 예의를 지키는 것을 매우 강조했습니다. 지금까지 한국에 남아 있는 유교 문화로는 명절에 조상에게 차례 지내기, 버스나 지하철에서 어른들에게 자리 양보하기, 어른들에게 존댓말을 사용하고 인사하는 것 등이 있습니다.

---

19. 유래(하다)

명/동

origin, to originate

가: 한국 음식 중에서 불고기는 언제부터 먹기 시작했어요?

When did the Korean food bulgogi start to be eaten?

나: 고구려 시대에 먹었던 '맥적'이라는 음식에서 **유래했다는** 말이 있어요.

Some say that it **originated** from a food called "maekjeok," which was eaten during the Goguryeo period.

기출 표현 역사적 유래, 유래되다

---

20. 자부심

명

pride, self-esteem

가: 식당에서 일하시면서 힘들 때마다 무슨 생각을 하시나요?

What do you think about whenever you have a hard time working at the restaurant?

나: 우리 동네에서 최고로 맛있는 음식을 만든다는 생각을 하면서 **자부심**을 느낍니다.

I think that we're making the most delicious food in the neighborhood and I feel **proud**.

기출 표현 자부심이 강하다, 자부심을 느끼다

---

21. 자손

명

descendant

가: 옛날에는 **자손**이 많아야 좋다고 생각한 것 같아요.

It seems that in the past, it was thought that having a lot of **descendants** was good.

나: 맞아요. 우리 할아버지도 자식이 8명, 손주가 15명으로 **자손**이 정말 많으세요.

That's right. My grandfather also has a lot of **descendants**, with 8 children and 15 grandchildren.

기출 표현 자손이 없다, 자손들의 화목

문장을 통해 이어서 학습할 단어의 의미를 추측해 봅시다.

22. 불에 탄 남대문을 복원하는 **작업**은 5년이 걸렸다.

23. 옛날 한국에서는 60세 생일에 아주 큰 **잔치**를 열어서 이웃들까지 함께 즐겼다.

24. 한복을 입을 때 머리에 꽃 모양 **장식**을 하면 더 예쁘다.

25. 한글, 한복, 김치는 한국의 대표적인 **전통** 문화이다.

26. 다음 주에 돌아가신 할머니와 할아버지의 **제사**가 있다.

27. 우리 할머니는 전통을 **중시하셔서** 평소에도 한복을 입고 생활하신다.

28. 석굴암과 불국사는 세계적으로 보존해야 할 문화재로 인정받아서 세계 문화유산으로 **지정되었다**.

29. 세종대왕은 모양과 소리가 일치하는 글자인 한글을 **창조했다**.

30. 가족들이 다 같이 모여서 차례를 지내는 것이 한국 명절의 **풍습이다**.

31. 불이나 날씨 때문에 문화재가 **훼손되는** 경우가 있다.

22. 작업(하다)
명/동
(to) work

가: 마마의 새 노래 들어 봤어? 이번 노래 진짜 좋아.
Have you heard Mama's new song? This one is really good.
나: 당연히 들었지. 이번에 유명한 가수랑 같이 **작업한** 노래가 많더라고.
Of course I've heard it. She **worked** on a lot of songs with famous singers this time.

기출 표현 문화재 복원 작업, 준비 작업, 공동 작업

---

23. 잔치
명
feast, party

유의어 파티

한국에서는 아이의 첫 번째 생일에 큰 **잔치**를 열어 주는데 이를 돌잔치라고 한다.
In Korea, a big **party** is held on a child's first birthday, and this is called a "doljanchi."

기출 표현 잔치를 열다

---

24. 장식(하다)
명/동
decoration, to decorate

유의어 꾸미다

가: 이번 시상식에 여배우들이 입은 드레스 봤어요?
Did you see the dresses the actresses wore at the awards ceremony?
나: 네, 화려한 **장식**이 있는 드레스를 많이 입었더라고요.
Yes, they wore a lot of dresses with flashy **decorations**.

기출 표현 명(으)로 장식하다 | 머리 장식, 장식품, 아름답게 장식하다

---

25. 전통
명
tradition

가: 서울에서 한국의 **전통** 기념품을 살 수 있는 곳이 어디예요?
Where in Seoul can I buy **traditional** Korean souvenirs?
나: 인사동에 가 보세요. 인사동에는 전통 기념품을 파는 곳이 많아요.
Try going to Insadong. There are a lot of places that sell traditional souvenirs in Insadong.

기출 표현 전통적, 전통 문화, 전통 악기, 전통 공예

---

26. 제사
명
memorial service, ancestral rites

가: 한국에서 **제사**를 지낼 때 어떤 음식을 준비해야 돼요?
In Korea, what kind of food do you have to prepare when you hold a **memorial service**?
나: 집마다 다른데 보통 고기, 생선, 과일은 꼭 준비해야 돼요.
Every house is different, but usually you have to prepare meat, fish, and fruit for sure.

기출 표현 제사를 지내다, 제사를 드리다, 제사상

만점으로 가는 배경지식

한국의 '제사', '차례'를 정리해 봅시다.

- **제사:** 우리 집안은 일 년에 4번 제사를 지낸다.
- **차례:** 설날과 추석날 아침에는 차례를 모신다.

제사와 차례는 모두 돌아가신 조상, 어른들에게 인사를 하는 한국의 전통 문화입니다. 제사는 보통 어른이 돌아가신 날에 지내고 차례는 명절 아침에 지내는 제사를 의미합니다.

27. 중시(하다)
명/동
high value, to value highly, to consider something as important

가: 예전에는 회사들이 신입 사원을 뽑을 때 졸업한 학교를 **중시했는데** 요즘은 능력을 **중시한대요.**
In the past, when choosing new employees, companies **considered** the school they had graduated from **as important**, but these days, they say talent is important.
나: 맞아요. 그래서 대학생들이 많은 경험을 하려고 노력하더라고요.
That's right. That's why college students are trying to have a lot of experiences.

기출 표현 능력을 중시하다, 자유를 중시하다

---

28. 지정(하다)
명
designation, appointment, to designate, to appoint

유의어 정하다

가: 드디어 내일이 콘서트 하는 날이네. 일찍 갈 거야?
Tomorrow is finally the day of the concert. Are you going early?
나: 아니, **지정** 좌석이라서 천천히 가도 괜찮아.
No, I have **designated** seats so it's okay to take my time.

기출 표현 문화재로/천연기념물로 지정되다, 공휴일로 지정하다, 지정 좌석

---

29. 창조(하다)
명/동
creation, to create, to make

시간이 흐르면서 새로운 문화가 **창조되고** 사라지는 것은 자연스러운 일이다.
It's natural for new culture to **be created** and disappear as time passes by.

기출 표현 창조되다, 작품을 창조하다

---

30. 풍습
명
custom

유의어 풍속

가: 한국 전통 결혼식에서는 왜 신랑과 신부에게 대추하고 밤을 던져 줘요?
Why do people throw dates and chestnuts at the bride and groom at a traditional Korean wedding?
나: 대추와 밤의 수만큼 자식을 많이 낳으라는 의미의 **풍습이에요.**
It's a custom that means they'll have as many children as the number of dates and chestnuts.

기출 표현 생활 풍습, 풍습을 지키다, 풍습이 변하다

---

31. 훼손(하다)
명/동
damage, to damage

가: 우리 동네에 산을 없애고 골프장을 만든다고 해서 주민들이 반대하고 있어요.
They said that they'd get rid of the mountain in my neighborhood and make a golf course, so the residents are opposing it.
나: 저도 자연이 **훼손되는** 것에 반대하는 입장이에요.
I'm also against **damaging** nature.

기출 표현 훼손시키다, 훼손되다

DAY 15 | 앞에서 배운 내용을 확인해 봅시다.

[1-5] 다음 빈칸에 들어갈 단어를 [보기]에서 골라 알맞게 쓰십시오.

보기	고유(하다)	전통	지정되다	훼손	가치	귀하다

1. 한국은 언어, 옷, 음식 등 다양한 ________ 의 문화를 가지고 있다.
2. 연예인들이 거짓 뉴스를 만드는 사람들을 명예 ________ (으)로 신고한다고 했다.
3. 제주도에는 세계적으로 보호할 만한 ________ 이/가 있는 자연환경이 많다.
4. 우리 학교는 100년이 넘는 ________ 이/가 있는 학교다.
5. 한글날을 기념하기 위해 10월 9일은 쉬는 날로 ________ -았/었다.

[6-7] 다음 밑줄 친 단어와 의미가 비슷한 단어를 [보기]에서 골라 쓰십시오.

보기	간소하다	장식(하다)	유래(하다)	사라지다

6. 크리스마스가 다가오고 있어서 집안을 예쁘게 <u>꾸몄다</u>. (   )
7. 시험이 끝나고 방학도 해서 걱정거리가 <u>없어졌다</u>. (   )

[8-9] 다음 글을 읽고 빈칸에 알맞은 단어를 쓰십시오.

건물, 책, 예술, 그림 등 문화적으로 가치가 있는 것을 **8.** ________ 라고 합니다. 이것을 우리는 아끼고 잘 **9.** ________ -아/어서 우리의 후손들에게 물려 줘야 합니다.

DAY 15 전통 Tradition

DAY **16**

문학

Literature

문장을 통해 이어서 학습할 단어의 의미를 추측해 봅시다.

01. 책은 현대인들의 우울한 심정을 소녀의 마음을 통해 **간접적으로** 전달하고 있다.

02. 보는 **관점**에 따라서 소설 속 주인공이 나쁜 사람일 수도, 착한 사람일 수도 있다.

03. 이 작가는 소설 속에서 주인공의 **내면**을 잘 표현한다.

04. 이 책에서 '새'는 자유라는 의미를 **담고 있다**.

05. 김태오 씨는 노벨 문학상도 받은 우리나라의 **대표적인** 소설가이다.

06. 우리 학교에서는 학생들이 꼭 읽어야 할 **도서**를 1년에 한 번씩 알려 준다.

07. 이 책은 **독자**들이 재미있게 읽을 수 있도록 인터뷰 형식으로 되어 있다.

08. 이 소설은 마법을 쓸 수 있는 **독특한** 소년에 대한 내용이다.

09. 이 책에서 강조하는 것은 다른 사람에게 나의 감정을 숨기지 않고 **드러내야 한다는 것이다**.

10. 이 책에 **등장하는** 인물들은 모두 실제로 존재하는 사람들이다.

01. 간접
명
indirect(ness)
반의어 명/부 직접

가: 책을 읽으면 제가 마치 주인공이 되어서 여행을 하는 것 같은 기분이 들어요.
When I read a book, I feel as if I become the main character, going on a journey.

나: 저도요. 책을 통해서 **간접적으로** 많은 경험을 해 볼 수 있어서 좋아요.
Me too. It's great that through books, you can have a lot of experiences **indirectly**.

기출 표현 간접적, 간접 경험, 간접 광고

---

02. 관점
명
viewpoint, point of view
유의어 시각

가: 콜럼버스가 신대륙을 발견한 것은 정말 대단한 일이에요.
It's really incredible that Columbus discovered a new continent.

나: 맞아요. 하지만 **관점**에 따라 콜럼버스는 나쁜 인물이기도 해요.
Yes, but depending on the **point of view**, Columbus is a bad person as well.

기출 표현 관점이 다르다

---

03. 내면
명
inner (mind, self, etc.), internal
반의어 외면

가: 요즘 요가를 자주 한다고 들었어요. 요가를 하면 어떤 점이 좋아요?
I heard you're doing yoga often these days. What do you like about it?

나: 요가를 할 때 저의 **내면**을 들여다보면서 자신에 대해서 생각할 수 있어서 좋아요.
Yoga is good because when I do it, I can look **inside** myself and think about myself.

기출 표현 내면세계, 인간의 내면

---

04. 담다
동
to put (something into something), to imbue

가: 며칠 전에 남자 친구랑 크게 싸웠다더니 어떻게 화해했어?
You said you had a big fight with your boyfriend a few days ago. How did you guys make up?

나: 남자 친구가 마음을 **담은** 사과 편지를 써 줬는데 너무 감동적이었어.
My boyfriend wrote me an apology letter that he'd **put** his heart into and it was so touching.

기출 표현 내용을 담다, 의미를 담다

출제 TIP

- **담기다** 예 추억이 담긴 노래를 들으면 그 때 생각이 난다.

---

05. 대표적
관형/명
representative, typical

가: 한국 여행하고 싶은데 어디가 좋아요?
I want to travel in Korea. Where is good?

나: 제주도를 추천해요. 제주도는 볼거리, 먹을거리가 많은 한국의 **대표적인** 관광지예요.
I recommend Jeju Island. Jeju Island is a **representative** Korean tourist destination with lots of things to see and eat.

기출 표현 대표(하다), 대표적인 건축물, 대표적인 축제

---

06. 도서

명

book

유의어 책, 서적

가: 고등학생인 조카가 생일인데 어떤 선물이 좋을까요?

It's my high school-aged niece's birthday. What kind of present should I get?

나: **도서** 상품권 어때요? 그 상품권으로 책도 살 수 있고 영화도 볼 수 있어요.

How about a gift certificate for a **book**store? With a gift certificate, she can buy books and also watch movies.

기출 표현 도서 대출, 도서 신청

---

07. 독자

명

reader

반의어 작가, 저자

가: 이 책이 **독자**들로부터 사랑을 받는 이유가 뭘까요?

What's the reason that this book is receiving love from **readers**?

나: **독자**들이 공감할 수 있는 내용이 담긴 책이라서 그런 것 같아요.

I think it's because it's a book that contains content that **readers** can relate to.

기출 표현 독자와 작가, 다양한 독자

---

08. 독특하다

형

to be distinctive,
to be unique

가: 어때요? 맛있어요?

How is it? Does it taste good?

나: 네, 맛있어요. 처음 먹어 보는 음식인데 설명할 수 없을 정도로 **독특하네요**.

Yes, it's good. I'm eating it for the first time and it's so **distinctive** that I can't describe it.

기출 표현 독특한 디자인, 취향이 독특하다

---

09. 드러내다

동

to reveal, to show

유의어 보이다

반의어 감추다, 숨기다

가: 왜 학생들이 교복 입는 것에 대해 반대하세요?

Why are you against high school students wearing school uniforms?

나: 입고 싶은 옷을 입으면서 자신의 취향이나 성격을 **드러낼 수 있다고 생각해요**.

I **think** that by wearing what they want to wear, they **can show** their preferences or personality.

기출 표현 특징을 드러내다, 모습을 드러내다

---

10. 등장(하다)

명/동

appearance, advent,
to appear,
to make an entrance

유의어 출현, 나오다

반의어 퇴장(하다)

가: 오늘 뮤지컬 진짜 좋았어. 특히 내용이 너무 재미있었어.

Today's musical was really good. The story especially was so interesting.

나: 맞아. 그리고 남자 주인공이 무대에 **등장할 때** 나오는 노래도 너무 좋았어.

Yeah. And the song that played **when** the male lead first **appeared** on stage was so good.

기출 표현 등장인물, 주인공의 등장, 화려한 등장

문장을 통해 이어서 학습할 단어의 의미를 추측해 봅시다.

11. 이 여행 수필을 읽으면 여행지의 풍경이 머릿속에 **떠오른다**.

12. 동네에 있는 작은 서점은 시와 소설 등을 판매하는 **문학** 전문 서점이다.

13. 이 소설은 실제로 있었던 일을 **바탕**으로 쓴 책이다.

14. 소설이나 시에서는 사람을 다른 물건에 **비유해서** 표현하는 경우가 많다.

15. 이 여행 수필은 학생이 썼다고 믿기 어려울 정도로 글의 **수준**이 높았다.

16. 자기가 느낀 것에 대해서 짧게 비유적으로 표현하는 것이 **시이다**.

17. 나는 10년 동안 소설을 썼고 어제 드디어 마지막 **원고**를 출판사에 보냈다.

18. 인기가 많은 소설은 영화로 만들어지기도 하는데 영화는 **원작**과 차이가 있다.

19. 이 소설은 나라를 위해 목숨을 바친 사람들에 대한 이야기로 사람들의 애국심을 **일깨운다**.

20. 첫 번째 소설책으로 '올해의 **작가상**'을 받은 김태오 씨가 두 번째 소설책을 쓰고 있다.

Day 16-2

11. 떠오르다

동

to come (to mind)

가: 아이스크림을 먹으니까 갑자기 어렸을 때 추억이 **떠오르네요.**

Eating ice cream makes memories of when I was younger suddenly **come to mind**.

나: 어렸을 때 아이스크림을 좋아했어요?

Did you like ice cream when you were younger?

기출 표현 떠올리다, 생각이 떠오르다, 모습이 떠오르다

---

12. 문학

명

literature

가: 서점에 가면 주로 어떤 책을 사요?

What kind of books do you usually buy when you go to the bookstore?

나: 저는 **문학**에 관심이 많아서 소설이나 시, 수필 등을 사요.

I'm really interested in **literature** so I usually buy novels, poems, essays, etc.

기출 표현 문학 작품, 문학을 창작하다

만점으로 가는 배경지식

문학은 생각이나 감정을 언어로 표현한 예술 작품을 말합니다. 문학의 종류는 시, 소설, 희곡, 수필(에세이), 평론이 있습니다. 토픽 시험을 포함해서 많은 시험에 자주 출제되는 문학 작품은 소설입니다.

---

13. 바탕

명

background, basis

가: 요즘 유명한 영화 봤어요? 그리스의 신들에 관한 내용인데 아주 재미있대요.

Did you see that movie that's famous these days? It's about Greek gods and they say it's really fun.

나: 그리스 로마 신화를 **바탕**으로 만들어진 영화인가 봐요. 정말 재미있겠네요.

It must be a movie that was made **based** off Greek and Roman legends. It does sound fun.

기출 표현 명을/를 바탕으로, 바탕을 이루다

---

14. 비유(하다)

명/동

comparison, figure of speech (metaphor, etc.), to compare

가: 지난번에 선생님께서 사람을 꽃에 **비유해서** 설명해 주신 것이 정말 재미있었어.

What the teacher explained to us last time **comparing** people to flowers was really interesting.

나: 맞아, **비유**를 들어서 설명해 주시면 이해하기 쉽더라.

Yeah, hearing it explained in a **metaphor** makes it easy to understand.

기출 표현 적절한 비유, 비유를 들다, 에 비유하다

---

15. 수준

명

level

가: 저는 이 소설은 어려워서 잘 못 읽겠어요.

This book is hard so I won't be able to read it.

나: 맞아요. 글의 **수준**이 높아서 내용을 이해하기가 어려워요.

Yes. The **level** of the writing is high so it's hard to understand the contents.

기출 표현 독자 수준, 수준이 높다

---

16. 시
명
poem

가: 이 **시**를 읽고 어땠어요?
How was the **poem**, now that you've read it?

나: **시**에서 어머니의 사랑을 나무에 비유한 부분이 좋았어요.
I liked the part of the **poem** that compared a mother's love to a tree.

기출 표현 시인, 시집, 시를 읽다, 시를 짓다

---

17. 원고
명
manuscript, copy

가: 김 작가님, **원고** 마감 날짜가 내일인데 다 쓰셨어요?
Author Kim, the deadline for the **manuscript** is tomorrow. Have you finished it?

나: 아직 다 못 썼어요. 빨리 서두를게요.
I haven't finished it yet. I'll hurry up.

기출 표현 원고 마감, 원고지

---

18. 원작
명
original
(piece, work of art, etc.)

가: 이번에 인기 많은 만화를 드라마로 제작한다는 소식 들었어?
Did you hear the news that they're making that popular comic into a drama?

나: 응, 그런데 **원작**에는 없는 인물이 드라마에 등장한대.
Yeah, but they say that characters will appear in the drama who weren't in the **original**.

기출 표현 원작자, 원작 만화/소설

---

19. 일깨우다
동
to awaken,
to enlighten

가: 금연 광고에 나오는 환자들의 모습이 정말 안타까웠어요. 왜 이런 모습을 사람들에게 보여 줄까요?
The sight of the patients who appeared in the anti-smoking ad made me feel so sorry. Why do you think they show this kind of image to people?

나: 흡연의 안 좋은 점을 **일깨우기** 위해서인 것 같아요.
I think it's to **enlighten** people to the bad aspects of smoking.

기출 표현 소중함/어려움/필요성을 일깨우다

---

20. 작가
명
author, writer

가: 어렸을 때 꿈이 뭐였어요?
What was your dream when you were younger?

나: 저는 영화를 너무 좋아해서 시나리오 **작가**가 되고 싶었어요.
I really liked movies, so I wanted to become a script **writer**.

기출 표현 작가상, 시나리오(영화) 작가, 작가의 의도

☑ 문장을 통해 이어서 학습할 단어의 의미를 추측해 봅시다.

21. 그 소설은 많은 사람들에게 감동을 준 훌륭한 **작품이다**.

22. 작가 김태오 씨는 시, 소설, 수필 등 **장르**를 가리지 않고 다양한 작품을 내고 있다.

23. 이 책은 역사와 추리가 잘 **조화**를 이룬 소설이다.

24. 작문 숙제로 유학 생활을 **주제**로 글을 썼다.

25. 김태오 작가는 어린 시절 썼던 글들을 모아서 책으로 **출판했다**.

26. 김지민 기자는 방송국 기자 생활을 하면서 작성한 글로 책을 **펴냈다**.

27. 작가는 사랑에 빠진 사람들의 마음을 잘 **표현했다**.

28. 작가는 독자들이 결말을 자유롭게 **해석할 수 있게** 만들었다.

29. 문학 장르 중에서 자유로운 **형식**으로 표현하는 글은 수필이다.

30. 이 책은 시간의 **흐름**에 따라 달라지는 인물의 감정을 이해하는 것이 재미있다.

31. 주인공이 모험을 하는 이야기가 너무 **흥미진진해서** 책을 하루 만에 다 읽었다.

21. 작품

명
work (of art), piece (of art, music, etc.)

가: 이번에 열리는 해외 작가들의 전시회 갈 거예요?
Are you going to the exhibition of foreign artists that's opening up?

나: 그럼요. 해외 작가들의 **작품**을 볼 수 있는 기회가 별로 없으니 꼭 가 보려고요.
Of course. There aren't many chances to see **pieces** by foreign artists so I'm definitely going.

기출 표현 예술 작품, 작품을 즐기다, 작품을 발표하다, 작품 활동을 하다

출제 TIP

'**작품**'은 예술 활동으로 만든 모든 것을 의미하며 한국어 시험에서 다양한 주제로 매우 자주 출제됩니다.

- **예술 작품:** 그림, 조각, 사진, 무용, 영화, 드라마 등
- **문학 작품:** 소설, 시, 수필 등

---

22. 장르

명
genre

가: 좋아하는 영화 **장르**가 뭐예요?
What **genre** of movies do you like?

나: 저는 액션 영화를 좋아해요. 배우들의 액션 연기를 보면 스트레스가 풀리거든요.
I like action movies. I release my stress by watching the actors in action scenes.

기출 표현 영화 장르, 다양한 장르

---

23. 조화

명
harmony, balance

가: 이번 '사진과 그림의 만남' 전시회가 너무 기대돼요.
I'm so excited for the exhibition "A Meeting of Photography and Painting."

나: 저도요. 사진과 그림의 **조화**가 뛰어나다는 평가가 있대요.
So am I. Some reviews say the **harmony** of photos and paintings is remarkable.

기출 표현 형 조화롭다 | 조화를 이루다

---

24. 주제

명
topic, subject, theme

가: 선생님, 다음 주에 배울 문학 작품의 **주제**가 뭐예요?
Teacher, what's the **theme** of the work of literature that we're studying next week?

나: 다음 주 작품의 주제는 '사랑'입니다. 수업 전에 미리 읽어 오세요.
The theme of next week's piece is "love." Read it before you come to class.

기출 표현 대화 주제, 주제를 정하다

---

25. 출판(하다)

명/동
publication, to publish

유의어 출간(하다)

가: 한국어 단어 공부를 하려면 어떤 책이 좋을까요?
What's a good book for studying Korean vocabulary?

나: 최근에 한국 출판사에서 한국어 단어 책을 **출판했는데** 내용이 좋더라고요.
A Korean publisher recently **published** a Korean vocabulary book and the contents are good.

기출 표현 출판물, 출판 시장, 도서 출판

---

26. 펴내다
동
to publish

노벨 문학상을 받은 작가 김태오 씨는 최근 세 번째 소설을 **펴냈다.**
Author Kim Taeoh, who won the Nobel Prize for Literature, recently **published** his third novel.

기출 표현 작품을 펴내다, 책을 펴내다

---

27. 표현(하다)
명/동
expression,
to express

유의어 나타내다

가: 이 가수의 노래를 들으면 정말 가수의 감정이 다 느껴져요.
When you listen to this singer's songs, you can really feel all of his emotions.

나: 맞아요. 이 가수는 표현력이 풍부해서 감정을 잘 **표현하는 것 같아요.**
Right. I **think** he **expresses** emotions well because he has such power of expression.

기출 표현 표현력, 입장/마음/감정을 표현하다

---

28. 해석(하다)
명/동
analysis,
interpretation,
to analyze,
to interpret

가: 소설의 마지막에 주인공의 눈물은 기쁨의 눈물인 것 같아요.
I think the main character's tears at the end of the novel are tears of joy.

나: 저는 좀 다르게 **해석했어요**. 모든 것이 다 끝난 뒤에 아쉬워서 흘린 눈물이 아닐까요?
I **interpreted** it a little differently. Aren't they tears shed in regret after everything is over?

기출 표현 해석되다, 영어 해석, 내용 해석

---

29. 형식
명
form

가: 보고서 쓰기 숙제가 있는데 어떻게 써야 할지 잘 모르겠어요.
I have to write a report for homework but I don't know how to write it.

나: 서론-본론-결론의 **형식**으로 써야 해요. 그리고 제목을 쓰는 것도 잊지 마세요.
You have to write it in the **form** "introduction–body–conclusion." And don't forget to write a title.

기출 표현 형식이 자유롭다, 형식으로 구성되다, 형식을 갖추다

---

30. 흐름
명
flow

드라마 중간부터 봐서 이야기의 **흐름**을 잘 이해하지 못하겠다.
I started watching the drama from the middle, so I don't really understand the **flow** of the story.

기출 표현 글의 흐름, 극의 흐름, 흐름에 따르다, 흐름을 변화시키다

---

31. 흥미진진하다
형
to be intriguing,
to be interesting

가: 다음 주에 개봉하는 영화 같이 보러 갈래?
Want to go together to see the movie that's being released next week?

나: 좋아, 예고편을 봤는데 내용이 **흥미진진할 것 같아.**
Sure, I saw the trailer and the story **seems like it'll be interesting**.

기출 표현 흥미진진한 퀴즈/이야기

DAY 16 | 앞에서 배운 내용을 확인해 봅시다.

[1-5] 다음 빈칸에 들어갈 단어를 [보기]에서 골라 알맞게 쓰십시오.

보기	드러내다	대표적	담다	간접	일깨우다	떠오르다

1. 사람들은 자기가 좋아하는 옷을 입으면서 취향을 ______________. (-ㄴ/는다)

2. 이 책은 사람들에게 거짓말을 하면 안 된다는 것을 ______________. (-아/어 준다)

3. 책은 사람들이 직접 경험하지 못하는 것을 __________ 적으로 경험하게 해 준다.

4. 이 책은 꿈을 향해 노력하는 사람들의 이야기를 ______________. (-고 있다)

5. 김치는 __________ 한국 음식이다. (인)

[6-10] 다음 글을 읽고 괄호 안에 알맞은 단어를 골라 표시하십시오.

오늘 소개할 **6.** (작품 / 원작)은 한국인 최초로 노벨 문학상을 받은 김태오 **7.** (작가 / 감독)의 '보물섬'입니다.

이 책의 내용은 한 남자가 마법의 세계를 모험하는 내용입니다. 소설 속에서 날씨나 주인공의 기분 등을 아주 잘 **8.** (해석해서 / 표현해서) 읽으면서 책에 빠져들게 됩니다. 이 책에는 여러 가지 동물이 **9.** (사라지는데 / 등장하는데) 이 동물들에 대한 이야기가 **10.** (흥미진진해서 / 조화로워서) 독자들에게 많은 사랑을 받고 있습니다.

DAY **17**

예술

Art

문장을 통해 이어서 학습할 단어의 의미를 추측해 봅시다.

01. 미술 작품을 **감상하기 위해** 오랜만에 미술관을 찾았다.

02. 전통 **공예품**은 주로 나무, 돌, 종이와 같은 재료로 만들어졌다.

03. 이 그림은 한국의 전통적인 그림 재료와 **기법**으로 그려졌다.

04. 전통 예술 작품을 통해 우리 조상의 삶의 지혜를 **깨닫게 되었다**.

05. 음악은 기쁨과 슬픔 등 삶의 다양한 감정들을 **다룬다**.

06. 이 곡은 화려한 피아노 소리가 **돋보인다**.

07. 가수들이 무대 위에서 아름다운 **몸짓**으로 춤을 추었다.

08. 조선 후기의 화가 김홍도는 인물의 표정과 모습을 자세히 **묘사하였다**.

09. 옛날에는 그릇을 만들 때 칼로 **무늬**를 만들어 넣었다.

10. **무용**은 음악에 맞춰서 몸짓으로 감정을 표현한다.

01. 감상(하다)
명/동
enjoyment, appreciation, to enjoy, to appreciate

가: 주말 아침에 보통 무엇을 해요?
What do you usually do on weekend mornings?
나: 음악을 **감상하면서** 커피를 마셔요.
I drink coffee while **enjoying** some music.

기출 표현 작품을 감상하다, 경치를 감상하다

---

02. 공예
명
craft

외국인 친구와 함께 한지를 이용한 **공예품**을 만들었다.
I made **crafts** using hanji [traditional Korean mulberry paper] with a foreign friend.

기출 표현 공예가, 공예품, 전통 공예

출제 TIP

- 접 -**품**: 명사 뒤에 붙어 '물품' 또는 '작품'의 뜻을 나타냅니다.
  예 공예품, 미술품, 예술품, 조각품

---

03. 기법
명
technique

이 도자기는 전통적인 제조 **기법**으로 만들어졌다.
This piece of pottery was made using traditional production **techniques**.

기출 표현 제작 기법, 표현 기법, 새로운 기법, 기법이 우수하다

---

04. 깨닫다
동
to realize, to be awakened to

이번 한글 전시를 통해 한글을 사용한 디자인이 아름답다는 것을 **깨달았다.**
Through this Hangeul exhibition, I **realized** the beauty of design that uses Hangeul.

기출 표현 명 깨달음 | 기쁨을 깨닫다, 심각성을 깨닫다, 의미를 깨닫다

---

05. 다루다
동
to cover, to deal with, to address

가: 이번 토론 주제는 무엇입니까?
What is the subject of this debate?
나: 이번에는 환경 문제를 주제로 **다루려고 합니다.**
This time, we'**re dealing with** the topic of environmental issues.

기출 표현 내용을 다루다, 주제를 다루다

06. 돋보이다
동
to stand out

가: 가수 박정우 씨는 학교 다닐 때 어떤 학생이었습니까?
What kind of student was singer Park Jeongwu when he was in school?

나: 많은 학생들 사이에서 특히 노래 실력이 **돋보이는** 학생이었습니다.
He was a student who **stood out** among the many students, particularly for his singing abilities.

기출 표현 실력이 돋보이다

---

07. 몸짓
명
gesture

내 외국인 친구는 한국어를 모르지만 **몸짓**과 표정으로 어느 정도 대화가 가능하다.
My foreign friend doesn't know Korean, but can communicate to a degree using **gestures** and expressions.

기출 표현 몸짓을 따라하다

---

08. 묘사(하다)
명/동
description, portrayal, to describe, to portray

이 소설은 인물의 성격을 잘 **묘사한 것**으로 유명하다.
This novel is famous for **portraying** the personalities of the characters well.

기출 표현 묘사되다, 묘사법, 사실적으로 묘사하다

---

09. 무늬
명
pattern

나비는 종류에 따라 날개의 색깔과 **무늬**가 다르다.
Butterflies' wings have different colors and **patterns** depending on the type.

기출 표현 줄무늬, 무늬를 새기다, 무늬가 화려하다

---

10. 무용(하다)
명/동
dance, to dance

가: 왜 **무용**을 전공하게 되었습니까?
Why did you end up majoring in **dance**?

나: 어렸을 때부터 춤을 좋아하고 잘했기 때문입니다.
Because I've enjoyed and have been good at dancing since I was young.

기출 표현 무용단, 무용수, 무용 동작

출제 TIP

'무용'과 관련된 어휘를 알아봅시다.

- **무용단**: 무용하는 사람들로 이루어진 단체
- **무용수**: 춤추는 일을 전문으로 하는 사람 (= 무용가)

문장을 통해 이어서 학습할 단어의 의미를 추측해 봅시다.

11. **미술** 시간에 연필로 친구의 얼굴을 그렸다.

12. 도자기는 흙을 반죽해서 모양을 내고 무늬를 **새겨서** 만든다.

13. 이 그림은 물감과 색연필을 사용해 봄의 풍경을 따뜻한 **색상**으로 표현했다.

14. 전시회 그림 중 **선명한** 색상의 꽃 그림이 시선을 끌었다.

15. 그 음악은 **세련된** 멜로디와 도시적인 분위기를 느낄 수 있게 해 준다.

16. 이번 연극은 '어린이의 **시각**으로 바라본 세상'이라는 주제로 제작되었다.

17. 발레리나의 아름다운 몸짓과 표정은 관객들의 **시선**을 끌었다.

18. 오케스트라 공연에서는 연주자들이 다양한 악기를 **연주한다**.

19. 연극은 말과 몸짓으로 관객에게 이야기를 전하는 공연 **예술이다**.

20. 지금 그리고 있는 그림이 **완성되면** 가장 친한 친구에게 선물하려고 한다.

21. 영화 음악은 영상의 **이미지**에 잘 맞는 곡이어야 한다.

11. 미술

명
art, fine arts

미술 도구를 안 가지고 오는 바람에 미술 시간에 그림을 그리지 못했다.
I came without bringing my **art** supplies, so I couldn't paint during art class.

기출 표현 미술품, 고미술품, 미술가, 미술 전시회, 전통 미술

---

12. 새기다

동
to carve, to engrave

학교 정문에 학교 이름이 크게 **새겨져 있다**.
The school's name is **engraved** large on the front gate.

기출 표현 문구를 새기다, 무늬를/이름을/모양을 새기다

---

13. 색상

명
color

유의어 색, 색깔

가: 어제 산 옷은 어때?
How are the clothes you bought yesterday?
나: 디자인은 마음에 드는데 **색상**이 별로인 것 같아.
I like the design, but I think the **color** is so-so.

기출 표현 선명한 색상, 화려한 색상

---

14. 선명하다

형
to be clear,
to be vivid

반의어 흐리다

새로 산 텔레비전은 화면이 **선명하게** 잘 보인다.
The screen on the new TV I bought has a **clear** picture.

기출 표현 색깔이/색상이 선명하다

---

15. 세련되다

명
to be sophisticated,
to be refined

반의어 촌스럽다

저 가수는 아름다운 목소리와 **세련된** 태도로 인기를 끌고 있다.
That singer is drawing popularity with her beautiful voice and **refined** manner.

기출 표현 디자인이 세련되다

---

16. 시각

명
perspective,
point of view

내 친구는 모든 일을 긍정적인 **시각**으로 바라본다.
My friend looks at everything from a positive **point of view**.

기출 표현 긍정적인/부정적인 시각, 시각이 다르다

---

17. 시선

명

attention, gaze, line of sight

연예인인 그는 늘 주변의 **시선**때문에 자유롭게 행동하지 못한다.

As a celebrity, he can't act freely because of the **gazes** that always surround him.

기출 표현 시선을 끌다, 시선을 주다, 시선을 돌리다, 시선을 의식하다, 시선에 얽매이다

---

18. 연주(하다)

명/동

performance, to perform, to play (music)

가: 저 피아노 **연주자** 실력이 뛰어나네요.

That piano **player** has remarkable skills.

나: 피아노 **연주** 실력뿐만 아니라 작곡 실력도 뛰어나요.

It's not only her piano **playing** skills, her skills in composing are also remarkable.

기출 표현 연주자, 연주회, 악기를 연주하다

출제 TIP

접 **-회**: 명사 뒤에 붙어 '모임'의 뜻을 나타냅니다.

- **연주회**: 음악을 연주하여 청중에게 들려주는 모임
- **전시회**: 여러 가지 물품을 전시하여 보게 하는 모임

---

19. 예술

명

art

마을 곳곳에 문화 공간이 많아진 덕분에 마을 사람들이 **예술** 작품을 감상할 수 있는 기회가 늘었다.

Thanks to the increased number of cultural spaces all over the town, opportunities for people to appreciate works of **art** have grown.

기출 표현 예술가, 예술성, 예술품, 예술적 감각, 예술 감상, 대중 예술

---

20. 완성(하다)

명/동

completion, to complete

반의어 미완성

마음에 들 때까지 그림을 다시 그리느라 **완성하는 데** 시간이 오래 걸렸다.

Because I started again and again until I liked the painting, it took a long time to **complete**.

기출 표현 완성되다, 완성시키다, 작품을 완성하다, 완성도, 완성도를 높이다

---

21. 이미지

명

image, impression

이 배우는 여동생 같은 귀여운 **이미지**로 많은 사랑을 받았다.

This actress received a lot of love for her cute younger sister **image**.

기출 표현 이미지가 좋다

문장을 통해 이어서 학습할 단어의 의미를 추측해 봅시다.

22. 모차르트는 네 살 때부터 피아노를 연주했고, 다섯 살 때는 짧은 곡을 **작곡했다**.

23. 친구와 영화를 본 후 가장 기억에 남았던 **장면**에 대해 이야기를 나눴다.

24. 미술관은 작품을 수집하고 **전시하는** 일을 한다.

25. **조각** 작품은 나무나 돌과 같은 단단한 재료를 깎거나 무늬를 새겨서 만든다.

26. 이 그림은 **짙은** 색상의 물감을 사용하여 어두운 밤하늘을 표현했다.

27. 작가들의 작품을 전시하고 **창작** 활동을 돕기 위한 공간이 문을 열었다.

28. 이 작품에는 작가의 인생과 삶의 **철학**이 담겨 있다.

29. 평범한 조각 작품 사이에 **특이한** 모양의 조각 하나가 눈에 띄었다.

30. 올해의 가수상을 수상한 박정우 씨는 국내 최고의 노래 실력이라는 **평**을 받았다.

31. 최근 국내 드라마는 웹소설을 원작으로 하는 작품들이 큰 **호응**을 받고 있다.

22. 작곡(하다)
명/동
composition, to compose

이 노래는 헤어진 연인을 생각하며 **작곡한** 노래이다.
This song was **composed** while thinking of an ex-lover.

기출 표현 작곡가, 노래를 작곡하다, 작곡 실력

---

23. 장면
명
scene

가: 어제 드라마 '사랑' 봤어요?
Did you see the drama "Love" yesterday?

나: 네, 헤어지는 **장면**이 너무 슬퍼서 눈물이 나더라고요.
Yes, the **scene** where they broke up was so sad that I cried.

기출 표현 장면이 벌어지다, 장면이 펼쳐지다, 장면을 목격하다

---

24. 전시(하다)
명/동
(to) exhibit, (to) display

선생님은 교실 벽에 아이들이 그린 그림을 **전시해 놓았다.**
The teacher **displayed** the drawings the children drew on the wall of the classroom.

기출 표현 전시회, 전시실, 전시 기간, 전시되다, 작품을 전시하다, 박물관에 전시하다, 전시가 열리다

---

25. 조각(하다)
명/동
statue, sculpture, to sculpt

그는 얼음을 **조각**해 여러 가지 모양의 작품을 만드는 **조각가**이다.
He's a **sculptor** who makes pieces by **sculpting** ice into different shapes.

기출 표현 조각가, 조각품, 나무를 조각하다

---

26. 짙다
형
(for a color) to be dark

유의어 진하다

반의어 옅다

가: 손님, 이 옷은 어떠세요?
Sir, how are these clothes?

나: 색깔이 좀 더 **짙었으면 좋겠어요.** 밝은색은 저한테 안 어울려서요.
It would be nice if the color was a little **darker**. Bright colors don't suit me well.

기출 표현 색이 짙다, 농도가 짙다

---

27. 창작(하다)
명/동
writing, creation, to write, to create

이 작가는 일 년에 10편 이상의 소설을 **창작한다.**
This author **writes** more than 10 novels a year.

기출 표현 창작열, 제품을 창작하다, 새롭게 창작하다

---

28. 철학
명
philosophy

그의 **철학**은 오늘날 우리 사회에 많은 영향을 끼쳤다.
His **philosophy** has had a great impact on our society today.

기출 표현 철학가, 철학적, 철학 사상, 철학을 연구하다

---

29. 특이하다
형
to be unusual, to be unique

가: 이 햄버거 좀 먹어 보세요. 채소 대신 김치를 넣어 만들었대요.
Try some of this hamburger. It was made with kimchi instead of vegetables.

나: 맛이 정말 **특이하네요.**
The taste is really **unique**.

기출 표현 맛이 특이하다, 성격이 특이하다

---

30. 평
명
review, criticism

유의어 평가

가: 이 영화 알아요? 배우들이 연기도 잘하고 내용도 좋대요.
Do you know this movie? They say the actors and the story are good.

나: 내용은 좋지만 좀 지루하다는 **평**도 많던데요.
The story is good, but a lot of **reviews** say it's a bit boring.

기출 표현 평이 좋다/나쁘다, 평을 받다, 평을 듣다

---

31. 호응
명
response

우리 회사의 이번 신제품은 젊은 사람들의 큰 **호응**을 얻고 있다.
Our company's new product is receiving a great **response** from young people.

기출 표현 호응을 얻다, 호응을 보이다

DAY 17 | 앞에서 배운 내용을 확인해 봅시다.

[1-5] 다음 빈칸에 들어갈 단어를 [보기]에서 골라 알맞게 쓰십시오.

보기 | 다루다 전시하다 기법 이미지 새기다

1. 우리 학교 도서관에서는 한 달 동안 조선 시대 고서를 ________ .
   -ㄴ는다

2. 이 그림은 그 당시 새로운 ________ 그린 작품이다.
   (으)로

3. 이 음악을 들으면 파란 하늘의 ________ 떠오른다.
   이/가

4. 이 영화는 부모님의 사랑이라는 주제를 ________ 있다.
   -고

5. 이 가게는 모자를 사면 모자에 이름을 ________ 준다.
   -아/어

[6-8] 다음 빈칸에 알맞은 단어를 [보기]에서 찾아 쓰십시오.

보기 | 시선 특이하다 완성하다

6. 가: 김규원 씨, 배우 일을 하면서 힘든 점은 무엇인가요?

   나: 아무래도 길거리에서 사람들의 ________ 저에게 집중되는 것이 부담스럽습니다.
   이/가

7. 가: 오늘 미술 수업은 여기까지 하겠습니다. ________ 학생들은 집에서 끝까지 그려 오세요.
   -지 못한

   나: 네, 선생님.

8. 가: 이 건물을 좀 보세요. 밑에서 위로 갈수록 점점 더 넓어져요.

   나: 정말 ________ 건물이네요.
   -(으)ㄴ

DAY

18 학습

Studying

문장을 통해 이어서 학습할 단어의 의미를 추측해 봅시다.

01. 그의 **강연**은 TV 프로그램에서 소개할 정도로 인기가 높다.

02. 역사 **강의**를 듣고 우리 문화에 대한 자부심을 느끼게 되었다.

03. 아이들이 이해하기 어려운 수학 **개념**을 만화를 통해 쉽게 익힐 수 있다.

04. 시험에서 좋은 성적을 **거두려면** 상당한 노력과 준비가 필요하다.

05. 교사는 학생들의 재능을 발견하여 **계발할 수 있도록** 노력해야 한다.

06. 팀 **과제**를 준비하기 위해 주말에 학교에서 모였다.

07. 토론을 잘하기 위해서는 상대방의 말을 잘 듣고 **논리적으로** 설득해야 한다.

08. 그는 교육학 **박사**이자 유명한 입시 전문가로 유명하다.

09. 공부하다가 이해하기 어려운 부분을 여러 번 **반복해서** 읽었더니 이해가 되었다.

10. 나는 내성적인 성격이라서 다른 사람들 앞에서 이야기해야 하는 **발표** 수업이 힘들다.

01. 강연(하다)
명/동
(to give a) lecture, speech

각 기업의 전문가들이 학교에 와서 졸업을 앞둔 학생들에게 **강연**을 할 예정이다.
Experts from each company are scheduled to come to the school and give a **lecture** to the students who are about to graduate.

기출 표현 강연을 듣다, 학생들에게 강연하다, 대학에서 강연하다

---

02. 강의(하다)
명/동
class, (to) lecture, to teach

유의어 가르치다

나는 이번 학기에 김 교수님의 역사학 **강의**를 듣는다.
I'm taking Professor Kim's history **lecture** this semester.

기출 표현 강의실, 강의를 듣다, 강의를 개설하다, 학생들에게 강의하다, 대학에서 강의하다

---

03. 개념
명
concept, idea

이 책은 어려운 철학의 **개념**을 쉽게 설명했다.
This book easily explained the difficult **concept** of philosophy.

기출 표현 개념을 익히다, 개념을 정의하다, 개념이 정립되다, 개념을 이해하다

---

04. 거두다
동
to achieve, to gain

가: 우승 축하드립니다. 소감 한 말씀 부탁드립니다.
Congratulations on winning. Please share some words about how you feel.

나: 감사합니다. 여러분께서 응원해 주신 덕분에 좋은 성적을 **거둘 수 있었습니다**.
Thank you. We **were able to achieve** good results thanks to everyone's support.

기출 표현 효과를 거두다, 승리를 거두다, 좋은 성적을 거두다

---

05. 계발(하다)
명/동
development, to develop

가: 저는 그림 그리는 일이 좋아서 나중에 화가가 되고 싶어요.
I really like painting pictures, so I want to become a painter later.

나: 미카 씨는 그림에 소질이 있으니까 잘 **계발하면** 꿈을 이룰 수 있을 거예요.
You have a talent for painting, Mika, so if you **develop** it well, you'll be able to achieve your dream.

기출 표현 능력 계발, 자기 계발, 재능을 계발하다

---

06. 과제
명
assignment, task, homework

환경 문제는 전 세계가 함께 해결해야 할 **과제이다.**
Environmental issues **are a task** that the whole world must solve together.

기출 표현 과제를 해결하다, 과제로 삼다

---

07. 논리
명
logic

자신의 의견을 이야기할 때는 **논리적**으로 말을 해야 한다.
When discussing your opinions, you must speak **logically**.

기출 표현 논리적, 논리에 맞다, 논리를 펴다

---

08. 박사
명
doctor (PhD)

그는 대학원을 졸업하고 **박사**가 되었다.
She graduated from graduate school and became a **doctor**.

기출 표현 박사가 되다

---

09. 반복(하다)
명/동
repetition, to repeat

가: 선생님, 한국어 발음은 어떻게 공부하면 좋을까요?
Teacher, what's a good way to study Korean pronunciation?

나: 녹음 파일을 **반복해서** 듣고 따라 해 보세요.
Listen to recordings on **repeat** and try following along.

기출 표현 반복되다, 반복적인 일상, 실수를 반복하다, 동작을 반복하다

---

10. 발표(하다)
명/동
announcement, to announce

가: 김태오 작가 알지요? 이번에 새로운 작품을 **발표했대요.**
You know the author Kim Taeoh, right? He **announced** a new work.

나: 그래요? 정말 기대되네요.
Really? I'm so excited.

기출 표현 발표자, 발표회, 발표되다, 발표를 듣다, 발표가 나다, 결과를 발표하다

☑ 문장을 통해 이어서 학습할 단어의 의미를 추측해 봅시다.

11. 우리 학교는 필수 과목을 15과목 이상 **수강해야** 졸업할 수 있다.

12. 인터넷이 없던 시절에는 책을 통해 지식을 **습득할 수밖에** 없었다.

13. 간호학과 4학년인 언니는 병원에 가서 **실습**을 해야 졸업할 수 있다.

14. 한국어는 한자어가 많기 때문에 한자어를 학습하면 **어휘** 실력이 향상된다.

15. 교수는 대학에서 학문을 **연구하고** 강의하는 일을 한다.

16. 전공 교재는 전문 **용어**나 단어들이 많아서 이해하기가 어렵다.

17. 공부할 때 휴식 시간을 충분히 갖지 않으면 **의욕**이 떨어져서 오래 공부하기가 어렵다.

18. 내 친구 미카는 좋은 대학에 가려는 **의지**가 강해서 공부를 열심히 한다.

19. 한류의 영향으로 한국어와 한국 문화를 **익히고 싶어 하는** 외국인 유학생이 늘고 있다.

20. 대학 **입시**를 앞두고 학생들은 방학도 잊은 채 학교에 나와 공부를 하고 있다.

21. 학생들은 동아리 활동을 통해 꿈을 키우고 **재능**을 살릴 수 있다.

Day 18-2

11. 수강
명
taking a course, taking a class

인기가 있는 과목은 **수강** 신청을 빨리 해야 들을 수 있다.
In popular subjects, you have to register quickly to be able to **take courses**.

기출 표현 수강 신청, 강의를 수강하다

---

12. 습득(하다)
명/동
acquisition, to acquire, to learn

나이가 어릴수록 외국어 **습득** 속도가 빠르다.
The younger you are, the faster you **acquire** a foreign language.

기출 표현 습득시키다, 정보/지식을 습득하다, 언어를 습득하다

---

13. 실습(하다)
명/동
(to) practice, (to do) practical training

자격증을 따려면 **실습** 수업을 꼭 들어야 한다.
To get a certificate, you must take a **practical** course.

기출 표현 실습생, 실습 수업, 현장 실습, 실습을 나가다

출제 TIP

접 -생: 명사 뒤에 붙어 '학생'의 뜻을 나타냅니다.
예 실습생, 연구생

---

14. 어휘
명
vocabulary

유의어 단어

글을 잘 쓰기 위해서는 다양한 **어휘**를 제대로 사용할 줄 알아야 한다.
In order to write well, you need to know how to use various **vocabulary** words correctly.

기출 표현 어휘력, 어휘를 사용하다

---

15. 연구(하다)
명/동
(to) research, (to) study

그는 평생을 환자들의 병을 **연구하고** 치료한 의사이다.
She's a doctor who has spent her whole life **researching** and treating patients' diseases.

기출 표현 연구원, 연구소, 연구진, 연구 부서, 연구 기관, 연구 영역, 연구 결과, 연구되다

출제 TIP

'연구'와 관련된 어휘를 알아봅시다.
- **연구소**: 연구를 전문으로 하는 기관
- **연구원**: 연구에 종사하는 사람
- **연구진**: 연구를 위해 모인 전문가 조직

---

16. 용어
명
terminology, term

그는 경제학을 공부해서 그런지 어려운 경제 **용어**를 많이 알고 있다.
He knows a lot of difficult economics terminology, maybe because he studies **economics**.

기출 표현 용어를 익히다, 용어를 이해하다

---

17. 의욕

명
enthusiasm, drive

가: 또 사장님께 혼났어요?
You got scolded by the boss again?

나: 네, 자주 혼나니까 일할 **의욕**이 안 생기네요.
Yes, and since I keep getting yelled at, I'm not getting any **enthusiasm** for work.

기출 표현 의욕적, 의욕이 높다, 의욕이 넘치다, 의욕이 감소하다, 의욕을 잃다

---

18. 의지

명
will

선수들은 이번 경기에서 꼭 이기겠다는 강한 **의지**를 보였다.
The players showed their strong **will** to definitely win this game.

기출 표현 의지가 있다, 의지가 강하다, 의지를 보이다, 의지를 시험하다

---

19. 익히다

동
to learn, to practice

유의어 배우다

가: 영어는 처음 배우는데 생각보다 어렵네요.
I'm learning English for the first time and it's harder than I thought.

나: 급하게 생각하지 말고 알파벳하고 발음부터 천천히 **익히세요**.
Don't rush it and **learn** slowly, starting with the alphabet and pronunciation.

기출 표현 개념을 익히다, 방법을 익히다, 기술을 익히다

---

20. 입시

명
entrance exam

동의어 입학시험

가: 이제 대학 **입시**가 얼마 안 남았네. 그동안 준비 많이 했어?
There isn't much time left until the college **entrance exam**. Have you done a lot of preparation?

나: 응. 준비는 많이 했는데 시험이 어려울까 봐 걱정돼.
Yes, I prepared a lot but I'm worried that the exam will be hard.

기출 표현 대학 입시, 입시 제도, 입시를 치르다

만점으로 가는 배경지식

한국은 대학에서 공부할 학생을 선발하기 위해 '대학수학능력시험'을 실시합니다. 이 시험은 줄여서 '수능'이라고 불리며 학생들은 매년 11월에 시험을 봅니다.

---

21. 재능

명
talent

그는 작곡에 뛰어난 **재능**을 가진 음악가이다.
He's a musician with a remarkable **talent** for composing.

기출 표현 재능이 있다/없다, 재능이 뛰어나다, 재능을 발휘하다, 재능을 보이다

문장을 통해 이어서 학습할 단어의 의미를 추측해 봅시다.

22. 나는 대학에서 미술 교육을 **전공하고** 학교에서 미술을 가르치는 일을 하고 있다.

23. 어릴수록 언어 습득이 빠르기 때문에 외국어 **조기** 교육이 필요하다고 생각하는 사람이 많다.

24. 학생이 스스로 생각해 볼 기회를 주지 않고 지식만 **주입하는** 교육은 좋지 않다.

25. 나는 평소에 책을 읽으면서 다양한 **지식**을 얻는 것을 좋아한다.

26. 어릴 때부터 TV나 핸드폰, 컴퓨터를 자주 접할수록 **집중력**이 떨어진다고 한다.

27. 전공 수업의 발표를 준비하면서 논문, 뉴스, 사전 등 다양한 자료를 **참고했다**.

28. 아르바이트를 하느라 공부를 전혀 못해서 이번 시험은 **포기하기로 했다**.

29. 간단하게 영어를 **학습할** 수 있는 앱이 바쁜 현대인들에게 인기를 끌고 있다.

30. 이 풍습이 시작된 시기에 대해 **역사학자**마다 의견이 다르다.

31. 미카는 한국어 공부를 열심히 하더니 한국어 실력이 크게 **향상됐다**.

22. 전공(하다)
명/동
(to) major (in)

가: 대학에서 뭘 **전공했어요**?
What **did** you **major** in at college?
나: 저는 대학에서 영어를 **전공했어요**.
At college, I **majored** in English.

기출 표현 전공 과목, 전공을 결정하다, 전공을 살리다, 문학을 전공하다

---

23. 조기
명
early stage

병은 **조기**에 발견하고 치료해야 효과적이다.
The disease must be discovered and treated at an **early stage** for it to be effective.

기출 표현 조기 교육, 조기에 발견하다

---

24. 주입(하다)
명/동
injection, to inject, to cram (something into something)

앞뒤 이야기를 설명하지 않고 중요 내용만 **주입하는** 강의는 정말 지루하다.
Lectures that don't explain the before or after and only **cram** in the important content are really boring.

기출 표현 공기를 주입하다, 주입식 교육

---

25. 지식
명
knowledge

외국을 여행할 때 그 나라에 대한 **지식**을 알면 더 재미있게 여행할 수 있다.
When traveling to a foreign country, you can have a more fun trip if you have **knowledge** of the country.

기출 표현 지식을 쌓다, 지식을 얻다, 지식을 습득하다

---

26. 집중(하다)
명/동
concentration, to concentrate

집 주변의 공사 소음 때문에 공부에 **집중하기가** 어렵다.
It's hard to **concentrate** on studying because of the construction noise around my house.

기출 표현 집중력, 집중력을 높이다, 집중되다, 집중시키다, 수업에 집중하다

---

27. 참고(하다)
[명/동]
reference,
to refer
(to something)

가: 동아리 모임은 언제인가요?
When is the club meeting?

나: 다음 주 금요일입니다. 자세한 일정은 안내문을 **참고해 주세요.**
Next Friday. Please **refer** to the announcement for a detailed schedule.

기출 표현 참고 사항, 참고 자료, 말씀을 참고하다

---

28. 포기(하다)
[명/동]
abandonment,
to abandon,
to give up

유의어 그만두다

부모님께서 반대하셔서 가수가 되려던 꿈을 **포기했다.**
Because my parents were against it, I **gave up** my dream of becoming a singer.

기출 표현 일을 포기하다

---

29. 학습(하다)
[명/동]
(to) study, learning

유의어 배우다

외국어를 **학습할 때** 외국 드라마를 보면 도움이 된다.
When studying a foreign language, it helps to watch foreign dramas.

기출 표현 학습자, 외국어를 학습하다, 학습 효율

---

30. 학자
[명]
scholar

그는 우리나라의 대표적인 **역사학자**라고 할 수 있다.
He could be called Korea's representative **history scholar**.

기출 표현 학자가 되다, 학자를 꿈꾸다

---

31. 향상(하다)
[명/동]
improvement,
to improve

독서는 어휘력을 **향상시키는 데** 도움이 된다.
Reading helps to **improve** vocabulary skills.

기출 표현 향상되다, 향상시키다, 기억력/집중력 향상, 능력이 향상되다

[1-5] 다음 빈칸에 들어갈 단어를 [보기]에서 골라 알맞게 쓰십시오.

보기 | 연구(하다) 지식 반복(하다) 집중(하다) 강연

1. 수업 시간에는 선생님 말씀에 ______________ 한다.
   -아/어야

2. 과학 ______________ 실생활에 활용할 수 있다.
   은/는

3. 김 교수는 오랫동안 개미에 대해서 ______________ .
   -았/었다

4. 단어를 잘 외우려면 한 번 보고 끝내는 것이 아니라 ______________ 외워야 한다.
   -아/어서

5. 요즘 아이를 잘 키우는 방법에 대한 ______________ 인기가 많다.
   이/가

[6-8] 다음 밑줄 친 단어와 의미가 비슷한 단어를 [보기]에서 골라 쓰십시오.

보기 | 향상되다 발표하다 포기하다

6. 책을 많이 읽으면 어휘력이 <u>좋아진다</u>. ( )

7. 한국어가 너무 어려워서 공부를 <u>그만 두고 싶다</u>. ( )

8. 수업 시간에 나의 취미에 대해 <u>모두의 앞에서 말했다</u>. ( )

DAY **19**

학교생활

School Life

문장을 통해 이어서 학습할 단어의 의미를 추측해 봅시다.

01. 선생님은 학생들이 책을 읽는 습관을 길러야 한다고 **강조했다**.

02. 이번 학기 시험 일정이 학교 **게시판**에 붙어 있다.

03. 이번 체험 학습 장소는 학생과 교사 등 학교 **구성원**들의 의견을 듣고 결정할 계획이다.

04. 학교생활에 잘 적응하기 위해서는 단체 생활에 필요한 **기본** 규칙을 잘 익혀야 한다.

05. 토론 수업은 두 팀으로 **나뉘어** 진행한다.

06. 우리 학년은 **단체**로 버스를 타고 박물관에 다녀왔다.

07. 친구와 오해가 생겼을 때는 **대화**를 통해 푸는 것이 좋다.

08. 영어 실력을 기르기 위해 학원에 **등록했다**.

09. 학교에서는 학교의 규칙을 잘 **따라야 한다**.

10. 우리 선생님은 잘못을 한 학생에게 스스로 **반성하고** 생각할 기회를 주신다.

01. 강조(하다) ☆
명/동
emphasis,
to emphasize

의사는 건강을 위해서 담배를 끊어야 한다고 **강조했다.**
The doctor **emphasized** that for your health, you have to quit smoking.

기출 표현 강조되다, 중요성/필요성을 강조하다

02. 게시판
명
bulletin board,
message board

가: 이번 중간시험 일정 알아요?
Do you know the schedule for the midterm exam?

나: **게시판**에 붙어 있으니까 확인해 보세요.
It's up on the **bulletin board** so check it out.

기출 표현 게시판에 붙이다

03. 구성(하다) ☆
명/동
composition,
to compose, (to) form

그는 환경 단체를 **구성하여** 환경 보호에 앞장서고 있다.
He's leading the way in environmental protection by **forming** an environmental group.

기출 표현 명(으)로 구성되다 | 구성원, 팀을 구성하다, 정부를 구성하다, 학생들로 구성되다

출제 TIP
'구성원'이란 어떤 조직이나 단체를 이루고 있는 사람을 뜻합니다.

04. 기본
명
basis, basics,
foundation

태권도는 **기본자세**를 익히는 것이 가장 중요하다.
In Taekwondo, the most important thing is to learn the **basic posture.**

기출 표현 기본적, 기본양념, 기본자세

05. 나뉘다
동
to be divided

생물은 보통 동물과 식물로 **나뉜다.**
Living things are usually **divided** into plants and animals.

기출 표현 여러 개로 나뉘다

06. 단체
명
group

가: 이 봉사 **단체**는 어떤 일을 해요?
What kind of work does this volunteer **group** do?
나: 생활 형편이 어려운 사람을 돕는 일을 해요.
They do work helping people in difficult circumstances.

기출 표현 봉사 단체, 장애인 단체, 지방 자치 단체, 단체를 만들다, 단체에 가입하다

---

07. 대화(하다)
명/동
conversation,
to converse, to speak

룸메이트는 한국어를 할 줄 몰라서 평소에 영어로 **대화한다**.
My roommate doesn't know Korean well so we usually **speak** in English.

기출 표현 대화를 나누다

---

08. 등록(하다)
명/동
registration,
to register

가: 컴퓨터 수업에 **등록하고 싶은데요**.
Excuse me, **I'd like to register** for computer class.
나: 여기에 성함을 써 주세요.
Please write your name here.

기출 표현 등록금, 등록증, 등록되다, 회원 등록, 정보를 등록하다

출제 TIP

'등록'과 관련된 어휘를 알아봅시다.
- **등록금**: 학교나 학원을 등록할 때 내는 돈
- **등록증**: 등록한 것을 증명하는 문서

---

09. 따르다
동
to follow

사장님의 말씀에 **따라** 공사가 진행되었다.
The construction proceeded according to [**following**] the boss's words.

기출 표현 지시에 따르다, 제도에 따르다, 흐름에 따르다, 법에 따르다

---

10. 반성(하다)
명/동
reflection,
to reflect (on)

잘못을 했을 때는 스스로 **반성하고** 고치도록 노력해야 한다.
When we've done something wrong, we need to **reflect** on our own and try to fix it.

기출 표현 반성문, 반성이 필요하다

출제 TIP

'반성문'이란 자신의 잘못이나 부족함을 돌이켜 보며 쓴 글을 뜻합니다.

문장을 통해 이어서 학습할 단어의 의미를 추측해 봅시다.

11. 수업 시간에 떠드는 친구 때문에 공부하는 데 **방해**가 된다.

12. 우리 교실은 한 달에 한 번 자리 **배치**를 바꾼다.

13. 학생들이 공부에 집중할 수 있는 **분위기**를 만드는 것이 중요하다.

14. 선생님께 잘못을 인정하고 **사과드렸더니** 용서해 주셨다.

15. 인터넷 게임을 너무 많이 하면 공부에 **소홀해질 수 있다**.

16. 학생들은 자신이 **속한** 동아리의 발표를 위해 준비하고 연습했다.

17. 수업 시간에 깨끗한 학교를 만들기 위한 방법을 생각하고 일주일간 **실천해** 보기로 했다.

18. 우리 학교 축제는 학생들이 스스로 계획하고 직접 **실행한다**.

19. 우리 선생님은 학생들을 대할 때는 **엄격하시지만** 마음은 따뜻하신 분이다.

20. 친구들과 곧 있을 학습 행사에 대해 **의논했다**.

21. 수업 시간에 칠판의 필기 내용이 보이지 않아 **앞자리**로 옮겼다.

Day 19-2

11. 방해(하다)
명/동
disturbance, interruption, to disturb, to interrupt

가: 추운데 밖에서 뭐 해?
It's cold. What are you doing outside?
나: 룸메이트가 공부하는 데 **방해**가 될까 봐 나왔어.
I came out because my roommate is studying and I'm worried I'll **disturb** her.

기출 표현 방해물, 방해되다, 방해를 받다, 일을 방해하다

출제 TIP
'방해물'이란 방해가 되는 사물이나 현상을 뜻합니다.

---

12. 배치(하다)
명/동
arrangement, placement, to arrange, to place

요리하기 편하도록 주방 도구의 **배치**를 바꿨다.
I changed the **placement** of the kitchen utensils to make it easier to cook.

기출 표현 배치되다, 자리를 배치하다

---

13. 분위기
명
mood, atmosphere

가: 이 식당 **분위기** 어때? 동네에서 가장 유명한 식당이래.
How's the **atmosphere** of this restaurant? It's the most famous one in the neighborhood.
나: 정말 깔끔하고 고급스럽다. 음식도 맛있을 것 같아.
It's really clean and fancy. The food seems like it'll be good too.

기출 표현 자유로운 분위기, 분위기를 연출하다, 분위기가 달라지다

---

14. 사과(하다)
명/동
apology, to apologize

가: 어제 일은 정말 죄송합니다.
I'm really sorry for what happened yesterday.
나: 누구나 실수할 수 있지요. **사과하실** 필요 없습니다.
Anyone can make a mistake. There's no need to **apologize**.

기출 표현 사과를 드리다, 사과를 받다, 잘못을 사과하다

---

15. 소홀하다
형
to be neglectful, to be careless

학생은 공부에 **소홀하면** 안 된다.
Students should not **neglect** their studies.

기출 표현 부 소홀히 | 일에 소홀하다, 가족에게 소홀하다

---

16. 속하다
동
to belong to

축구 선수 박건우 씨가 **속한** 팀은 작년에 우승을 했다.
The team that soccer player Park Geonwu **belongs to** won last year.

기출 표현 모임에 속하다, 집단에 속하다

---

17. 실천(하다)

명/동

(to put something into) practice

유의어 행하다

새해에 계획한 일을 **실천하기 위해** 노력해야겠다.

I should make an effort **in order to put** my plans for the new year **into practice**.

기출 표현 실천되다, 계획을 실천하다, 실천에 옮기다

---

18. 실행(하다)

명/동

execution, to execute, to run (something), to put into action

유의어 실시(하다)

계속 고민만 하던 일을 드디어 **실행**에 옮기기로 결심했다.

I finally decided to put into **action** the thing I'd just kept worrying about.

기출 표현 실행 단계, 실행되다, 계획을 실행하다, 실행에 옮기다

---

19. 엄격(하다)

명/형

strictness, to be strict

유의어 엄하다

우리 학교 기숙사는 규칙이 **엄격하다.**

My school dorm's rules **are strict**.

기출 표현 부 엄격히 | 엄격한 처벌, 엄격하게 적용하다

---

20. 의논(하다)

명/동

discussion, consultation, to discuss, to consult

부모님과 성적 문제에 대해 **의논했다.**

I **consulted** with my parents about the issue of my grades.

기출 표현 명 와/과 의논하다 | 의논되다, 문제를 의논하다, 부모와 의논하다

---

21. 자리

명

seat, place

유의어 좌석

가: 버스 안에 **빈자리**가 하나도 없네요.

There isn't a single **empty seat** on the bus.

나: 그럼 기다렸다가 다음 버스를 탈까요?

Then shall we wait and take the next bus?

기출 표현 앞자리, 자리가 있다/없다, 자리에 앉다, 자리를 비우다, 자리를 옮기다, 자리에서 일어나다

문장을 통해 이어서 학습할 단어의 의미를 추측해 봅시다.

22. 우리 동아리는 학생 개인의 관심에 따라 **자율적으로** 주제를 정해서 활동한다.

23. 우리 학교는 매년 성적이 우수한 학생에게 **장학금**을 주고 있다.

24. 학교생활에 **적응하기** 어려워 하는 친구가 있으면 도와줘야 한다.

25. 학교 주변의 공사 소음으로 인해 수업이 **정상적으로** 진행되지 못했다.

26. 우리 기숙사는 지켜야 할 규칙이 많아서 자유로운 생활에 **제약**이 있다.

27. 학교에서는 교사가 학생들의 공부와 생활 태도를 **지도한다**.

28. **집단생활** 부적응으로 학교생활에 스트레스를 받는 학생들이 많다.

29. 우리 학교는 전통문화를 **체험하기 위해** 일 년에 한 번 박물관으로 체험 학습을 간다.

30. 수업 시간에 선생님께서 강조하신 부분을 빨간색 펜으로 **표시했다**.

31. 영어 동아리 활동을 통해 영어에 대한 **흥미**를 높일 수 있었다.

22. 자율

명

voluntary, autonomy

우리 회사는 출퇴근 시간을 직원들의 **자율**에 맡기고 있다.

My office leaves clock-in and clock-out times up to the **autonomy** of the workers.

기출 표현 자율적, 자율 근무제, 자율에 따르다, 자율에 맡기다

---

23. 장학금

명

scholarship

가: 소식 들었어요? 이번에 마이클 씨가 **장학금**을 받는대요.

Did you hear the news? They say Michael is getting a **scholarship** this time.

나: 그래요? 마이클 씨가 열심히 공부하더니 시험을 정말 잘 봤나 봐요.

Really? Michael studied hard, so he must have done really well on the test.

기출 표현 장학금을 받다, 장학금을 내놓다, 장학금을 마련하다

---

24. 적응(하다)

명/동

adaptation,
to adapt, to adjust

유의어 익숙해지다 (= 적응하다)

반의어 부적응 (↔ 적응)

가: 유학 생활은 어때요? 할 만해요?

How is study abroad life? Is it all right?

나: 처음에는 힘들었는데 지금은 **적응해서** 괜찮아요.

It was hard at first, but now I've **adjusted** so it's fine.

기출 표현 적응력, 적응되다, 적응시키다, 적응이 빠르다, 환경/변화에 적응하다

---

25. 정상

명

normalcy

가: 일요일에도 병원 문을 여나요?

Is the hospital open on Sunday too?

나: 네, 저희 병원은 일요일에도 **정상** 영업합니다.

Yes, our hospital is open **normally** on Sundays.

기출 표현 정상적, 정상 수업, 정상 근무

---

26. 제약(하다)

명/동

restriction,
(to) limit, to restrict

단체 생활은 행동에 여러 가지 **제약**이 따른다.

Corporate life places several **restrictions** on behavior.

기출 표현 제약되다, 제약을 받다, 제약을 두다, 제약이 따르다, 제약에서 벗어나다, 행동을 제약하다

---

27. 지도(하다)

명/동
guidance,
supervision,
to guide,
to supervise

유의어 가르치다

부모는 아이들을 **지도하고** 보호할 책임이 있다.
Parents have a responsibility **to guide** and protect their children.

기출 표현 지도자, 학생을 지도하다, (교사에게) 지도를 받다

---

28. 집단

명
group

유의어 그룹, 단체

반의어 개인

시민 단체는 사회의 여러 문제를 해결하기 위해 시민들이 만든 **집단이다.**
A civic organization **is a group** made by citizens to solve various social problems.

기출 표현 집단생활, 집단을 이루다, 집단을 구성하다

---

29. 체험(하다)

명/동
(to) experience

유의어 경험

가: 전주 여행을 하려고 하는데 무엇을 하면 좋을까요?
I'm going to travel to Jeonju. What should I do there?

나: 맛있는 음식도 먹고 한국 전통문화도 **체험하면 어때요**?
How about eating delicious food and **experiencing** traditional Korean culture?

기출 표현 체험관, 체험 학습, 문화를 체험하다

출제 TIP

접 -관: 명사 뒤에 붙어 '건물' 또는 '기관'의 뜻을 나타냅니다.
예 체험관, 도서관, 박물관, 영화관

---

30. 표시(하다)

명/동
expression,
indication,
(to) mark, to express,
to indicate

숙제를 도와준 친구에게 고마움의 **표시**로 한턱내기로 했다.
As an **expression** of thanks, I decided to treat my friend who helped me with my homework.

기출 표현 불만을/의견을/우려를/관심을 표시하다, 반가움을 표시하다

---

31. 흥미

명
interest

형은 운동은 좋아하지만 공부에는 **흥미**가 없는 것 같다.
My older brother likes to play sports but it seems he has no **interest** in studying.

기출 표현 형 흥미진진하다, 형 흥미롭다 | 흥미 위주, 흥미가 있다/없다, 흥미를 가지다, 흥미를 느끼다, 흥미를 유발하다, 흥미가 생기다

☑ DAY 19 | 앞에서 배운 내용을 확인해 봅시다.

[1-5] 다음 빈칸에 들어갈 단어를 [보기]에서 골라 알맞게 쓰십시오.

보기 | 적응(하다) 체험(하다) 흥미 엄격(하다) 배치(하다)

1. 한국의 전통 문화를 ______________ 한옥 마을에 다녀왔다.
-기 위해

2. 한국에 처음 왔을 때 문화가 너무 달라서 ______________ 힘들었다.
-기가

3. 눈이 나빠서 칠판 글씨가 보이지 않는 학생을 앞자리로 ______________.
-아/어 주었다

4. 선생님의 역사 이야기가 재미있어서 나는 역사에 ______________ 생겼다.
이/가

5. 어머니는 내가 어릴 때 나를 매우 ______________ 키우셨다.
-게

[6-9] 다음 단어에 맞는 설명을 알맞게 연결하십시오.

보기 | 등록(하다) 대화(하다) 강조(하다) 분위기 실천(하다)

6. 가: 방 안의 ______________ 달라진 것 같아.
이/가
나: 커튼을 밝은색으로 바꿔 달았거든.

7. 가: 룸메이트랑 싸워서 며칠째 말을 안 하고 있어.
나: 답답하지 않아? 오늘은 룸메이트하고 ______________ 좀 나눠 봐.
을/를

8. 가: 내일이 시험인데 공부를 못 했어.
나: 그럼 선생님께서 중요하다고 ______________ 부분만이라도 보도록 해.
-(으)ㄴ

9. 가: 요즘 영어 수업 너무 어렵지 않아?
나: 응, 그래서 나는 영어 학원에 ______________ 다니고 있어.
-아/어서

DAY

20 진로와 적성

Career Paths and Aptitude

문장을 통해 이어서 학습할 단어의 의미를 추측해 봅시다.

01. 내 성격의 **강점**은 사람들과 소통하는 능력이 뛰어나다는 점이다.

02. 동아리 활동을 **계기**로 나에게 맞는 일을 찾게 되었다.

03. 전공을 선택할 때는 앞으로 갖게 될 직업을 **고려해야 한다**.

04. 자기소개서를 쓸 때는 자신의 경험을 **구체적으로** 제시해야 한다.

05. 좋은 대학에 입학하길 바라는 부모님의 **기대**가 부담스럽다.

06. 우리 학교는 엄격한 **기준**으로 장학생을 선발한다.

07. 가수 박정우 씨는 어렸을 때부터 노래와 춤에 **끼**가 많다는 소리를 자주 들었다.

08. 시험에서 원하는 점수를 **달성하기 위해** 도서관에서 밤을 새워 공부했다.

09. 수험생들은 준비하는 대학의 원서 **마감** 날짜를 미리 파악해야 한다.

10. 한국대학교는 학교 홈페이지를 통해 입학생 **명단**을 공개했다.

01. 강점
명
strength

반의어 약점

진로를 정할 때는 자신의 **강점**이 무엇이고 무엇을 잘할 수 있는지 생각해야 한다.
When deciding on a career path, you must think about what your **strengths** are and what you can do well.

기출 표현 강점이 되다, 강점을 지니다

---

02. 계기
명
chance, opportunity

그 친구와 나는 같은 학교에 입학한 것이 **계기**가 되어 가까워졌다.
My friend and I had the **opportunity** to go to the same school and so we became close.

기출 표현 계기가 되다, 계기를 마련하다, 계기로 삼다

---

03. 고려(하다)
명/동
consideration,
to consider

가: 저는 일이 바빠서 늘 편의점 음식을 먹어요.
I'm busy with work so I always eat convenience store food.

나: 일도 중요하지만 건강도 **고려해야지요**.
Work is important but you have to **consider** your health too.

기출 표현 고려 사항, 고려되다, 입장/의견/특성/목적을 고려하다

---

04. 구체적
관형/명
specific, detailed

가: 이 문제는 틀렸어.
You got this question wrong.

나: 어떤 부분이 틀렸는지 **구체적**으로 설명해 줘.
Explain to me in **detail** which part is wrong.

기출 표현 구체적인 계획, 구체적인 내용

---

05. 기대(하다)
명/동
anticipation,
to anticipate,
to look forward to

외국에서 혼자 유학 생활을 하게 되었는데 **기대**도 되고 걱정도 된다.
I got the chance to study abroad by myself and I'm **looking forward to** it and also worried.

기출 표현 기대되다, 기대감, 기대 이상으로, 기대감이 높다, 기대감이 낮다, 기대를 저버리지 않다, 기대를 걸다

06. 기준

명

standard, criteria

가: 한국 대학교에 입학하고 싶은데 입학 **기준**이 어떻게 되나요?

I want to get into a Korean college. What are the **standards** for admissions?

나: 학교마다 **기준**이 다르지만 보통 한국어능력시험 3급 이상 따야 해요.

The **standards** differ for every school, but usually you need to at least pass TOPIK level 3.

기출 표현 선발 기준, 기준을 마련하다, 명을/를 기준으로 하다, 기준을 강화하다

---

07. 끼

명

talent

가: 너 가수 박정우 알아? 노래도 잘하고 춤도 잘 춰서 정말 멋있어.

You know the singer Park Jeongwu? He's so cool because he sings well and dances well.

나: 응, **끼**가 정말 많은 가수야. 그래서 요즘 인기가 많다고 하더라.

He's a singer with a lot of **talent**. That's why he's so popular these days.

기출 표현 끼가 있다/없다, 끼를 발휘하다, 끼를 보여주다

---

08. 달성(하다)

명/동

achievement, to achieve, to accomplish, to reach (a goal)

가: 올해 토픽 5급을 따는 것이 목표인데 **달성할 수 있을까요**?

My goal is to pass TOPIK level 5 this year. Do you think I can **achieve** it?

나: 지금처럼만 열심히 한다면 6급도 딸 수 있을 것 같은데요?

I think you could even pass level 6 if you keep studying as hard as you do now.

기출 표현 달성되다, 달성을 시키다, 목표를 달성하다

---

09. 마감(하다)

명/동

deadline, closing, to finish, to close

백화점에 영업 **마감** 시간을 알리는 안내 방송이 나왔다.

An announcement played announcing the department store's **closing** time.

기출 표현 마감되다, 원고 마감, 영업 마감, 마감이 임박하다, 접수를 마감하다

---

10. 명단

명

directory, register, list

가: 올해 한국대학교 입학생 **명단**에 네가 있더라. 입학 정말 축하해!

You're on the **list** of Han-guk University's new students for this year. Congratulations on getting accepted!

나: 고마워. 정말 가고 싶었던 대학교에 입학해서 너무 기뻐.

Thanks. I'm so happy that I got into the college I really wanted to go to.

기출 표현 지원자 명단, 합격자 명단, 명단을 작성하다

☑ 문장을 통해 이어서 학습할 단어의 의미를 추측해 봅시다.

11. 학교에서는 실력이 우수한 학생을 **모집하기 위해** 노력한다.

12. 나는 국가대표 선수가 되는 것이 **목표이다**.

13. **미래**에 대해 너무 걱정하기보다는 현재를 성실하게 사는 것이 낫다.

14. 누나는 학교에서 성적 우수 학생으로 **선발되어** 장학금을 받게 되었다.

15. 시대에 따라 학생들이 **선호하는** 전공이 다르다.

16. 우리 대학에서는 전공 교육뿐만 아니라 직업 체험을 통해 전문 **역량**을 키울 수 있다.

17. 원하는 학교에 입학 **원서**를 냈지만 성적이 나빠서 떨어졌다.

18. 시험에서 좋은 점수를 받기 위해서는 문제 **유형**을 완벽하게 알고 있어야 한다.

19. 디자이너의 꿈을 **이루기 위해** 예술고등학교에 입학했다.

20. 나는 공부는 못하지만 운동에는 **자신**이 있다.

21. 전공은 **장래성**을 고려해서 선택해야 한다.

11. 모집(하다)
명/동
recruitment, to recruit

우리 동아리는 신입 회원을 **모집한다**.
Our club **is recruiting** new members.

기출 표현 모집되다, 회원을 모집하다

---

12. 목표
명
goal

이번 시험에서 90점 이상 받는 것이 **목표이다**.
My **goal** is to get a 90 or above on the test.

기출 표현 목표를 세우다, 목표를 정하다, 목표를 이루다, 목표를 달성하다, 목표에 가까워지다

---

13. 미래
명
future

사람들은 **미래**를 대비하기 위해 저축을 한다.
People invest in order to prepare for their **future**.

기출 표현 미래를 예측하다, 미래를 계획하다, 미래를 설계하다

---

14. 선발(하다)
명/동
selection, to select

내 친구는 농구를 잘해서 학교 대표 농구 선수로 **선발되었다**.
My friend is good at basketball so she was **selected** as our school's representative basketball player.

기출 표현 선발되다, 공정한 선발, 학생을 선발하다, 국가대표로 선발하다

---

15. 선호(하다)
명/동
preference, to prefer

유의어 좋아하다

가: 이 옷을 동생이 좋아할까요?
Do you think my younger sibling will like these clothes?
나: 요즘 젊은 사람들이 **선호하는** 스타일이라 좋아할 거예요.
It's the style that young people **prefer** these days, so they'll like it.

기출 표현 선호도, 선호도를 조사하다, 선호하는 제품

출제 TIP
'선호도'란 좋아하는 정도를 뜻합니다. 보통 '선호도를 조사하다', '선호도가 높다/낮다' 등으로 많이 쓰입니다.

---

16. 역량
명
ability, capability

그는 혼자서 하는 일은 잘하지만 단체를 이끌어 갈 **역량**은 아직 부족하다.
He's good at work that he does on his own, but he still lacks the **capabilities** to lead a group.

기출 표현 역량을 가지다/갖추다/펼치다/발휘하다/기르다/키우다/강화하다

17. 원서
명
application

가: **원서** 마감이 언제인지 알아?
Do you know when the deadline for **applications** is?
나: 학교마다 다르니까 홈페이지에서 확인해 봐.
It's different for every school so check the homepage.

기출 표현 원서 마감, 원서 접수, 원서를 내다, 원서를 제출하다, 원서를 작성하다

---

18. 유형
명
type, category

현대 사회는 가족 **유형**이 다양하다.
In modern society, there are various **types** of families.

기출 표현 유형이 같다/다르다, 유형이 다양하다, 유형을 파악하다

---

19. 이루다
동
to achieve

가: 제가 가고 싶었던 대학에 붙었어요.
I got into the college I wanted to go to.
나: 드디어 꿈을 **이뤘군요**. 축하해요.
So you finally **achieved** your dream. Congratulations.

기출 표현 균형을/조화를/사회를 이루다, 목표를/꿈을 이루다 |
이루어지다, 발전이 이루어지다, 연구가 이루어지다, 소원이 이루어지다

---

20. 자신(하다)
명/동
confidence,
to be confident

그는 이번 경기의 우승을 **자신했다**.
He **was confident** about winning this game.

기출 표현 자신이 있다/없다, 자신을 가지다, 자신을 얻다, 자신을 잃다, 성공을 자신하다 |
자신감, 자신감이 부족하다

---

21. 장래
명
future, prospects

대학생들은 직업을 선택할 때 **장래성**을 가장 중요하게 고려한다고 한다.
When college students choose a job, they must consider their **prospects** as most important.

기출 표현 장래성, 나라의 장래, 장래가 밝다/어둡다, 장래가 유망하다

문장을 통해 이어서 학습할 단어의 의미를 추측해 봅시다.

22. 전공을 선택할 때는 자신의 흥미와 **적성**을 고려해야 한다.

23. 대학 입학 원서 **접수**는 인터넷과 직접 접수 모두 가능하다.

24. 대학 입시를 먼저 경험한 선배들의 **조언**은 후배들에게 큰 도움이 된다.

25. **진로** 결정은 학생들의 미래와 관련된 중요한 선택이다.

26. 한국 역사에 대한 전문 지식을 쌓기 위해 대학원에 **진학하기로 했다**.

27. 대학에 입학한 학생들에게 각 전공의 **특성**과 졸업 후 진로를 소개했다.

28. 시험을 잘 치르기 위해서는 문제 유형을 잘 **파악해야 한다**.

29. 누나는 좋은 성적으로 대학에 **합격했다**.

30. 국가대표 선수가 된 그는 꿈을 **향해** 노력해 온 시간을 떠올리며 눈물을 흘렸다.

31. 최근 **불확실한** 미래와 대학 진학 문제 등을 고민하는 청소년들이 늘고 있다.

22. 적성
명
aptitude

가: 왜 회사를 그만뒀어요?
Why did you quit your job?

나: 업무가 제 **적성**에 맞지 않는 것 같아서요.
The work didn't seem to match my **aptitude**.

기출 표현 적성 검사, 적성을 고려하다, 적성에 맞다, 적성을 살리다

---

23. 접수(하다)
명/동
acceptance, receipt, to receive

가: 오늘도 원서를 **접수할 수 있나요**?
Can you **accept** applications today too?

나: 원서 **접수**는 어제 마감되었습니다.
Receipt of applications closed yesterday.

기출 표현 원서 접수, 접수를 마감하다, 신청서를 접수하다

---

24. 조언(하다)
명/동
advice, to advise

나는 전공을 고민하면서 선생님께 **조언**을 구했다.
I asked my teacher's **advice** as I considered my major.

기출 표현 조언을 주다, 조언을 얻다, 조언을 받다, 조언을 듣다, 조언을 구하다

---

25. 진로
명
career (path)

교육부는 **진로** 문제로 고민하는 청소년들을 위한 프로그램을 마련하였다.
The Ministry of Education prepared a program for teenagers worrying about **career issues.**

기출 표현 진로 상담, 진로를 결정하다

---

26. 진학(하다)
명/동
entrance into a school, to enter (higher education)

졸업을 앞두고 대학 **진학**을 해야 할지 취업을 해야 할지 고민이다.
Ahead of graduation, I'm wondering if I should **enter** college or get a job.

기출 표현 진학 문제, 대학에 진학하다

---

27. 특성
명
characteristic

같은 병에 걸리더라도 환자의 **특성**에 따라 치료 방법이 다를 수 있다.
Even for the same disease, the method of treatment can differ depending on the patient's **characteristics**.

기출 표현 고유한 특성, 특성을 고려하다, 특성에 맞다, 특성이 나타나다, 특성을 보이다/살리다/지니다

---

28. 파악(하다)
명/동
understanding, to figure out, to grasp

글의 제목이나 핵심 문장을 잘 살펴보면 글의 주제를 **파악할 수 있다**.
You **can figure out** the topic of a passage by looking carefully at the title or key sentences.

기출 표현 파악되다, 원인/문제점/의중/내용/유형/요인을 파악하다

---

29. 합격(하다)
명/동
success, acceptance, to pass (an exam, etc.)

유의어 붙다

반의어 불합격(하다)

아들의 **합격** 소식을 들은 어머니는 기쁨의 눈물을 흘리셨다.
The mother shed tears of joy on hearing the news that her son was **accepted**.

기출 표현 시험/대학에 합격하다

---

30. 향하다
동
to head toward, to look toward

목표를 **향해** 노력하다 보면 꿈은 이루어질 것이다.
If you work **toward** your goals, you'll achieve your dreams.

기출 표현 목표를 향하다

---

31. 확실하다
형
to be certain

반의어 불확실하다

확실하지 않은 사실에 대해서는 말하지 않는 것이 좋다.
It's best not to talk about facts that **aren't certain**.

기출 표현 부 확실히 | 증거가 확실하다, 사실이 확실하다

DAY 20 | 앞에서 배운 내용을 확인해 봅시다.

[1-5] 다음 빈칸에 들어갈 단어를 [보기]에서 골라 알맞게 쓰십시오.

보기	달성(하다)	특성	적성	기대(하다)	선호(하다)

1. 영화가 재미있을 것 같아서 ________(이/가) 컸는데 생각만큼 재미있지 않았다.

2. 디자이너는 젊은 사람들이 ________(-는) 직업 중의 하나이다.

3. 그는 올림픽 우승이라는 목적을 ________(-기 위해) 오늘도 열심히 훈련하고 있다.

4. 직업은 성격과 ________(에) 맞게 선택하는 것이 좋다.

5. 우리나라는 4계절이 있고, 각 계절의 ________(이/가) 뚜렷하다.

[6-9] 다음 단어에 맞는 설명을 알맞게 연결하십시오.

6. 사람이나 작품을 골라서 모으는 것 • • 진학(하다)

7. 하던 일을 끝내는 것 • • 모집(하다)

8. 많은 것 중에서 고르는 것 • • 선발(하다)

9. 더 배우기 위해 가는 것 • • 마감(하다)

DAY
21 아동과 청소년
Children and Teens

문장을 통해 이어서 학습할 단어의 의미를 추측해 봅시다.

01. 청소년 시기는 미래에 대한 목표와 **가치관**이 형성되는 중요한 시기이다.

02. 청소년들이 화장을 하는 것은 **개성**을 표현하는 하나의 방법이다.

03. 형제의 싸움에 부모가 **개입해서** 사이가 더 나빠졌다.

04. 사람은 태어나서 유년기와 청소년기를 **거쳐** 성인이 된다.

05. 아이가 자라는 **과정**을 기록하기 위해 SNS에 사진과 영상을 올리고 있다.

06. 청소년 독서 토론회는 나이와 학년 **구분 없이** 참여할 수 있다.

07. 이 영화는 미래에 영화감독을 **꿈꾸는** 청소년들이 제작했다.

08. 교육 과정은 **단계적으로** 설계되어야 한다.

09. 학교는 학생들이 꿈을 키우고 **바람직하게** 자랄 수 있도록 돕는 역할을 한다.

10. 모든 부모는 자녀가 건강하고 **바르게** 자라길 바란다.

01. 가치관
명
values

교사는 학생들이 올바른 **가치관**을 형성할 수 있도록 도와야 한다.
Teachers should help students to develop good **values**.

기출 표현 가치관을 형성하다, 가치관이 바뀌다

02. 개성
명
personality

그는 **개성**이 매우 뚜렷해서 어떤 사람들과 있어도 눈에 띈다.
His **personality** is so distinct that he stands out no matter who he's with.

기출 표현 개성이 있다, 개성이 뚜렷하다, 개성을 살리다, 개성이 강하다, 개성을 찾다, 개성이 넘치다, 개성이 담기다

03. 개입(하다)
명/동
interference, to interfere, to intervene

학생들끼리 진행하는 토론에 교사가 **개입하는** 것은 좋지 않다.
It isn't good for teachers to **interfere** when students are having a discussion amongst themselves.

기출 표현 개입되다, 개입시키다, 사건에 개입하다, 사이에 개입하다

04. 거치다
동
to go through, to pass

가: 장학생은 어떻게 선발되나요?
How are scholarship students selected?

나: 교수님들의 심사를 **거쳐** 선발됩니다.
They're selected by **going through** an evaluation by professors.

기출 표현 과정을 거치다, 단계를 거치다, 절차를 거치다, 시기를 거치다, 논의를 거치다

05. 과정
명
process

수업 시간에 식물의 성장 **과정**에 대해 공부했다.
In class, we studied the growth **process** of plants.

기출 표현 생산 과정, 성장 과정, 과정을 겪다, 과정이 간단하다, 과정을 거치다, 과정이 필요하다, 과정이 반복되다

06. 구분(하다)
명/동
separation, division, to separate, to divide, to classify

우리 가게에서는 아동용 자전거와 성인용 자전거를 **구분해서** 팔고 있다.
At our store, we **separate** the bicycles we sell into children's and adults'.

기출 표현 구분되다, 구분을 짓다, 구분이 없다, 구분이 뚜렷하다, 영역을 구분하다

07. 꿈꾸다
동
to dream (a dream)

그는 의사가 되기를 **꿈꾸며** 매일 열심히 공부한다.
He **dreams** of becoming a doctor and studies hard every day.

기출 표현 성공을 꿈꾸다, 희망을 꿈꾸다

08. 단계
명
level, step, stage

가: 작품은 언제 완성되나요?
When will this piece be completed?

나: 이제 마무리 **단계**에 접어들었습니다. 곧 완성될 예정입니다.
It has entered the final **step** now. It will be completed soon.

기출 표현 단계적, 단계적 시행, 시작 단계, 마무리 단계, 단계가 높다/낮다, 단계를 맞추다, 단계를 밟다

09. 바람직하다
형
to be desirable, to be advisable

유의어 바람직스럽다

갈등은 대화를 통해 해결하는 것이 **바람직하다**.
It's **desirable** to solve conflicts through conversation.

기출 표현 바람직한 자세/태도/행동, 바람직하지 못하다

10. 바르다
형
to be straight, to be correct, to be proper

이 의자는 자세를 **바르게** 잡아 주는 기능이 있다.
This chair has a function that holds your posture **straight**.

기출 표현 바른 길, 바른 자세, 바르게 앉다

문장을 통해 이어서 학습할 단어의 의미를 추측해 봅시다.

11. 음악은 아이의 감정 **발달**에 긍정적인 영향을 준다.

12. 내 동생은 이번 시험에서 실력 **발휘**를 제대로 못했다며 속상해했다.

13. 의사는 아이가 아픈 곳은 없는지 **살펴보았다**.

14. 졸업을 앞두고 선생님과 진로 문제를 **상담했다**.

15. 그림책은 아이들의 **상상력**과 호기심을 키우는 데에 도움이 된다.

16. 아기는 **성장하면서** 혼자 걷고 말을 하기 시작한다.

17. 선생님은 학기 초에 학생들의 학습 **성향**을 파악한다.

18. 가정과 학교생활에 적응하지 못한 청소년들은 **심리적으로** 불안정해질 수 있다.

19. 최근 우리 동네에 **아동**을 위한 어린이 공원이 생겼다.

20. 아이와 함께 읽을 책을 고를 때는 아이의 **연령**과 발달 수준을 고려해야 한다.

11. 발달(하다)
[명/동]
development, advancement, to develop, to advance

유아기는 신체 기능이 크게 **발달하는** 시기이다.
Early childhood is period of significant physical **development**.

기출 표현 발달되다, 발달시키다, 정서 발달, 발달이 빠르다, 능력이 발달하다, 기능이 발달하다, 능력을 발달시키다

12. 발휘(하다)
[명/동]
display, show, to demonstrate, to show

이 소설은 작가의 실력을 **발휘하여** 재미있게 쓴 책이다.
This novel is a book that was written in a fun way that **demonstrates** the author's skills.

기출 표현 힘을 발휘하다, 실력을 발휘하다, 상상력을 발휘하다, 창의성이 발휘되다

13. 살피다
[동]
to look (carefully or closely), to check

횡단보도를 건널 때는 주위를 잘 **살피고** 건너야 한다.
When crossing at a crosswalk, you must **look** closely at your surroundings and then cross.

기출 표현 살펴보다, 주위를 살피다, 상황을 살피다, 과정을 살피다, 증상을 살피다

14. 상담
[명]
consultation, counseling

가: 오늘 오후에 대학교 진학 **상담**이 있는데 준비했어?
You have college entrance **counseling** this afternoon. Have you prepared?
나: 아니, 아직 어느 대학에 갈지 고민해 보지도 못했어.
No, I still haven't even considered which college to go to.

기출 표현 상담원, 상담실, 상담을 받다, 전문가와 상담하다

15. 상상력
[명]
imagination

책을 많이 읽으면 **상상력**이 풍부해진다.
If you read a lot of books, your **imagination** is enriched.

기출 표현 상상력을 기르다, 상상력을 발휘하다, 상상력이 풍부하다, 상상력이 뛰어나다

16. 성장(하다)
[명/동]
growth, development, to grow, to develop

부모는 아이가 바르게 **성장하도록** 보살펴야 한다.
Parents have to look after their children so that they **grow** properly.

기출 표현 성장되다, 성장시키다, 성장기, 경제 성장, 성장 과정, 어른으로 성장하다

출제 TIP

[접] -기: 명사 뒤에 붙어 '기간', '시기'의 뜻을 나타냅니다.
- **성장기:** 성장하는 시기
- **유아기:** 만 1세부터 6세까지의 어린 시기

17. 성향
명
tendency, habit

국민들의 연령과 성별에 따라 소비 **성향**이 다르다.
People's spending **habits** differ depending on age and gender.

---

18. 심리
명
psychology

이 영화는 복잡한 인간의 **심리**를 잘 표현했다는 평을 받았다.
This movie received reviews saying it expressed complicated human **psychology** well.

기출 표현 심리학, 심리학과, 심리학자, 심리 상태, 심리적 변화, 심리를 나타내다, 심리를 표현하다

출제 TIP

'심리'와 관련된 어휘를 알아봅시다.
- **심리학:** 심리를 연구하는 학문
- **심리학과:** 대학에서 심리학을 전공으로 연구하는 학과
- **심리학자:** 심리학을 연구하는 사람

---

19. 아동
명
child

반의어 성인

가: 요즘 봉사 활동을 한다면서요?
I heard you're doing volunteer work lately.
나: 네, 가정 형편이 어려운 **아동**들을 돕는 일을 하고 있어요.
Yes, I'm working to help **children** whose families are in difficult situations.

기출 표현 아동용, 아동 대상, 아동을 보호하다

---

20. 연령
명
age

유의어 나이

가: 저희 어머니도 학교에 입학할 수 있나요?
Can my mother enter college as well?
나: 네, **연령** 제한 없이 누구나 지원할 수 있습니다.
Yes, anyone can apply, without limits on **age**.

기출 표현 연령별, 연령대, 연령층, 평균 연령, 연령이 낮다

출제 TIP

'연령'과 관련된 어휘를 알아봅시다.
- **연령별:** 나이에 따라 구별함 (= 나이별)
- **연령대:** 비슷한 나이로 구분되어 이루어진 무리
- **연령층:** 나이가 같거나 비슷한 무리

문장을 통해 이어서 학습할 단어의 의미를 추측해 봅시다.

21. **올바른** 식습관은 아이가 건강하게 성장하는 데 도움이 된다.

22. 그림책은 그림으로 내용을 알려 주기 때문에 글을 모르는 **유아**들도 재미있게 읽을 수 있다.

23. **자기 주도적** 학습이란 학습자가 스스로 목표를 세우고 공부하는 것을 말한다.

24. 아이들이 **자라서** 벌써 대학교에 들어갈 나이가 되었다.

25. '**젊음**의 거리'로 불리는 이곳은 대학생들과 청소년들이 많이 찾는 곳이다.

26. 우울과 불안 등 **정서적으로** 어려움을 겪는 청소년들이 늘고 있다.

27. 블록이나 퍼즐과 같은 장난감은 유아의 공간 **지각** 능력을 발달시키는 데 도움이 된다.

28. 아기에게 음악을 들려주면 정서적인 안정과 **지능** 발달에 도움이 된다.

29. 성인이 되면 스스로 **책임져야** 할 것들이 많아진다.

30. 청소년들은 대부분 정서적 **혼란**을 겪으며 자란다.

21. 올바르다
㉨
to be proper, to be correct

올바른 식습관은 비만을 예방해 준다.
Proper eating habits prevent obesity.

기출 표현 올바른 태도, 올바른 성장, 올바른 습관, 생각이 올바르다

---

22. 유아
㉨
young child, toddler, preschooler

이 장난감은 **유아**들이 가지고 놀 수 있도록 안전하게 만들었다.
These toys were made to be safe so that **young children** can play with them.

기출 표현 유아기, 유아용품, 유아를 돌보다

---

23. 자기
㉨
self, oneself

자기만 생각하지 말고 남을 배려할 줄 알아야 한다.
You must know how to consider others and not think only of **yourself**.

기출 표현 자기 계발, 자기 주도적, 자기 자신

---

24. 자라다
㉨
to grow

유의어 성장하다

식물은 햇빛을 받아야 잘 **자란다**.
Plants need to get sunlight to **grow** well.

기출 표현 손톱이 자라다, 식물이 자라다, 아이가 자라다

---

25. 젊다
㉨
to be young

가: 우리 어머니 사진이에요.
This is a picture of my mother.

나: 연세에 비해 **젊어** 보이시네요.
She looks **young** for her age.

기출 표현 ㉨ 젊음 | 젊은이, 젊은 시절

출제 TIP

'젊은이'란 나이가 젊은 사람을 뜻합니다.

26. 정서
명
emotion

이 영화는 폭력적이어서 아이들의 **정서**에 안 좋은 영향을 끼칠 수 있다.
This movie is violent, so it can have negative effects on children's **emotions**.

기출 표현 정서적, 정서 발달, 정서에 맞다

---

27. 지각(하다)
명/동
awareness, sense, perception, to perceive

나는 어두워지면 방향 **지각** 능력이 떨어진다.
When it gets dark, my **sense** of direction gets worse.

기출 표현 지각되다, 지각 능력, 지각이 들다, 지각이 생기다

---

28. 지능
명
intelligence

지능이 높다고 해서 반드시 공부를 잘하는 것은 아니다.
Being **intelligent** doesn't necessarily mean you're good at studying.

기출 표현 인공 지능, 지능 발달, 지능이 높다/낮다, 지능이 발달하다

---

29. 책임
명
responsibility

아이들이 사고가 나지 않도록 어른들이 **책임**을 지고 관리해야 한다.
Adults have to take **responsibility** and supervise children so that accidents don't occur.

기출 표현 책임감, 책임자, 책임 의식, 책임을 맡다, 책임을 지다, 책임을 묻다, 책임을 면하다, 책임감이 강하다

---

30. 혼란(하다)
명/형
confusion, mess, to be confused

교과서의 내용과 선생님의 말씀이 서로 달라서 **혼란스러웠다**.
I **was confused** because the information in the textbook was different from what the professor said.

기출 표현 형 혼란스럽다, 동 혼란되다 | 혼란을 겪다, 혼란을 주다, 혼란에 빠지다, 혼란이 생기다, 혼란을 야기하다

DAY 21 | 앞에서 배운 내용을 확인해 봅시다.

[1-5] 다음 빈칸에 들어갈 단어를 [보기]에서 골라 알맞게 쓰십시오.

보기	젊다	성장(하다)	올바르다	개성	꿈꾸다

1. 나는 화가를 ______________ 평범한 학생이다.
   -는
2. 우리 할아버지는 여든이 넘으셨지만 60대처럼 ______________ 보이신다.
   -아/어
3. 초콜릿이나 커피는 아이들이 ______________ 안 좋은 영향을 끼칠 수 있다.
   -는 데
4. 사람들은 옷차림을 통해 각자의 ______________ 표현한다.
   을/를
5. 발표를 할 때는 ______________ 자세로 서서 해야 한다.
   -(으)ㄴ

[6-7] 다음 괄호 안에 알맞은 단어를 고르십시오.

6. 그림책은 아이의 (지능 / 연령) 발달에 도움을 준다.
7. 누나는 유치원에 다니는 (아동 / 성인)들을 가르친다.

[8-9] 단어에 맞는 설명을 알맞게 연결하십시오.

8. 끼어들어 관계하는 것 •   • 구분(하다)
9. 전체를 몇 개로 나누는 것 •   • 개입(하다)

DAY 22 | 복습 2

REVIEW 2

[1-2] 다음을 보고 빈칸에 들어갈 알맞은 단어를 고르십시오.

1.

서울 만화 축제

볼거리, 즐길 거리 ( ) 만화 축제로 오세요!

① 공개한　② 인식한　③ 풍성한　④ 등장한

2.

수학이 재미없고 어려운가요?

걱정하지 마세요. ***'수학! 포기 하지 마!'*** 이 책이 있으니까요.

수학 용어를 재미있는 이야기와 퀴즈를 통해서 ( )-(으)ㄹ 수 있습니다.

① 익히다　② 펴내다　③ 따르다　④ 속하다

3. 다음은 무엇에 대한 글인지 고르십시오.

- 공연 중 카메라 조명을 켜거나 사진 촬영을 할 수 없습니다.
- 음식물, 음료수는 가지고 들어갈 수 없습니다.

① 이용 안내　② 교환 안내　③ 사용 순서　④ 관람 안내

[4-5] 다음을 읽고 신문 기사를 읽고 (㉠)에 들어갈 알맞은 단어를 고르십시오.

4.

추석맞이 다양한 (㉠)로 전국은 축제 중

민족 최대의 명절인 추석을 맞이해서 전국에서 다양한 문화 (㉠)을/를 진행한다. 추석맞이 (㉠)을/를 정리해서 모아 봤다.

① 문명　② 행사　③ 전통　④ 유형

5.

올해 하반기 최고 기대작 영화 '한국', 드디어 예고편 (㉠) 공개

지난해 영화 '서울'로 한국 액션 영화에 새 역사를 쓴 최영일 감독이 올해 신작 '한국'으로 돌아온다. 많은 사람들의 기대를 모으고 있는 신작 '한국'의 예고 (㉠)이/가 어제 언론을 통해 공개됐다.

① 원고 ② 영상 ③ 화면 ④ 편집

[6-9] 다음을 읽고 ( )에 들어갈 알맞은 단어를 고르십시오.

6.

학습 능력과 기억력을 ( ) 방법에는 무엇이 있을까? 먼저 무엇인가 학습했다면 한 번만 보는 것이 아니라 반복해서 학습하는 것이 오래 기억하는 것에 도움이 된다. 또한 배운 것을 그림과 같이 이미지로 만들어서 기억하려고 하면 더 오래 기억할 수 있다.

① 향상시키는 ② 기원하는 ③ 돋보이는 ④ 이루어지는

7.

나에게 맞는 ( )을/를 찾는 것은 쉬운 일이 아니다. 왜냐하면 이것은 자신에 대해 질문하고 탐구해야 하기 때문이다. 제일 중요한 것은 자신에 대해 이해해야 한다. 나의 관심사, 장점, 능력을 자세히 파악하고 어떤 활동이나 과목에 흥미를 느끼고 잘하는지 생각해 봐야 한다.

① 장래 ② 정상 ③ 적성 ④ 단계

8.

윷놀이는 나무로 '윷'을 만들어서 여러 사람이 편을 갈라서 던지는 놀이다. 오늘날에는 새로운 놀이들이 많이 생겨나면서 윷놀이 하는 모습을 찾기 힘들지만 종종 명절에 가족들이 모여서 하곤 한다. 이처럼 윷놀이는 지금까지도 하고 있는 한국 ( )의 전통 놀이다.

① 고유 ② 해석 ③ 고려 ④ 묘사

9.

청소년 시기에는 누구나 사춘기를 경험하게 된다. 사춘기란 몸과 마음에 다양한 변화가 생기며 아이에서 어른으로 ( ) 과정을 말한다. 사춘기에는 겉으로 보이는 몸의 변화와 함께 마음에서 많은 변화가 일어나는데 조그만 일에도 쉽게 짜증이 나거나 마음이 상하고 부모님이나 어른들과 의견 차이가 생기면 다투기도 한다. 하지만 사춘기에 나타나는 행동 변화는 사람마다 모두 다르다.

① 완성하는 ② 반복하는 ③ 실습하는 ④ 성장하는

[10-11] 다음을 읽고 (　　)에 공통으로 들어갈 단어를 고르십시오.

10.

- 과제할 때 도서관에서 많은 책을 (　　　　　　).
- 여행 계획은 먼저 갔다 온 사람들의 의견을 (　　　　　　) 계획을 세운다.
- 인테리어 공사를 하기 전에 인터넷으로 많은 사진을 보고 (　　　　　　).

① 유래하다　② 표시하다　③ 참고하다　④ 발견하다

11.

- 룸메이트 생일이라서 방을 풍선으로 (　　　　　　).
- 할아버지께 드릴 선물을 사서 예쁘게 포장하고 (　　　　　　).
- 아무 모양 없는 케이크를 사서 꽃으로 (　　　　　　) 먹고 싶은 과일도 올렸다.

① 중시하다　② 장식하다　③ 파악하다　④ 주목하다

[12-14] 다음 글을 읽고 밑줄 친 부분과 반대되는 의미의 단어를 고르십시오.

12.

요즘은 많은 사람들이 핸드폰 카메라를 사용한다. 날씨가 별로 좋지 않아서 사진이 흐리게 나오거나 급하게 사진을 찍어야 해서 대충 찍어도 핸드폰으로 얼마든지 예쁘게 고칠 수 있다. 지금부터 특별한 앱을 사용하지 않아도 색감이 흐린 사진을 쉽게 바꿀 수 있는 방법을 소개하겠다.

① 선명하다　② 독특하다　③ 가득하다　④ 사라지다

13.

한국에서 제사는 후손들이 선조들을 생각하며 예의를 갖추는 의식이다. 예로부터 제사는 옛날과 지금을 연결해 주는 의식이라고 생각했다. 그러나 오늘날에는 제사를 준비하는 것이 복잡하고 힘들기 때문에 간단하게 준비하거나 아예 제사를 지내지 않는 가족들도 많아졌다.

① 독자　② 풍습　③ 박사　④ 조상

14.

유학을 준비해 본 학생이라면 그 준비 과정이 너무 복잡하다고 느껴 봤을 것이다. 유학을 갈 나라의 학교마다 그리고 원하는 전공마다 입학 서류나 시험이 다르기 때문이다. 또한 유학 가고자 하는 나라의 비자도 받아야 해서 혼자 준비하는 사람보다 유학원에서 유학 준비를 하는 학생들이 많다.

① 귀하다　② 포기하다　③ 간소하다　④ 소홀하다

[15-17] 다음을 읽고 밑줄 친 부분과 바꿔 쓸 수 있는 단어를 고르십시오.

15.

한 기사에 따르면 대학생들이 가장 좋아하는 문화 공연은 연극이라고 밝혔다. 연극은 영화와 달리 직접 배우들의 연기를 볼 수 있기 때문에 훨씬 더 감정을 잘 느낄 수 있다는 장점이 있다. 또한 학생들에게는 연극표를 할인해 주는 극장들이 많기 때문에 대학생들이 연극 공연을 더욱 잘 즐길 수 있는 것으로 보인다.

① 적응하는 ② 실행하는 ③ 발달하는 ④ 선호하는

16.

어떤 일을 계획하고 행하는 것은 쉬운 일이 아니다. 공부에 대한 것도 예외가 아니다. 청소년들이 진로를 미리 결정한다면 자신만의 목표가 있을 것이다. 그렇다면 그 목표를 이루기 위해서 자신이 세운 계획을 매일, 주기적으로 하는 것이 제일 중요하다고 생각한다.

① 실천하는 ② 강조하는 ③ 대화하는 ④ 의논하는

17. 다음 글을 읽고 글의 내용과 관계가 있는 단어를 고르십시오.

모든 사람들은 자신만의 특성을 가지고 있다. 많은 사람들이 자신만의 헤어스타일이나 옷 입는 방법으로 이것을 표현하기도 한다. 화가들은 자신을 대표하는 색깔을 자주 사용하거나 그림을 독특한 방식으로 그려서 각자의 특징을 만들어 낸다. 이렇듯 누구나 가지고 있는 각자의 특성이 여러 가지 모습으로 드러나는 것이다.

① 연기 ② 역량 ③ 개성 ④ 상담

[18-19] 다음을 읽고 질문에 답하십시오.

'단군 신화'는 한국 최초의 국가인 고조선의 건국 신화이다. 단군 신화의 줄거리는 하늘 신의 아들 환웅이 인간 세상을 ㉠ 다스리기 위해 하늘에서 내려왔다. 어느 날 곰과 호랑이가 인간이 되고 싶다고 찾아왔고 곰은 동굴에서 100일 동안 쑥과 마늘만 먹고 사람이 되었다. 환웅은 인간으로 변한 곰과 결혼해서 아들을 낳았는데 그 아들이 바로 고조선을 세운 단군이다. '단군 신화'는 고려 시대 때 만들어진 책인 '삼국유사'에 (㉡)되어 있다.

18. ㉠과 비슷한 의미의 단어를 고르십시오.

① 몰리기 ② 지배하기 ③ 구분하기 ④ 복원하기

19. (㉡)에 들어갈 단어를 고르십시오.

① 책임 ② 자율 ③ 배치 ④ 기록

DAY
23 경제 1 (소비)
Economy 1 (Spending)

문장을 통해 이어서 학습할 단어의 의미를 추측해 봅시다.

01. 요즘 한국은 가게에서 카드 **결제**를 많이 한다.

02. 세계적으로 **경기**가 안 좋아지면서 작은 가게나 식당을 운영하는 사장님들의 걱정이 커졌다.

03. 요즘 **경제** 상황이 좋지 않아서 회사에서 직원을 뽑지 않는다.

04. 경제가 안 좋을수록 독한 술이 잘 팔리는 **경향**이 있다.

05. 백화점 직원들은 **고객**에게 친절하게 대한다.

06. 인터넷으로 싸게 노트북을 **구매했다**.

07. 인터넷을 이용하면 같은 물건이라도 저렴한 **금액**에 살 수 있다.

08. **금융** 서비스를 하는 대표적인 곳은 은행과 카드 회사다.

09. 주차가 편리하고 깨끗한 환경에서 쇼핑할 수 있어서 사람들이 **대형마트**를 선호한다.

10. 우리 회사의 신상품은 소비자들에게 큰 인기를 끌며 **매출**이 꾸준히 올라가고 있다.

01. 결제(하다)
명/동
payment,
to pay

가: 모두 35,000원입니다. **결제**는 어떻게 하시겠어요?
Your total comes to 35,000 won. How would you like to **pay**?
나: 카드로 할게요.
I'll use my card.

기출 표현 결제되다, 카드 결제

---

02. 경기
명
economy, business

가: 요즘 **경기**가 안 좋아져서 저희 부모님께서 걱정이 많으세요.
Business is getting bad these days and my parents are very worried.
나: 부모님께서 식당 사장님이라고 하셨죠? 얼른 **경기**가 회복되면 좋겠네요.
You said your parents own a restaurant, right? I hope **business** recovers quickly.

기출 표현 불경기(= 경기가 안 좋음) | 경기 전망, 경기가 좋다/안 좋다, 경기가 회복되다

---

03. 경제
명
economy

가: 세계 여러 나라 중에서 **경제** 규모가 가장 큰 나라는 어디예요?
Which country has the largest **economy** in the world?
나: 미국이에요.
It's the U.S.A.

기출 표현 경제적, 경제력, 경제 활동, 경제 개발, 경제 위기, 경제 분야, 경제를 살리다

---

04. 경향
명
trend, tendency

가: 사람들은 기차나 비행기에서 창문 쪽 자리를 좋아하는 **경향**이 있는 것 같아.
It seems like on trains or airplanes, people **tend** to like seats near the window.
나: 맞아, 나도 창문 밖 풍경을 보고 싶어서 창가 자리를 선호해.
That's right, I also want to look out the window and see the scenery, so I prefer a window seat too.

기출 표현 동-는 경향이 있다 | 새로운 경향, 소비 경향, 경향을 보이다

---

05. 고객
명
customer

유의어 손님

가: 어제 산 물건인데 벌써 고장이 났어요.
I bought this item yesterday and it's already broken.
나: 정말 죄송합니다, **고객**님. **고객** 센터에 맡겨 주시면 빨리 처리해 드리겠습니다.
I'm very sorry, sir [**customer**]. If you leave it with the **customer** service center, we'll take care of it quickly for you.

기출 표현 고객 센터, 고객 만족, 고객을 맞다

---

06. 구매(하다) ☆

명/동

(to) purchase, to buy

유의어 구입(하다)

가: 고객님, 오늘까지 이 상품을 **구매하시면** 예쁜 장갑을 선물로 드려요.

Ma'am, if you **purchase** this product today, we'll give you some pretty gloves as a gift.

나: 선물을 받을 수 있다고요? 그럼 오늘 사야겠네요.

I can receive a gift? Then I should buy it today.

기출 표현 상품 구매, 구매를 망설이다, 구매를 유도하다

---

07. 금액

명

amount (of money), fee, charge, price

유의어 값

가: 호텔 수영장에서 수영을 하고 싶으면 추가 금액을 내야 하나요?

Do I have to pay an extra **fee** if I want to swim in the hotel swimming pool?

나: 아닙니다, 저희 호텔은 숙박 **금액** 안에 수영장 이용 **금액**이 모두 포함되어 있습니다.

No, the swimming pool **fee** is included in the hotel room **price**.

기출 표현 지원 금액, 금액을 지불하다

---

08. 금융

명

finance, banking

가: 너희 사촌 누나가 **금융** 쪽에서 일하신다고 했지?

You said your older sister works in **finance**, right?

나: 응, 경제학과를 졸업하고 최근에 카드 회사에서 일을 시작했어.

Yeah, she graduated in economics and recently started working at a card company.

기출 표현 금융권, 금융 분야

출제 TIP

'금융권'이란 금융에 관계된 일을 하는 사람들의 범위를 말합니다.

---

09. 대형

명

large (size)

반의어 소형

가: 저는 동네에 있는 작은 서점에 가는 걸 좋아해요. **대형** 서점보다 여유롭고 소소한 분위기를 느낄 수 있거든요.

I like going to the small bookstore in my neighborhood. You can feel a smaller, more relaxed atmosphere than at a **large** bookstore.

나: 그렇군요. 저희 동네에도 그런 서점이 있으면 정말 좋을 것 같아요.

I see. I think it would be really nice if we had a bookstore like that in my neighborhood too.

기출 표현 대형 마트, 대형 매장, 대형 사고

---

10. 매출 ☆

명

sales

유의어 판매

가: 사장님, 어떻게 세 달 만에 가게 **매출**을 두 배로 늘릴 수 있었나요?

Sir, how were you able to double the shop's **sales** in just three months?

나: 가게가 좁아서 많은 손님을 받을 수 없었습니다. 그래서 **매출**을 올리기 위해 배달을 시작했습니다.

Since the shop is small, we couldn't take a lot of customers. So in order to increase **sales**, we started offering delivery service.

기출 표현 매출액, 매출 실적, 매출이 늘다/줄다

문장을 통해 이어서 학습할 단어의 의미를 추측해 봅시다.

11. 세계적인 경기 **불황**으로 직업을 잃는 사람들이 늘어났다.

12. 최근 만화 캐릭터 모양의 빵이 어린아이들의 마음을 **사로잡아서** 큰 인기이다.

13. 이 도시는 바다가 가까이 있어서 옛날부터 **상업**이 발달했다.

14. 내 친구는 대학생 때부터 장사를 시작해서 지금은 **소득**이 매우 많다.

15. 태풍 때문에 가게 문을 열지 못해서 사장님의 경제적 **손실**이 크다.

16. 사업으로 높은 **수익**을 얻는 것은 쉽지 않다.

17. 한국은 석유를 다른 나라에서 **수입해서** 사용한다.

18. 우리 동네에 수산물 **시장**이 있어서 언제든지 싱싱한 생선을 사 먹을 수 있다.

19. 선풍기나 에어컨이 많이 팔리는 것은 계절적 **요인**이 크다.

20. 내 친구는 대학교 앞에서 작은 커피숍을 **운영하는** 사장님이다.

11. 불황
명
recession
유의어 불경기
반의어 호황

가: 저 가게는 매일 저렇게 사람들이 줄을 서서 먹어요.
That restaurant has a long line of people like that every day waiting to eat.
나: 아마도 음식이 정말 맛있어서 요즘 같은 **불황**에도 장사가 잘되는 것 같아요.
The food is probably really good, so they seem to be doing good business even during a **recession** like this.

기출 표현 경제 불황, 불황을 극복하다

---

12. 사로잡다
동
to capture, to captivate

크리스마스 발레 공연이 화려한 무대 연출로 관객들의 마음을 **사로잡았다**.
The Christmas ballet performance **captured** the audience's hearts with its splendid stage direction.

기출 표현 마음을 사로잡다, 시청자를 사로잡다

---

13. 상업
명
commerce
유의어 가게

가: 여기 아파트 근처가 **상업** 지역이라서 참 편리한 것 같아요.
This apartment is in a **commercial** area so it seems really convenient.
나: 맞아요. 집 주변에 마트도 있고 회사도 있어서 정말 편해요.
Right. There's a mart and my office right near home, so it's really comfortable.

기출 표현 상인, 상점 | 상업적, 상업에 종사하다

---

14. 소득
명
income
유의어 수익

가: 한국에서 소득이 높은 직업은 뭐예요?
What are high-income jobs in Korea?
나: 신문에서 봤는데 의사가 **소득**이 제일 높은 편이래요.
I saw in the newspaper that doctors have the highest **incomes**.

기출 표현 1인당 국민 소득, 소득이 많다

---

15. 손실
명
loss
유의어 손해
반의어 이익

공장에 큰불이 나서 그 회사에 엄청난 **손실**이 생겼다.
A large fire broke out at the factory and the company suffered huge **losses**.

기출 표현 손실이 크다

---

16. 수익

명

profit

유의어 소득

가: 그 회사는 **수익**에만 관심이 있고 고객의 불만 사항은 전혀 듣지 않는 것 같아요.

It seems like that company is only interested in **profits** and doesn't listen to customer's complaints at all.

나: 맞아요, 그래서 요즘 그 회사 제품을 사지 말자는 사람들이 많아요.

That's right. That's why there are a lot of people these days who are saying not to buy the company's products.

기출 표현 수익금, 수익이 증가하다, 수익을 얻다, 수익을 높이다

17. 수입(하다)

명/동

(to) import

반의어 수출(하다)

가: 요즘 거리에 **수입** 자동차가 많아진 것 같아요.

If you look at the road, it seems like there are more **imported** cars these days.

나: 네, 특히 독일에서 **수입한** 자동차가 많이 보이더라고요.

Yes, you can see a lot of cars **imported** from Germany in particular.

기출 표현 수입 상품, 수입을 허용하다, 수입을 제한하다

18. 시장

명

market

가: 인터넷이 발달하면서 종이 신문이나 책을 보는 사람들이 많이 줄었죠?

As the internet has developed, the number of people who read physical newspapers or books has decreased, hasn't it?

나: 네, 그래서 출판 **시장**도 규모가 많이 작아진 것 같아요.

Yes, that's why size of the publishing **market** seems to have gotten a lot smaller too.

기출 표현 수산물 시장, 야시장, 출판 시장

19. 요인

명

main reason, main cause, factor

유의어 원인

가: 이 식당이 불황에도 불구하고 성공한 **요인**이 무엇일까요?

What is the **main reason** that this restaurant hasn't been deterred by the recession and has succeeded?

나: 한 가지 메뉴에 집중해서 맛있는 음식을 제공한 것이 손님들의 마음을 사로잡은 것 같습니다.

I think we've captured customers' hearts by focusing on one item and providing delicious food.

기출 표현 성공 요인, 요인을 파악하다

20. 운영(하다)

명/동

management, operation, to operate, to manage, to run

유의어 경영(하다)

가: 가게를 **운영하면서** 가장 힘든 점이 무엇입니까?

What is the hardest part about **running** this shop?

나: 매달 소득이 일정하지 않다는 것이 힘듭니다.

It's hard that each month's income isn't fixed.

기출 표현 운영자, 기업 운영, 국정 운영, 가게를 운영하다

문장을 통해 이어서 학습할 단어의 의미를 추측해 봅시다.

21. 하나의 상품이 공장에서 만들어져서 소비자를 만날 때까지의 과정을 **유통**이라고 한다.

22. 이 회사는 회사의 **이익**보다는 고객의 만족을 먼저 생각한다.

23. 그 사람은 사업을 시작하려면 우선 **자본**이 있어야 한다는 것을 깨닫고 돈을 벌기로 했다.

24. 우리 엄마는 주차가 편리해서 **재래시장**보다 대형 마트에 가는 것을 더 선호하신다.

25. 유통 과정이 간단하면 소비자는 물건을 더 **저렴하게** 살 수 있다.

26. 경제 전문가들은 내년에는 경기가 회복될 것이라고 긍정적으로 **전망했다**.

27. 사람들은 이번에 새로 나온 핸드폰 가격이 너무 비싸게 **책정됐다며** 불만스러워했다.

28. 모든 회사는 기본적으로 이익을 **추구한다**.

29. 우리 회사는 신상품 **출시**를 앞두고 광고를 만들고 있다.

30. 회사는 이번에 신상품을 출시하면서 마케팅 비용에 **투자**를 많이 했다.

31. 이 빵집에서는 당일에 만든 빵만 **판매하기 때문에** 신선하고 맛있다.

32. 반찬 가게에서 오후 7시 이후에는 반찬을 싸게 **할인해서** 판매한다.

21. 유통(하다)
명/동
distribution,
to distribute

유의어 소득

고래나 상어는 세계적으로 **유통하는** 것이 금지되어 있다.
The **distribution** of whales and sharks is prohibited around the world.

기출 표현 유통되다, 자본의 유통

---

22. 이익
명
profit, interest,
advantage

반의어 손해, 손실, 불이익

가: 이 식당은 항상 손님이 많아서 **이익**이 많이 남겠어요.
This restaurant always has a lot of customers, so they must make a big **profit**.
나: 아니에요, 요즘 물가가 너무 올라서 재료비 빼면 남는 것도 없어요.
No, prices have gone up so much lately that when you take away the cost of ingredients, there isn't much left over.

기출 표현 경영 이익, 이익을 추구하다, 이익이 남다

---

23. 자본
명
capital

유의어 자금

가: 처음 사업을 시작하실 때 **자본**을 만드는 것이 힘들지 않으셨어요?
When you first started your business, wasn't it hard to create **capital**?
나: 다행히 적은 **자본**으로도 시작할 수 있는 일이어서 문제없었습니다.
Thankfully, it's a job that you can start even with a little bit of **capital**, so there were no problems.

기출 표현 자본이 부족하다, 자본을 마련하다, 자본력이 형성되다

---

24. 재래시장
명
traditional market

유의어 전통시장

가: 오늘도 시장에 갈 거지? 너는 대형 마트보다 시장에 가는 것을 좋아하더라.
You're going to the market today too, right? You really like going to the market more than the big mart.
나: 응, **재래시장**에서는 신선한 야채와 고기를 살 수 있어서 좋거든.
Yeah, I can buy fresh vegetables and meat at the **traditional market** so I like it.

기출 표현 전통 시장

---

25. 저렴하다
형
to be inexpensive,
to be affordable,
to be cheap

유의어 싸다

반의어 비싸다

가: 이 가방이 사고 싶은데 너무 비싸서 살까 말까 고민이야.
I want to buy this bag but it's so expensive that I'm wondering whether I should buy it or not.
나: 그럼 인터넷에 그 가방을 더 **저렴하게** 파는 곳이 있는지 검색해 봐.
Then search online to see if there's a place selling that bag more **cheaply**.

기출 표현 저렴한 가격, 저렴하게 사다/팔다, 비용이 저렴하다

---

26. 전망(하다)
명/동
prospect, outlook,
prediction, to predict

가: 앞으로 **전망**이 밝은 사업은 뭐가 있을까요?
Which businesses have good **prospects** in the future?
나: 요즘 환경 문제가 심각하기 때문에 환경 보호에 대한 사업의 **전망**이 좋아요.
Because environmental issues are severe these days, the **outlook** is good for businesses related to environmental protection.

기출 표현 전망이 밝다, 긍정적으로 전망하다

---

27. 책정(하다)
명/동
arrangement, to arrange, to set, to fix

가: 우리 회사는 휴가비가 얼마로 **책정되어 있나요**?
How much is our company's holiday pay **set at**?
나: 회사 내부 규칙을 보시면 자세히 나와 있어요.
If you look at the company's internal regulations, it's in there in detail.

기출 표현 책정되다, 값/가격을 책정하다

---

28. 추구(하다)
명/동
pursuit, to pursue, to chase, to seek

가: 제 친구와 발표 준비를 같이 하는데 친구가 너무 완벽을 **추구해서** 힘들었어요.
I was preparing a presentation with my friend but she **pursues** perfection too much so it was difficult.
나: 힘들긴 해도 PPT를 여러 번 확인하고 발표 연습도 많이 하니까 발표를 잘했을 것 같아요.
Even if it was difficult, I think you must have done well because you usually check your PowerPoint several times and practice your presentation a lot.

기출 표현 이익을 추구하다, 편의를 추구하다

---

29. 출시(하다)
명/동
(to) release, (to) launch

가: 이번 자동차 박람회에 갈 거야?
Are you going to the auto show?
나: 당연하지. 많은 회사에서 새로 **출시한** 자동차들을 전시할 거래.
Of course. They say a lot of companies are going to exhibit newly **released** cars.

기출 표현 출시되다, 신제품을 출시하다

---

30. 투자(하다)
명/동
investment, to invest

오늘 회의에서 이익이 없는 사업에 더 이상 **투자하지** 않기로 결정했다.
At today's meeting, we decided to no longer **invest** in businesses without profits.

기출 표현 투자 금액, 자본 투자, 사업에 투자하다, 기술 개발에 투자하다

---

31. 판매(하다)
명/동
sales, to sell

유의어 팔다

불황으로 자동차의 **판매**량이 크게 줄었다.
Car **sales** volumes decreased greatly due to the recession.

기출 표현 판매량, 판매자, 판매 가격

---

32. 할인(하다)
명/동
(to give a) discount

유의어 세일(하다)

가: 오늘부터 백화점에서 세일을 하는데 최고 50%까지 **할인해 준대.**
They're having a sale at the department store starting today, and **they say they're giving discounts** up to 50%.
나: 정말? 우리 지금 같이 가 보자.
Really? Let's go together right now.

기출 표현 할인되다, 할인권(= 할인 쿠폰), 할인 판매

[1-5] 다음 빈칸에 들어갈 단어를 [보기]에서 골라 알맞게 쓰십시오.

보기	결제(하다)	운영(하다)	투자(하다)	판매(하다)	구매(하다)

1. 서울에는 전자 제품만 따로 ________ 곳이 있다.
-는

2. 예전에는 현금으로 ________ 사람이 많았지만 요즘은 카드를 더 많이 사용한다.
-는

3. 배가 고플 때 쇼핑을 하면 예상하지 못한 ________ 더 많이 하게 된다고 한다.
을/를

4. 우리 회사는 올해 많은 돈을 ________ 공장을 더 짓기로 했다.
-아/어서

5. 그 식당은 아들이 요리를 하고 아버지가 사장님으로 있는, 가족이 ________ 식당이다.
-는

[6-9] 다음 단어에 맞는 설명을 알맞게 연결하십시오.

보기	경기	매출	할인	요인

6. 가: 요즘 ________ 안 좋아서 큰일이네요.
이/가
나: 맞아요. 우리 가게뿐만 아니라 다른 가게도 손님이 많이 줄었어요.

7. 가: 요즘 가게 ________ 좋네요.
이/가
나: 새로운 추가한 메뉴가 손님들의 마음을 사로잡은 것 같아요.

8. 가: 그룹 BTS가 세계적으로 인기를 얻은 ________ 뭐라고 생각하십니까?
은/는
나: 노래를 하면서 열정적으로 춤을 추는 모습이 팬들의 마음을 사로잡은 것 같습니다.

9. 가: 사장님, 조금만 더 깎아 주세요.
나: 이미 40%나 ________ 한 가격이에요. 더 이상은 싸게 팔 수 없어요.
을/를

DAY

24 경제 2 (생산과 기술)

Economy 2 (Manufacturing and Technology)

문장을 통해 이어서 학습할 단어의 의미를 추측해 봅시다.

01. 우유를 **가공해서** 만든 것이 치즈나 버터이다.

02. 태풍 때문에 공장의 **가동**을 멈추고 직원들이 모두 집으로 돌아갔다.

03. 요즘 인터넷으로 아이 장난감이나 옷 등 중고 물품을 **거래하는** 사람들이 많아졌다.

04. 자동차 공장에 가 보면 **기계**가 사람을 대신해서 많은 일을 한다.

05. 발표 장소에는 새로운 **기술**을 익히기 위해 모인 사람들로 가득 차 있었다.

06. **노동**을 해서 돈을 벌어 살아가는 사람들을 노동자라고 한다.

07. 우리 동네에서는 농사를 지은 **농민**과 직접 거래할 수 있는 시장이 일주일에 한 번 열린다.

08. 기계가 발달하면서 상품을 **대량** 생산할 수 있게 됐다.

09. 이 회사의 가구는 좋은 **목재**를 사용해서 만들기 때문에 비싸다.

10. 한국은 모든 국민들이 성실하게 일해서 빠른 경제 **발전**을 이루었다.

01. 가공(하다)

명/동

manufacturing, to manufacture, to process

가: 와! 이 의자를 직접 만들었어요?

Wow! You made this chair yourself?

나: 네, 뭐든지 만드는 걸 좋아해서 예전에 나무 **가공하는** 방법을 배웠어요.

Yes, I like making things, so a while back, I learned how to **process** wood.

기출 표현 가공되다, 가공 기술, 목재 가공

---

02. 가동(하다)

명/동

operation, to operate, to activate

유의어 작동(하다)

비 때문에 피해를 입은 사람들을 위해서 비상 대책반이 **가동되었다**.

An emergency task force was **activated** to help people who were affected by the rain.

기출 표현 가동되다, 가동시키다, 기계 가동, 가동이 중단되다

---

03. 거래(하다)

명/동

transaction, (to) deal, (to do) business, to trade

우리 회사는 맥주를 만드는 회사로 대형마트, 편의점, 식당 등 다양한 가게들과 **거래한다**.

As a company that makes beer, we **do business** with a variety of stores including supermarkets, convenience stores, restaurants, etc.

기출 표현 거래처, 거래가 이루어지다, 거래가 활발하다

출제 TIP

'거래처'란 돈이나 물건을 지속적으로 거래하는 사람이나 회사, 장소를 말합니다.

---

04. 기계

명

machine

가: 얼마 전에 식기세척기를 샀어요. 설거지를 안 해도 되니까 정말 편하더라고요.

I bought a dishwasher a little while ago. Since I don't have to do dishes, it's really convenient.

나: 요즘은 집안일을 해 주는 **기계**들이 많아져서 정말 편리한 것 같아요.

I think things are really convenient these days because there are more **machines** that can do chores for us.

기출 표현 기계가 작동하다, 기계가 고장 나다

---

05. 기술

명

technology, technique

가: 그 옛날에 피라미드 같은 건축물을 어떻게 만든 걸까요?

I wonder how they built buildings like the pyramids so long ago.

나: 그러게요. 지금까지도 피라미드의 건축 **기술**을 알 수 없을 정도라니까요.

Tell me about it. Even now, we still don't know the construction **techniques** that built the pyramids.

기출 표현 신성장 기술, 원천 기술, 기술자, 기술력, 기술 개발, 기술을 적용하다, 기술이 발달하다

---

06. 노동

명

labor, work

가: 이 카페는 '착한 커피'를 사용하는 걸로 유명하더라고요.

This cafe is famous for using "kind coffee."

나: 아, 커피 노동자들에게 **노동**의 값어치를 제대로 쳐 주고 사 온 커피 말이지요?

Oh, that's coffee that's bought by paying coffee laborers fair pay for the value of their **labor**, right?

기출 표현 노동력, 노동 시간

---

07. 농민

명

farmer

유의어 농부

가: 비가 너무 안 와서 걱정했는데 이제야 이렇게 비가 오네요.

I was worried because it hadn't rained for so long, but now it's raining at last.

나: 네, 비가 내려서 **농민**들의 걱정이 줄겠어요. 다행이에요.

Yes, **farmers** will be less worried since it's raining. Thank goodness.

기출 표현 농사, 농업, 농촌 | 농민이 경작하다, 농민이 농사짓다

---

08. 대량

명

large quantity, bulk, mass

반의어 소량

가: 이 유리컵은 왜 이렇게 비싸요?

Why are these glass cups so expensive?

나: 이건 공장에서 **대량** 생산하는 것이 아니라 전문가가 직접 손으로 하나씩 만들어서 그래요.

That's because they were handmade, one by one, by an expert and not **mass**-produced in a factory.

기출 표현 대량 구입, 대량 주문, 대량으로 생산하다

---

09. 목재

명

wood, lumber

유의어 나무

가: 이 책상하고 의자는 우리 아빠가 직접 **목재**를 구입해서 만든 거야.

My dad bought the **lumber** and made this desk and chair himself.

나: 아빠가 정말 대단하시다.

Your dad's really amazing.

기출 표현 목재 선반, 목재를 사용하다

---

10. 발전(하다)

명/동

development, to develop, advancement, to advance

가: 저는 언젠가 우주여행을 꼭 가 보고 싶어요.

I definitely want to travel to outer space one day.

나: 과학 기술이 계속해서 **발전하고** 있으니까 곧 가능한 일이 되지 않을까요?

Don't you think it might be possible soon since scientific technology keeps **advancing**?

기출 표현 발전적, 경제 발전, 사회 발전, 기술 발전, 발전시키다, 발전을 이루다

문장을 통해 이어서 학습할 단어의 의미를 추측해 봅시다.

11. 한 대의 자동차를 생산하기 위해서는 수많은 **부품**이 필요하다.

12. 세계적인 불황을 극복하기 위해서 경제 **분야** 전문가들이 모여서 회의를 하기로 했다.

13. 요즘 골프가 유행하면서 골프 의류나 용품을 파는 골프 관련 **산업**이 주목을 받고 있다.

14. 캠핑을 위해 대형 자동차를 구입하는 사람들이 많아지자 대형 자동차의 **생산**이 늘어나고 있다.

15. 그 보고서에는 상품의 생산과 유통 방법과 같은 **세부** 항목이 있다.

16. 물가가 오르자 음식의 가격을 올리지 않는 대신 **양**을 줄인 식당이 많아졌다.

17. 다양한 여행 **업체** 중에서 꼼꼼하게 비교한 다음에 선택하는 것이 좋다.

18. 직원들이 일하기 좋은 **여건**을 만들어 주는 A회사에 관심을 갖는 사람들이 많다.

19. 한국 경제 성장의 **원동력**은 높은 기술력이다.

20. 이 회사는 핸드폰을 작게 만드는 **원천** 기술을 만들었다.

11. 부품

명
part, component

우리나라에서 생산할 수 없는 **부품**은 외국에서 수입해야 한다.
Parts that can't be produced in Korea must be imported from abroad.

기출 표현 자동차 부품, 부품 공장, 부품을 생산하다

12. 분야

명
field, subject

유의어 부문, 영역

가: 아이가 학교 수업에 집중하지 않아서 걱정이에요.
I'm worried because my child doesn't concentrate in class.

나: 아이의 관심 **분야**가 무엇인지 잘 살펴보고 관심 있는 것부터 집중하는 연습을 시켜 보세요.
Try finding out what **subjects** your child is interested in and have them practice concentrating on those first.

기출 표현 경제 분야, 분야별, 관련 분야, 관심 분야, 다양한 분야

13. 산업

명
industry

가: 요즘 외국에 나가면 한국 자동차 회사의 차를 많이 볼 수 있어요.
These days, when you go abroad, you can see many cars that were made by Korean car companies.

나: 한국도 자동차 **산업**이 많이 발달한 나라 중에 하나죠.
Korea is one of the countries where the automobile **industry** has developed a lot.

기출 표현 산업 혁명, 산업화, 4차 산업, 바이오산업, 자동차 산업, 산업용, 신산업 분야

출제 TIP

시험에 자주 나오는 '산업'의 종류를 정리해 봅시다.

- **농업** 예 이 곳은 전통적인 농업 지역으로 좋은 품질의 쌀을 생산하고 있다.
- **상업** 예 옛날에는 바다 근처의 도시들이 사람들이 오고 가는 것이 편해서 상업이 발달했다.
- **서비스업** 예 사회가 발전하고 사람들의 생활 수준이 올라가면서 여행과 같은 서비스업이 발달하게 됐다.
- **바이오산업** 예 사람들의 수명이 길어지면서 건강이나 약을 개발하는 바이오산업이 주목 받고 있다.

산업은 경제 활동으로 재화나 서비스를 생산하는 사업의 분야를 말합니다. 위의 4가지 분야 외에도 '금융업', '운수업'등이 있습니다.

14. 생산(하다)

명/동
production, manufacturing, to produce, to manufacture

유의어 제조(하다)

가: 이 텔레비전이 고장 났는데 고칠 수 있을까요?
This television is broken. Can it be fixed?

나: 고객님 죄송합니다. 그 제품은 너무 오래돼서 더 이상 **생산하고** 있지 않습니다.
I'm sorry, ma'am. This product is too old so it's no longer **produced**.

기출 표현 생산량, 자원 생산, 생산성, 대량 생산, 생산되다, 정보를 생산하다

15. 세부 ☆

명

details

가: 아파트를 계약할 때는 계약서의 **세부** 내용을 모두 잘 읽어 봐야 해요.

When signing a contract for an apartment, you have to read all the **details**.

나: 네, 그런데 너무 어려운 단어들이 많아서 이해하기가 힘들더라고요.

Yes, but it's hard to understand because there are so many difficult words.

기출 표현 세부적 기술, 세부 형태

---

16. 양

명

amount, quantity, volume, portion

반의어 질

가: 물을 자주 마시네요.

You sure drink water often.

나: 우리 몸이 하루에 필요한 물의 **양**이 2리터라고 해서요.

They say our bodies need a **volume** of 2 liters of water per day.

기출 표현 필요한 양, 양이 많다, 양이 증가하다

---

17. 업체

명

company, firm

가: 요즘 와인 값이 아주 저렴해진 것 같아요.

It seems like the price of wine has gotten very affordable these days.

나: **업체** 간의 경쟁이 심해져서 그런가 봐요.

It must be because competition between **companies** has gotten stronger.

기출 표현 가구 업체, 자동차 업체, 업체 간의 경쟁, 업체와 거래하다

---

18. 여건

명

conditions

유의어 상황

우리 회사는 생활 **여건**이 어려운 상황에서도 열심히 공부한 학생들에게 장학금을 전달했다.

Our company gave scholarships to students who studied hard despite their difficult living **conditions**.

기출 표현 여건에 따라, 여건에 맞다, 여건에 맞추다, 여건이 좋다

---

19. 원동력

명

motive, driving force

가: 손흥민 선수, 이렇게 좋은 경기를 보여 줄 수 있었던 **원동력**이 무엇입니까?

Player Son Heungmin, what is the **driving force** that allowed us to see such a great game?

나: 우리 팀 선수들 모두 욕심내지 않고 열심히 한 것이 승리의 **원동력**이 된 것 같습니다.

I think the **driving force** behind our victory was that all the players on our team worked hard without getting greedy.

기출 표현 일의 원동력, 원동력이 되다

---

20. 원천

명

root, origin, source

그 질병이 일어나는 원인을 **원천적으로** 막는 것이 중요하다.

It's important to stop the cause of the disease at its **source**.

기출 표현 원천적, 원천 기술

문장을 통해 이어서 학습할 단어의 의미를 추측해 봅시다.

21. 강아지는 배가 고픈지 정해진 시간에 **자동**으로 밥이 나오는 기계 앞에 계속 앉아 있었다.

22. 지금 공장에서는 기계가 **작동하지 않아서** 제품을 못 만들고 있다.

23. 백화점 할인 행사에서 어떤 **제품**을 사든지 커피 한 잔을 무료로 준다고 한다.

24. 이 게임기는 **조작**이 간단하고 쉬워서 많은 사람들에게 인기가 있다.

25. 이 회사는 전자 제품을 **중심**으로 사업을 키워 왔다.

26. 새로운 기술로 인해 제품의 **질**이 좋아졌다.

27. 스마트폰이 처음 나왔을 때 사람들은 디자인과 기술 **혁신**이라고 했다.

28. 나라에서는 재래시장 **활성화**를 위해 재래시장에서만 사용할 수 있는 상품권을 만들었다.

29. 작업 기간을 **획기적으로** 줄여 주는 기계가 나와서 사람들의 관심을 끌고 있다.

21. 자동

명

automatic

반의어 수동

가: 어? 아무리 열어도 택시 문이 안 열려요.

Huh? No matter how much I try, the taxi door won't open.

나: 이 택시는 문이 **자동**으로 열리니까 잠시만 기다려 보세요.

This taxi has doors that open **automatically** so please wait a moment.

기출 표현 자동화, 자동으로 움직이다

---

22. 작동(하다)

명/동

operation, to operate, to run

가: 엘리베이터를 수리하느라 지금은 이용할 수 없대요.

They said we can't use the elevator right now because they're repairing it.

나: 그래요? 언제쯤 다시 **작동**한대요?

Really? When did they say it would be **running** again?

기출 표현 기계 작동, 작동 원리, 오작동, 작동되다, 작동을 멈추다

---

23. 제품

명

product

유의어 상품

가: 이 청소기 정말 좋네요. 어느 나라 **제품**이에요?

This vacuum cleaner is really good. What country is this **product** from?

나: 한국 **제품**이에요. 이번에 이 회사에서 신제품도 나왔어요.

It's a Korean **product**. The company has recently released a new product as well.

기출 표현 신제품, 전기 제품, 제품을 만들다/주문하다

---

24. 조작(하다)

명/동

operation, to operate, to work, to handle

가: 어? 갑자기 컴퓨터가 왜 이러지? 고장 난 것 같아.

Huh? What's wrong with the computer all of a sudden? I think it's broken.

나: 진우가 컴퓨터 **조작**을 잘하더라고. 진우한테 컴퓨터 좀 봐 달라고 해 봐.

Jinwu is good at **handling** computers. Try asking Jinwu to take a look at it.

기출 표현 기계 조작, 조작 방법

---

25. 중심

명

center, middle

가: 한국 여행을 간 친구들이 모두 남산타워에 갔다 왔더라고요.

All my friends who traveled to Korea have gone to Namsan Tower.

나: 남산타워가 서울의 **중심**에 있어서 높이 올라가면 서울의 경치를 구경할 수 있어서 그런가 봐요.

It must be because Namsan Tower is in the **center** of Seoul, so if you go up it, you can look at the view of Seoul.

기출 표현 중심을 잡다, 명을/를 중심으로 하다

---

26. 질

명
quality

반의어 양

가: 최근에 목에 좋다는 베개를 샀는데 잘 자고 일어나니까 하루 종일 기분이 좋더라고요.

I recently bought a pillow that's good for your neck, and since I wake up after a good sleep, I'm in a good mood all day.

나: 그렇군요. 역시 잠을 잘 자야 삶의 **질**이 높아지는 것 같아요.

Is that so? I guess sleeping well improves the **quality** of your life, after all.

기출 표현 품질 | 삶의 질, 질이 높다, 질이 떨어지다

---

27. 혁신

명
innovation

갈수록 학생 수가 줄어드는 만큼 대학 교육의 **혁신**이 필요하다고 생각합니다.

I think that as the number of students decreases, we need proportionate **innovation** in college education.

기출 표현 기술 혁신, 경영을 혁신하다

---

28. 활성화

명
invigoration, vitalization

가: 최근 인기 많은 드라마나 영화가 책으로 출판되어서 출판 시장이 **활성화**됐대요.

They say that the publishing market has been **vitalized** recently as popular dramas and movies have been published as books.

나: 저도 서점에 가서 보니까 사람들이 영화나 드라마와 관련된 책을 많이 사더라고요.

When I went to the bookstore, I also saw people buying a lot of books related to movies or dramas.

기출 표현 경제 활성화, 투자 활성화, 활성화시키다

---

29. 획기적

관형/명
groundbreaking, landmark, phenomenal

가: 출퇴근 시간을 직원들이 자유롭게 결정하는 건 정말 **획기적인** 문화 같아요.

I think that allowing employees to freely decided their clock-in and clock-out times is really **groundbreaking** culture.

나: 그러게요. 예전에는 정해진 시간에 출퇴근 해야 돼서 불편했는데 말이에요.

I know. It used to be uncomfortable because we had to clock in and out at a set time.

기출 표현 획기적으로 높아지다

DAY 24 | 앞에서 배운 내용을 확인해 봅시다.

[1-5] 다음 빈칸에 들어갈 단어를 [보기]에서 골라 알맞게 쓰십시오.

보기	품질	발전(하다)	생산(하다)	작동(하다)	기술

1. 이 제품은 ________(이/가) 좋고 가격도 비싸지 않아서 인기가 많다.
2. A회사는 더 좋은 제품을 만들기 위해 ________(을/를) 개발하는데 많은 돈을 투자한다.
3. 산업 혁명 이후 공장에서 물건의 대량 ________(이/가) 가능해졌다.
4. 컴퓨터가 갑자기 ________(-지) 않아서 할 일을 못 하고 있다.
5. 회사가 ________(-기) 위해서는 직원들이 행복하게 일할 수 있게 해 줘야 한다.

[6-9] 다음 괄호 안에 알맞은 단어를 고르십시오.

6. 가: 요즘 집값이 많이 오르고 있네요.

   나: 네, 앞으로 집값이 더 오를 것이라는 기대 때문에 요즘 부동산 (거래 / 양)이/가 활발하대요.

7. 가: 어떤 회사에 가고 싶어요?

   나: 저는 경제 (중심 / 분야)에 관심이 많아요. 그래서 은행이나 카드 회사에 들어가면 좋을 것 같아요.

8. 가: 매일 회사에 다니기 너무 피곤하고 힘들지 않아요?

   나: 그렇죠. 하지만 제가 매일 일할 수 있게 힘을 주는 (원동력 / 노동력)은 가족이에요. 가족들을 생각하면 힘이 나죠.

9. 가: 우와, 이 의자 예쁘다.

   나: 그런데 들어 봐. 너무 무거운데? 좋은 (혁신 / 목재)(으)로 만들었나 봐.

DAY

25 취업

Employment

문장을 통해 이어서 학습할 단어의 의미를 추측해 봅시다.

01. 이 회사에 지원하려면 자기소개서, 학교 성적표 등 서류를 **갖춰야 한다**.

02. 나는 지금 회사에서 일하기 전에 호텔에서 일한 **경력**이 있다.

03. 취업을 잘하려면 자격증도 중요하지만 다양한 경험을 통해 나만의 **경쟁력**을 키워야 한다.

04. 회사에 **고용되면** 월급을 받고 직원으로서 대우를 받게 된다.

05. 요즘 많은 젊은 사람들이 도시로 가서 농촌에서는 일할 사람을 **구하는** 것이 어렵다.

06. 면접 볼 때 너무 **긴장해서** 질문에 대답을 못하고 말을 더듬거렸다.

07. 조선 시대에는 '과거'라는 시험을 통해서 나라를 위해 일할 인재를 **등용했다**.

08. 가고 싶은 회사에 취직하기 위한 준비로 컴퓨터 자격증을 **땄다**.

09. 회사 면접에서 대학교 동아리 회장을 하며 **리더십**을 발휘했다고 소개했다.

10. 보통 회사 **면접**을 볼 때는 정장을 입어야 한다.

01. 갖추다
동
to possess,
to be equipped with,
to have

가: 선배님, 저도 A회사에 취직하고 싶은데 어떤 조건을 **갖춰야 할까요**?
I want to work at Company A too. What kind of qualifications do I **need to possess**?
나: 우리 회사는 외국어를 잘해야 되니까 영어 공부를 열심히 해 봐.
You have to be good at foreign languages at our company, so study English hard.

기출 표현 경험을 갖추다, 기술/능력을 갖추다, 예를 갖추다

02. 경력
명
work experience,
career

가: 내가 정말 가고 싶은 회사는 떨어지고 다른 회사에 합격했어.
I didn't get into the company I really want to work for, but I got accepted by a different company.
나: 축하해. 일단 취직해서 **경력**을 쌓은 다음에 가고 싶은 회사에 다시 지원해 봐.
Congratulations. You got hired, so first build up your **work experience** and then try applying again for the company you want to work at.

기출 표현 경력 사원, 경력을 쌓다

03. 경쟁력
명
competitiveness

가: 외국에서 한국 전자 제품이 인기가 정말 많더라고요.
Korean electronic products are really popular abroad.
나: 한국 제품의 품질이 좋아서 외국의 많은 기업 제품들과 비교했을 때 **경쟁력**을 인정받는 것 같아요.
It seems that since Korean products are high quality, they're recognized for their **competitiveness** when compared with products from a lot of businesses abroad.

기출 표현 경쟁(하다) | 경쟁력을 강화하다, 경쟁력을 키우다, 경쟁력을 인정받다

04. 고용(하다)
명/동
employment, hiring,
to employ, to hire

가: 남편하고 제가 다 일을 해서 지난달부터 아이를 돌봐 줄 수 있는 사람을 **고용했어요**.
My husband and I both work, so starting last month, we **hired** someone who can look after our child.
나: 그래요? **고용한** 사람은 어때요? 아이를 맡길 만해요?
Really? How is the person you **hired**? Are they good at watching your child?

기출 표현 직원 고용, 장애인 고용

05. 구하다
동
to look for,
to find (a job,
an employee)

유의어 찾다

가: 주부로만 지내다가 이제는 아이가 좀 커서 일자리를 **구하려는데** 너무 어렵네요.
I've been a stay-at-home mom and want to **look for** a job now that my child is grown, but it's so hard.
나: 그래도 계속 **구하다** 보면 맞는 자리가 꼭 있을 거예요.
Still, if you keep **looking**, there will definitely be a job that suits you.

기출 표현 일자리를 구하다, (일할)사람을 구하다, 직장을 구하다

06. 긴장하다
동
to be nervous

가: 여행 잘 갔다 왔어요?
Did you have a good trip?
나: 네, 그런데 갑자기 경찰이 불러서 **긴장한 채로** 경찰서에 다녀왔어요.
Yes, but the police suddenly called, so I went **nervously** to the police station.

기출 표현 긴장되다, 잔뜩 긴장하다

07. 등용(하다)

명/동
appointment,
to appoint,
to promote

가: 점점 기업 간의 경쟁이 치열해지는데 우리 회사가 앞으로 어떻게 하면 좋을까요?
The competition between companies is gradually heating up. What should our company do in the future?

나: 경쟁에서 이기기 위해서는 우수한 인재를 **등용해야 한다고** 생각합니다.
To win in this competition, I think we **have to appoint** exceptional talent.

기출 표현 인재를 등용하다

출제 TIP

시험에 나온 비슷한 단어를 정리해 봅시다.

- **고용** 예 외국 회사와 중요한 회의가 있어서 통역사를 고용했다.
- **등용** 예 회사는 능력이 있고 동료들이 좋아하는 사람을 관리자로 등용했다.

두 단어 모두 사람을 뽑는 의미지만 고용은 사람을 뽑아서 돈을 준다는 의미이며 등용은 능력이 있는 사람을 뽑아 쓰는 것을 말합니다.

---

08. 따다

동
to get (a license)

가: 대학교 졸업하기 전에 운전면허를 **따고 싶어요**.
I want to get my driver's license before I graduate from college.

나: 좋은 생각이에요. 취직하면 바빠지니까 그 전에 준비해서 도전하세요.
That's a good idea. When you get a job, you'll be busy, so prepare before then and give it a try.

기출 표현 자격증을 따다

---

09. 리더십

명
leadership

가: 우리 팀장님은 팀원들을 잘 이끌어 주셔서 좋아요.
It's good that our team manager leads our team members well.

나: 그러게요. **리더십**이 있는 분이신 것 같아요.
I know. He seems like a person with **leadership**.

기출 표현 강한 리더십, 리더십을 발휘하다

---

10. 면접

명
interview

가: 회사 **면접**에서는 보통 무엇을 물어봐요?
What do they usually ask at a job **interview**?

나: 어느 회사든지 왜 우리 회사에서 일하고 싶은지 꼭 물어보는 것 같아요.
I think any company always asks why you want to work for their company.

기출 표현 면접관, 면접 장소, 면접을 보다

출제 TIP

'면접관'이란 면접 시험을 통과하고 싶어 하는 지원자에게 직접 질문하고 그들을 평가하는 사람을 말합니다.

문장을 통해 이어서 학습할 단어의 의미를 추측해 봅시다.

11. 그 회사에 꼭 지원하고 싶어서 직접 회사에 전화해서 신입 사원 채용 계획을 **문의했다**.

12. **직업별**로 필요로 하는 능력이 다르므로 잘 살펴보아야 한다.

13. 면접을 보러 갈 때는 **복장**이 단정해야 한다.

14. 많은 회사들이 면접을 통해 실력 위주로 사람을 **뽑는다**.

15. 나는 국어국문학과를 나왔는데 전공을 **살려서** 출판사에 취직했다.

16. 회사에 처음 들어가면 **신입 사원** 교육을 받는다.

17. 전 직원은 회사에서 일년에 한 번씩 진행하는 신기술 개발을 위한 **양성** 교육을 받아야 한다.

18. 그 회사의 올해 채용 **여부**를 메일로 확인했다.

19. 우리 회사는 일 년에 한 번 우수 직원을 선발해서 해외 **연수**를 보내 준다.

20. 보통 **이력서**에는 연락처, 학교, 전에 다닌 직장 경력 등을 써야 한다.

21. 우리 회사는 업무 **인력**이 부족해서 직원을 더 뽑기로 했다.

22. 요즘 젊은 **인재**들이 졸업하고 바로 자신의 사업을 시작해서 성공하는 경우가 많다.

Day 25-2

11. 문의(하다)
명/동
inquiry, to inquire, to ask
유의어 물어보다

가: 안녕하세요? 오늘 가게 몇 시까지 영업하시는지 **문의하려고** 전화했어요.
Hello, I called to **ask** what time your shop is open until today.
나: 오늘은 주말이라서 오후 6시까지만 영업합니다.
Today is a weekend so we're open until 6 pm.
기출 표현 문의 전화, 문의 사항, 전문가에게 문의하다

---

12. –별
접사
per, by, for

가: A마트는 가게가 작아서 그런지 품목**별**로 몇 가지 상품만 있더라고요.
Maybe because A–Mart is small, they only have a few products **for** each kind of item.
나: 맞아요. 저도 라면을 종류**별**로 사고 싶었는데 종류가 별로 없었어요.
Right. I wanted to buy ramyun **by** different types but they didn't have many.
기출 표현 상황별, 연령별, 학년별, 품목별

---

13. 복장
명
attire, clothes, dress
유의어 옷차림

가: 선생님, 내일 문화 체험에는 뭘 준비해 가야 돼요?
Teacher, what do we need to prepare for the cultural experience tomorrow?
나: 아무것도 필요 없어요. 간편한 **복장**으로 오면 돼요.
You don't need anything. You can come in casual **clothes**.
기출 표현 복장에 신경을 쓰다, 복장이 단정하다

---

14. 뽑다
동
to select, to choose

나는 리더십이 있는 사람을 대통령으로 **뽑고 싶다**.
I want to **choose** a person with leadership skills as president.
기출 표현 인재를 뽑다, 특성을 뽑아내다

---

15. 살리다
동
to use (one's skills, strengths, etc.)

대학교에서 연극 동아리를 했는데 그때 경험을 **살려서** 면접을 볼 때 자신 있게 말할 수 있었다.
In college I was in theater club, so I was able to **use** that experience to speak confidently in an interview.
기출 표현 전공을 살리다, 경험을 살리다, 뜻을 살리다

---

16. 신입
명
new employee, new member

가: 다음 주에 우리 동아리 **신입** 회원들 환영회가 있습니다.
Next week our club has a welcome party for **new members.**
나: 네, 알겠습니다. 그럼 환영회는 어디에서 하나요?
Understood. Then where will we have the welcome party?
기출 표현 신입 사원, 신입 회원, 신입생

출제 TIP
'신입 사원'은 회사에 막 취업한 사람을, '신입생'은 학교에 새로 입학한 학생을 말합니다.

---

17. 양성(하다)
명/동
training, to train, to teach (competency in a skill)

유의어 기르다, 교육(하다)

교육 대학교는 전문 교사를 **양성하는** 기관이다.
A college of education is an institution that **trains** professional teachers.

기출 표현 인재를 양성하다, 전문가를 양성하다

---

18. 여부
명
whether or not

다음 주에 문화 체험에 갈 수 있는지 없는지 참석 **여부**를 알려 주세요.
Please let me know **whether or not** you can attend the cultural experience next week.

기출 표현 사실 여부, 사용 여부, 참가 여부, 여부가 드러나다

---

19. 연수
명
training, study (of a certain knowledge, technology, etc.)

가: 영어를 잘하시네요.
You're good at English.

나: 미국에서 1년 동안 어학**연수**를 한 적이 있어요.
I **studied** the language for a year in America.

기출 표현 해외 연수, 신입 사원 연수, 어학연수, 연수를 받다

---

20. 이력서
명
résumé, CV

가: 이번 신입 사원 채용 공고 봤어요?
Did you see the hiring notice for new employees?

나: 네, 안 그래도 **이력서**를 쓰고 있었어요.
Yes, and I was already writing my **CV** anyway.

기출 표현 이력서 작성, 이력서를 내다

---

21. 인력
명
manpower

유의어 노동력

가: 한국은 어떤 나라라고 생각하세요?
What kind of country do you think Korea is?

나: 한국은 작은 나라지만 좋은 **인력**이 풍부한 나라라고 생각합니다.
I think Korea is a small country, but a country that has ample good **manpower**.

기출 표현 전문 인력, 인력을 양성하다

---

22. 인재
명
talent

이 학교는 대통령, 교수 등 많은 우수한 **인재**들이 졸업한 학교이다.
This school is the school from which many exceptional **talents** such as presidents, professors, etc. have graduated.

기출 표현 인재를 선발하다, 인재를 등용하다, 인재를 기르다

출제 TIP

사람을 나타내는 단어 '인력'과 '인재'의 차이점을 알아봅시다.

- **인력**: 일을 하는 사람의 노동력을 강조할 때 사용합니다.
  예 산업에서 가장 중요한 요소는 인력이다.
- **인재**: 어떤 일을 할 수 있는 능력이 있음을 나타낼 때 사용합니다.
  예 그 사람은 똑똑하고 리더십도 있는 훌륭한 인재다.

☑ 문장을 통해 이어서 학습할 단어의 의미를 추측해 봅시다.

23. 많은 사람들이 안정된 **일자리**를 구하기 위해 노력한다.

24. 그 일이 내 적성에 맞지 않아서 **입사한 지** 반년 만에 그만뒀다.

25. 김 교수는 그 학생이 **자격**이 충분하다고 보고 추천서를 써 주기로 했다.

26. 이 회사에서 대학생 때 인턴을 했고 졸업하고 **정규직**에 지원해서 합격했다.

27. 취업할 때 회사의 월급, 적성, 장래 등의 여러 가지 **조건**을 생각해야 한다.

28. 이 회사 입사 **지원** 서류는 이력서, 학교 성적표, 자격증이다.

29. 이 회사는 새로운 사업에 투자해서 일자리를 **창출할** 계획이다.

30. 올해 세계적인 불황 때문에 많은 회사들이 신입 사원을 **채용하지 않기로** 했다.

31. 교수님께서 수출, 수입 업무가 내 적성에 맞을 것 같다고 **추천해 주셨다**.

32. 요즘 대학생들은 좋은 회사에 **취업하기 위해** 많은 준비를 한다.

33. 우리 회사 해외 마케팅팀은 다른 나라에 **파견돼서** 근무하는 직원이 많다.

23. 일자리

명
job

유의어 직장

가: 요즘 나라에서 노인들의 **일자리**를 늘리려고 노력하더라고요.
The government is trying to increase **jobs** for the elderly these days.

나: 네, 얼마 전에 햄버거 가게에 갔는데 할머니, 할아버지들이 많이 일하고 계셨어요.
Yes, a little while ago, I went to a hamburger shop and a lot of older men and women were working there.

기출 표현 일자리 창출, 시간제 일자리, 일자리를 늘리다, 일자리를 구하다

---

24. 입사(하다)

명/동
starting a job,
to join a company

반의어 퇴사

가: 축하해! 경쟁이 치열한 회사에 **입사**하다니!
Congratulations! You're **starting a job** at a highly competitive company!

나: 고마워. 나도 정말 가고 싶은 회사였어.
Thank you. It's a company I really wanted to go to.

기출 표현 입사 시험, 입사 지원

---

25. 자격

명
qualification

이 회사의 지원 **자격**에는 외국인도 지원 가능하다고 적혀 있다.
It's written in this company's employee **qualifications** that foreigners can also apply.

기출 표현 자격증, 보호자 자격, 자격증이 있다, 자격증을 따다

---

26. 정규직

명
permanent
(full-time,
non-contract)
employee

반의어 비정규직

언제까지 일할 수 있을지 모르는 아르바이트 대신 안정적인 **정규직**으로 일하고 싶다.
Rather than a part-time job that I don't know how long I can work at, I want to work as a stable **permanent employee**.

기출 표현 정규직 사원, 정규직으로 고용되다

---

27. 조건

명
condition

나는 행복하기 위한 많은 **조건**들 중에 건강이 제일 중요하다고 생각한다.
I believe that among the many **conditions** for happiness, good health is the most important.

기출 표현 성공 조건, 조건이 있다/없다

---

28. 지원(하다)[1] 

명/동
application,
to apply

예전부터 내가 쓰는 물건을 직접 만들어 보고 싶다는 생각을 해서 산업 디자인과에 **지원했다**.
Since a long time ago, I've often thought that I'd like to try making the items I use myself, so I **applied** to the School of Industrial Design.

기출 표현 지원 조건, 지원자, 입사 지원

---

29. 창출(하다)

[명/동]

creation,
to create

종합 병원이 생기면 그 지역에 많은 일자리를 **창출할 수 있다.**

They say that building a big general hospital **can create** a lot of jobs.

기출 표현 일자리 창출, 고용 창출, 가치 창출, 창출되다

---

30. 채용(하다)

[명/동]

employment,
recruitment,
to employ,
to recruit, to hire

유의어 고용

가: A회사가 이번에는 경력이 있는 사람만 **채용한다고 들었어요.**

I **heard that** Company A **is** only **hiring** people with career experience this time.

나: 그래요? 채용 안내문을 다시 한번 봐야겠어요.

Really? I'll have to look at the employment announcement again.

기출 표현 [명](으)로 채용되다 | 인력 채용, 신입 사원을 채용하다

만점으로 가는 배경지식

한국의 기업 공개 채용에 대해서 알아봅시다.

한국에서는 기업의 공개 채용을 줄여서 공채라고 많이 말합니다. 공채에는 신입 사원 공채, 경력 사원 공채 등이 있으며, 공채 과정은 일반적으로 서류 전형, 적성 검사 시험, 면접이라는 3단계를 거칩니다.

---

31. 추천(하다)

[명/동]

recommendation,
to recommend

가: 요즘 인간관계 때문에 너무 스트레스 받고 힘들어요.

Lately I'm really stressed and having a hard time because of interpersonal relationships.

나: 그럼 '나를 위해서'라는 책을 **추천하고 싶어요.** 저한테도 이 책이 도움이 많이 됐어요.

Then **I'd like to recommend** the book "For Myself." I read this book too and it helped me a lot.

기출 표현 추천서, 추천 도서, 추천 메뉴, 장학생으로 추천하다

---

32. 취업(하다)

[명/동]

employment, job,
getting a job,
to get a job

유의어 취직(하다)

가: 오늘 학교에서 A회사 **취업** 설명회를 한대.

I heard there's **job** fair by Company A at school today.

나: 그래? 그럼 회사 직원이 직접 설명해 주니까 궁금한 것을 많이 물어볼 수 있겠다.

Really? Then we can ask a lot of things that we're curious about since the company's employees will explain things directly.

기출 표현 취업 경쟁, 취업 준비, 취업문이 좁아지다

---

33. 파견(하다)

[명/동]

sending, dispatching,
to send,
to dispatch (someone somewhere with a mission or task)

가: 공장에 기계가 고장 나서 지금 아무 일도 못 하고 있어요.

A machine in the factory is broken so no work can be done right now.

나: 그럼 지금 기술자 두 명을 **파견할게요.** 잠깐만 기다려 주세요.

Then **I'll dispatch** 2 technicians to you now. Please wait a moment.

기출 표현 해외 파견, 파견 근무, 기술자를 파견하다

DAY 25 | 앞에서 배운 내용을 확인해 봅시다.

[1-5] 다음 빈칸에 들어갈 단어를 [보기]에서 골라 알맞게 쓰십시오.

보기	갖추다	문의(하다)	면접	일자리	지원하다

1. 우리 회사에서 새로운 디자이너를 뽑으니 관심 있으면 ________(-기) 바랍니다.

2. 나는 학교를 졸업하고 ________(을/를) 구하는 중이다.

3. 이 회사는 대량 생산을 할 수 있는 능력을 ________(-고) 있다.

4. 행사 당일 주차를 어디에 해야 할지 담당 직원에게 ________(-았/었다).

5. A회사는 ________(에서) 학교나 성적보다 어떤 경험을 했는지를 중심으로 본다.

[6-8] 다음 빈칸에 들어갈 단어를 [보기]에서 골라 쓰십시오.

보기	경쟁력	신입	인재	조건

6. 가: 요즘은 모두 공부도 열심히 하고 다양한 경험도 많이 하려고 하는 것 같아요.
   나: 취업이 힘들어서 그렇죠. 좋아하는 분야에 대해 공부하고 다양한 경험을 하면서 ________(을/를) 키워야 된다고 생각해요.

7. 가: 오늘 수업 시간에는 좋은 글을 쓰기 위한 ________(에) 대해서 공부할 거예요.
   나: 네, 선생님.

8. 가: 오늘 저녁에 우리 동아리 ________ 회원 환영 파티가 있을 예정입니다.
   나: 어디에서 모일 거예요?

DAY 25 취업 Employment

DAY

26 직장 생활

Work Life

문장을 통해 이어서 학습할 단어의 의미를 추측해 봅시다.

01. 우리 팀은 신제품 **개발**을 시작했다.

02. 신제품 개발 일정은 사장님께서 서류를 **검토하신 후**에 결정하기로 했다.

03. 내 친구는 대학교 졸업 후 취직하지 않고 작은 회사를 만들어서 직접 **경영하고 있다**.

04. 한국 회사들은 보통 아침 9시부터 저녁 6시까지 **근무한다**.

05. 할아버지께서 동네에서 작은 가게를 운영하셨는데 장사가 잘돼서 직원이 많은 **기업**이 됐다.

06. 우리 회사는 매년 회사 발전에 **기여한** 직원 5명을 뽑아서 상과 상금을 준다.

07. 우리 팀은 요즘 신제품 광고 **기획** 때문에 매일 회의를 한다.

08. 나는 무역 회사에서 수출 업무를 **담당하고 있다**.

09. 신입 사원일 때 팀 **동료**들이 많이 가르쳐 주고 도와줘서 회사에 빠르게 적응할 수 있었다.

10. 나는 김 과장님과 함께 회사 행사 진행을 **맡았다**.

01. 개발(하다)
명/동
development, to develop

가: 우리 회사는 직원 능력 **개발**을 위해서 직원들에게 학원비를 지원해 줘.
In order for employees to **develop** their skills, my office supports academy costs.

나: 우리 회사도 그래. 우리 회사는 책도 열심히 읽으라고 하면서 책값도 줘.
Mine does too. They also give us money for books, saying we should read a lot.

기출 표현 연구 개발, 기술 개발, 자원 개발, 지능 개발, 개발되다

---

02. 검토(하다)
명/동
examination, to examine, to review

가: 비행기 표를 살 때 여권 번호를 잘못 써서 공항에서 고생한 적이 있어요.
I once had a hard time at the airport because I wrote my passport number wrong when I bought my plane ticket.

나: 저도 그래요. 그래서 요즘은 여권 번호, 이름 등을 다 쓴 다음에 한 번 더 **검토해요**.
So did I. That's why these days, after I write my passport number, name, etc., I **review** it all one more time.

기출 표현 서류 검토, 검토를 거치다, 방안을 검토하다

---

03. 경영(하다)
명/동
management, to manage

유의어 운영(하다)

가: 회사를 **경영하면서** 가장 어려운 점은 무엇인가요?
What is the hardest thing about **managing** an office?

나: 아무래도 직원들 관리하는 것이 제일 어려운 것 같습니다.
I think that supervising the employees is the hardest thing.

기출 표현 회사 경영, 경영인, 경영 방식, 경영주

출제 TIP
'경영주'란 회사를 경영하는 주인을 말합니다.

---

04. 근무(하다)
명/동
(to) work

유의어 일하다

가: 요즘엔 많은 회사에서 재택**근무**를 하는 것 같아요.
It seems that these days, a lot of companies are doing **work**-from-home.

나: 저희 회사도 재택**근무**를 하는데 저는 집에서 일하니까 집중이 잘 안 되더라고요.
Our office does **work**-from-home too, but working at home, I just can't concentrate.

기출 표현 근무 환경, 근무 조건, 근무 시간

---

05. 기업
명
company, corporation

가: 친구가 회사 업무보다 사람들 때문에 너무 힘들다고 하더라고요.
My friend says that at the office, they have a harder time with the people than with their work.

나: 힘들겠어요. 직원들끼리 서로 존중하는 **기업** 문화가 있으면 좋을 텐데요.
That must be difficult. It'd be good to have a **company** culture of employees respecting one another.

기출 표현 대기업, 기업가, 세계적인 기업, 기업을 운영하다

---

06. 기여(하다)
[명/동]
contribution,
to contribute

김 박사가 개발한 약은 많은 사람들의 병을 치료하는 데에 **기여했다.**
The medicine that Dr. Kim developed **contributed** to treating a lot of people's illnesses.

기출 표현 [동]-는 데 기여하다 | 발전에 기여하다

---

07. 기획(하다)
[명/동]
(to) plan

가: 오늘 본 뮤지컬 정말 재미있었어. 배우들의 연기, 이야기, 노래, 무대 모두 완벽했어.
The musical we saw today was really fun. The acting of the performers, the story, the songs, the stage – it was all perfect.

나: 나도 너무 좋았어. 이 공연 기획자 인터뷰를 봤는데 2년 동안 **기획한** 공연이래.
I really liked it too. I saw an interview with the performance planner and she said the show was **planned** over a period of 2 years.

기출 표현 기획 상품, 공연 기획, 기획안, 기획자, 행사를 기획하다

---

08. 담당(하다)
[명/동]
attendant,
to attend to,
to be responsible for,
to be in charge

유의어 맡다

가: 머리가 너무 아파서 왔어요. 오늘 2시에 예약했고요.
I'm here because my head is really hurting. I made an appointment for 2.

나: 예약하신 **담당** 의사 선생님 성함이 어떻게 되세요?
What's the name of the **attending** doctor you made an appointment for?

기출 표현 담당 부서, 담당자, 일을 담당하다, 역할을 담당하다

---

09. 동료
[명]
co-worker, colleague

가: 와, 케이크네요. 어디에서 샀어요?
Wow, a cake. Where did you buy it?

나: 회사 **동료**들이 생일 축하한다면서 줬어요.
My work **colleagues** gave it to me to celebrate my birthday.

기출 표현 직장 동료, 팀 동료

---

10. 맡다
[동]
to take on

유의어 담당하다

가: 이번 영화에서 어떤 역할을 **맡으셨습니까**?
What role did you **take on** in this movie?

나: 저는 자식을 위해 무엇이든 하는 엄마 역할을 **맡았습니다.**
I **took on** the role of a mother who would do anything for her child.

기출 표현 업무를 맡다, 역할을 맡다, 일을 맡다

문장을 통해 이어서 학습할 단어의 의미를 추측해 봅시다.

11. 신제품 고객 반응을 사장님께 **보고해야 한다**.

12. 오늘 회의 시간에 팀원 4명이 참석하기 때문에 보고서를 4부 **복사했다**.

13. 나는 신제품을 기획하는 **부서**에서 일하고 있다.

14. 부장님은 우리 팀에 중요한 업무를 **부여했다**.

15. 나는 다음 주에 **비즈니스** 목적으로 중국에 출장을 간다.

16. 우리 회사는 명절에 모든 **사원**들에게 선물과 보너스를 준다.

17. 우리 회사는 해외 비즈니스를 키우기 위해서 해외에 공장을 **설립하려고 한다**.

18. 이번 신제품 판매가 잘되자 사장님은 기획팀의 **성과**를 인정하고 칭찬해 주셨다.

19. 이번에 해외 파견된 직원들은 1년 동안 각 나라의 경제와 시장 상황을 파악하는 업무를 **수행한다**.

20. 제품 A/S 부서는 고객들의 불만을 없애기 위해서 고객 문의 사항을 **신속하게** 대응한다.

11. 보고(하다)
명/동
(to) report

가: 부장님, 투자 기획안을 언제까지 준비하면 될까요?
Bujang-nim [Division Head], when should I prepare the investment proposal by?
나: 이번 주 금요일에 사장님께 **보고** 드려야 하니까 그 전에 완성해 주세요.
I have to **report** to the boss [predisdent] on Friday, so please complete it before then.

기출 표현 보고서, 결과 보고, 업무 보고, 보고를 받다, 보고를 드리다

---

12. 복사(하다)
명/동
(to) copy

가: 선배님, 회사에 통장이랑 신분증을 왜 **복사**해서 제출해야 해요?
Why do I need to submit a **copy** of my bank book and ID to the company?
나: 월급을 받으려면 본인 확인이 필요하거든요.
For you to receive your paycheck, they need to confirm it's you.

기출 표현 문서 복사, 복사기

---

13. 부서
명
department

가: 얼마 전에 마케팅 **부서**로 옮겼다면서요? 적응 좀 했어요? I heard you moved to the marketing **department** a little while ago. Have you gotten adjusted to it?
나: 아니요, 일을 다시 배워야 해서 요즘 좀 힘드네요.
No, I'm having a hard time these days because I have to learn my work all over again.

기출 표현 연구부서, 부서원, 부서를 옮기다

만점으로 가는 배경지식

회사에 있는 부서를 정리해 봅시다.

- **기획:** 현재의 성과를 분석하고 회사의 미래를 계획하는 일을 합니다.
- **인사:** 직원을 채용하고 관리하는 일을 합니다. 또한 좋은 기업 문화를 만드는 일도 합니다.
- **재무, 회계:** 경영에 필요한 자원을 관리하는 일을 합니다. 기업의 투자, 경영 정보 등을 정리합니다.
- **영업/마케팅:** 회사의 제품이나 서비스를 판매하는 일을 합니다.

---

14. 부여(하다)
명/동
assignment, to assign, to give, to invest

유의어 주다

가: 요즘 영어 공부를 열심히 하네요.
You're studying English hard these days.
나: 네, 회사에서 승진할 때 외국어 시험 성적이 있으면 추가 점수를 **부여하거든요.**
Yes, when giving promotions at work, they **give** you extra points if you have a foreign language test score.

기출 표현 부여되다, 책임을 부여하다, 번호를 부여하다, 점수를 부여하다

---

15. 비즈니스
명
business

가: 곧 우리 회사가 스페인 시장에 진출하는데 저는 스페인어를 하나도 몰라서 걱정이에요.
Our company is about to advance into the market in Spain, but I'm worried because I don't know any Spanish.
나: **비즈니스** 상황에 많이 쓰이는 문법과 단어 위주로 배워 보는 게 어때요?
How about you try studying grammar and vocabulary that's often used in **business** situations?

기출 표현 비즈니스 성패, 비즈니스 파트너

---

16. 사원

명

employee, staff

유의어 직원

가: 이번에 우리 회사에서 신입 **사원**을 모집한대. 너도 지원해 봐.

My office is recruiting newly graduated **employees**. You should try applying.

나: 응, 고마워. 모집 안내문을 확인해 볼게.

Thanks. I'll check out the recruitment announcement.

기출 표현 상사 | 신입 사원, 사원을 채용하다

만점으로 가는 배경지식

한국 회사의 직급을 알아봅시다.

신입 사원으로 회사에 입사하게 되면 '사원'으로, 회사 내에서 불릴 때는 보통 '이름 + 씨'라고 불립니다. 사원에서 승진을 하게 되면 '대리'가 됩니다. 이때부터는 김 대리님처럼 성과 함께 직급으로 불리는 일이 많습니다. 대리 다음으로는 과장, 차장, 부장 등의 직급이 있습니다. 보통 직급 체계는 회사마다 다르므로 대략적인 순서를 기억해 두는 게 좋습니다.

---

17. 설립(하다)

명/동

establishment, foundation, to establish, to found

가: 뉴스 봤어요? 가수 박정우 씨가 회사를 **설립했다면서요**?

Did you see the news? They say the singer Park Jeongwu **established** a company.

나: 봤어요. 인기 가수가 이제 사장님이 됐네요.

I saw. A popular singer is a boss now.

기출 표현 회사를 설립하다, 공장을 설립하다

---

18. 성과

명

results, performance

가: 올해의 우수 사원이 된 걸 정말 축하해요.

Congratulations on becoming Employee of the Year.

나: 감사합니다. 열심히 일했는데 노력한 만큼 **성과**가 좋아서 저도 기분이 좋네요.

Thank you. I worked hard and feel glad that my **results** were as good as the effort I put in.

기출 표현 성과가 나타나다, 성과를 올리다

---

19. 수행(하다)

명/동

performance, to perform, to carry out, to execute

우리 회사는 1년에 한 번씩 직원들의 업무 **수행** 능력을 평가한 후 그에 대한 보상을 줍니다.

Once a year, after evaluating employee's abilities to **execute** their work, our company gives out rewards based on the results.

기출 표현 업무 수행, 수행 능력

---

20. 신속(하다)

명/형

speed, to be quick, to be prompt

유의어 빠르다

가: 신입 사원이 회사 생활을 할 때 가장 중요한 것은 뭘까요?

What is the most important thing for a new employee in their work life?

나: 문제가 생겼을 때 **신속하게** 보고하는 것이 제일 중요해요.

The most important thing is to **quickly** report when there's a problem.

기출 표현 신속 대응, 신속히 대처하다

☑ 문장을 통해 이어서 학습할 단어의 의미를 추측해 봅시다.

21. 요즘 **업무**가 많아서 매일 늦게 퇴근한다.

22. 나는 졸업하자마자 작은 회사에 취직해서 경력을 쌓고 최근에 대기업으로 회사를 **옮겼다**.

23. 신제품 기획 회의가 끝나고 회의 내용을 보고서로 **작성했다**.

24. 상품 기획안을 다음 주 월요일까지 팀장님께 **제출해야 한다**.

25. 회사라는 **조직**에서는 업무도 중요하지만 같이 일하는 동료들과의 좋은 관계도 중요하다.

26. 사장님은 보고서를 검토한 후 신제품 개발을 시작하라고 **지시하셨다**.

27. 회사에서 **지위**가 높은 사람은 중요한 결정을 하고 그에 대한 책임을 질 줄 알아야 한다.

28. 지금 하는 일이 너무 힘들어서 **직장**을 옮기고 싶다.

29. 다음 회의에 사장님도 **참석하신다고 해서** 열심히 회의 준비를 하고 있다.

30. 아버지께서는 A회사에 입사해서 30년을 일하시고 올해 **퇴직하셨다**.

31. 우리 회사는 신제품 **홍보**를 위해서 해외에서도 유명한 가수 BTS를 모델로 결정했다.

21. 업무

명
work, task

유의어 일, 직무

가: 나는 직장에서 같이 의논하면서 일하는 **업무** 분위기가 잘 맞더라.
At work, I'm well-suited to an atmosphere where we discuss and do **work** together.

나: 나는 서로 자신이 맡은 일을 하는 독립적인 **업무**가 좋던데.
I like **work** that's done independently, where we each do what's assigned to us.

기출 표현 업무 분위기, 업무 시간, 업무를 맡다/맡기다

22. 옮기다

동
to move, to transfer

가: 이번에 3층 사무실로 자리를 **옮겼다면서요**?
I heard you **moved** to a desk in the office on the 3rd floor.

나: 네, 그런데 문 바로 앞에 있는 자리로 **옮기게 돼서** 너무 불편해요.
Yes, but since I **was moved** to a spot that's right in front of the door, it's so uncomfortable.

기출 표현 부서를 옮기다, 자리를 옮기다

23. 작성(하다)

명/동
writing out,
to write up, to fill out

가: 수영 수업을 등록하려고 하는데요.
I'm here to register for swimming classes.

나: 그럼 수업 신청서를 **작성해 주세요.**
Then please **fill out** this class application form.

기출 표현 작성자, 작성법, 서류 작성, 신청서 작성, 보고서/계획서를 작성하다

24. 제출(하다)

명/동
sumbission,
to submit

유의어 내다

가: 나 지금 교수님 사무실에 과제 **제출하러** 가려고. 같이 갈래?
I'm going to the professor's office to **submit** the assignment. Want to go together?

나: 난 어제 이메일로 과제 **제출했어.**
I **submitted** the assignment yesterday by email.

기출 표현 제출 서류, 보고서/신청서/계획서를 제출하다

25. 조직(하다)

명/동
organization,
to organize

가: 우리 회사는 모두가 존댓말을 사용하는 **조직** 문화가 있어서 좋아요.
I like that our company has an **organizational** culture of everyone using honorific speech.

나: 맞아요. 이런 **조직** 문화 덕분에 서로 존중하게 되는 것 같아요.
Yes. I think that we can respect each other thanks to this **organizational** culture.

기출 표현 기업 조직, 경찰 조직, 조직 문화

26. 지시(하다)
명/동
direction, instruction, to direct, to instruct

가: 김 대리님, 퇴근 안 하세요?
Kim Daeri-nim [assistant manager], you aren't clocking out?

나: 조금 더 일하다가 갈게요. 과장님께서 업무 **지시한** 것을 오늘까지 끝내야 해서요.
I'm going to work a little more and then go. I have to finish the work my supervisor **instructed** me to do by today.

기출 표현 동-도록 지시하다 | 지시에 따르다

---

27. 지위
명
rank, position

가: 요즘 직장 괴롭힘 문제가 심각하다던데요.
I heard that the problem of workplace bullying is serious these days.

나: 네, 업무상 **지위**를 남을 괴롭히는 데 쓰지 못하게 하는 대책이 필요해 보여요.
Yes, it seems that we need measures to prevent people from using their professional position to bully others.

기출 표현 지위가 높다, 지위를 드러내다

---

28. 직장
명
workplace, office, job

가: 출근하려면 몇 시에 집에서 나와요?
When you go to work, what time do you leave home?

나: 집에서 **직장**까지 멀어서 지하철로 1시간쯤 걸려요. 그래서 7시에 집에서 나와야 해요.
It's far from my house to my **job**, so it takes about an hour by subway. So I have to leave the house at 7.

기출 표현 직장인, 직장 동료, 직장에 다니다, 직장에 출근하다

---

29. 참석(하다)
명/동
attendance, to attend

가: 김 과장님, 오늘 회식에 **참석할 수 있으세요**?
Kim Gwajang-nim [manager], **can you attend** today's work dinner?

나: 네, **참석해야죠**. 식당 예약도 해 뒀잖아요.
Yes, of course **I have to attend**. We even made a reservation at the restaurant, didn't we?

기출 표현 간담회/모임/대회/회의에 참석하다, 참석자, 참석자 명단

---

30. 퇴직(하다)
명/동
retirement, resignation, to retire, to resign

반의어 취직(하다)

가: '우리'라는 책 읽어 봤어? 이 책의 작가가 선생님이었대.
Have you read the book "Us"? The author of the book was a teacher.

나: 응, 읽어 봤어. **퇴직하기 전에** 가르쳤던 학생들과의 이야기가 정말 재밌더라.
Yeah, I read it. The part about the students he taught **before he retired** is really interesting.

기출 표현 퇴직 연금

---

31. 홍보(하다)
명/동
promotion, advertising, to promote, to advertise

가: 오늘 영화관에 새 영화를 **홍보**하려고 배우 김규원이 직접 온대!
I heard that the actor Kim Gyuwon is coming to the movie theater in person today to **promote** his new movie!

나: 정말? 이따가 같이 영화관에 가자!
Really? Let's go to the movie theater together later!

☑ DAY 26 | 앞에서 배운 내용을 확인해 봅시다.

[1-5] 다음 빈칸에 들어갈 단어를 [보기]에서 골라 알맞게 쓰십시오.

보기 | 개발(하다) 경영(하다) 담당(하다) 참석자 홍보(하다)

1. 김 회장은 회사를 ________ 있었던 일을 책으로 써서 출간했다.
-(으)면서

2. 우리 회사는 좋은 제품을 만들기 위해 연구 ________ 많은 돈을 투자한다.
에

3. 우리 회사에서 만든 제품 ________ 영상이 다음 주부터 텔레비전과 SNS에 나온다.

4. 제품 홍보 계획은 우리 팀이 ________.
-ㄴ/는다

5. 오늘 회의 ________ 명단을 이메일로 보내 드리겠습니다.

[6-10] 다음 빈칸에 들어갈 단어를 [보기]에서 골라 쓰십시오.

보기 | 보고(하다) 작성(하다) 제출(하다) 기획(하다) 근무(하다)

나는 회사에 입사한 지 2년이 된 사원이다. 나는 **6.** ________ 부서에서 **7.** ________ 있다.
-고

오늘은 신제품에 대한 소비자들의 반응을 팀장님께 **8.** ________ 날이다.
-는

오늘 출근하자마자 어제 **9.** ________ 보고서를 **10.** ________.
-ㄴ/는 -았/었다

DAY 26 직장 생활 Work Life

DAY
27 그래프와 표
Graphs and Charts

Eng.

문장을 통해 이어서 학습할 단어의 의미를 추측해 봅시다.

01. 식당에 매출이 **감소해서** 사장님은 배달을 하기 시작했다.

02. 우리 반 20명 중에서 이 의견에 찬성하는 사람이 **과반수**가 되어야 규칙으로 정할 수 있다.

03. 한국은 2000년대 초반부터 출산율이 **급격히** 낮아졌다.

04. 판매량이 올라간 것을 보니까 그동안 열심히 홍보한 효과가 **나타나는 것 같다**.

05. 경제 상황이 좋지 않아서 작년에 비해서 취업률이 **낮아졌다**.

06. 올해 아기를 낳아서 가족 수가 **늘어났다**.

07. 한국어를 공부하는 외국인 학생들을 **대상**으로 한국어 공부의 어려움을 조사했다.

08. 새로운 핸드폰이 출시돼서 전에 나온 핸드폰 가격이 30만 원 정도 **대폭** 낮아졌다.

09. 이번 조사의 **목적**은 외국인들이 한국에 대해 어떻게 생각하는지 알아보는 데 있다.

10. 5세 **미만** 어린이들은 놀이공원 입장료가 무료인데 내 동생은 4살이라서 무료로 입장할 수 있었다.

01. 감소(하다)
명/동
(to) decrease
반의어 증가(하다)

가: 이번 달 제품 판매량이 **감소했네요**. 이유가 뭘까요?
The sales volume of our product **decreased** this month. I wonder what the reason is.
나: 제 생각에는 홍보가 부족한 것 같습니다.
In my opinion, I think it's because of a lack of advertising.
기출 표현 판매/투자/의욕/인구 감소, 수익이 감소하다

02. 과반수
명
majority

가: 우리 회사가 근무 시간을 자유롭게 선택할 수 있게 바뀔 수도 있다면서요?
I heard our company might change it so that working hours can be chosen freely.
나: 직원들한테 설문 조사를 해서 찬성 의견이 **과반수**면 바꾼대요.
They say they're doing a survey of the employees and if the **majority** is in favor, they'll change it.
기출 표현 과반수가 넘다

03. 급격히
부
sharply, rapidly

날씨가 어제와 달리 **급격히** 쌀쌀해져서 감기에 걸린 사람들이 많아졌습니다.
Unlike yesterday, the weather **sharply** turned cold, so many people have caught a cold.
기출 표현 급격히 떨어지다/낮아지다/감소하다

04. 나타나다
동
to appear, to show, to manifest
반의어 사라지다

가: 저 토픽 4급에 합격했어요!
I passed TOPIK level 4!
나: 정말 축하해요. 그동안의 노력이 이렇게 토픽 4급 합격으로 **나타나네요**.
Congratulations. Your effort during this time is **showing** in the form of passing TOPIK 4.
기출 표현 명(으)로 나타나다 | 나타내다, 효과가 나타나다, 성과가 나타나다

05. 낮아지다
동
to go down, to fall, to drop
반의어 높아지다

가: 얼굴이 왜 그래? 너무 우울해 보여.
Why do you look like that? You look so depressed.
나: 지난 시험에 비해서 성적이 많이 **낮아져서** 그래.
It's because my grades **dropped** a lot compared to the last test.
기출 표현 비율이 낮아지다

06. 늘어나다
동
to increase, to grow, to rise

유의어 증가하다, 많아지다

반의어 줄다, 줄어들다

가: 뉴스에서 보니까 요즘 자전거로 출근하는 사람들이 **늘어났대요**.
Watching the news, I heard that the number of people commuting by bike **has increased** these days.

나: 우리 팀 김 과장님도 매일 아침 자전거로 출근하시더라고요.
Manager Kim from our team also commutes by bike every morning.

기출 표현 사람/기간이 늘어나다

---

07. 대상
명
target, object, subject

고등학생들을 **대상**으로 아침밥을 먹는지 조사했습니다. A survey **targeting** high school students was conducted to see whether they eat breakfast.

기출 표현 명(으)로, 연구 대상, 참가 대상

출제 TIP

그래프를 보고 푸는 문제에 자주 나오는 표현을 정리합시다.

- 명을/를 대상으로 조사하다
- 동/형-은/는지 물어보다/질문하다
- 동/형-다고 응답하다/대답하다

---

08. 대폭
명 부
wide range, greatly, drastically, sharply

가: 어제 쓴 보고서 부장님께 보고했어요?
Did you deliver the report you wrote yesterday to our supervisor [division head]?

나: 네, 그런데 다시 해 오라고 하셔서 내용을 **대폭** 바꿔야 할 것 같아요. Yes, but she said I need to do it again so I think I'll have to **drastically** change the content.

---

09. 목적
명
goal, purpose

가: 왜 한국어를 공부하세요? Why are you studying Korean?

나: 한국 회사에 취직할 **목적**으로 한국어를 공부하고 있어요.
I'm studying Korean with the **goal** of getting a job at a Korean company.

---

10. 미만
명
less than, under, below

반의어 초과

가: 이 뮤지컬 꼭 보고 싶어요. 저희 아이도 좋아할 것 같아요.
I really want to watch this musical. I think my kid would like it too.

나: 아이가 몇 살인가요? 만 3세 **미만**은 관람할 수 없다고 포스터에 써 있네요. How old is she? It's written on the poster that children **under** the age of 3 can't enter.

기출 표현 100개 미만, 3년 미만, 5% 미만

출제 TIP

수의 범위를 나타내는 단어를 정리합시다.

- **이상:** 이 놀이기구는 6살 이상부터 탈 수 있다. (6살부터 탈 수 있다.)
- **초과:** 이 엘리베이터는 16명이 초과되면 벨이 울린다. (17명이 타면 벨이 울린다.)
- **이하:** 이 학교는 한 반에 학생 수가 20명 이하이다. (학생이 20명까지 있다.)
- **미만:** 이 영화는 18세 미만은 볼 수 없다. (18살부터 볼 수 있다.)

문장을 통해 이어서 학습할 단어의 의미를 추측해 봅시다.

11. 이 꽃은 전 세계에 **분포하는** 꽃이라서 어느 나라에서나 볼 수 있다.

12. 시골에 있는 한 학교에는 1학년이 5명에 **불과하다**.

13. 이번에 입학한 신입생의 남녀 **비율**은 남자 55%, 여자 45%이다.

14. 소설책을 구매하는 남녀 비율을 살펴보면 여자가 70%로 많은 **비중**을 차지했다.

15. 이 드라마가 재미있다고 소문이 나서 시청률이 갑자기 **상승했다**.

16. 백화점 서비스 만족도 **설문**에 답한 사람이 많지 않았다.

17. 20대에서 60대 남녀를 대상으로 좋아하는 노래 장르를 조사했는데 **세대별**로 차이가 있었다.

18. 대학생이 가장 일하고 싶은 기업을 조사한 결과 A회사가 **1순위**를 차지했다.

19. 한국의 한 고등학교에서 배우고 싶은 외국어가 무엇인지에 대해 조사를 **실시했다**.

20. 어떤 한국 음식을 좋아하는지에 대한 조사에 많은 외국인들이 불고기를 좋아한다고 **응답했다**.

21. 나라에서 국민들의 금연을 돕기 위해 담뱃값을 **인상했는데** 담배 판매량은 그대로였다.

11. 분포(하다)
명/동
distrubution,
to be distributed,
to be spread

가: 한국은 다른 도시에 비해서 서울에 모든 것이 몰려 있는 것 같아요.
It seems that everything is gathered in Seoul, compared to other cities in Korea.

나: 네, 한국의 인구 **분포**를 보면 서울에 가장 많은 사람들이 모여 산다는 것을 알 수 있어요.
Yes, if you look at the **distribution** of Korea's population, you can see that the greatest number of people live in Seoul.

기출 표현 인구 분포, 자원 분포, 분포 지역

---

12. 불과(하다)
부/형
only, just, to be only

일 년에 책을 한 권 이상 읽는 사람이 전체 성인의 절반 정도에 **불과하다고 한다**.
They say that only about half of all adults read one book or more per year.

기출 표현 명에 불과하다 | 절반에 불과하다, 1%에 불과하다

---

13. 비율
명
proportion, ratio

가: 이번 한국어 시험에 말하기 점수 **비율**이 높대요?
I heard the **proportion** of points for the speaking part of this Korean test is high, right?

나: 네, 말하기 60%, 쓰기 40%래요. 말하기 연습을 많이 해야겠어요.
Yes, they say speaking is 60% and writing is 40%. I'll have to do a lot of speaking practice.

기출 표현 비율이 높다/낮다, 비율이 같다, 비율이 증가하다/감소하다

출제 TIP

접 -율/률: 명사 뒤에 붙어 '비율'의 뜻을 나타냅니다.

앞 말이 모음이나 받침 'ㄴ'로 끝나면 '-율', 앞 말이 'ㄴ' 받침이 아닌 다른 받침으로 끝나면 '-률'을 씁니다. 예 출산율, 구매율, 시청률, 진학률, 합격률, 성장률, 취업률

- **경쟁률** 예 올해 대학교 전공별 입학 경쟁률을 살펴보면 의학 대학 경쟁률이 가장 높았다.
- **인상률** 예 많은 대학교에서 등록금을 올렸는데 인상률이 3%였다.
- **확률** 예 일기 예보에 따르면 오늘 비가 올 확률이 80%이다.
- **환율** 예 은행에서 그날의 환율에 따라서 한국 돈으로 바꿔 준다.

---

14. 비중
명/동
part, group,
proportion

가: 내일이 회사 면접인데 너무 떨려.
I have a job interview tomorrow and I'm so nervous.

나: 면접에서는 태도가 큰 **비중**을 차지하니까 너무 긴장하지 말고 대답하면 돼.
Attitude is a big **part** of an interview, so don't be too nervous and answer the questions and you'll be fine.

기출 표현 비중이 높다, 비중을 차지하다, 비중을 두다

---

15. 상승(하다)
명/동
(to) increase,
(to) climb, (to) rise

가: 요즘 마트에서 장보기가 무서워요. 야채며 고기며 다 값이 너무 올랐어요.
I'm scared to go grocery shopping these days. The prices for vegetables and meat have gone up too much.

나: 맞아요. 뉴스 보니까 물가가 작년에 비해서 5%나 **상승했대요**.
That's right. I saw on the news that prices **increased** by 5% compared to last year.

기출 표현 물가 상승, 상승률, 임대료 상승

---

16. 설문
명
survey

가: 신제품에 대한 만족도 조사는 어떤 방식으로 할 건가요?
How will you investigate satisfaction rates for the new product?
나: 만족도에 대한 **설문** 조사로 진행하려고 합니다.
I'm going to conduct a **survey** into satisfaction rates.

기출 표현 설문지, 설문 조사, 설문에 답하다

---

17. 세대
명
generation

부모 **세대** 가운데 젊은 **세대**들이 쓰는 줄임말을 이해하지 못하는 사람들이 많다.
Many among the parent **generation** can't understand the abbreviation used by the younger **generation**.

기출 표현 세대별, 세대가 다르다

---

18. 순위
명
rank, place

가: 요즘 네가 좋아하는 축구팀 **순위**가 많이 떨어졌더라고.
The **rank** of the soccer team you like has fallen a lot these days.
나: 응. 요즘 왜 이렇게 경기만 하면 지는지 모르겠어.
Yeah. I don't know why they lose every game they play these days.

기출 표현 순위 발표, 순위를 정하다

---

19. 실시(하다)
명/동
implementation,
to implement,
to carry out

가: 다음 주부터 모든 직원들을 대상으로 스트레스 검사를 **실시한대요**.
I heard that starting next week, they**'re carrying out** a stress test on all employees.
나: 검사 결과에 따라서 무료로 상담도 받을 수 있게 해 준대요.
They say that we can get free counseling depending on the results of the test, too.

기출 표현 훈련 실시, 제도를 실시하다, 실시되다

---

20. 응답(하다)
명/동
response,
to respond

유의어 답, 대답(하다)

가: 김 과장님, 거래처에 다음 주까지 물건을 보내 달라고 연락하셨어요?
Kim Gwajang-nim [manager], did you contact the client and ask them to send the goods by next week?
나: 네, 그런데 아직 거래처에서 **응답**이 없네요.
Yes, but there's no **response** from the client yet.

기출 표현 설문에 응답하다, 응답을 기다리다

---

21. 인상(하다)
명/동
(to) increase,
(to) raise

유의어 오르다

반의어 인하

가: 뉴스 봤어? 다음 달부터 지하철 요금이 200원 **인상된대**.
Did you see the news? Starting next month, subway prices are **increasing** by 200 won.
나: 응, 봤어. 택시 요금도 오른다고 하더라고.
Yeah, I saw. They say taxi prices are going up too.

기출 표현 요금 인상, 인상률

문장을 통해 이어서 학습할 단어의 의미를 추측해 봅시다.

22. 올해 우리 회사에서 자전거를 타고 출근하는 **인원**이 대폭 늘었다.

23. 결혼에 관한 설문 조사를 한 결과 해야 한다는 응답이 가장 많았고 안 해도 좋다는 응답이 그 뒤를 **이었다**.

24. 방학에 가고 싶은 여행지에 대해서 학생 **전체**를 대상으로 조사했다.

25. 직업을 구할 때 가장 중요하게 생각하는 것이 월급이라는 응답이 전체 응답자의 **절반**을 넘는다.

26. 식당에서 식사한 손님들이 모두 병원에 입원하면서 식당 사장이 경찰 **조사**를 받았다.

27. 새로 출시한 제품이 좋은 반응을 얻으면서 올해 회사 수익이 2배 **증가했다**.

28. 한국인이 가장 좋아하는 음식을 조사한 결과 김치찌개가 1위를 **차지했다**.

29. 이번 설문 조사에는 **총** 500명의 고등학생들이 응답했다.

30. 이 강의는 **최대** 50명까지 수강이 가능하다.

31. **통계**에 따르면 직장인 10명 중 4명은 심한 스트레스를 받는 것으로 나타났다.

32. 사람들은 종류가 다양해서 선택의 **폭**이 넓을수록 물건을 고를 때 어려움을 느낀다.

33. 서울 시민의 자전거 이용 **현황**을 보면 출퇴근 시간에 자전거를 많이 탄다는 것을 알 수 있다.

22. 인원
명
number of people

가: 올해 회사들마다 신입 사원 모집 **인원**이 많이 줄었대.
I heard that this year, the **number** of new employees recruited at each company decreased a lot.

나: 경제가 불황이라서 그런가 봐.
It must be because it's an economic recession.

기출 표현 인원수, 참석 인원, 인원이 남다

---

23. 잇다
동
to succeed (someone's position), to follow

가: 그 식당 진짜 맛있지 않아요? 친구한테서 들었는데 오래된 식당이래요.
Isn't that restaurant really delicious? I heard from a friend that it's an old restaurant.

나: 맞아요. 할아버지에 **이어서** 아버지, 그 뒤를 **이어서** 지금 사장님인 아들이 장사하는 거래요.
That's right. They say that the grandfather was **succeeded** by the father, and then he was **succeeded** by his son who's the boss now.

기출 표현 명에 이어 | 뒤를 잇다, 전통을 잇다, 다음으로 명이/가 뒤를 잇다

---

24. 전체
관/명
all, the whole

오늘은 학교에서 체육 대회를 하는 날이라서 학생 **전체**가 체육복을 입고 학교에 갔다.
Today was the day of the sports festival at the school, so **all** of the students went to school wearing their gym clothes.

기출 표현 전체의 반, 국민 전체, 도시 전체

---

25. 절반
명
half

가: 벌써 내일이면 7월이네요.
It's already July tomorrow.

나: 와, 벌써 일 년의 **절반**이 지났네요. 시간 정말 빨라요.
Wow, **half** of the year has already passed by. Time is really fast.

기출 표현 절반 이상, 절반을 넘는다, 절반으로 줄다

---

26. 조사(하다)
명/동
investigation, (to) survey, (to) research, to investigate

가: 고객 만족도 **조사** 결과가 나왔나요?
Are the results of the customer satisfaction **survey** out?

나: 네, 제품에 만족한다는 응답이 80%였습니다.
Yes, 80% of responses said they were satisfied with the product.

기출 표현 명을/를 대상으로 조사하다, 명(으)로 조사되다 | 설문 조사, 조사 결과, 조사를 진행하다

---

27. 증가(하다)
명/동
growth, (to) increase, to grow,

반의어 감소(하다)

한국 문화가 세계적으로 인기를 얻으면서 한국에 오는 외국인 관광객이 많이 **증가했습니다.**
As Korean culture received global popularity, the number of foreign tourists coming to Korea greatly **increased**.

기출 표현 인구 증가, 수익이 증가하다, 비율이 증가하다

28. 차지하다

동
to take, to win, to account for, to make up

나는 먹는 것을 좋아해서 생활비에서 식비가 가장 큰 비중을 **차지한다.**
I like to eat, so food costs **make up** the largest part of my living expenses.

기출 표현 비중을 차지하다, 1위를 차지하다 | 동/형 -는/다는 대답이 명을/를 차지하다

---

29. 총

관형/명
all, total, whole

유의어 전부, 모두

가: 가방 너무 예쁘다. 어디에서 샀어? 비싸?
Your bag is so pretty. Where did you buy it? Is it expensive?

나: 인터넷으로 샀어. 가방이 8만 원이고 배송비가 3천 원이니까 **총** 8만 3천 원 줬어.
I bought it online. The bag was 80,000 won and the shipping fee was 3,000won, so I spent 83,000 won in **total**.

기출 표현 총 인원

---

30. 최대

명
maximum, at most, up to

반의어 최소

가: 이 가방도 20% 할인해서 구매할 수 있나요?
Can I buy this bag at a 20% discount as well?

나: 네, 백화점 카드를 사용하시면 **최대** 30% 할인해 드려요.
Yes, if you use your department store credit card, we'll give you **up to** 30% off.

기출 표현 최대 인원

---

31. 통계

명
statistics

가: **통계** 자료를 보면 한국의 출생율이 계속 감소하는 것을 알 수 있습니다.
Looking at the **statistical** data, you can see that the Korean birth rate continues to decrease.

나: 네, 나라에서 출생율을 높이기 위해 노력해야 할 것 같습니다.
Yes, it seems the government will have to make efforts in order to raise the birth rate.

기출 표현 통계 자료, 통계청, 통계에 따르면

---

32. 폭

명
range, amount

가: 물가가 큰 **폭**으로 올라서 걱정이에요.
I'm worried as prices are rising by a huge **amount**.

나: 맞아요. 지난주까지 2천 원이었던 배추가 오늘은 8천 원이더라고요.
Right. Cabbage, which was 2,000 won until last week, is 8,000 won today.

기출 표현 큰 폭으로 오르다

---

33. 현황

명
current situation, present conditions

서울 시내 교통 **현황입니다.** 한강 다리 근처에서 사고가 있어서 길이 막히니까 다른 길을 이용하십시오.
This **is the current** traffic **situation** in downtown Seoul. There's an accident near the Hangang River bridge and traffic is heavy, so please use a different route.

기출 표현 이용 현황, 현황을 살피다

☑ □ # DAY 27 | 앞에서 배운 내용을 확인해 봅시다.

[1-5] 다음 빈칸에 들어갈 단어를 [보기]에서 골라 알맞게 쓰십시오.

보기	감소(하다)	대상	조사(하다)	차지(하다)	실시(하다)

1. 올림픽에 참가하는 선수들은 다음 주부터 훈련을 ________(-ㄴ/는다).

2. 매년 태어나는 아이의 수가 ________(-고) 있다.

3. 토픽 시험을 본 학생을 ________((으)로) 시험이 어땠는지 질문했다.

4. 점심으로 떡볶이를 먹고 싶다고 대답한 사람이 10명으로 떡볶이가 1위를 ________(-았/었다).

5. 사람들이 직업을 선택할 때 가장 중요하게 생각하는 것이 무엇인지 ________(-했다).

[6-9] 다음 그래프를 보고 알맞은 단어를 쓰십시오.

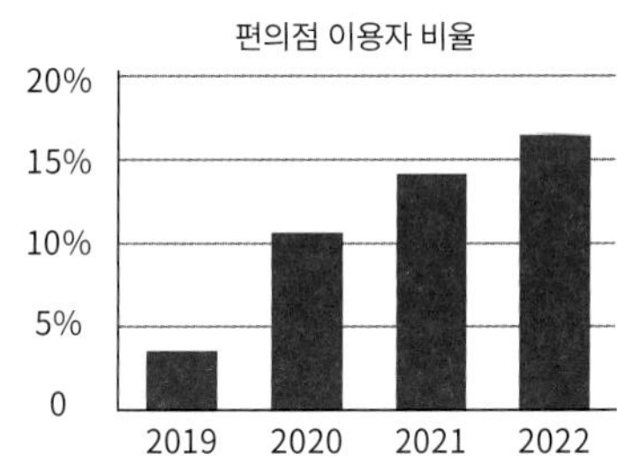

보기	현황	대폭	증가하다	불과하다

6. 이 그래프는 연도별 편의점 이용 ________(을/를) 나타낸 표이다. **7.** 편의점 이용자는 점점 ________(-고) 있다. **8.** 2019년에는 편의점 이용자가 3%에 ________(-는데) 2022년에는 15%로 2019년에 비해서 **9.** ________ 늘어났다.

DAY

28 법과 제도

Law and Policy

문장을 통해 이어서 학습할 단어의 의미를 추측해 봅시다.

01. 청소년 범죄가 날이 갈수록 늘어 처벌의 **강도**를 높여야 한다는 목소리가 높아지고 있다.

02. 아동과 청소년을 대상으로 하는 범죄는 **강력한** 법이 필요하다.

03. 주차 금지 장소에 마음대로 주차하는 차에 대한 처벌이 **강화되었다**.

04. 교육은 **개인**의 성장뿐만 아니라 국가의 발전에 도움을 준다.

05. **객관적인** 증거 자료는 재판에 큰 영향을 미친다.

06. **국가**는 주인은 국민이기 때문에 국민의 의견을 존중해야 한다.

07. 최근 물가가 오르고 일자리를 잃는 사람들이 늘어나면서 **국민**들의 생활이 어려워졌다.

08. **국회**에서 하는 가장 중요한 일은 법률을 만드는 일이다.

09. 인간은 태어나면서부터 나이, 국적 등에 상관없이 존중받으며 살아갈 **권리**를 갖는다.

10. 인터넷에 타인에 대해 **근거 없는** 소문을 퍼트리면 법적 처벌을 받을 수 있다.

01. 강도

명
strength, intensity

올림픽을 앞둔 선수들은 매일 **강도** 높은 훈련을 한다.
Before the Olympics, athletes do high **intensity** training every day.

기출 표현 강도를 높이다/낮추다, 강도가 세다/약하다

02. 강력하다

형
to be strong,
to be powerful

우리 팀은 이번 대회에서 가장 **강력한** 우승 후보로 평가 받고 있다.
Our team is being evaluated as the **strongest** candidate for victory in this competition.

기출 표현 형 강력히 | 강력한 정책, 강력한 처벌, 효과가 강력하다

03. 강화(하다)

명/동
reinforcement,
to reinforce,
to strengthen

반의어 약화

음주 운전에 대한 처벌은 갈수록 **강화되고 있지만** 음주 운전은 여전히 끊이지 않고 있다.
Punishments for drunk driving are being **strengthened**, yet drunk driving still continues as ever.

기출 표현 강화되다, 권력을 강화하다, 규제를 강화하다

04. 개인

명
individual, personal

가: 모임이 주말에 있는데 참석할 수 있어요?
The meeting is on the weekend. Can you attend?

나: 저는 **개인** 사정으로 주말에는 참여하기 어려울 것 같습니다.
I think it'll be hard for me to attend on the weekend due to **personal** reasons.

기출 표현 개인적, 개인 사업, 개인 방송, 개인 정보, 개인 공간, 개인 사정, 개인 활동, 개인의 자유

05. 객관적

관형/명
objective

반의어 주관적

설명문을 쓸 때는 자신의 주관적인 생각이 아닌 **객관적인** 내용만을 써야 한다.
When doing descriptive writing, you must only include **objective** content, not your subjective thoughts.

기출 표현 객관적으로 평가하다

06. 국가 ☆

명

nation, country, state

유의어 나라

국가대표 선수들이 귀국한다는 소식에 공항이 북적였다.

The airport was crowded with the rumor that the **national** team athletes were returning home.

기출 표현 국가적, 국가 기관, 국가 경제, 국가를 운영하다, 국가를 세우다

---

07. 국민 ☆

명

citizen, the people

경찰은 **국민**의 안전을 위해 일한다.

The police work for the safety of the **people**.

기출 표현 국민적, 국민 소득, 국민 투표

---

08. 국회

명

national assembly, congress

법은 국민의 대표인 국회 의원들이 모여 **국회**에서 만든다.

National assembly members, who represent the people, gather at the **National Assembly** to make laws.

기출 표현 국회 의원, 국회를 구성하다

---

09. 권리

명

right

가: 국민 모두가 선거에 꼭 참여해야 하나요?

Do all citizens have to participate in an election?

나: 그럼요. 선거를 해야 국가의 주인으로서 **권리**를 행사할 수 있거든요.

Of course. We have to hold an election so that we can exercise our **right** to national ownership.

기출 표현 국민의 권리, 권리를 행사하다, 권리를 침해하다, 권리를 누리다

---

10. 근거(하다) ☆

명/동

basis, to be based on

신문 기사는 사실에 **근거해서** 작성해야 한다.

Newspaper articles must be written **based on** facts.

기출 표현 법적 근거, 근거가 있다/없다, 근거를 들다, 근거를 제시하다, 사실에 근거하다

문장을 통해 이어서 학습할 단어의 의미를 추측해 봅시다.

11. 국가의 중요한 일을 결정할 때는 국민의 의견을 **반영해야 한다**.

12. 법을 지키지 않으면 그 죄에 따라서 **벌**을 받는다.

13. 범인은 **범죄**를 저지른 장소에 반드시 흔적을 남긴다.

14. **법**을 어기는 행동은 다른 사람에게 피해를 준다.

15. 새 입시 제도와 교육 과정에 맞추어 교과서 내용도 **수정되었다**.

16. 공무원이 되려면 국가에서 **시행하는** 자격시험에 합격해야 한다.

17. 사이버 공간에서는 상대방이 누구인지 알기가 어렵다는 점을 **악용하여** 각종 범죄가 일어난다.

18. 민주주의 국가에서는 나라에 중요한 일이 있을 때 국민의 의견을 듣는 것이 **원칙이다**.

19. 이번 토론은 청소년 범죄의 문제점과 해결 방법을 제시했다는 데에 큰 **의의**가 있다.

20. 이 책은 어려운 법률 용어를 이해하기 쉽게 설명해서 **일반인**들도 쉽게 읽을 수 있다.

21. 남성 육아 휴직 **제도**가 시행된 지 10년이 지났지만 아직도 사용하는 사람이 많지 않다.

11. 반영(하다)

명/동

reflection, to reflect

가: 김 대리, 보고서 수정했나요?
Kim Daeri [assistant manager], did you revise the report?

나: 네, 과장님 의견 **반영해서** 수정했습니다. 지금 이메일로 보내 드릴게요.
Yes, I revised it to **reflect** your opinions. I'll email it to you now.

기출 표현 반영되다, 현실을 반영하다, 평가에 반영하다

---

12. 벌

명

punishment, penalty

가: 이 영화의 주제는 뭐예요?
What's the topic of this movie?

나: 착한 사람은 행복하게 살고 나쁜 사람은 **벌**을 받는다는 내용이에요.
It's about good people living happily and bad people being **punished**.

기출 표현 벌을 주다/받다

---

13. 범죄

명

crime

유의어 죄

경찰은 **범죄**가 발생한 현장에 찾아가 조사를 시작했다.
The police went to the scene where the **crime** occurred and began investigating.

기출 표현 범죄적, 범죄인, 범죄가 발생하다, 범죄를 저지르다, 범죄를 막다

출제 TIP

접 **-인**: 명사 뒤에 붙어 '사람'의 뜻을 나타냅니다.
- **범죄인**: 범죄를 저지른 사람을 의미합니다. '범인', '범죄자'도 같은 의미로 자주 쓰입니다.

---

14. 법

명

law

자신의 이익만을 생각해서 **법**을 지키지 않는다면 다른 사람에게 큰 피해를 끼칠 수 있다.
If you think only of your own interests and don't follow the **law**, you can cause great harm to other people.

기출 표현 법적, 법적 기준, 법을 지키다, 법을 어기다, 법으로 정하다, 법이 통과되다, 법을 시행하다

---

15. 수정(하다)

명/동

correction, to correct, to revise

유의어 고치다

가: 제출하신 서류의 날짜가 잘못 입력되었네요.
The date was inputted incorrectly on the document you submitted.

나: **수정해서** 다시 드리겠습니다.
I'll **correct** it and give it to you again.

기출 표현 수정되다, 계획을 수정하다, 수정이 필요하다, 수정을 거치다

---

16. 시행(하다) ☆

명/동

implementation, to implement, to conduct

우리 회사는 내년부터 일주일에 4일만 일하는 '주 4일제' 근무 제도를 **시행하기로 했다**.

Our company **decided to implement** a "4-day week" system beginning next year, where we only have to work for four days each week.

기출 표현 시행되다, 계획을/제도를/정책을 시행하다

---

17. 악용(하다)

명/동

(to) misuse, (to) abuse

최근 기술의 발전을 **악용하여** 컴퓨터나 스마트폰을 이용한 범죄가 늘고 있다.

Recently, crimes that **abuse** technological advancements by using computers or smartphones are increasing.

기출 표현 악용되다, 악용 사례, 악용을 막다, 법을 악용하다, 범죄에 악용하다

---

18. 원칙

명

rule, principle

가: 한국어 발음은 정말 어려운 것 같아.

Korean pronunciation seems really hard.

나: 몇 가지 발음 **원칙**만 알면 어렵지 않아. 내가 가르쳐 줄게.

If you just know a few pronunciation **rules**, it isn't difficult. I'll teach you.

기출 표현 원칙적, 원칙을 세우다, 원칙을 따르다, 원칙을 지키다, 원칙에 어긋나다

---

19. 의의

명

meaning, significance

이 소설은 한글로 창작한 최초의 문학 작품이라는 점에서 역사적 **의의**가 있다.

This novel has historical **significance** as the first literary work created in Hangeul.

기출 표현 의의를 갖다, 의의를 찾다

---

20. 일반 ☆

명

ordinary, general

이 영화는 전문가들에게는 좋은 평가를 얻었지만 **일반** 대중들의 인기는 끌지 못했다.

This movie received good reviews from professionals but couldn't attract interest from the **general** public.

기출 표현 일반적, 일반인, 일반 대중

---

21. 제도 ☆

명

system

조선 시대에는 신분 **제도**가 엄격해서 신분에 따라 입는 옷에도 차이가 있었다.

The class **system** in the Joseon Dynasty was strict and there were even differences in the clothing worn depending on one's class.

기출 표현 제도적, 결혼 제도, 제도 운영, 제도를 시행하다, 제도가 생기다, 제도가 실시되다, 제도를 개선하다

문장을 통해 이어서 학습할 단어의 의미를 추측해 봅시다.

22. 어린이날은 어린이를 아끼고 존중하기 위해 **제정한** 날이다.

23. 법률은 문제를 해결하고 갈등을 **조정하는** 역할을 한다.

24. 큰 **죄**를 저지를 사람은 법에 따라 무거운 처벌을 받는다.

25. 경찰은 범인을 잡을 만한 결정적인 **증거**를 찾지 못했다.

26. 변호사는 그의 무죄를 **증명할** 증거를 제시했다.

27. 남의 집 주차장에 허락 없이 주차하면 **처벌**을 받을 수 있다.

28. 소년법은 범죄를 저지른 청소년에게 처벌보다는 기회를 줘야 한다는 **취지**로 만들어졌다.

29. 버스 정류장에서 담배를 피우지 못하게 하는 법이 **통과되었지만** 아직도 담배를 피우는 사람이 많다.

30. 일상생활에서 생기는 다툼은 대화와 **합의**를 통해 해결하는 것이 바람직하다.

31. 교육부는 새 입시 제도 시행을 앞두고 대학과 수험생들의 **협조**를 부탁했다.

22. 제정(하다)
명/동
establishmen, to establish

한글날은 한글의 우수성을 세계에 알리기 위해 **제정한** 날이다.
Hangeul Day is a day that was **established** in order to promote the excellence of Hangeul to the world.

기출 표현 제정되다, 법을 제정하다

---

23. 조정(하다)
명/동
mediation, to mediate

국제기구는 국가 간의 갈등을 **조정하는** 역할을 한다.
International organizations play a role in **mediating** conflicts between countries.

기출 표현 조정되다, 조정자, 조정을 거치다, 갈등을 조정하다

---

24. 죄
명
crime

죄를 지은 사람은 벌을 받게 마련이다.
People who commit **crimes** are bound to be punished.

기출 표현 죄를 짓다, 죄를 저지르다, 죄를 추궁하다

---

25. 증거
명
proof, evidence

가: 지갑이 없어졌는데 아무래도 룸메이트가 가져간 것 같아.
My wallet is gone and I think my roommate took it.
나: 룸메이트가 가져갔다는 **증거**도 없잖아.
But you don't have any **proof** that your roommate took it.

기출 표현 증거를 찾다, 증거를 제시하다, 증거를 발견하다

---

26. 증명(하다)
명/동
verification, to verify, to prove

유의어 밝히다

가: 학생 할인을 받고 싶은데 어떻게 해야 하나요?
What do I need to do if I want to receive a student discount?
나: 학생인 것을 **증명할 수 있는** 서류를 내시면 됩니다.
You can submit documentation that **can prove** that you're a student.

기출 표현 증명되다, 주장을 증명하다, 타당성을 증명하다

27. 처벌(하다)
명/동
punishment, to punish

범죄를 예방하려면 강력한 **처벌**이 필요하다.
Strong **punishment** is necessary to prevent crime.

기출 표현 처벌되다, 처벌을 받다, 범죄를 처벌하다, 처벌을 강화하다, 법으로 처벌하다

---

28. 취지
명
meaning, purpose, intention

가: 앞으로 식당과 카페에서 일회용품 사용을 금지한대.
They say that from now on, disposable items can't be used in restaurants and cafes.

나: 환경을 보호한다는 **취지**는 공감하지만 앞으로 불편함이 많을 것 같아.
I agree with the **purpose** of protecting the environment, but it seems like there's going to be a lot of inconveniences going forward.

기출 표현 취지에 맞다, 취지에 어긋나다

---

29. 통과(하다)
명/동
passage, to pass

그 법안은 찬성하는 사람의 수가 절반을 넘어야 **통과**될 수 있다.
More than half of people have to support the bill for it to **pass**.

기출 표현 통과되다, 통과시키다, 법안이 통과되다

---

30. 합의(하다)
명/동
consensus, agreement, to agree

이 사건의 재판은 세 명의 판사가 **합의**를 해서 판결을 내린다.
For the trial in this case, the verdict is reached by the **consensus** of three judges.

기출 표현 합의되다, 합의를 보다, 조건에 합의하다

---

31. 협조(하다)
명/동
cooperation, to cooperate, to help

경찰은 시민들의 **협조**로 범인을 잡는 데 성공했다며 고마움을 표시했다.
The police expressed their gratitude, saying they succeeded in catching the criminal with the **cooperation** of the people.

기출 표현 협조를 구하다, 협조를 부탁하다, 협조를 요청하다

DAY 28 | 앞에서 배운 내용을 확인해 봅시다.

[1-5] 다음 빈칸에 들어갈 단어를 [보기]에서 골라 알맞게 쓰십시오.

보기	증명(하다) 통과(하다) 객관적 국민 시행(하다)

1. 신문이나 뉴스는 ______(으)로 조사하고 보도해야 한다.

2. 회사에 지원할 때는 이력서와 함께 자격을 ______-(으)ㄹ 수 있는 서류를 준비해야 한다.

3. 우리 회사는 올해부터 월요일부터 목요일까지 근무하는 '주 4일제'를 ______-고 있다.

4. 이번 시험에도 ______-지 못하면 공무원 시험은 이제 안 볼 것이다.

5. 국제 스포츠 경기는 온 ______이/가 하나가 돼서 응원한다.

[6-9] 다음 설명에 알맞은 단어를 [보기]에서 찾아 쓰십시오.

보기	법 강화(하다) 개인 조정(하다)

6. 가: 우리 회사는 직원과 회사의 의견을 ______-는 부서가 있어요.
   나: 서로 의견을 듣고 맞춰 나갈 수 있으니까 정말 좋네요.

7. 가: ______이/가 각자 노력해야 좋은 사회가 만들어지는 것 같아요.
   나: 맞아요. 어느 한 사람만 잘해서 좋은 사회가 될 수 없죠.

8. 가: 내일 7월 17일이 무슨 날이에요?
   나: 그날은 제헌절인데 ______을/를 만들고 사람들에게 발표한 날이에요.

9. 가: 죄를 지은 사람에 대한 처벌을 ______-아/어야 된다고 생각하는 사람이 많네요.
   나: 저도 그렇게 생각해요. 예전에 비해서 심각한 범죄가 늘어난 것 같거든요.

DAY
29 사회 1 (정책)
Society 1 (Policy)

문장을 통해 이어서 학습할 단어의 의미를 추측해 봅시다.

01. 각 분야의 전문가들이 참여한 이번 토론회는 정부 정책의 문제점과 **개선** 방안을 다룰 예정이다.

02. 물가 상승으로 생활이 어려워지면서 대통령의 **국정** 운영에 국민들의 불만이 높아졌다.

03. 국회는 국민의 대표인 국회의원들이 모여 법을 만드는 **기관이다**.

04. 우리나라는 노동력 **기반** 산업을 바탕으로 경제가 빠르게 성장했다.

05. 최근 1인 가구가 늘면서 **기존**의 다인 가구 중심 정책은 개선이 필요하다.

06. 대학생들은 정부에게 약속대로 등록금을 **낮춰 달라고** 요구하였다.

07. 정부는 노인 일자리를 **늘리는 것**을 우선 과제로 정하고 일자리를 만들기 위한 계획을 세웠다.

08. 직장 어린이집의 확대는 맞벌이 가정의 육아 문제를 해결할 **대안**이 될 것으로 기대된다.

09. 농촌의 인력 부족 문제를 해결하기 위해 정부는 **방안**을 검토 중이다.

10. 정부는 그동안 문제점으로 지적 받아 온 경제 정책을 **보완하겠다고** 밝혔다.

01. 개선(하다)
명/동
improvement, to improve, to reform
유의어 고치다

건강해지려면 불규칙적인 생활 습관을 **개선해야 한다.**
In order to get stronger, you **need to improve** your irregular lifestyle habits.

기출 표현 개선되다, 문제 개선, 인식 개선, 개선 방안, 개선이 필요하다, 개선이 시급하다

---

02. 국정
명
national affairs

국민 투표는 **국정**의 중요한 사항을 국민의 투표로 결정하는 제도이다.
A referendum is a system for deciding important matters of **national affairs** through a vote by the people.

기출 표현 국정 운영, 국정에 참여하다

---

03. 기관[1]
명
institution, organization

조선 시대의 '서당'은 아이들이 글을 배우는 초등 교육 **기관이다.**
"Seodang" is an elementary-level educational **organization** where children learned literacy in the Joseon Dynasty.

기출 표현 교육 기관, 공공 기관, 정부 기관

---

04. 기반
명
base

최근 인터넷을 **기반**으로 한 1인 방송이 인기를 끌고 있다.
Lately, single-person broadcasts **based** online are attracting popularity.

기출 표현 명을/를 기반으로 하다 | 기반 시설, 기반이 되다, 기반을 마련하다

---

05. 기존
명
existing

가: 새 휴대폰으로 바꾸면 요금제도 바꿔야 하나요?
If I switch to a new cell phone, do I have to switch my payment plan as well?

나: 아니요, 휴대폰을 교체해도 **기존**의 요금제를 그대로 사용하실 수 있습니다.
No, even if you replace your cell phone, you can use your **existing** payment plan as is.

기출 표현 기존 시설, 기존 방침

06. 낮추다

[동]
to lower, to reduce

반의어 높이다

가: 청소년이라는 이유로 잘못을 저질러도 처벌받지 않는 것은 문제가 있다고 생각해요.
I think it's a problem that, because of their age, teenagers don't receive punishment even if they do something wrong.

나: 그래서 요즘 처벌 나이의 기준을 **낮추어야 한다**는 의견이 많아지고 있어요.
That's why these days, opinions are increasing that the standard age for punishment **has to be reduced**.

기출 표현 세금을 낮추다, 강도를 낮추다, 속도를 낮추다, 위험성을 낮추다

07. 늘리다

[동]
to expand,
to increase

반의어 줄이다

우리 회사 스마트폰의 판매량이 최근 급격히 늘면서 생산을 더 **늘리기로 했다**.
As the sales volume of smartphones has recently increased sharply, our company has decided to further **increase** production.

기출 표현 예산을 늘리다, 일자리를 늘리다, 매출을 늘리다, 설치를 늘리다

08. 대안

[명]
alternative

소와 돼지에 비해 환경친화적인 곤충이 미래 식량 문제의 **대안**으로 떠오르고 있다.
In comparison to cows and pigs, insects are emerging as an environmentally friendly **alternative** for future food problems.

기출 표현 대안이 되다, 대안을 찾다, 대안을 세우다, 대안을 마련하다

09. 방안

[명]
way, plan, measure

지역의 주민들이 모여 지역 문제의 해결 **방안**에 대해 논의했다.
Local residents gathered to discuss **measures** for solving local problems.

기출 표현 활용 방안, 해결 방안, 방안을 제시하다, 방안을 마련하다, 방안을 검토하다, 방안을 모색하다

10. 보완(하다)

[명/동]
(to) supplement,
(to) remedy

가: 범죄자들의 얼굴을 공개하면 오히려 문제가 더 많이 생기지 않을까요?
Don't you think that revealing criminals' faces might actually create even more problems?

나: 저는 꼭 공개해야 한다고 생각해요. 문제점은 **보완해 나가면** 되니까요.
I think we definitely have to reveal them. If there are problems, we can **remedy** them.

기출 표현 단점을 보완하다, 문제점을 보완하다, 체형을 보완하다

문장을 통해 이어서 학습할 단어의 의미를 추측해 봅시다.

11. 세금은 나라의 유지와 발전에 필요한 비용을 마련하기 위해 **부과한다**.

12. 이 소설은 취업이 힘든 요즘의 사회 정서에 **부합하여** 젊은 세대들에게 인기를 끌고 있다.

13. 버려지는 동물들이 늘어나면서 정부는 해외의 **사례**를 참고해 정책을 개선하겠다고 밝혔다.

14. 다문화 사회는 하나의 사회 안에 여러 민족이나 국가의 문화가 공존하는 **사회이다**.

15. 국가에서는 국민들에게 **세금**을 거두어 나라를 운영하는 데 사용한다.

16. 취업을 준비하는 청년들은 정부에서 지원하는 청년 지원금을 **신청할 수 있다**.

17. 국가 **예산**은 계획을 잘 세워서 국민을 위해 꼭 필요한 곳에 써야 한다.

18. 정부는 엄격했던 공무원 채용 기준을 올해부터 **완화한다고** 밝혔다.

19. 농민 단체는 채소 가격 하락 문제를 정부가 해결해 달라고 **요청했다**.

20. 음식물 쓰레기를 줄이겠다는 **의도**로 정책을 실시했지만 쓰레기의 양은 줄지 않았다.

21. 정부 지원금은 지원 대상에 해당되면 누구나 받을 수 있지만 신청 **절차**가 까다로운 경우가 많다.

11. 부과(하다)
명/동
(to) levy, to impose

경찰은 교통 신호를 위반한 운전자에게 벌금을 **부과했다**.
The police **imposed** a fine on the driver who violated the traffic signal.

기출 표현 부과되다, 세금을 부과하다, 벌금을 부과하다

---

12. 부합(하다)
명/동
coincidence, to coincide, to match up, to correspond to

이 드라마는 역사적 사실에 **부합하지 않는** 내용으로 시청자들의 비판을 받고 있다.
This drama is receiving criticism from viewers for its content that **doesn't correspond to** historical facts.

기출 표현 부합되다, 취지에 부합하다

---

13. 사례
명
case, example

환경을 주제로 한 발표를 준비하기 위해 환경 오염으로 인한 피해 **사례**를 조사하고 있다.
In order to prepare a presentation on the topic of the environment, I'm investigating **cases** of damage caused by pollution.

기출 표현 구체적인 사례, 사례를 들다, 사례가 늘다, 사례를 분석하다

---

14. 사회
명
society

가: 미용을 위한 성형 수술을 반대하는 이유는 무엇입니까?
What is the reason that you're against plastic surgery for cosmetic purposes?

나: 성형 수술은 부작용과 중독과 같은 **사회적** 문제를 일으키기 때문입니다.
It's because plastic surgery can cause **social** problems such as negative side effects and addiction.

기출 표현 사회적, 사회성, 사회인, 사회학, 사회학자, 사회 활동, 사회 진출, 사회 문제, 사회 구성원, 사회에 나가다

---

15. 세금
명
tax

옛날 백성들은 농사를 지어 생산한 양의 일부를 **세금**으로 냈다.
In the past, the people would pay a portion of what they produced through farming as **tax**.

기출 표현 세금 감면, 세금 혜택, 세금 납부, 세금을 내다, 세금을 부과하다, 세금을 낮추다, 세금을 인상하다/높이다

---

16. 신청(하다)

명/동

application, registration, to apply, to register

가: 내일 아르바이트가 있는데 **수강 신청**을 좀 늦게 해도 괜찮을까요?

I have my part-time job tomorrow. Do you think it'll be okay if I **register for classes** a little late?

나: 글쎄요. 인기가 많은 과목은 **수강 신청**이 시작되자마자 마감되니까 빨리 신청하는 게 좋아요.

I don't know. Popular courses close just as soon as **registration** opens, so it's better to register quickly.

기출 표현 신청자, 신청서, 신청 방법, 수강 신청, 신청을 받다, 신청서를 제출하다/내다, 전화로 신청하다, 신청이 들어오다, 수업을 신청하다, 장학금을 신청하다

---

17. 예산

명

budget

우리 지역의 이번 축제는 **예산** 부족으로 취소되었다.

Our local festival was canceled due to an insufficient **budget**.

기출 표현 국가 예산, 예산 확대, 예산을 짜다, 예산을 마련하다, 예산을 들이다

---

18. 완화(하다)

명/동

relief, to relieve, to ease, to relax

가: 도로를 확장하는 공사를 한다고 하더니 오히려 길이 더 막히는 것 같아요.

They say they're doing construction to expand the roads, but there seems to be even more traffic instead.

나: 그래도 공사가 끝나고 나면 도로가 넓어질 테니 정체도 **완화되지 않을까요**?

Still, when the construction ends, the roads will be wider, so won't congestion be **relieved**?

기출 표현 완화되다, 조건을 완화하다, 긴장을 완화하다

---

19. 요청(하다)

명/동

(to) request, to ask for

이 프로그램은 시청자들의 **요청**으로 오전 시간에서 오후 시간으로 방송 시간이 변경되었다.

At viewers' **request**, this program's broadcast time has been changed from the morning to the afternoon.

기출 표현 요청되다, 요청을 받다, 협조를 요청하다, 참여를 요청하다, 도움을 요청하다

---

20. 의도

명

intent, plan, aim

가: 면접을 잘 보려면 어떻게 해야 하나요?

What should you do to do well in an interview?

나: 우선 면접관이 질문하는 **의도**를 잘 파악하는 것이 중요합니다.

First, it's important to figure out the **intention** with which the interviewer is asking a question.

기출 표현 의도적, 의도를 파악하다, 의도를 벗어나다, 의도가 드러나다

---

21. 절차

명

process, procedure

요즘은 복잡한 **절차** 없이 간소하게 진행하는 결혼식이 인기이다.

These days, weddings that are done simply without complicated **procedures** are popular.

기출 표현 수속 절차, 절차를 거치다, 절차가 복잡하다, 절차를 밟다

문장을 통해 이어서 학습할 단어의 의미를 추측해 봅시다.

22. 대통령은 **정부**의 최고 책임자로서 나라의 중요한 일을 결정한다.

23. 국민들은 정부의 **정책**에 적극적으로 의견을 제시해야 한다.

24. 주택 부족 문제를 해결하기 위해서는 정부 **주도**의 지원이 확대되어야 한다.

25. 정부는 생활이 어려운 저소득층에게 쌀을 **지급하기로** 했다.

26. 정부는 신혼부부의 주거 문제 해결을 위해 주거비를 **지원하고 있다**.

27. 정부는 자전거 이용을 활성화하기 위해 자전거 도로 건설 사업을 **추진하기로 했다**.

28. 정부는 농촌 인력 부족 문제를 해결하기 위해 다양한 농촌 지원 정책을 **펼치고 있다**.

29. 국민들 사이에 갈등이 생겼을 때는 대화를 통해 **합리적인** 해결 방법을 찾아야 한다.

30. 우리 마을은 주민들이 일상에서 문화를 쉽게 접할 수 있도록 문화 시설 할인 **혜택**을 제공하고 있다.

31. 정부는 청년 일자리를 지원하기 위한 예산을 대폭 **확대하기로 했다**.

32. 발전소 설립을 위해서는 예산 **확보**가 필요하다.

33. 고속도로 추가 건설 계획이 **확정되어** 내년부터 공사가 시작될 예정이다.

22. 정부
명
government

정부는 국민이 행복하게 살아갈 수 있도록 노력해야 한다.
The **government** must make efforts for the people to be able to live happily.

기출 표현 정부 대책, 정부가 지정하다, 정부에 건의하다, 정부가 실시하다

---

23. 정책
명
policy

전문가들은 정부의 새 교육 **정책**이 교육 현실에 맞지 않는다며 비판했다.
Experts criticized the government's new education **policy**, saying it didn't match the reality of education.

기출 표현 정책적, 정책을 펴다/세우다/시행하다/마련하다, 정책이 요구되다, 정책을 추진하다

---

24. 주도(하다)
명/동
(to) lead

지구 환경 문제는 국제 사회가 **주도하여** 모두가 힘을 합쳐 해결해야 한다.
Earth's environmental problems should be solved with everyone joining forces under the **lead** of international society.

기출 표현 주도적, 국가 주도, 정부 주도, 민간 주도, 변화를 주도하다

---

25. 지급(하다)
명/동
payment, to pay, to give, to provide

유의어 주다

우리 회사는 명절에 모든 직원들에게 선물 세트를 **지급한다**.
Our company **gives** all employees a gift set on holidays.

기출 표현 지급되다, 돈/월급을 지급하다

---

26. 지원(하다)[2]
명/동
(to) support, (to) aid

정부는 회사 운영이 어려워진 중소기업에 운영 보조금을 **지원하기로 했다**.
The government **has decided to support** small and medium enterprises that have had operational difficulties through management subsides.

기출 표현 지원금, 지원책, 예산 지원, 지원을 받다, 지원을 확대하다/아끼지 않다, 지원책을 마련하다, 보조금을 지원하다

---

27. 추진(하다)
명/동
promotion, propulsion, to propel, to proceed

정부의 도시 개발 사업은 예산 부족으로 계획대로 **추진하지 못하고 있다**.
The government's urban development project **cannot proceed** as planned due to an insufficient budget.

기출 표현 추진되다, 계획을 추진하다, 설립을 추진하다, 정책을 추진하다

---

28. 펼치다
동
to unfold, to spread

논설문은 논리적인 이유나 근거를 들어 자신의 주장을 **펼치는** 글이다.
A persuasive essay is a passage that **unfolds** your claims with logical reasoning or evidence.

기출 표현 펼쳐지다, 주장을 펼치다, 정책을 펼치다, 역량을 펼치다

---

29. 합리
명
rationality

반의어 불합리, 비합리

가: **합리적인** 소비 습관을 기르려면 어떻게 해야 하나요?
What should I do in order to cultivate **rational** spending habits?

나: 자신에게 필요한 것과 필요하지 않은 것을 구분하고 소비 계획을 세워야 합니다.
You need divide things into what you do and don't need, and make a spending plan.

기출 표현 합리적, 합리성, 합리를 추구하다

---

30. 혜택
명
benefit

정부는 환경친화적인 제품에 대해 세금 **혜택**을 주고 있다.
The government is giving tax **benefits** for environmentally friendly products.

기출 표현 복지 혜택, 세금 감면 혜택, 혜택이 있다, 혜택을 받다, 혜택이 크다

---

31. 확대(하다)
명/동
expansion, to expand

반의어 축소(하다)

이번에 시행한 정책의 반응이 좋아서 지원 대상을 계속해서 **확대할** 예정이다.
As the response to the policy that was implemented this time is positive, the scope of support will continue to be **expanded**.

기출 표현 확대되다, 대상 확대, 예산 확대, 사업을 확대하다, 지원을 확대하다

---

32. 확보(하다)
명/동
procurement, to procure, to secure

경찰은 범죄 현장에서 **확보한** DNA 정보로 범인을 잡는 데 성공했다.
Using DNA evidence that was **procured** at the scene of the crime, the police succeeded in catching the culprit.

기출 표현 확보되다, 예산 확보, 증거를 확보하다

---

33. 확정(하다)
명/동
determination, to determine, to decide, to confirm

반의어 미정

가: 시험 날짜가 언제인지 알아요?
Do you know what day the test is?

나: 게시판에 아무것도 없는 걸 보니 아직 일정이 **확정되지 않은 것 같아요.**
Since there's nothing on the bulletin board, I think the schedule **hasn't been confirmed** yet.

기출 표현 확정되다, 확정을 받다, 확정을 내리다

DAY 29 | 앞에서 배운 내용을 확인해 봅시다.

[1-5] 다음 빈칸에 들어갈 단어를 [보기]에서 골라 알맞게 쓰십시오.

보기	지원(하다)	개선(하다)	신청(하다)	요청(하다)	확대(하다)

1. A회사는 올해부터 직원 할인 제도를 ________(-아/어서) 직원 가족도 할인받을 수 있게 했다.

2. A스포츠 센터는 직접 방문하지 않고 전화로도 수업을 ________(-(으)ㄹ) 수 있다.

3. 우리 부모님은 내가 배우고 싶은 것은 뭐든지 배울 수 있게 ________(을/를) 아끼지 않는다.

4. 혼자 이사하면 너무 힘들 것 같아서 친구에게 도움을 ________(-았/었다).

5. 학교 환경을 ________(-기) 위해 교실과 화장실 공사를 하기로 했다.

[6-9] 다음 설명에 알맞은 단어를 [보기]에서 찾아 쓰십시오.

보기	늘리다	방안	혜택	보완(하다)

6. 정부는 전기 차를 사면 할인해 주는 등 전기 차를 사는 사람들에게 이익을 줄 수 있는 법을 마련했다.
( )

7. 동네에 놀이터가 하나밖에 없어서 아이들을 위해 놀이터를 더 많이 만들기로 했다.
( )

8. 병원에서 돈이 없어서 치료를 못 받는 어린이들을 도와줄 수 있는 방법을 찾고 있다.
( )

9. A회사는 3년 전에 출시한 제품의 단점을 고치고 부족한 기능을 더 넣은 신제품을 만들었다.
( )

DAY

30 사회 2 (공공 복지)

Society 2 (Public Welfare)

☑ 문장을 통해 이어서 학습할 단어의 의미를 추측해 봅시다.

01. 그는 **가난한** 이웃과 어려운 사람들을 위해 봉사하는 삶을 살았다.

02. 학교나 도서관, 박물관 같은 **공공**시설을 짓는 데 세금이 사용된다.

03. 우리 동네에는 누구나 이용할 수 있는 **공유** 자전거 서비스를 제공하고 있다.

04. 노벨 평화상은 세계 평화를 위해 **공헌한** 사람에게 주는 상이다.

05. 정부는 농촌의 인력 부족 문제를 **극복하기 위해** 노력하고 있다.

06. 최근 한 기업인이 세상을 떠나며 자신의 전 재산을 사회에 **기부했다**.

07. 가수 박정우 씨는 자신이 연주하던 악기를 박물관에 **기증했다**.

08. 아버지는 **노후**를 대비해 젊은 시절부터 돈을 저축하셨다.

09. 주민들이 모여 마을의 문제점을 찾고 해결 방안을 **논의했다**.

10. 동네 주민 센터에서 육아 용품을 무료로 **대여해 준다**.

Day 30-1

01. 가난(하다)
명/형
poverty, to be poor

그는 빵 하나도 살 돈이 없을 정도로 **가난하다.**
He **is** so **poor** that he doesn't even have the money to buy bread.

기출 표현 가난을 겪다, 가난을 벗어나다, 가난을 극복하다

---

02. 공공
명
public

여러 사람이 함께 쓰는 **공공시설**은 깨끗하게 사용해야 한다.
Public facilities that are used by many people should be used neatly.

기출 표현 공공시설, 공공장소, 공공 기관

---

03. 공유(하다)
명/동
sharing, to share

가: 블로그를 운영하신다면서요?
I heard you're running a blog.

나: 네, 제 소소한 일상을 사람들과 **공유하려고** 블로그를 만들었어요.
Yes, I made a blog to **share** my ordinary daily life with people.

기출 표현 공유되다, 정보를 공유하다, 문제를 공유하다

---

04. 공헌(하다)
명/동
contribution, to contribute

가: 소식 들었어요? 우리 교수님께서 상을 받으신대요.
Did you hear the news? Our professor's receiving an award.

나: 네, 우리나라 교육 발전에 **공헌한** 사람에게 주는 상이라고 들었어요.
Yes, I heard it's an award given to people who have **contributed** to the country's educational development.

기출 표현 명에 공헌하다 | 사회 공헌, 공헌이 크다, 사회에 공헌하다, 발전에 공헌하다

---

05. 극복(하다)
명/동
vanquishment, to overcome

가: 저 커플 잘 어울리던데 결국 헤어졌다면서?
That couple looked good together but I heard they broke up.

나: 응, 성격 차이를 **극복하지 못하고** 자주 싸우다가 헤어졌대.
Yeah, I heard they **couldn't overcome** their personality differences and kept fighting and broke up.

기출 표현 극복되다, 장애를/위기를/편견을/고난을 극복하다

---

06. 기부(하다)
명/동
donation, to donate

유의어 기증

가: 박 선수는 이번 대회의 우승 상금을 어려운 이웃에게 **기부하기로 했대요.**
I heard player Park **decided to donate** his prize money from winning this tournament to people in need.

나: 마음까지 따뜻한 선수군요.
He's an athlete with a warm heart.

기출 표현 기부금, 재산을/장학금을 기부하다

DAY 30 사회 2 (공공 복지) Society 2 (Public Welfare)

07. 기증(하다)
명/동
donation, to donate

장기를 **기증하면** 최대 9명이 새 삶을 찾을 수 있다고 한다.
They say that if someone **donates** their organs, up to 9 people can find a new life.

기출 표현 기증되다, 장기 기증, 기증을 받다, 재산을 기증하다, 박물관에 기증하다

출제 TIP

'기부'와 '기증'의 차이를 알아봅시다.

- **기부:** 대가 없이 공공사업을 돕기 위해 돈이나 물건 등을 준다는 의미입니다.
- **기증:** 대가 없이 다른 사람을 위하여 자신의 것을 준다는 의미입니다.

두 단어는 일상생활에서 구분없이 사용되지만 모금 단체나 공공 기관 등 공공성을 가지고 있는 곳에 준다는 의미로 사용할 때는 '기부'를, 개인의 물품이나 장기와 같은 신체의 일부를 준다는 의미로 사용할 때는 '기증'을 사용합니다.

---

08. 노후
명
later years, old age

노후 대책으로 많은 이들이 계속 일하기를 원하지만 일자리가 부족한 현실이다.
Many people want to continue working to save for their **old age**, but the reality is that there aren't enough jobs.

기출 표현 노후 준비, 노후 대책, 노후를 보내다, 노후를 대비하다

---

09. 논의(하다)
명/동
discussion, to discuss

각 국가의 대표들이 모여 경제 문제에 대해 **논의했다**.
Representatives from each country gathered and **discussed** economic issues.

기출 표현 논의되다, 대책/방안/정책을 논의하다, 논의가 필요하다, 논의를 거치다, 논의가 활발하다

---

10. 대여(하다)
명/동
rental, to rent

공원에서 자전거를 타려고 자전거 **대여소**에서 자전거를 빌렸다.
To ride bikes in the park, I rented a bike from the bike **rental stand**.

기출 표현 대여 기간, 대여 신청, 책을 대여하다

☑ 문장을 통해 이어서 학습할 단어의 의미를 추측해 봅시다.

11. 마을에 공장을 짓기 위해서는 주민들의 **동의**가 필요하다.

12. 우리 마을에 필요한 시설이 무엇인지 주민들의 **바람**을 반영하여 설치할 예정이다.

13. 국민이 인간답게 살기 위해서는 자유와 평등과 같은 기본 권리가 **보장되어야 한다**.

14. 정부는 국민의 삶의 질을 높이는 **복지** 정책에 힘을 기울인다.

15. 나는 요즘 혼자 사는 노인들에게 밥을 나눠 드리는 **봉사** 활동을 하고 있다.

16. 공중화장실과 목욕탕 등 **사생활** 침해 우려가 큰 공공장소에는 CCTV를 달 수 없다.

17. 정부는 경제 **사정**이 어려운 학생들을 선발해 장학금을 지급하기로 했다.

18. 아직도 세계 곳곳에는 가족의 **생계**를 책임지기 위해 학교에 가지 못하는 어린이들이 많다.

19. 우리 동네에는 도서관이나 극장 같은 문화 **시설**이 많다.

20. 정부는 **실업률**을 줄이기 위해 공공사업을 실시하여 일자리를 늘리고 있다.

21. 쓰레기 문제를 해결하려면 주민 **의식** 개선과 참여가 필요하다.

22. 많은 사람들이 **이용하는** 공공 기관, 학교, 음식점 등에서 담배를 피울 수 없다.

Day 30-2

11. 동의(하다)
명/동
(to) consent, agreement, to agree

가: 제가 18살인데, 아르바이트를 할 수 있나요?
I'm 18 years old, so can I work a part-time job?
나: 할 수 있지만 부모님의 **동의**가 필요해요.
You can, but you need your parents' **consent**.

기출 표현 명에 동의하다 | 동의를 얻다, 동의를 받다, 동의를 구하다

12. 바람
명
wish, desire, hope

대통령은 국민들이 원하는 것이 무엇인지 국민의 **바람**에 귀를 기울여야 한다.
A president should listen carefully to the **wishes** of the people to know what it is that they want.

기출 표현 바람이 있다, 바람을 가지다, 바람을 이루다

13. 보장(하다)
명/동
(to) guarantee

민주주의 사회에서는 표현의 자유가 **보장된다**.
In a democratic society, freedom of expression is **guaranteed**.

기출 표현 보장되다, 보장을 받다, 자유를/안전을 보장하다, 법으로 보장하다

14. 복지
명
welfare

정부는 사회 불평등을 해소하기 위해 다양한 **복지** 정책을 실시한다.
The government implements various **welfare** policies in order to remedy social inequalities.

기출 표현 복지 국가, 복지 사회, 복지 정책, 복지 혜택, 복지를 누리다

15. 봉사(하다)
명/동
(to) volunteer

가: 주변의 어려운 이웃들을 돕고 싶은데 방법을 잘 모르겠어요.
I want to help those in the area who are less fortunate but I don't know how.
나: 자원봉사 센터에 전화하거나 방문해서 **자원봉사**를 신청하면 돼요.
You can call or visit a volunteer center and sign up for **volunteer work**.

기출 표현 봉사 단체, 봉사 활동, 사회에 봉사하다, 이웃에게 봉사하다

16. 사생활
명
private life, privacy

가: 사람들은 연예인의 **사생활**에 관심이 많은 것 같아.
It seems like people have a lot of interest in celebrities' **private lives**.
나: 연예인도 한 사람으로서 **사생활**은 보호받아야 된다고 생각해.
As celebrities are people too, I think their **privacy** should be protected.

기출 표현 사생활 보호, 사생활 침해, 사생활을 간섭하다

17. 사정

명

situation, reason, circumstance

가: 어떡하지? 오랜만에 만났는데 회사에 **사정**이 생겨서 지금 가야 될 것 같아.

What should I do? We're meeting up for the first time in ages but there's a **situation** at the office so I think I have to go right now.

나: 어쩔 수 없지 뭐. 어서 가 봐.

Well, it can't be helped. Hurry and go ahead.

기출 표현 회사 사정, 개인 사정, 사정이 생기다, 사정이 힘들다

---

18. 생계

명

livelihood, living

이 지역은 논과 밭이 많아서 대부분의 주민들이 농사를 지어 **생계**를 유지한다.

There are a lot of rice paddies and fields in this area so most of the residents make a **living** by farming.

기출 표현 생계형 범죄, 생계가 어렵다, 생계를 유지하다

---

19. 시설

명

facility

우리 집 주변에는 생활 편의 **시설**이 잘 갖추어져 있어서 살기가 좋다.

The area around my house is well equipped with amenities [convenience **facilities**] so it's good to live here.

기출 표현 소방 시설, 안전 시설, 편의 시설, 시설을 갖추다

---

20. 실업

명

unemployment

반의어 취업

경제 불황으로 인해 **실업률**이 증가하고 있다.

The **unemployment rate** is rising due to the economic recession.

기출 표현 실업 문제, 실업 위기

---

21. 의식(하다)

명/동

consciousness, to be conscious, to be aware

직업을 선택할 때 타인의 시선을 **의식하기보다는** 자신의 만족을 우선으로 고려해야 한다.

When choosing a job, **rather than being conscious** of the views of others, you must first consider your own satisfaction.

기출 표현 의식적, 의식되다, 책임 의식, 의식이 낮다, 의식이 높다

---

22. 이용(하다)

명/동

(to) use

밤새 내린 눈으로 인해 도로가 미끄러우니 대중교통을 **이용해 주시기 바랍니다.**

Due to the snowfall overnight, the roads are slippery, so **please use** public transportation.

기출 표현 이용권, 이용객, 이용자, 이용되다, 이용 요금(이용료), 이용 안내, 이용 목적, 이용 방법, 공간/자원을 이용하다

출제 TIP

'이용'과 관련된 어휘를 알아봅시다.

- **이용권:** 물건이나 대상 등을 쓸 수 있도록 제공하는 표
- **이용객:** 시설이나 공간 등을 이용하는 손님

문장을 통해 이어서 학습할 단어의 의미를 추측해 봅시다.

23. 산업의 발달로 도시가 성장하면서 도시에 사는 **인구**의 비율이 빠르게 증가하였다.

24. 정부는 취업이 어려운 장애인의 **자립**을 지원하기 위해 다양한 정책을 추진하고 있다.

25. 우리 마을은 **장애인** 편의 시설이 부족해서 장애인이 자유롭게 외출하기 어렵다.

26. 정부는 퇴직한 노인들을 위해 일자리를 **제공하고 있다**.

27. 국립 미술관의 일부 작품들은 사진 촬영을 **제한한다**.

28. 이 공원은 시민들의 건강과 휴식을 위해 **조성되었다**.

29. **주민**들은 마을 축제가 성공적으로 개최될 수 있도록 의욕을 가지고 참여했다.

30. 다른 사람의 작품을 허락없이 사용하면 저작권 **침해**로 처벌을 받는다.

31. 다른 문화에 대한 **편견**에서 벗어나 다양한 문화의 차이를 존중하는 태도를 가져야 한다.

32. 민주주의 국가에서는 누구나 **평등하게** 자신의 의견을 이야기할 수 있다.

33. 공공시설은 세금으로 만들어진 곳이므로 백화점이나 극장 등은 공공시설에 **포함되지 않는다**.

23. 인구
명
population

인구 감소를 막기 위해 청년들에게 각종 지원을 약속하는 지역이 늘고 있다.
A growing number of regions are promising to provide support to young adults in order to stop **population** decline.

24. 자립(하다)
명/동
self-reliance,
to be independent,
to rely on oneself

가: 조기 유학을 하면 어릴 때부터 외국어 실력과 **자립심**을 키울 수 있어서 좋습니다.
It's good to study abroad early on as you can cultivate foreign language skills and a sense of **self-reliance** from a young age.

나: 제 생각은 다릅니다. 어린 나이에 가족과 떨어져 지내면 불안감을 느끼기 쉽습니다.
My opinion is different. Living separated from your family at a young age can easily make you feel anxious.

기출 표현 자립심, 자립적, 자립을 돕다, 경제적으로 자립하다

25. 장애
명
disability

우리 학교는 모든 건물에 **장애인** 전용 엘리베이터가 설치되어 있다.
Every building in our school has an elevator installed for **disabled** people to use.

기출 표현 장애인, 시각 장애인, 장애인 고용, 장애인 단체, 신체적 장애, 장애를 입다, 장애를 딛다, 장애를 극복하다

26. 제공(하다)
명/동
provision,
(to) supply,
to provide, to offer

우리 회사는 직원들의 복지를 위해 점심 식사와 커피를 무료로 **제공한다**.
Our office **provides** free lunch and coffee for the welfare of the employees.

기출 표현 제공받다, 제공되다, 자료 제공, 기회를 제공하다, 볼거리를 제공하다, 서비스를 제공하다, 정보를 제공하다, 무료로 제공하다

27. 제한(하다)
명/동
restriction,
(to) limit, to restrict

반의어 무제한

학생들의 안전을 위해 학교 앞 도로는 최고 속도를 30km로 **제한한다**.
For the safety of students, roads in front of schools are **limited** to a speed of 30km at most.

기출 표현 제한적, 제한되다, 제한 속도, 제한을 두다, 제한이 있다/없다, 제한을 시키다, 자격을 제한하다

28. 조성(하다)
명/동
creation,
to create, to build

사람들이 편하게 쉴 수 있도록 한강 주변에 공원을 **조성했다**.
Parks were **built** near the Han River in order for people to be able to rest comfortably.

기출 표현 조성되다, 환경을 조성하다, 공원을 조성하다, 단지를 조성하다, 분위기를 조성하다

29. 주민

명

resident

지역 재개발 계획이 **주민**들의 반대로 취소되었다.

The local redevelopment plan was canceled due to **residents**' opposition.

기출 표현 지역 주민, 주민 투표, 주민의 반대

---

30. 침해(하다)

명/동

violation,
to violate,
to intrude

우리나라는 범죄자의 인권을 **침해한다는** 이유로 범죄자의 얼굴과 이름을 잘 공개하지 않는다.

Korea does not often release criminals' faces or names for the reason that it **violates** their human rights.

기출 표현 사생활 침해, 침해를 당하다, 침해를 받다

---

31. 편견

명

bias, prejudice

가: 나는 키가 작은데 모델이 될 수 있을까?

Do you think I could become a model even though I'm short?

나: 모델은 키가 커야 한다는 **편견**을 버려. 키가 크지 않아도 모델이 될 수 있어.

Get rid of your **prejudice** that models have to be tall. Even if you aren't tall, you can become a model.

기출 표현 편견을 가지다, 편견을 깨다, 편견을 버리다, 편견이 깃들다, 편견에서 벗어나다

---

32. 평등(하다)

명/형

equality, to be equal

반의어 불평등, 차별

모든 인간은 태어나면서부터 **평등하므로** 차별을 받아서는 안 된다.

Every human being is **equal** from birth, and shouldn't face discrimination.

기출 표현 남녀 평등, 평등을 보장하다, 평등을 주장하다, 평등을 추구하다

---

33. 포함(하다)

명/동

inclusion, to include

가: 가족이 모두 몇 명이에요?

How many people are in your family?

나: 저를 **포함해서** 다섯 명이에요.

Five, **including** me.

기출 표현 포함되다, 포함을 시키다

DAY 30 | 앞에서 배운 내용을 확인해 봅시다.

[1-5] 다음 빈칸에 들어갈 단어를 [보기]에서 골라 알맞게 쓰십시오.

보기 | 극복(하다) 동의(하다) 시설 제공(하다) 주민

1. 나는 집을 구할 때 마트, 은행, 병원 등 편의 ________ 가까운 곳을 선호한다.
   (이/가)

2. 이 책은 교통사고로 팔을 잃었지만 고난을 ________ 축구 선수가 된 사람의 이야기다.
   (-고)

3. 아파트 ________ 반대 때문에 주차장 공사를 못하고 있다.
   (의)

4. 회의에 참여한 모든 사람들이 ________ 회사 규칙을 바꾸기로 했다.
   (-아/어서)

5. A회사는 이번에 입사한 신입 사원들에게 입사 선물로 와인을 ________ 했다.
   (-기로)

[6-9] 다음 빈칸에 알맞은 단어를 [보기]에서 찾아 쓰십시오.

보기 | 이용(하다) 가난(하다) 대여(하다) 제한(하다)

6. 가: 이 그림 좀 보세요. 정말 너무 아름다워요.

   나: 저도 이 화가의 그림을 좋아해요. ________ 자신의 꿈을 위해 노력해서 이렇게 아름다운 그림을 그렸잖아요.
   (-지만)

7. 가: 선배님, 학교 도서관은 어떻게 ________ ?
   (-아/어요)

   나: 신입생이라서 길을 모르는구나. 나랑 같이 가자. 내가 ________ 방법을 알려 줄게.
   (-는)

8. 가: 팀 발표 준비를 해야 하는데 어디에서 모여서 하지?

   나: 학교 앞 카페에서 장소를 ________ 준대. 전화해 봐.
   (-아/어)

9. 가: 이 놀이기구는 키 ________ 있네. 너는 다음에 키가 더 크면 와야겠다.
   (이/가)

   나: 엄마, 그러면 저 놀이기구를 탈래요.

DAY 31

선거
Elections

문장을 통해 이어서 학습할 단어의 의미를 추측해 봅시다.

01. 30년이 넘게 정치를 해 온 그는 이번 대통령 선거의 후보로 **거론되었다**.

02. 선거를 하루 앞두고 후보들은 주민들과 일일이 악수하며 인사를 **건넸다**.

03. 대통령은 나라를 이끌 수 있는 능력이 **검증된** 인물이 되어야 한다.

04. 두 후보의 정치적 **견해** 차이가 선거 결과에 어떤 영향을 미칠지 주목을 받고 있다.

05. 투표를 할 때는 후보자가 내놓은 **공약**을 잘 살펴보아야 한다.

06. 선거는 깨끗하고 **공정하게** 이루어져야 한다.

07. 국회의원 선거 후보자가 거리로 **나서** 시민들에게 지지를 부탁했다.

08. 대통령 선거 후보자가 기자들의 질문에 **답변했다**.

09. 그는 정치 경험이 없지만 젊은 세대다운 **당당함**으로 국민들의 인기를 얻고 있다.

10. 대통령은 선거가 공정하게 이뤄질 수 있도록 국민들의 협조를 **당부했다**.

01. 거론(하다)
명/동
bringing up, to bring up (a subject), to mention

인구 감소는 자주 **거론되는** 사회 문제 중 하나이다.
Population decline is an often **mentioned** social issue.

기출 표현 거론되다, 후보로 거론되다, 문제로 거론되다

---

02. 건네다
동
to offer (words), to hand over

대통령은 지진으로 피해를 입은 사람들에게 위로를 **건넸다**.
The president **offered words** of consolation to those who suffered damage from the earthquake.

기출 표현 농담/말을 건네다, 인사/악수를 건네다

---

03. 검증(하다)
명/동
verification, to verify, to evaluate, to prove

TV 토론회를 통해 이번 선거의 후보자들에 대한 **검증**을 실시할 예정이다.
The candidates for the election will be **evaluated** through the TV debate.

기출 표현 검증되다, 검증을 거치다, 사실을 검증하다

---

04. 견해
명
opinion, view

가: 저 두 후보는 원래 사이가 좋지 않았어?
Weren't those two candidates originally close?

나: 정치적 **견해** 차이가 커서 사이가 나빠졌대.
They say things got bad between them because of the large differences in their political **views**.

기출 표현 긍정적/부정적 견해, 견해를 밝히다

---

05. 공약(하다)
명/동
(to) promise, (to) pledge

가: 이번 대통령 선거에서 누구를 뽑을지 결정했어?
Have you decided who to pick in the presidential election?

나: 아직 결정 못했어. 후보들의 **공약**을 살펴보고 결정할 생각이야.
I haven't decided yet. I'm thinking of looking carefully at the candidates' **pledges** and then deciding.

기출 표현 명을/를 공약하다 | 공약을 지키다, 공약을 실천하다, 공약을 내놓다

06. 공정(하다)

명/형

justice, to be just, to be fair

반의어 불공정

선거 관리 위원회는 선거가 **공정하게** 진행될 수 있도록 관리하는 기관이다.

The National Election Commission is an organization that manages elections so that they proceed **fairly**.

기출 표현 부 공정히 | 공정성, 공정한 선발, 공정한 심사/판정, 공정하게 보도하다

---

07. 나서다

동

to step in, to set out, to run (for election)

가: 저 시장은 사람들에게 인기가 많은 것 같아.

That mayor seems to be very popular with the people.

나: 시민들에게 어려운 일이 있을 때마다 적극적으로 **나서서** 해결해 줬대.

They say that every time citizens have a problem, he actively **steps in** and solves it.

기출 표현 외출을 나서다, 후보로 나서다, 적극적으로 나서다

---

08. 답변(하다)

명/동

response, (to) answer, to respond

유의어 대답(하다)

가: 얼굴이 왜 그래? 무슨 일 있어?

What's with your face? Is something the matter?

나: 내가 학생 회장이 되어야 하는 이유를 제대로 **답변하지 못해서** 속상해.

I'm disappointed because I **couldn't** properly **respond** with a reason why I should become the student president.

기출 표현 답변을 듣다, 답변을 기다리다, 질문에 답변하다

---

09. 당당하다

형

to be confident

가: 어떻게 하면 반장에 당선될 수 있을까?

How can I be elected as class president?

나: 네가 반장이 되면 무엇을 할 것인지 **당당하게** 밝히는 게 중요해.

If you become class president, the important thing is to **confidently** reveal what you're going to do.

기출 표현 부 당당히 | 태도가/행동이/목소리가 당당하다

---

10. 당부(하다)

명/동

(to) request, (to) entreaty, to urge

유의어 부탁(하다)

선거 관리 위원회는 정해진 기간에만 선거 운동을 해야 한다고 **당부했다.**

The National Election Commission **urged** that election activities must only be held during a set period of time.

기출 표현 당부를 전하다, 주의를/지원을/협조를 당부하다

문장을 통해 이어서 학습할 단어의 의미를 추측해 봅시다.

11. 나는 우리 학교의 학생 회장 선거 후보로 나섰지만 **당선되지 못했다**.

12. 최근 춤과 노래를 **동원한** 선거 운동은 줄고 조용한 선거 운동을 벌이는 후보가 대부분이다.

13. 국회의원인 그는 부정 선거로 처벌받아 그동안 쌓아 온 **명예**를 잃게 되었다.

14. 선거 당일에 투표할 수 없는 국민들을 위해 **사전** 투표 제도를 만들었다.

15. 국민들이 **선거**에 적극적으로 참여해야 다양한 의견을 반영할 수 있다.

16. 그는 언론을 통해 이번 국회의원 선거에 나서겠다고 공식 **선언했다**.

17. 시장 선거에 나선 후보들이 토론회에 앞서 **악수**를 나누었다.

18. 이번 선거에 후보로 나선 그는 장애인의 복지 개선에 **앞장선** 인물이다.

19. 선거의 중요성을 아무리 **역설해도** 투표율이 오르지 않았다.

20. 후보자들은 각종 공약을 내세우며 선거 **운동**에 나섰다.

21. 이 후보는 청년층에게 높은 지지율을 얻어 이번 선거에서 **유리한** 결과를 나타낼 것으로 보인다.

11. 당선(하다)
명/동
election,
to be elected

유의어 낙선(하다)

지난 선거에서 내가 뽑은 사람이 대통령에 **당선되었다.**
The person I picked in the last election was **elected** president.

기출 표현 당선되다, 당선자, 대통령에 당선되다

---

12. 동원(하다)
명/동
turnout, mobilization,
to mobilize

이 영화는 천만 명의 관객을 **동원한** 영화이다.
This movie had a **turnout** of 10,000,000 viewers.

기출 표현 동원되다, 총동원하다, 관객을 동원하다

---

13. 명예
명
honor

반의어 불명예

이번 경기에 우리 학교의 **명예**를 걸고 참가했다.
I participated in the game with the **honor** of my school on the line.

기출 표현 명예를 걸다, 명예를 지키다, 명예를 높이다, 명예를 손상시키다

---

14. 사전
명
beforehand,
in advance

중요한 행사인 만큼 사고가 일어나지 않도록 **사전**에 철저히 준비해야 한다.
You must prepare thoroughly **in advance** for important events so that accidents do not occur.

기출 표현 사전 준비/교육/관리/조사, 사전에 준비하다

---

15. 선거(하다)
명/동
election,
to elect

우리 반은 비밀 **선거** 방식으로 반장을 뽑았다.
My class chose a class present through a secret **election**.

기출 표현 선거일, 선거 운동, 선거를 치르다, 선거에 나가다, 선거에서 이기다/지다

---

16. 선언(하다)
명/동
announcement,
to announce,
to proclaim

가: 박건우 선수가 이번 경기를 끝으로 은퇴를 **선언한대요.**
Player Park Geonwu's **announcing** that he's retiring after this game.

나: 팬이었는데 이제 경기를 볼 수 없다는 게 정말 아쉽네요.
I was a fan, and it's a real shame that now I'll never get to see him play a game.

기출 표현 선언되다, 참가를 선언하다, 은퇴를 선언하다, 대중에게 선언하다

---

17. 악수(하다)

명/동
handshake,
to shake hands

며칠 전에 싸웠던 친구가 미안하다며 사과의 의미로 **악수**를 청했다.
The friend I fought with a few days ago said he was sorry and offered a **handshake** as an apology.

기출 표현 악수를 청하다, 악수를 건네다

18. 앞장서다

동
to lead the way,
to take the lead

경찰은 국민의 안전을 지키기 위해 늘 **앞장서서** 일한다.
The police always **take the lead** in working to keep the people safe.

기출 표현 명에 앞장서다 | 힘든 일에 앞장서다

19. 역설(하다)

명/동
emphasis,
to emphasize,
to stress

대통령은 나라의 장래를 위해서는 교육이 발전해야 한다고 **역설했다.**
The president **emphasized** that education needs to be developed for the future prospects of the country.

기출 표현 중요성/필요성을 역설하다

20. 운동(하다)

명/동
movement,
campaign,
to campaign

환경 단체는 쓰레기 줄이기 **운동**에 국민들이 적극적으로 동참해 줄 것을 요청했다.
The environmental group asked for the active participation of citizens in the **movement** to reduce waste.

기출 표현 모금 운동, 선거 운동

21. 유리(하다)

명/형
advantage,
to have the advantage,
to be advantageous

반의어 불리(하다)

가: 이번 축구 경기에서 우리 팀이 이길까요?
Do you think our team will win the soccer game?

나: 상대 팀은 부상을 당한 선수가 많아서 우리 팀이 더 **유리한** 상황이니까 이길 수 있을 거예요.
Since a lot of the players on the opposing team are injured, our team is in a more **advantageous** situation, so we'll be able to win.

기출 표현 입장/조건이 유리하다, 유리하게 작용하다

문장을 통해 이어서 학습할 단어의 의미를 추측해 봅시다.

22. 우리나라는 투표가 **의무**가 아니기 때문에 시민들의 자유에 따라 결정된다.

23. 이번 토론회에서 후보자들은 인구 정책에 대한 각자의 **입장**을 밝혔다.

24. 이번 선거가 패배한 원인은 선거 **전략**의 실패 때문이다.

25. 선거는 국민을 대신해서 **정치**를 할 사람을 투표로 뽑는 것이다.

26. 국민은 선거를 통해 자신의 의견을 반영해 줄 후보자를 **지지하고** 선택한다.

27. 대통령은 회의에 참석한 의원 대표에게 악수를 **청했다**.

28. 이 후보는 주거 지원 관련 복지 공약으로 **청년층**의 높은 지지를 얻고 있다.

29. 대통령은 국민 **투표**에 의해 정해진다.

30. 이번 대통령 선거는 역대 최고의 투표율로 **화제**가 되었다.

31. 이번 대통령 선거에 **후보**로 나선 사람은 모두 5명이었다.

22. 의무
명
duty, obligation

국가와 국민은 소중한 우리 문화재를 관리하고 보존할 **의무**가 있다.
The nation and the people have a **duty** to manage and preserve the country's precious cultural assets.

기출 표현 의무적, 의무감, 납세 의무, 의무가 있다, 의무를 다하다, 의무를 부과하다

---

23. 입장 ☆
명
stance, position

토론에서 토론자들은 찬성과 반대 **입장**으로 나뉘어 자신의 의견을 말한다.
In a debate, debaters are divided into **positions** for and against, and state their opinions.

기출 표현 정부의 입장, 찬성/반대 입장, 입장을 표현하다/밝히다, 입장을 이해하다/고려하다, 입장이 같다

---

24. 전략 ☆
명
strategy

우리 회사는 고객에게 직접 다가가는 적극적인 판매 **전략**을 세우고 있다.
Our company is establishing a proactive sales **strategy** of approaching the customer directly.

기출 표현 전략적, 광고/선거 전략, 전략을 세우다

---

25. 정치 ☆
명
politics

투표는 국민이 **정치**에 참여할 수 있는 방법 중의 하나이다.
Voting is one way that the people can participate in **politics**.

기출 표현 정치적, 정치가, 정치인, 정당 정치

---

26. 지지(하다) ☆
명/동
approval, (to) support, to approve of

투표를 통해 많은 사람이 **지지하는** 의견으로 결정하기로 했다.
Through a vote, we decided to choose the opinion that many people **support**.

기출 표현 명을/를 지지하다 | 지지율, 지지를 보내다, 지지를 부탁하다, 지지를 받다, 의견을 지지하다, 정책을 지지하다

---

27. 청하다
동
to request, to seek

가: 직장 생활에 어려움이 있을 때 어떻게 해요?
What do you do when you have difficulties in your work life?

나: 친구에게 이야기하거나 선배들에게 도움을 **청해요.**
I talk to a friend or **seek** help from a senior colleague.

기출 표현 상담을 청하다, 박수/악수를 청하다, 부탁을 청하다

---

28. -층
접
class, generation

이곳은 젊은 **연령층**이 많이 다니는 거리라서 패스트푸드점이 많다.
This place is a street frequented by people in the younger **generation**, so there are a lot of fast food restaurants.

기출 표현 노년층, 연령층, 청년층

---

29. 투표(하다)
명/동
(to) vote

가: 이번에 새로 짓는 학교의 이름을 주민과 학생들의 **투표**로 결정하기로 했대요.
I heard that they decided to choose the name of the new school they're building by a **vote** among residents and students.

나: 정말 좋은 생각이네요. 저도 **투표**에 참여해야겠어요.
That's a really good Idea. I'll have to participate in the **vote** too.

기출 표현 투표율, 투표소, 투표되다, 주민 투표, 온라인 투표, 찬반 투표, 투표를 거치다, 투표를 실시하다, 투표로 결정하다

---

30. 화제
명
topic,
the talk of the town

가: 이 소설 알아요? 요즘 인기가 많더라고요.
Do you know this novel? It's really popular these days.

나: 네, 세계적으로 유명한 상을 받아서 **화제**가 된 책이잖아요.
Yes, it's the book that won an internationally famous prize and became **the talk of the town**.

기출 표현 화제의 인물, 화제가 되다, 화제를 바꾸다

---

31. 후보
명
candidate

이 영화는 이번 영화제의 최우수 작품상 **후보**에 올랐다.
This movie was nominated as a **candidate** for best picture at the film festival.

기출 표현 후보자, 후보로 나서다, 후보로 거론되다

☑ DAY 31 | 앞에서 배운 내용을 확인해 봅시다.

[1-5] 다음 빈칸에 들어갈 단어를 [보기]에서 골라 알맞게 쓰십시오.

보기	사전	유리(하다)	화제	지지(하다)	전략

1. 요리 프로그램은 시간의 제한이 있기 때문에 ________(에) 미리 요리 준비를 해 놓는다.

2. 우리 팀은 신제품을 젊은 층이 많이 사도록 SNS를 통한 광고 ________(을/를) 세웠다.

3. 부모님은 어렸을 때부터 가수가 되고 싶은 내 꿈을 ________(-아/어) 주고 응원해 주셨다.

4. 내 친구는 영어, 중국어, 스페인어를 모두 잘하기 때문에 취직하는 데 ________(-았/었다).

5. 멋있는 역할만 했던 배우가 이번 드라마에서 가난한 아빠 역할을 맡아서 ________(이/가) 되고 있다.

[6-9] 다음 괄호 안에 알맞은 단어를 고르십시오.

6. 가: 이번 국회의원 (선거 / 운동)에서 누구를 뽑을지 결정했어?

나: 아직 결정 못했어.

7. 가: 배고픈 아이에게 주려고 빵을 훔친 가난한 엄마에 대해 어떻게 생각해? 난 그 엄마가 처벌 받지 않으면 좋겠어.

나: 난 너와 다른 (의무 / 견해)를 가지고 있어. 그 엄마가 법대로 처벌을 받아야 한다고 생각해.

8. 가: 대통령 후보들의 (역설 / 공약) 모두 꼼꼼하게 봤어?

나: 응, 난 어떤 후보를 선택할지 결정했어.

9. 가: 이 화장품은 주름을 없애는 데 효과가 있다고 (검증된 / 거론한) 제품이래.

나: 그래? 그럼 한번 써 봐야겠다.

DAY 32

세계

The World

문장을 통해 이어서 학습할 단어의 의미를 추측해 봅시다.

01. 국가 **간**에 필요한 것을 사고 파는 활동을 무역이라고 한다.

02. 우리나라는 올림픽, 월드컵 등 국제 대회에서 늘 상위권 성적에 드는 스포츠 **강국이다**.

03. 고려는 다른 나라의 문화를 적극적으로 받아들이는 **개방적인** 문화 정책을 펼쳤다.

04. 한일 월드컵은 역사상 최초로 두 나라가 **공동**으로 개최했다.

05. 국가 간의 경제 **교류**로 다양한 식재료가 수입되면서 국민들의 식생활도 달라졌다.

06. **급변하는** 세계에 적응하기 위해서는 시대의 변화를 빠르게 받아들여야 한다.

07. **세계 보건 기구**(WHO)는 인류가 건강하게 생활할 수 있도록 돕기 위해 만들어졌다.

08. 세계 많은 나라가 어린이날을 지정하여 어린이들을 위한 **기념** 행사를 연다.

09. 정부는 외국인들에게 한글의 우수성을 알려 한글이 세계로 **나아갈 수 있도록** 노력하고 있다.

10. 테러로 인해 전 세계 공항들의 **보안**이 강화되었다.

01. 간

의존명사

between, among

유의어 사이

영화 '내 친구'는 친구 **간**의 우정을 다룬 영화다.

The movie "My Friend" is about the companionship **between** friends.

기출 표현 국가 간의 교류, 신하들 간의 갈등, 친구 간의 우정

---

02. 강국

명

world power, strong nation

반의어 약국

우리나라는 이번 올림픽에서 태권도 **강국**다운 경기력을 보여 줬다.

Korea showed the athletic performance of a **world power** in Taekwondo at the Olympics.

기출 표현 경제 강국, 기술 강국, 문화 강국, 스포츠 강국

---

03. 개방(하다)

명/동

opening, to be open

유의어 열다

반의어 폐쇄(하다)

우리 학교는 시험 기간에 도서관을 24시간 **개방한다**.

During exam periods, our school library **is open** 24 hours a day.

기출 표현 개방적, 개방되다, 개방 시간, 무료로 개방하다

---

04. 공동

명

communal, joint, co-

지구는 한 사람이나 국가의 것이 아닌 인류 **공동**의 것이다.

The Earth doesn't belong to one person or country, but **communally** to humankind.

기출 표현 공동체, 공동생활, 공동 작업, 공동 출시, 공동으로 사용하다

출제 TIP

'공동체'란 목적이나 행동, 생활 등을 같이 하는 집단을 말합니다.

---

05. 교류(하다)

명/동

(to) exchange

가: 외국인 친구를 사귀고 싶은데 좋은 방법이 없을까?

I want to make foreign friends. What's a good way to do it?

나: 우리 동아리에 가입하는 건 어때? 외국인 친구와 언어도 교환하고 문화도 **교류할 수 있어**.

How about joining our club? You can do language exchanges with foreign friends and cultural **exchanges** too.

기출 표현 교류되다, 문화 교류, 교류가 활발하다, 의견을 교류하다

06. 급변(하다)
명/동
a sudden change,
to change suddenly

가까운 미래도 알기 어려울 만큼 **급변하는** 시대에 살고 있다.
We're living in a time of such **sudden change** that it's hard to predict even the near future.

기출 표현 급변되다, 상황이 급변하다, 환경이 급변하다

---

07. 기구[1]
명
organization

세계 여러 나라들은 **국제기구**를 통해서 공통의 문제를 해결하기 위해 노력한다.
Many countries around the world try to solve common problems through **international organizations**.

기출 표현 국제기구, 행정 기구, 기구를 구성하다

---

08. 기념(하다)
명/동
commemoration,
to commemorate,
to celebrate

가: 오늘 미카 씨가 점심을 사 주기로 했다면서요?
I heard Mika decided to buy lunch today.

나: 네, 취직 **기념**으로 한턱낸대요.
Yes, he said he'd pay in **celebration** of getting hired.

기출 표현 기념일, 기념품, 기념회, 졸업 기념, 기념 행사

---

09. 나아가다
동
to progress,
to advance,
to move forward

가: 제 꿈은 국가대표 선수가 되는 거예요.
My dream is to become a national athlete.

나: 그렇게 목표를 가지고 **나아가다 보면** 꿈을 이룰 수 있을 거예요.
If you move forward with that goal, you'll be able to achieve your dream.

기출 표현 명(으)로 나아가다 | 한 걸음 나아가다, 앞으로 나아가다,
발전적인 방향으로 나아가다

---

10. 보안
명
security

비밀번호나 주민 등록 번호와 같은 개인 정보는 **보안**을 철저히 해야 한다.
Personal information like passwords or ID numbers should be kept in close **security**.

기출 표현 국가 보안, 보안 강화, 보안이 철저하다

문장을 통해 이어서 학습할 단어의 의미를 추측해 봅시다.

11. 세계에서 한국을 부르는 이름인 'KOREA'는 고려에서 **비롯됐다**.

12. 세계 여러 나라는 각 나라를 **상징하는** 꽃이 있다.

13. 두 나라는 오랜 갈등을 해결하기 위해 평화 협상을 **시도했다**.

14. 이번 월드컵에 전 세계인의 관심이 **쏠렸다**.

15. 한류 **열풍**으로 인해 가요, 드라마, 음식 등 한국의 문화가 전 세계에 알려지게 되었다.

16. 한국은 전 세계 여러 나라와 **외교** 관계를 맺고 있다.

17. 세계 평화의 날을 맞아 세계 곳곳에서 전쟁 반대를 **외쳤다**.

18. 한국은 1988년에 올림픽을 **유치했다**.

19. 세계 문화유산을 통해 우리는 **인류**의 역사를 확인할 수 있다.

20. **전쟁**으로 수많은 사람들이 집과 가족을 잃고 고통 속에 살고 있다.

11. 비롯하다
[동]
to begin from, to originate from

두 나라의 갈등은 사소한 의견 차이에서 **비롯되었다.**
The conflict between the two countries **began** from a small difference in opinion.

기출 표현 [명]에서 비롯되다 | 비롯되다, 비롯한 사건

---

12. 상징(하다)
[명/동]
symbol, to symbolize, to represent

태극기는 한국을 **상징하는** 국기이다.
Taegeukgi is the national flag that **represents** Korea.

기출 표현 상징적, 상징성, 상징되다, 상징이 되다, 평화를 상징하다

---

13. 시도(하다)
[명/동]
(to) try, (to) attempt

늘 액션 영화의 주인공을 맡았던 배우 김규원 씨는 이번 코미디 영화를 통해 연기 변신을 **시도했다.**
Actor Kim Gyuwon, who has always taken on the role of the hero in action movies, **attempted** a change in his acting through this comedy film.

기출 표현 시도되다, 새롭게 시도하다

---

14. 쏠리다
[동]
to focus on, to fall upon

그 배우의 몸을 아끼지 않는 연기에 전 세계의 시선이 **쏠렸다.**
The gaze of the whole world **fell upon** the actor's unsparing performance.

기출 표현 관심이 쏠리다

---

15. 열풍
[명]
craze

가: 채식을 하면 건강도 지키고 지구 환경도 지킬 수 있대요.
They say that if you're a vegetarian, you can stay healthy and protect the environment.

나: 맞아요. 그래서 요즘 전 세계적으로 채식 **열풍**이 불고 있어요.
That's right. That's why there's a vegetarian **craze** all around the world these days.

기출 표현 열풍이 불다, 열풍이 거세다, 열풍이 이어지다

---

16. 외교
명
diplomacy

외교관은 우리나라를 다른 나라에 알리고 외국에 있는 우리나라 국민을 보호하는 일을 한다.
Diplomats do work to make our country known to other countries and protect citizens of our country who live abroad.

기출 표현 외교적, 외교 관계, 외교 문서, 외교 문제

---

17. 외치다
동
to shout, to protest

마을 주민들이 모여 공장 건설 반대를 **외쳤다**.
The residents of the town gathered to **protest** the construction of the factory.

기출 표현 평화를 외치다

---

18. 유치(하다)
명/동
attraction, to attract, to host

축제 철을 맞아 각 지역에서는 관광객을 **유치하기 위해** 힘을 쏟고 있다.
For the festival season, each region is doing its best **to attract** tourists.

기출 표현 유치되다, 유학생을 유치하다, 행사를/올림픽을/박람회를 유치하다

---

19. 인류
명
humankind, humanity

지금으로부터 약 300만 년 전에 **인류**가 지구상에 처음 나타났다고 한다.
It's said that **humankind** first appeared on the face of the Earth about 3,000,000 years ago.

기출 표현 인류적, 인류 역사, 인류 사회, 인류 평화

---

20. 전쟁
명
war

전쟁이 일어나면 다른 나라의 문화재를 빼앗거나 훼손하는 경우가 많았다.
There are many instances in which cultural assets were taken or damaged by another country during **war**.

기출 표현 전쟁이 일어나다/발생하다, 전쟁이 벌어지다, 전쟁을 일으키다, 전쟁에서 승리하다/패배하다

☑ 문장을 통해 이어서 학습할 단어의 의미를 추측해 봅시다.

21. 크리스트교와 이슬람교, 불교는 세계 3대 **종교이다**.

22. **지구촌** 최대의 축제인 올림픽은 4년마다 개최하는 국제 스포츠 대회이다.

23. 한국 음악과 드라마가 국내를 넘어 세계로 **진출하여** 이름을 알리고 있다.

24. 세계 물의 날은 전 세계적인 물 부족 문제에 대한 관심을 **촉구하기 위해** 제정되었다.

25. 국가 간의 갈등으로 인해 **테러**나 전쟁이 일어나기도 한다.

26. UN은 세계 **평화**를 목적으로 국제 사회의 갈등을 해결하기 위해 만들어졌다.

27. 여권은 크기가 전 세계적으로 **표준화**되어 있다.

28. 각 국가에서 해결하기 힘든 문제가 생기면 여러 나라가 **협력하여** 해결하기도 한다.

29. 두 나라는 **협상**을 통해 전쟁을 끝내기로 합의했다.

30. 한국 음식의 해외 진출이 **활발해지면서** 한식의 세계화가 이루어지고 있다.

21. 종교

명
religion

종교의 자유가 있다는 것은 자유롭게 원하는 종교를 가질 수 있다는 뜻이다.

Having freedom of **religion** means that you can freely have whatever religion you want.

기출 표현 종교적, 종교 단체, 종교 활동, 종교를 가지다, 종교를 믿다

만점으로 가는 배경지식

한국은 옛날부터 다른 나라와의 교류를 통해 다양한 종교가 들어왔습니다. 삼국 시대에는 불교가 전해졌고, 조선 시대에는 유교가 생활 깊숙이 자리 잡았습니다. 유교는 한국인들의 삶에 큰 영향을 끼쳤고 지금도 유교와 관련된 생활 습관이 많이 남아 있습니다. 조선 후기에는 크리스트교가 전해졌고, 최근에는 국제 교류가 활발해지면서 세계의 다양한 종교들이 전해지고 있습니다.

---

22. 지구촌

명
global (village), around the world

이 프로그램은 **지구촌** 곳곳에서 일어나는 재미있는 일을 소개한다.

This program introduces interesting things happening all **around the world**.

기출 표현 지구촌 축제, 지구촌에 살다

---

23. 진출(하다)

명/동
entrance, to enter (into), to advance

유의어 나가다

우리나라 기업의 제품이 해외로 **진출해** 좋은 평을 얻고 있다.

Products of Korean businesses have **entered into** foreign countries and are receiving positive evaluations.

기출 표현 해외 진출, 해외에 진출하다, 진출에 성공하다/실패하다

---

24. 촉구(하다) ☆

명/동
prodding, to prod, to press, to call for

대학생들은 등록금 인상에 반대하며 학교 측에 등록금을 인하해 줄 것을 **촉구했다**.

College students opposed the increase in tuition fees and **pressed** the school to reduce the fees.

기출 표현 시정을 촉구하다, 대책을 촉구하다

---

25. 테러

명
terrorism

바이러스는 전쟁이나 **테러**에서 무기로 사용되기도 한다.

Viruses can also be used as weapons of war or **terrorism**.

기출 표현 테러리스트, 테러 위험, 테러가 발생하다

---

26. 평화
명
peace
형용사 평화롭다

가: 지난 주말에 시골에 가서 찍은 사진이에요.
This is a picture I took when I went to the countryside last weekend.
나: 가을 농촌 풍경이 **평화로워** 보이네요.
The rural fall scenery looks **peaceful**.

기출 표현 평화적, 평화를 외치다, 평화를 상징하다, 평화를 추구하다

---

27. 표준
명
standard

표준어란 한 나라가 공통으로 사용하기로 정한 말을 뜻한다.
Standard language refers to a language that a country has decided on for common use.

기출 표현 표준을 정하다, 표준으로 삼다

---

28. 협력(하다)
명/동
cooperation, to cooperate

경제 발전을 위해서는 이웃 나라와의 **협력**이 필요하다.
Cooperation with neighboring countries is required for economic development.

기출 표현 경제/기술 협력, 협력 관계, 정부와 협력하다

---

29. 협상(하다)
명/동
negotiation, to negotiate

노동자들은 사장과 직접 만나 임금 문제를 **협상하겠다고 밝혔다**.
The laborers **revealed that** they would meet the boss in person and **negotiate** regarding the wage issue.

기출 표현 협상되다, 국제 협상, 임금 협상, 협상을 벌이다, 협상이 진행되다, 가격을 협상하다, 협상을 통해 해결하다

---

30. 활발하다
형
to be lively, to be active

가수 박정우는 국내뿐만 아니라 해외에서도 음악 활동을 **활발히** 하고 있다.
Singer Park Jeongwu is **actively** engaged in his musical career not only domestically but abroad as well.

기출 표현 부 활발히 | 교류가 활발하다, 이용이 활발하다, 활동/움직임이 활발하다, 공조가 활발하다

DAY 32 | 앞에서 배운 내용을 확인해 봅시다.

[1-5] 다음 빈칸에 들어갈 단어를 [보기]에서 골라 알맞게 쓰십시오.

보기	교류(하다)	촉구(하다)	시도(하다)	나아가다	상징(하다)

1. 빨간색 하트 모양은 전 세계에서 사랑을 ______________. (-ㄴ/는다)
2. 아파트 주민들은 안전을 위해 건널목에 횡단보도를 더 늘려 달라고 ______________. (-았/었다)
3. 두 나라는 서로 가까이 있어서 옛날부터 문화, 경제적으로 ______________ 활발했다. (이/가)
4. 신제품 홍보 방법은 여러 차례 회의를 거쳐서 발전적인 방향으로 ______________. (-았/었다)
5. 디자이너는 새로운 소재로 옷을 만드는 방법을 ______________. (-았/었다)

[6-7] 다음 밑줄 친 단어와 의미가 비슷한 단어를 [보기]에서 골라 쓰십시오.

보기	진출(하다)	개방(하다)	비롯(하다)

6. 주민들을 위해서 학교 운동장을 주말에 무료로 <u>열어 준다</u>. (　　　　　)
7. 한국 영화가 해외에 <u>나가서</u> 좋은 반응을 얻고 있다. (　　　　　)

[8-9] 다음 괄호 안에 알맞은 단어를 고르십시오.

8. 가: 어떤 (보안 / 종교)에서는 소고기를 못 먹는대요.

   나: 네, 소를 보호하기 위해서래요.

9. 가: 요즘 영어 조기 교육 (열풍 / 협상)이 불고 있다면서요.

   나: 네, 영어 학원에 안 다니는 아이가 없는 것 같아요.

DAY 33 | 복습 3

REVIEW 3

[1-2] 다음을 보고 빈칸에 들어갈 알맞은 단어를 고르십시오.

1.

> 보기 | **사랑을 나누면 행복이 커집니다.**
>
> 어려운 국가의 아이들에게 꿈과 희망을 주기 위하여
> 해외 ( ) 참가자를 모집하고 있습니다.
> 많은 분들의 참여 바랍니다.

① 대여
② 봉사
③ 복지
④ 보장

2.

> 보기 | **NBS 방송국 ( ) 사원 모집**
>
> 방송의 꿈을 가진 여러분을 NBS가 원합니다!
> 많은 지원 바랍니다.

① 면접
② 인력
③ 연수
④ 신입

[3-5] 다음 그래프를 보고 빈칸에 들어갈 알맞은 단어를 [보기]에서 골라 쓰십시오.

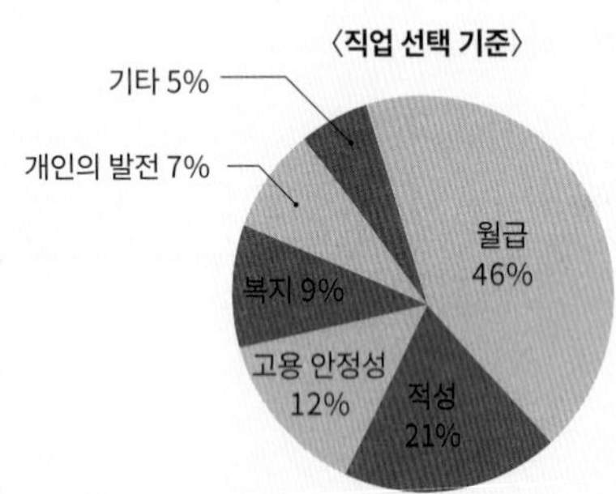

> 보기 | 대폭 목적 설문조사
> 잇다 차지하다 절반

조사 기관 : 한국신문
조사 대상 : 20대 직장인 1,000명

3. 한국신문이 20대 직장인 1,000명에게 '직장 선택 기준'에 대해 ( )을/를 실시한 결과 가장 중요한 조건은 월급 46% 인 것으로 나타났다.

4. 다음으로는 적성 21%, 고용 안정성 12%, 복지 9%, 개인의 발전 7%이 뒤를 ( ).

5. 응답자의 ( )에 가까운 수가 '돈'을 가장 중요한 조건으로 선택한 것을 보아 요즘 젊은 직장인들은 흥미와 적성보다 경제적 안정에 가치를 두는 것을 알 수 있다.

[6-11] 다음 글을 읽고 ( )에 들어갈 알맞은 단어를 고르십시오.

6.

한국은 1960년대부터 ( )의 영향으로 젊은 사람들이 일자리가 풍부한 도시로 모여 도시에 인구가 집중되었고 농촌에는 노인들만이 남아 노동력이 부족해지는 문제가 발생하였다.

① 자동화 ② 산업화 ③ 활성화 ④ 기계화

7.

청소년 범죄가 갈수록 늘면서 청소년 범죄의 처벌을 ( ) 의견이 많다. 하지만 처벌보다는 교육으로 올바른 길로 이끄는 것이 바람직하다는 주장도 적지 않다.

① 반영해야 한다는 ② 수정해야 한다는 ③ 강화해야 한다는 ④ 조정해야 한다는

8.

사람이 직업을 가져야 하는 가장 큰 이유는 ( )을/를 얻기 위해서이다. 돈을 벌어야 기본적인 생활이 가능하기 때문이다. 그렇다고 해서 직업을 갖는 이유가 꼭 돈을 벌기 위해서만은 아니다. 직업을 통해 자신의 역량을 발휘하고 목표를 달성함으로써 행복과 보람을 느끼게 해 준다.

① 소득 ② 매출 ③ 금액 ④ 자본

9.

한국의 음악과 드라마 등이 세계적인 한류 ( )을/를 일으키고 있다. 이로 인해 세계 여러 나라에서 한국을 방문하는 관광객들이 빠른 속도로 늘어나고 있다. 한국의 대중문화가 큰 인기를 끌면서 한국에 대한 관심도 늘어났기 때문이다.

① 외교 ② 열풍 ③ 진출 ④ 협상

10.

선거 전 후보자들은 법에서 정한 기간 동안 선거 운동을 한다. 이때 후보들은 각종 ( )을/를 내놓는데 이때 후보자가 어떤 생각으로 정치를 하려고 하는지, 국민을 위해 열심히 일할 수 있는 사람인지를 판단해서 표를 줄지 결정해야 한다.

① 선언 ② 전략 ③ 당부 ④ 공약

11.

매달 빵을 사서 홀로 사는 노인들에게 나눠 줘 '빵 할아버지'로 불리는 김지상 씨가 올해 어려운 이웃을 돕는 사람에게 주는 '행복나눔상'을 수상했다. 김 씨는 상금으로 받은 200만 원을 어려운 이웃에게 ( ) 예정이라고 밝혔다.

① 제공할 ② 대여할 ③ 공유할 ④ 기부할

[12-13] 다음을 읽고 밑줄 친 부분과 같은 의미의 단어를 고르십시오.

12.

햄버거 효과란 경제 상황이 좋지 않을 때 비싼 음식 대신 햄버거나 라면 등의 저렴한 음식을 많이 먹게 되는 현상을 말한다. 실제로 경제가 어려워지면 대부분의 식품 회사들은 매출이 줄어드는 반면 라면 회사는 오히려 매출이 증가한다.

① 금융 ② 경향 ③ 경기 ④ 불황

13.

연예인은 언제나 대중의 큰 관심을 받는다. 특히 최근에는 연예인의 연애, 결혼, 이혼 등과 같은 개인의 일상 생활이 대중에게 공개되어 피해가 발생하고 있다. 아무리 대중의 관심을 받는 연예인이라도 개인의 일상을 공개하지 않을 권리가 있다.

① 생계 ② 사생활 ③ 불평등 ④ 불합리

14. 다음을 읽고 밑줄 친 부분과 바꿔 쓸 수 있는 단어를 본문에서 찾아 쓰십시오. (   )

'성차별'이란 성이 다르다는 이유만으로 남녀를 차별하는 것을 말한다. 성의 역할은 태어날 때부터 정해진 것이 아니기 때문에 남자의 역할, 여자의 역할이 따로 있는 것이 아니다. 따라서 개인의 능력이 아닌 성별로 사람을 다르게 대하는 것은 바람직하지 않다.

[15-16] 다음을 읽고 질문에 답하십시오.

백화점은 일 년 중 3달을 제외하고는 거의 매일 할인 행사를 한다. 백화점이 이렇게 할인 판매를 자주 하는 이유는 평소에 물건을 잘 사지 않는 사람들도 할인 기간에는 물건을 ㉠사기 때문에 물건을 많이 팔 수 있어서, 평소보다 더 큰 ㉡이익을 남길 수 있기 때문이다.

15. ㉠과 바꿔 쓸 수 있는 단어를 고르십시오.

① 수입하기 때문에 ② 책정하기 때문에 ③ 투자하기 때문에 ④ 구매하기 때문에

16. ㉡과 반대되는 의미의 단어를 쓰십시오. (   )

[17-18] 다음을 읽고 질문에 답하십시오.

최근 세계 각국에서 한국 음료에 대한 관심이 높아져 한국의 전통 술인 막걸리를 찾는 해외 소비자가 늘고 있다. 이러한 분위기에 발맞춰 우리 회사는 막걸리 신제품 출시를 준비 중이다. 해외 소비자의 입맛을 (㉠) 맛과 향에 신경을 썼으며 ㉡다른 나라에 팔기 위해 생산도 늘릴 계획이다.

17. (㉠)에 들어갈 단어를 고르십시오.

① 사로잡을 수 있도록 ② 추구할 수 있도록 ③ 운영할 수 있도록 ④ 조작할 수 있도록

18. ㉡과 같은 의미의 단어를 고르십시오.

① 수입 ② 수출 ③ 유통 ④ 투자

[19-20] 다음을 읽고 질문에 답하십시오.

'평생직장'이라는 말이 있듯이 과거에는 한 직장에 오래 ㉠일하고 퇴직하는 것이 일반적인 분위였다. 하지만 요즘은 한 회사를 위해 자신을 희생하면서 일할 필요가 없다고 생각하는 젊은 (㉡)이/가 늘면서 '평생직장' 이라는 말은 점점 사라지고 있다.

19. ㉠과 비슷한 의미의 단어를 고르십시오.

① 기획하다 ② 근무하다 ③ 담당하다 ④ 수행하다

20. (㉡)에 들어갈 단어를 고르십시오.

① 지위 ② 동료 ③ 세대 ④ 인원

DAY
34 날씨
Weather

문장을 통해 이어서 학습할 단어의 의미를 추측해 봅시다.

01. 한 달째 비가 오지 않아서 **건조한** 날씨가 계속되고 있다.

02. 태풍 때문에 **기상** 변화가 많아서 비행기가 취소됐다.

03. 가을에는 낮과 밤의 **기온** 차이가 크기 때문에 감기를 조심해야 한다.

04. 한국의 남쪽에 있는 제주도는 **기후**가 따뜻해서 귤 농사를 많이 짓는다.

05. 장마철인 7월 한 달 **내내** 비가 내렸다.

06. 너무 더워서 방금 산 아이스크림이 **녹아서** 손에 다 묻었다.

07. 오늘 날씨는 **대체로** 맑겠으나 밤늦게 구름이 많아지겠습니다.

08. 한국은 봄, 여름, 가을, 겨울 사계절이 **뚜렷하다**.

09. 여름에는 해가 **뜨는** 시간이 빠르다.

10. 밤낮으로 **무더위**가 계속돼서 잠을 못 자고 힘들어하는 사람들이 많다.

01. 건조(하다)

명/형/동
drying,
to be dry

반의어 습하다

가: 요즘은 세탁부터 **건조**까지 한번에 해 주는 세탁기가 인기래요.
They say that these days, washing machines that do washing and **drying** in one are popular.

나: 맞아요. 친구가 사용하고 있는데 빨래를 널지 않아도 돼서 정말 편하대요.
That's right. My friend is using one and says it's really convenient because he doesn't have to hang the laundry up to dry.

기출 표현 건조 기후, 건조시키다

02. 기상

명
weather

유의어 날씨

가: 여행은 재미있었어요?
Was your trip fun?

나: 네, 그런데 올 때 **기상** 상황이 좋지 않아서 비행기가 많이 흔들려서 너무 무서웠어요.
Yes, but on the way back, **weather** conditions weren't good, so the plane shook a lot and it was really scary.

기출 표현 기상 상태, 기상 이변

출제 TIP

기출 어휘인 '기상청'에 대해 알아봅시다.

기상청은 일기 예보를 만들고, 다양한 자료를 통해 앞으로의 날씨를 예측하여 알려 주는 일을 하는 기관입니다.

예 기상청에서 날씨를 관찰하고 태풍을 예보했다.

03. 기온

명
temperature

내일의 날씨를 말씀드리겠습니다. 내일은 **기온**이 영하로 내려가면서 많이 춥겠습니다.
And now for tomorrow's weather. Tomorrow will be very cold, with **temperatures** falling below zero.

기출 표현 기온이 높다/낮다, 기온이 올라가다/내려가다

04. 기후

명
climate

가: 다니엘 씨 고향은 날씨가 어때요?
How is the weather in your hometown, Daniel?

나: 제 고향은 미국 LA인데 항상 따뜻한 **기후**예요.
My hometown is LA in the United States, and the **climate** is always warm.

기출 표현 기후 변화, 기후가 좋다

05. 내내

부
throughout,
all (during)

유의어 계속

놀이 공원의 회원이 되시면 1년 **내내** 수영장을 무료로 이용하실 수 있습니다.
If you become a member at the amusement park, you can use the swimming pool for free **throughout** 1 year.

기출 표현 일 년 내내, 방학 내내

06. 녹다

동

to melt

반의어 얼다

가: 저는 여름에는 바다에 자주 가요.

I go to the beach often in the summer.

나: 저는 진짜 더울 때는 얼음을 입에 넣고 **녹여서** 먹어요. 그럼 좀 시원하더라고요.

When it's really hot, I put ice in my mouth and let it **melt** and eat it. Then I feel a bit cooler.

기출 표현 얼음이 녹다

---

07. 대체로

부

overall, generally, mainly

유의어 대부분

가: 아침 먹고 출근해요?

Do you eat breakfast before you go to work?

나: 저는 일주일에 한 번 정도 집에서 먹고 **대체로** 출근해서 간단하게 먹어요.

I eat at home about once a week, and **generally** I go to work and then eat something simple.

기출 표현 대체로 그렇다, 대체로 다음과 같다

---

08. 뚜렷하다

형

to be distinct

유의어 분명하다

가: 한국은 여름에 비가 많이 오는 것 같아요.

It seems like it rains a lot in the summer in Korea.

나: 네, 비가 집중적으로 오는 것이 **뚜렷한** 여름 날씨 특징이에요.

Yes, for it to rain heavily is a **distinct** feature of the summer weather.

기출 표현 뚜렷한 모습, 뚜렷한 특징, 의식이 뚜렷하다

---

09. 뜨다

동

(for the sun, moon, stars, etc.) to rise

유의어 떠오르다

반의어 지다

가: 오늘 보름달이 **떴네요**.

A full moon **has risen** tonight.

나: 달이 정말 동그랗고 밝네요.

The moon is really round and bright.

기출 표현 해가 뜨다, 달이 뜨다

---

10. 무더위

명

extreme heat, heatwave

유의어 폭염

반의어 강추위

가: 요즘 너무 더워서 그런지 입맛도 없고 아무것도 하기 싫어요.

Maybe because it's so hot lately, I have no appetite and I don't want to do anything.

나: 냉면을 먹어 보세요. 한국 사람들은 **무더위**에 지쳤을 때 새콤하고 시원한 냉면을 많이 먹어요.

Try having naengmyeon [cold noodles]. When Korean people are tired from the **extreme heat**, they eat a lot of sour and refreshing naengmyeon.

기출 표현 무더위가 계속되다, 무더위가 꺾이다

☑ 문장을 통해 이어서 학습할 단어의 의미를 추측해 봅시다.

11. 날씨가 쌀쌀해지면 피부가 **민감해서** 많이 건조해진다.

12. 사람들의 옷차림을 보면 계절의 **변화**를 잘 알 수 있다.

13. 올해 겨울은 작년 겨울보다 **비교적** 춥지 않은 편이다.

14. 비가 많이 오는 여름에는 **습도**가 높아서 빨래가 잘 마르지 않는다.

15. 길에 눈이 **쌓여서** 미끄럽다.

16. 기상청은 내일 눈이 내릴 것이라고 **예보했다**.

17. 가을 단풍 구경을 가고 싶으면 인터넷에서 단풍 **예측** 지도를 보고 계획을 세우는 것이 좋다.

18. 아침과 저녁에 **일교차**가 큰 날씨에는 감기에 걸리는 사람들이 많다.

19. 오늘 전국에 무더위가 이어지겠고 **일부** 지역에서는 오후에 소나기가 내리겠습니다.

20. 이곳은 따뜻하고 비도 적당히 내려서 농사를 짓기에 **적합한** 곳이다.

11. 민감(하다)
명/형
sensitivity, to be sensitive

가: 운동선수들은 날씨에 **민감할 수밖에** 없겠어요.
Athletes **can't help but be sensitive** to the weather.
나: 맞아요. 날씨가 안 좋으면 실력을 제대로 발휘할 수 없으니까요.
Right. Because if the weather isn't good, they can't show their skills properly.
기출 표현 민감하게 반응하다, 환경에 민감하다

---

12. 변화(하다)
명/동
(to) change

가: 요즘은 사람들이 꼭 결혼을 해야 한다고 생각하지 않는 것 같아요.
I think that people these days don't think marriage is absolutely necessary.
나: 네, 결혼에 대한 사람들의 인식이 **변화한 것 같아요**.
Yes, it **seems** that people's perception of marriage **has changed**.
기출 표현 온도 변화, 인식 변화, 변화를 겪다, 변화가 없다, 변화가 일어나다, 변화에 민감하다

---

13. 비교(하다)
명/동
comparison, to compare

가: 저는 쇼핑할 때 다른 가게나 인터넷으로 가격 **비교**를 하고 사요.
When I shop, I **compare** prices with other stores or on the internet and then buy something.
나: 저도 그래요. 그래서 쇼핑할 때 시간이 오래 걸리는 편이에요.
I do too. That's why I tend to take a long time to shop.
기출 표현 비교적, 비교 대상, 비교가 안 되다

---

14. 습도
명
humidity

가: 아기들은 피부가 약해서 온도하고 **습도**를 잘 조절해 줘야 해요.
Babies have sensitive skin, so we have to control the temperature and **humidity** well for them.
나: 네, 요즘은 좀 춥고 **습도**도 낮아서 아기 피부가 건조해진 것 같아요.
Yes, I think my baby's skin has gotten dry because lately it's a little cold and the **humidity** is low.
기출 표현 습도가 높다

---

15. 쌓이다
동
to build up, to pile up

가: 요즘 회사 일이 많은 데다가 일도 잘 안돼서 너무 답답해요.
Lately I have a lot of work at the office, and on top of that, things aren't going well, so I feel so frustrated.
나: 마음속에 걱정이 **쌓이면** 병이 생긴대요. 스트레스 너무 많이 받지 마세요.
They say that you can get sick if you let a lot of worries **build up** in your mind. Don't get too stressed out.
기출 표현 행복이 쌓이다, 분노가 쌓이다

---

16. 예보
명
forecast, prediction

가: 박 과장님, 우산 가져오셨어요? 오늘 비가 올 거라는 **예보**가 있었어요.
Park Gwajang-nim [manager], did you bring an umbrella? The **forecast** said it's going to rain today.

나: 저는 일기 **예보**를 못 봐서 우산을 안 가져왔는데요.
I didn't see the weather **forecast** so I didn't bring an umbrella.

기출 표현 일기 예보, 기상청 예보, 폭풍 예보

---

17. 예측(하다)
명/동
prediction, to predict

유의어 예상(하다)

김 선수가 금메달을 딸 것이라는 전문가들의 **예측**이 정확하게 맞았다.
The **predictions** from experts that athlete Kim would win the gold medal were accurate.

기출 표현 예측되다, 미래를 예측하다, 예측이 맞다

출제 TIP

'예보'와 '예측'의 차이를 알아봅시다.

- **예보:** 앞으로 일어날 일을 미리 알려주고 보도한다는 의미입니다. 주로 '일기 예보'로 많이 사용됩니다. 예 일주일 동안 비가 계속 내릴 것이라고 예보됐다.
- **예측:** 미래의 일을 생각하는 의미로 다양한 상황에서 사용합니다.
예 두 팀의 실력이 비슷해서 어느 팀이 이길지 예측이 불가능하다.

---

18. 일교차
명
daily temperature range

요즘같이 **일교차**가 큰 날씨에는 외출할 때 입고 벗기에 편한 옷을 챙기는 것이 좋다.
In weather with a big **daily temperature range** like these days, when going out, it's good to bring clothes that are easy to put on and take off.

기출 표현 일교차가 크다

---

19. 일부
명
part, portion

유의어 일부분

반의어 모두, 전체

가: A회사에서 다음 달에 새로 출시할 새 핸드폰의 **일부**만 공개했대요.
I heard that Company A revealed just a **part** of the new cell phone they're releasing next month.

나: 봤어요. **일부**만 봤는데도 디자인이 너무 예쁘더라고요.
I saw it. Even though I only saw a **part** of it, it's really pretty.

기출 표현 일부 지역, 일부 인정하다

---

20. 적합(하다)
명/형
appropriateness, to be appropriate, to be suitable

반의어 부적합(하다)

가: 이 집은 방이 5개고 거실이 넓어요. 어떠세요?
This house has 5 rooms and the living room is spacious. What do you think?

나: 방이 많아서 식구가 많은 우리 가족에게 **적합한** 집이네요. 마음에 들어요.
Since it's has a lot of rooms, it's a house that's **suitable** for a family with a lot of people in it, like ours. I like it.

기출 표현 적합한 기후, 명에 적합하다

문장을 통해 이어서 학습할 단어의 의미를 추측해 봅시다.

21. 오늘은 **전국**에 비가 내리겠습니다.

22. 한국의 여름에는 제주도를 포함한 남부 **지방**에 태풍이 자주 온다.

23. 시원한 가을이 되면 제주도 서쪽 **지역**에서 돌고래를 볼 수 있다.

24. 계절이 바뀌면 **철**이 지난 옷은 세탁해서 옷장에 넣어 둔다.

25. 서울의 아침 기온이 영하 3도인데 바람이 많이 불어서 **체감** 온도는 영하 8도까지 내려가겠습니다.

26. 강수량은 한 시간에 내린 비가 몇 밀리미터인지 **측정해서** 나온 결과를 말한다.

27. 옛날 한국에서는 **태양**의 위치에 따라 1년을 24개로 나눠서 달력처럼 사용했다.

28. 한국 봄의 **평균** 기온은 12도 정도이다.

29. 봄이 되고 날씨가 많이 **풀려서** 사람들 옷차림도 가벼워지고 길가에는 꽃도 피려고 한다.

30. **환절기**에는 낮과 밤의 일교차가 크기 때문에 건강 관리를 잘해야 한다.

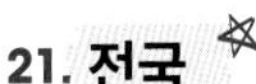

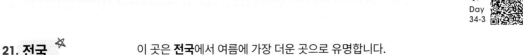

21. 전국
명
the entire country, across the country

이 곳은 **전국**에서 여름에 가장 더운 곳으로 유명합니다.
This place is famous for being the hottest place in **the entire country** in the summer.

기출 표현 전국 곳곳, 전국적, 전국으로 확대되다

---

22. 지방[1]
명
area, region

가: 링링 씨, 안 추워요? 옷을 왜 이렇게 얇게 입었어요?
Lingling, aren't you cold? Why are you dressed in such thin clothes?

나: 제 고향은 하얼빈이에요. 추운 **지방**에서 살아서 그런지 저는 추위를 잘 안 타요.
My hometown is Harbin. Maybe because I lived in such a cold **area**, I don't get cold easily.

기출 표현 중부 지방, 지방 자치 단체, 지방 도시

만점으로 가는 배경지식

일기 예보에 나오는 한국의 지역을 정리합시다.

- **중부 지방:** 서울, 경기도, 강원도, 충청도
- **남부 지방:** 전라도, 경상도, 제주도

---

23. 지역
명
area, region

가: 김치 종류가 정말 다양하네요.
There sure are a lot of different kinds of kimchi.

나: 네, **지역**에 따라서 김치 맛도 달라요. 여행 가면 그 **지역** 김치를 먹어 보세요.
Yes, and the taste of kimchi differs depending on the **region**. When you travel, try out that **region's** kimchi.

기출 표현 서울 지역, 지역 주민, 지역별

---

24. 철
명
season

유의어 계절

가: 요즘 매일 비가 내리네요.
It rains every day lately.

나: 지금이 장마**철**이라서 그래요. 한국은 6월이나 7월 초에 비가 많이 내리는 장마**철**이 있어요.
That's because it's the rainy **season** right now. In Korea, there's a rainy **season** in June or early July, when it rains a lot.

기출 표현 장마철, 겨울철, 여름철, 휴가철

---

25. 체감(하다)
명/동
(to) feel, to experience

유의어 느끼다

가: 뉴스에서는 물가가 이제 안정되었다고 하는데 아직도 장 보러 가면 너무 비싸죠?
The news says that prices have stabilized now, but isn't it still so expensive when you go shopping?

나: 네, **체감** 물가는 아직도 그대로인데 왜 물가가 안정되었다고 하는지 모르겠어요.
Yes, it **feels** like prices are still the same. I don't know why they say prices have stabilized.

기출 표현 체감 온도, 체감 물가

26. 측정(하다)
명/동
measurement,
to measure

유의어 재다

가: 몸이 조금 안 좋은데 오늘 건강 검진을 할 수 있을까요?
I'm feeling a little unwell. Can I still do my regular health check-up today?

나: 먼저 온도계로 체온을 **측정한 다음에** 열이 나지 않으면 바로 검사를 시작하겠습니다.
First we'll **measure** your temperature with a thermometer, **and** then if you don't have a fever, we'll start the check-up right away.

기출 표현 측정 장비, 측정 결과, 거리 측정, 온도를 측정하다

---

27. 태양
명
sun

유의어 해

가: 다음 주에 새해가 시작되는데 뭐 할 거예요?
The new year starts next week. What are you going to do?

나: 새해 첫날에 바다에 가서 떠오르는 **태양**을 보며 소원을 빌고 싶어요.
On the first day of the new year, I want to go to the beach and make a wish as I watch the rising **sun**.

기출 표현 태양이 뜨다, 태양이 빛나다

---

28. 평균
명
average

가: 이번 시험을 통과하려면 몇 점을 받아야 해요?
How many points do we need to pass this test?

나: 말하기, 듣기, 읽기, 쓰기의 **평균** 점수가 70점 이상이 되어야 해요.
Your **average** score from the speaking, listening, reading, and writing sections must be 70 or above.

기출 표현 월 평균, 평균을 구하다

---

29. 풀리다
동
(for the weather) to warm up

가: 날씨가 많이 **풀려서** 밖에 나가 놀기 좋은 날씨인 것 같아요.
The weather's **warmed up** a lot so it seems like good weather to go hang out outside.

나: 네, 이번 주말에 친구들하고 한강에 가야겠어요.
Yes, I should go to the Han River with friends this weekend.

기출 표현 날씨가 풀리다

---

30. 환절기
명
the change of seasons,
in between seasons

가: 어제 감기에 걸려서 병원에 갔는데 사람이 정말 많았어요.
Yesterday, I went to the doctor's office because I caught a cold, and there were so many people there.

나: 요즘 **환절기**잖아요. 이렇게 철이 바뀔 때 꼭 감기에 걸리더라고요.
It's **the change of seasons** these days. When the seasons change like this, you're sure to catch a cold.

기출 표현 환절기 날씨, 환절기가 되다

DAY 34 | 앞에서 배운 내용을 확인해 봅시다.

[1-5] 다음 빈칸에 들어갈 단어를 [보기]에서 골라 알맞게 쓰십시오.

보기	건조(하다)	지역	변화(하다)	비교(하다)	예측(하다)

1. 한국의 여름은 북쪽에 있는 나라들의 여름 날씨와 ________(-(으)면) 매우 습하다.

2. 겨울에는 샤워 후에 로션을 바르지 않으면 피부가 매우 ________(-ㄴ/는다).

3. ________(에) 따라서 배송비가 더 비싸진다.

4. 경제학자들은 내년부터 세계 경기가 좋아질 것으로 ________(-았/었다).

5. 어떤 동물들은 온도의 ________(에) 민감하게 반응해서 피부색을 바꾸거나 한다.

[6-9] 다음 괄호 안에 알맞은 단어를 고르십시오.

6. 가: 편지를 다시 쓰는 거예요?

   나: 네, 아까 커피를 쏟아서 (평균 / 일부)에 커피가 묻었거든요.

7. 가: 오늘 중부 (지방 / 전국)에 비가 온대요.

   나: 서울에도 비가 내리겠네요.

8. 가: 어? 이 물건은 뭐예요?

   나: 조선 시대에 장영실이라는 사람이 만든 물건인데 비의 양을 (측정하는 / 체감하는) 기계예요.

9. 가: 요즘 가뭄이나 폭우가 나타나는 곳이 많아진 것 같아요.

   나: 북극에 있는 빙하가 (쌓여서 / 녹아서) 많은 나라에서 이상 기후가 나타나고 있대요.

DAY

35 재해

Disasters

문장을 통해 이어서 학습할 단어의 의미를 추측해 봅시다.

01. **가뭄** 때문에 호수 바닥이 다 보일 정도로 물이 말라 버렸다.

02. 가뭄 때문에 마실 물도 부족해서 사람들이 불편을 **겪고 있다**.

03. 밤새 많은 비가 내려서 집이 물에 잠기고 가구가 물에 떠내려가는 등 피해가 **극심하다**.

04. 작은 화재에서 큰 피해가 생긴 **근본** 원인은 사람들이 안전을 중요하게 생각하지 않았기 때문이다.

05. 이 곳은 **끊임없는** 장마와 무더위로 여름 내내 피해를 본 지역이다.

06. 어린이들도 화재가 났을 때 **대처하는** 방법을 배워야 한다.

07. 한 집에서 불이 났는데 주민이 빨리 신고하고 잘 대처해서 큰 피해를 **막을 수 있었다**.

08. 이번 홍수로 집을 잃은 사람들이 백 명이 넘는 등 피해가 **막대하다**.

09. 큰 재해가 생기면 국민의 안전과 **밀접한** 관계가 있기 때문에 나라에서 안내 메시지를 보낸다.

10. 새로운 전염병이 **번지고** 있어서 많은 사람들이 마스크를 쓰기 시작했다.

01. 가뭄
명
drought

가: 와, 드디어 비가 오네요.
Wow, it's finally raining.
나: 긴 **가뭄** 때문에 농부들의 걱정이 많았는데 다행이네요.
The farmers had a lot of worries because of the long **drought**, but this is a relief.

기출 표현 가뭄 피해, 가뭄이 들다

---

02. 겪다
동
to go through, to experience
유의어 경험(하다)

오늘 아침 지하철 1호선이 고장이 나서 출근하는 시민들이 큰 불편을 **겪었습니다**.
People on their way to work **experienced** great inconvenience this morning as subway line 1 broke down.

기출 표현 갈등/고통/어려움/불편을 겪다

---

03. 극심하다
형
to be intense, to be extreme

가: 출근할 때 차 타고 온다면서요? 길이 많이 막히지 않아요?
I heard you commute by car. Aren't the roads very congested?
나: 맞아요. **극심한** 교통 체증 때문에 너무 힘들어요. 몇 번 지각한 적도 있어요.
They are. It's really difficult because of the **extreme** traffic congestion. I've even been late a few times.

기출 표현 극심한 가뭄, 극심한 온도 변화, 피해가 극심하다

---

04. 근본
명
basis

가: 쓰레기 문제가 심각한데 이 문제를 해결하려면 어떻게 해야 할까요?
The waste problem is serious. What should we do to solve this problem?
나: 가장 **근본적인** 방법은 일회용품 사용을 줄여서 쓰레기를 만들지 않는 것입니다.
The most **basic** method is to reduce usage of disposable items so that we don't produce waste.

기출 표현 근본 원인, 근본적 이유

---

05. 끊임없다
형
endless, constant
유의어 계속

얼마 전에 가뭄 때문에 피해가 컸는데 곧 태풍까지 온다니 재해가 **끊임없이** 일어나고 있다.
There was a lot of damage due to the drought a little while ago, and now with a typhoon coming soon, disasters are occurring **constantly**.

기출 표현 끊임없는 노력, 손님이 끊임없다

출제 TIP
부 끊임없이 예 밤에도 끊임없이 피아노 연주 소리가 들려서 한 시간도 못 잤다.

06. 대처(하다)

명/동

handling, to handle, to deal with

반의어 얼다

가: 오늘 지진 대피 훈련을 한다면서요?

I heard we're doing an earthquake drill today?

나: 네, 미리 연습해 둬야 실제 상황에서 제대로 **대처할 수 있으니까요.**

Yes, we need to practice beforehand in order to properly **handle** it in an actual situation.

기출 표현 대처 방안, 변화에 대처하다

---

07. 막다

동

to prevent, to block

가: 몸을 따뜻하게 해 주는 것만으로도 여러 가지 병을 **막을 수 있대요.**

They say you can prevent several diseases just by making your body warm.

나: 그래서 따뜻한 물을 자주 마시는 것이 건강에 좋군요.

So that's why drinking warm water often is good for your health.

기출 표현 병을 막다, 길을 막다, 막아 주다

---

08. 막대하다

형

to be enormous, to be huge

유의어 어마어마하다, 엄청나다

태풍 때문에 기획했던 행사를 못해서 회사에 손실이 **막대합니다.**

The planned event could not proceed because of the typhoon, and losses to the company are **enormous**.

기출 표현 막대한 비용, 막대한 손실

---

09. 밀접하다

형

to be close

최근 계속되는 더위는 기후 변화와 **밀접한** 관련이 있다.

The recent continuing heat is **closely** related to climate change.

기출 표현 밀접한 관계, 밀접하게 관련되다

---

10. 번지다

동

to spread

가: 김지민 기자, 이번 화재의 원인이 무엇입니까?

Reporter Kim Jimin, what was the cause of the blaze?

나: 이번 화재는 창고에서 난 불이 옆 건물로 **번지면서** 대형 화재로 이어졌습니다.

The blaze grew from a fire that **spread** from a shed to a building next door.

기출 표현 주위로 번지다, 전염병이 번지다

문장을 통해 이어서 학습할 단어의 의미를 추측해 봅시다.

11. 이번 홍수로 집을 잃은 사람들에게 나라에서 돈으로 **보상해 주기로** 결정했다.

12. 정부는 이번 산불 때문에 엉망이 된 산을 **복구하기 위해** 많은 지원을 하겠다고 밝혔다.

13. 날씨가 건조하고 바람이 많이 불어서 **산불**이 크게 번졌다.

14. 지진과 같은 재해를 겪은 사람들의 심리 **상태**가 매우 불안할 수 있으니 자세히 살펴야 한다.

15. 겨울에 등산을 할 때는 미끄러짐이나 눈 때문에 생길 수 있는 **상황**을 예상하고 준비해야 된다.

16. 밤새 **쏟아진** 눈으로 지붕이 무너진 집도 있다.

17. 기상학자들은 올해 강력한 태풍이 발생한 **원인**은 따뜻한 바다 온도 때문인 것으로 밝혔다.

18. 지진, 태풍, 가뭄 등 자연 재해는 끊임없이 사람들을 **위협하고 있다**.

19. 일주일째 영하 15도의 강추위가 **이어져서** 수도관이 얼고 물이 나오지 않는 피해가 생겼다.

20. 3년 전에 강원도에서 났던 산불은 사람이 **일으킨** 최악의 재해였다.

11. 보상(하다)
명/동
compensation,
to compensate

가: 이번 폭우 피해로 물에 잠긴 자동차가 엄청 많대요.
I heard there are so many cars that were submerged underwater due to the heavy rain.

나: 네, 그래서 금융 회사들이 **보상** 팀을 만들었다고 해요.
Yes, that's why they're saying financial companies have created **compensation** teams.

기출 표현 보상 체계, 보상을 받다, 피해를 보상하다

---

12. 복구(하다)
명/동
restoration,
to restore, to repair

가: 비 때문에 피해가 큰 지역을 **복구하기 위해서** 군인, 경찰, 시민들 모두 함께 참여했대요.
I heard that soldiers, police, and citizens all participated together **in order to restore** the area that was heavily damaged by the rain.

나: 네, 자기 일처럼 마음 아파하고 같이 복구 작업을 하는 모습을 보니까 감동적이었어요.
Yes, it was moving to see them heartbroken and working together as if the job they were doing was their own.

기출 표현 피해 복구, 복구 작업, 피해 지역을 복구하다

---

13. 산불
명
forest fire

가: 이번 **산불**의 원인이 무엇입니까?
What was the cause of this **forest fire**?

나: 한 등산객이 버린 담뱃불 때문에 **산불**이 난 것으로 밝혀졌습니다.
It was established that the **forest fire** broke out because of a lit cigarette thrown away by a hiker.

기출 표현 산불의 원인, 산불이 나다, 산불이 발생하다

---

14. 상태
명
state, condition

가: 뉴스에서 봤는데 혼자 산에서 사고를 당한 사람을 겨우 찾았대.
I saw on the news that they finally found that person who had an accident alone in the mountains.

나: 응, 산에서 통신 **상태**가 안 좋아서 위치를 찾기 힘들었는데 다행히 찾았대.
Yeah, I heard it was hard to find his location because the **condition** of network connections in the mountains is bad, but thankfully they found him.

기출 표현 심리 상태, 진공 상태, 상태가 되다, 상태를 보다, 상태가 좋다, 상태를 확인하다

---

15. 상황
명
situation,
circumstances

가: 위기 **상황**에 대처하는 연습이 실제로 도움이 될까요?
Do you think practicing how to handle emergency **situations** actually helps?

나: 반복적으로 연습하다 보면 실제 **상황**에서 몸이 먼저 반응한다고 해요.
They say that if you practice repeatedly, in the real **situation**, your body reacts first.

기출 표현 위기 상황, 상황에 따라 다르다, 상황에 맞다, 상황이 발생하다, 상황을 살피다, 상황이 불리하다

---

16. 쏟아지다

동

to pour, to fall heavily (rain, precipitation, etc.)

가: 매일 운전해서 출근하더니 오늘은 왜 지하철을 타고 왔어요?

You drive to work every day, so why did you take the subway today?

나: 저녁에 비가 엄청나게 **쏟아진다고 해서요.** 위험할까 봐 차를 두고 왔어요.

Because they said it would be **pouring** rain in the evening. I thought it could be dangerous so I left my car and came in.

기출 표현 폭우가/눈이/비가 쏟아지다, 물이 쏟아지다

---

17. 원인

명

cause

유의어 이유

반의어 결과

가: 이번 사고의 **원인**은 무엇입니까?

What was the **cause** of this accident?

나: 경찰에 따르면 사고의 **원인**이 운전자의 과속이라고 밝혀졌습니다.

According to the police, the **cause** of the accident has been established to be the driver speeding.

기출 표현 사고 원인, 실패 원인, 주요 원인, 원인을 밝히다

---

18. 위협(하다)

명/동

threat, to threaten

바다에 버려진 많은 쓰레기가 바다 생물들의 생명을 **위협하고 있다.**

The large amount of garbage that has been thrown away in the ocean **is threatening** the lives of sea creatures.

기출 표현 위협을 당하다

---

19. 이어지다

동

to continue, to last

가: 요즘에 지어진 건물이 안전하지 않다는 이야기가 많아서 불안해요.

I'm uneasy as there's a lot of talk about how buildings built these days aren't safe.

나: 그러게요. 지난달부터 건물에 대한 사고 소식이 끊임없이 **이어져서** 걱정이네요.

Tell me about it. I'm worried because constant news of building accidents **has continued** since last month.

기출 표현 화재로 이어지다

---

20. 일으키다 

동

to cause, to stir up

가: 요즘 너무 일이 많아서 스트레스가 심해요. 두통 때문에 잠도 못 자서 병원에 한번 가 보려고요.

I'm seriously stressed because I have so much work these days. I can't sleep because of headaches, so I'm going to go to the doctor.

나: 스트레스가 많은 병을 **일으킨대요.** 병원에 잘 다녀오고 좀 푹 쉬세요.

They say that stress **causes** a lot of illnesses. Go to the doctor and get some good rest.

기출 표현 고장/병/산불을 일으키다

문장을 통해 이어서 학습할 단어의 의미를 추측해 봅시다.

21. 이번 홍수로 집 100채 이상이 물에 잠겨서 주민들의 **재산** 피해가 컸다.

22. 정부는 지진이 난 지역을 **재해** 구역으로 정하고 복구를 위해 최선을 다할 것을 주민과 약속했다.

23. **지진**이 나서 많은 건물이 무너졌다.

24. 이번 태풍은 많은 재산 피해를 **초래했다**.

25. 강력한 지진으로 도로가 **파괴되고** 주택이 무너졌다.

26. 주차장에서 난 불은 창고로 번지면서 5분 뒤에 건물이 **폭발했다**.

27. 아침부터 쏟아진 **폭우** 때문에 산이 무너지면서 도로가 막혔다.

28. 인간은 태풍이나 지진 같은 자연재해를 **피할 수 없다**.

29. 사람들이 모두 잠든 새벽에 지진이 나서 **피해**가 더 컸다.

30. **홍수**가 나서 집과 도로가 물에 잠겼다.

31. 이번 **화산** 폭발로 주변 지역이 연기와 화산재로 덮였다.

21. 재산

명

assets, possessions, property

김 할머니는 어렵게 모은 전 **재산**을 홍수 피해로 집을 잃은 학생들을 위해 장학금으로 기부했다.

Grandmother Kim donated all of her hard-earned **assets** to scholarships for students who lost their homes due to flood damage.

기출 표현 재산 피해, 재산을 모으다

---

22. 재해

명

diaster

유의어 재난

이번 **재해**로 인해 많은 사람이 죽고 재산 피해도 크다.

As a result of this **disaster**, many people died and property damage is huge.

기출 표현 재해 대책, 자연 재해가 일어나다

만점으로 가는 배경지식

재해 종류, 재해로 인한 피해 상황은 시험에 자주 출제되는 주제입니다. 자연재해에는 어떤 것들이 있는지 정리해 둡시다.

- **눈사태, 산사태:** 눈사태는 많이 쌓여있던 눈이 무너지면서 미끄러지는 현상이고 산사태는 폭우나 지진 때문에 산의 흙이 무너져 내리는 현상입니다.
- **가뭄, 산불:** 오랫동안 비가 안 내려서 심각한 가뭄이 들고 건조한 날씨가 이어지면 산불이 나기 쉽습니다.
- **지진, 해일:** 지진은 땅이 갈라지면서 흔들리는 현상입니다. 바다에서 지진이 나면 큰 파도가 칠 수 있는데 이것이 해일입니다.
- **태풍, 홍수:** 태풍은 강한 바람과 함께 비가 오는 것인데 이때 폭우가 내리면 홍수가 날 수 있습니다.

---

23. 지진

명

earthquake

가: 몇 년 전에 한국에 **지진**이 발생해서 대학 입학시험이 미뤄진 적이 있어요.

A few years ago, an **earthquake** occurred in Korea, so the college entrance exam was delayed.

나: 정말요? 당시에 **지진** 규모가 엄청 컸나 보네요.

Really? The scale of the **earthquake** at the time must have been really big.

기출 표현 지진이 나다/발생하다

---

24. 초래하다

동

to lead to, to cause, to result in

유의어 가져오다

가: 기후 위기가 식량 문제도 **초래한다고 합니다.**

It's said that the climate crisis **is** also **leading to** food issues.

나: 네, 그래서 지금 쉽게 살 수 있는 식재료들을 앞으로는 구하지 못할 수 있습니다.

Yes, which is why food items that can be easily bought now might be impossible to buy in the future.

기출 표현 갈등 초래, 부작용을 초래하다

---

25. 파괴(하다)

명/동

destruction, to destroy

유의어 부수다

전쟁은 도시를 **파괴하고** 많은 사람들을 고통스럽게 한다.

War **destroys** cities and causes many people to suffer.

기출 표현 파괴를 당하다

---

26. 폭발(하다)
[명/동]
explosion, eruption, to explode, to erupt
유의어 터지다

가: 어제 뉴스 봤어? 하와이에서 화산이 **폭발했대**.
Did you see the news yesterday? They say a volcano **erupted**.
나: 응, 봤어. 많은 관광객이 대피했대.
Yeah, I saw. They said a lot of tourists were evacuated.

기출 표현 폭발적, 폭발적으로 증가하다

---

27. 폭우
[명]
heavy rain, downpour

가: 어젯밤에도 계속 비가 내렸죠?
It rained again all night last night, didn't it?
나: 네, 오늘 아침 뉴스에서는 **폭우**가 내려서 홍수가 난 지역도 있다고 하더라고요.
Yes, on the news this morning, they said that there are even areas that have been flooded due to the **heavy rain**.

기출 표현 폭우가 내리다, 폭우가 쏟아지다

---

28. 피하다
[동]
to avoid, to escape

가: 화재가 발생하면 제일 먼저 뭘 해야 할까요?
If a fire occurs, what is the very first thing that you should do?
나: 불을 **피해서** 빨리 건물 밖으로 나와야 해요.
You should **avoid** the fire and get out of the building quickly.

기출 표현 책임을 피하다

---

29. 피해
[명]
damage

가: 내일 뭐 해?
What are you doing tomorrow?
나: 동아리에서 태풍 때문에 **피해**를 입은 지역에 봉사활동을 간대. 나도 가려고.
My club is going to do volunteer work in areas that were **damaged** by the typhoon. I'm going too.

기출 표현 피해를 입다/주다, 피해가 크다, 인명 피해가 나다, 피해를 보상하다

---

30. 홍수
[명]
flood

하늘에 구멍이 난 것처럼 비가 쏟아지더니 일부 지역에서는 강물의 높이가 올라가 **홍수**가 났다.
It poured rain as if a hole had opened up in the sky, and in some areas, the height of the river rose, causing **flooding**.

기출 표현 홍수 피해, 홍수가 나다

---

31. 화산
[명]
volcano

가: 지금도 활동하고 있는 **화산**이 있는 나라는 어디예요?
What countries have active **volcanoes** that are still active today?
나: 여러 나라에 있는데 인도네시아에 제일 많다고 들었어요.
A lot of countries have them, but I heard that Indonesia has the most.

기출 표현 화산 활동, 화산이 폭발하다

DAY 35 | 앞에서 배운 내용을 확인해 봅시다.

[1-5] 다음 빈칸에 들어갈 단어를 [보기]에서 골라 알맞게 쓰십시오.

보기 | 끊임없다 상황 일으키다 이어지다 겪다

1. 낮은 출산율은 사회 문제를 ________(-기) 때문에 정부는 출산율을 높이기 위해 노력하고 있다.

2. 그 선수는 ________(-는) 노력으로 아시아 선수 최초로 세계 대회에서 우승했다.

3. 건조한 날씨가 ________(-(으)면) 산불이 날 수 있다.

4. 높은 산을 오를 때는 혹시 발생할 수 있는 모든 ________(을/를) 예측하고 준비하는 것이 좋다.

5. 홍수가 나서 어려움을 ________(-는) 지역 주민들을 위해 도움의 손길이 필요하다.

[6-9] 다음 설명에 알맞은 단어를 [보기]에서 찾아 쓰십시오.

보기 | 막다 원인 재해 폭발 피하다

6. 갑자기 터져서 불이 나는 것 ________

7. 어떤 일이 일어나게 된 일이나 사건 ________

8. 지진, 태풍, 가뭄, 화재, 홍수 큰 피해를 입는 일 ________

9. 길을 못 가게 하거나 어떤 일이 일어나지 않게 하다 ________

DAY

36 환경

The Environment

문장을 통해 이어서 학습할 단어의 의미를 추측해 봅시다.

01. 대기 오염이란 **공기**가 더러워지는 현상을 말한다.

02. 폭우, 태풍 피해 등 기후 변화에 **대비하기 위한** 회의가 열릴 예정이다.

03. 주민들은 주변 공장에서 발생하는 대기 오염 물질에 대한 **대책** 마련을 요구했다.

04. 환경 보호를 위해 우리 모두 쓰레기 줄이기에 **동참해야 한다**.

05. 최근 미세 먼지가 갈수록 심각해지면서 정부가 뒤늦게 대책을 **마련했다**.

06. 지구의 자원이 **무한하다고** 생각하는 사람들 때문에 환경 오염이 더 심해졌다.

07. 공기를 오염시키는 대표적인 **물질**은 이산화탄소(CO_2)이다.

08. 구름 때문에 흐린 것이 아니라 **미세 먼지** 때문에 하늘이 흐린 날이 많아지고 있다.

09. 미세 먼지와 같은 유해 물질이 폐암 **발생** 위험을 증가시킨다.

10. 쓰레기를 분리해서 **배출하면** 재활용이 가능해서 쓰레기를 줄일 수 있다.

Day
36-1

01. 공기
명
air

가: 오늘은 **공기가** 정말 맑네요.
The **air** is really clear today.
나: 어젯밤 비가 시원하게 오더니 정말 **공기가** 맑아졌어요.
There was a refreshing rain last night, so the **air** became really clear.

기출 표현 공기를 마시다, 공기가 깨끗하다, 공기를 넣다/주입하다

---

02. 대비(하다)
명/동
preparation, to prepare

계속해서 지구의 온도가 높아지는 문제에 대한 **대비**가 필요하다.
Preparations are required for the continuing issue of the Earth's rising temperature.

기출 표현 문제를 대비하다, 위험에 대비하다, 대비책

---

03. 대책
명
countermeasure, measure

정부는 겨울철 눈길 교통사고를 막기 위한 안전 **대책**을 마련했다.
The government prepared safety **measures** to prevent traffic accidents on the snowy roads in the winter season.

기출 표현 대책을 세우다, 대책을 마련하다, 대책이 필요하다

---

04. 동참(하다)
명/동
participation, to participate

어려운 사람들을 돕는 모금 운동에 시민들이 적극적으로 **동참했다.**
People **participated** actively in the fundraising campaign to help the less fortunate.

기출 표현 동참을 촉구하다, 명에 동참하다

---

05. 마련(하다)
명/동
preparation, to prepare, to arrange

기후 변화로 앞으로 물 부족이 예상되는데 이에 대한 대책을 **마련해야 한다.**
Water scarcity is predicted in the future due to climate change, and we **must prepare** countermeasures for this.

기출 표현 정책/대책을 마련하다, 기준을 마련하다, 해결 방안을 마련하다, 돈/집을 마련하다

출제 TIP

접 **-책:** 명사와 결합하여 어떤 일을 하는 방법(방책)을 나타냅니다.
- **대비책:** 대비하는 방법
- **대응책:** 대응하는 방법
- **지원책:** 지원하는 방법

모두 '마련하다'와 자주 쓰이는 어휘이므로 꼭 알아 두세요!

06. 무한(하다)
명/형
infinity, limitlessness, to be infinite, to be limitless

지구 환경에 영향을 끼치지 않으면서 **무한한** 에너지를 찾기 위한 노력이 계속되고 있다.
Efforts continue to find a **limitless** source of energy that doesn't impact the Earth's environment.

출제 TIP

자주 출제되는 형태를 알아봅시다.

- 부 무한히
  예 무한히 넓은 우주의 신비에 빠져 버렸다.

---

07. 물질
명
substance

정부는 오염 **물질**을 불법으로 배출하는 업체가 있는지 감시할 예정이다.
The government plans to monitor and see if there are companies that are illegally emitting polluting **substances**.

기출 표현 오염 물질, 물질을 구성하다

---

08. 미세 먼지
명
fine dust, microdust

최근 **미세 먼지**가 심각해지면서 날씨 예보를 할 때 미세 먼지 예보도 실시되고 관련 어플도 늘어났다.
Recently, as **fine dust** grows more serious, fine dust forecasts are being conducted with the weather, and the number of related applications has also increased.

기출 표현 명/형 미세(하다)

만점으로 가는 배경지식

뉴스나 신문에서 많이 접할 수 있는 미세 먼지에 대해 알아봅시다.

미세 먼지란 공장이나 자동차 등의 배출 가스에서 많이 발생하는 아주 작은 먼지를 말합니다. 보통의 먼지보다 훨씬 더 작아서 사람 몸의 아주 깊숙한 곳까지 들어갈 수 있으며 몸 밖으로 나오는 데에도 일주일이나 걸리기 때문에 여러 가지 병을 일으킨다고 알려져 있습니다.

---

09. 발생(하다)
명/동
occurrence, to occur

겨울철은 건조한 날씨로 인해 화재가 쉽게 **발생한다.**
In the winter season, fires **occur** easily due to the dry weather.

기출 표현 문제가 발생하다, 사건이/사고가 발생하다, 자연재해가 발생하다, 열이 발생하다

---

10. 배출(하다)
명/동
emission, discharge, to emit

공장에서 **배출되는** 매연은 심각한 환경 오염을 일으킨다.
The exhaust **emitted** by factories causes serious environmental pollution.

기출 표현 쓰레기를 배출하다, (몸속) 수분을 (몸 밖으로) 배출하다

문장을 통해 이어서 학습할 단어의 의미를 추측해 봅시다.

11. 환경 **보호**를 위해 자원을 아껴 쓰는 노력이 필요하다.

12. 환경 보호를 위해 재활용품은 일반 쓰레기와 분리해서 **수거하고 있다**.

13. 전 세계가 환경 오염을 막을 대책을 마련하는 것이 **시급하다**.

14. 공장에서 나오는 폐수로 인해 물고기가 살 수 없을 정도로 수질 오염이 **심각한** 상황이다.

15. 지구의 미래를 위해 자원을 **아끼고** 환경을 살릴 수 있도록 노력해야 한다.

16. 바닷속으로 들어가서 쓰레기를 줍는 등 환경 보호를 위해 **애쓰는** 사람들이 많이 있다.

17. 바다에 버려지는 해양 쓰레기는 바다 환경에 나쁜 **영향**을 미친다.

18. 농사를 지을 때 농약을 너무 많이 뿌리는 바람에 토양 **오염**이 심각한 상황이다.

19. 지구 온난화와 같은 전 세계적인 **위기**는 어느 한 국가의 노력만으로 해결되지 않는다.

20. 인간이 만든 쓰레기가 미세 먼지나 미세 플라스틱 등으로 인간에게 **유해한** 물질로 돌아오게 되었다.

21. 일회용품을 줄이는 습관은 **자원** 낭비를 줄이고 환경 오염도 막을 수 있다.

22. 엘리베이터 대신 계단을 이용하면 에너지를 **절약하고** 운동도 된다.

11. 보호(하다)
명/동
protection, to protect

지구에서 완전히 사라질 위기에 처한 동물들을 **보호해야 한다.** We **must protect** animals that are in danger of completely disappearing from the Earth.

기출 표현 환경을 보호하다(환경 보호), 동물을 보호하다, 문화재를 보호하다, 몸을 보호하다

---

12. 수거(하다)
명/동
collection, to collect

우리 동네는 매주 월요일과 목요일에 재활용 쓰레기를 **수거한다.**
In my neighborhood, recyclable waste is **collected** every Monday and Thursday.

기출 표현 쓰레기를 수거하다, 쓰레기 분리수거, 제품을 수거하다

---

13. 시급(하다)
명/형
urgency, to be urgent

농촌 인구가 매년 줄고 있어 대책 마련이 **시급하다.** As the population in rural areas is decreasing each year, preparing countermeasures **is urgent**.

기출 표현 대책 마련이 시급하다

---

14. 심각하다
형
to be serious, to be critical

'북극곰은 살고 싶다'라는 영화를 본 후 기후 위기의 **심각함**을 깨닫게 되었다.
After seeing the movie "Polar Bears Want to Live," I was awakened to the **seriousness** of the climate crisis.

기출 표현 심각해지다, 문제가 심각하다, 심각성을 깨닫다

---

15. 아끼다
동
to save, to conserve, to be thrifty

친환경 제품을 구입하는 것보다 가지고 있는 물건을 **아껴서** 쓰는 것이 환경에 더 도움이 된다. Rather than buying environmentally friendly products, it's more helpful to the environment to **thriftily** use items you already have.

기출 표현 자원을 아끼다, 시간을 아끼다, 백성을 아끼다, 돈을 아끼다

---

16. 애쓰다
동
to make an effort

소방관들은 불이 더 커지는 것을 막기 위해 **애썼다.**
The firefighters **made an effort** to prevent the fire from growing larger.

기출 표현 동 -기 위해 애쓰다, 동 -도록 애쓰다, 동 -(으)려고 애쓰다

---

17. 영향
명
effect, impact, influence

가: 사업을 시작할 때 정부에서 환경 **영향** 평가를 한대요. 어떤 평가예요?
I heard that when you start a business, the government does an environmental **impact** assessment. What kind of assessment is it?

나: 사업이 환경에 미칠 **영향**을 예측하는 평가를 말해요. It's an assessment that predicts the **impact** your business will have on the environment.

기출 표현 명 영향력 | 부정적인 영향 ↔ 긍정적인 영향 |
영향을 주다, 영향을 받다, 영향을 미치다, 영향을 끼치다

18. 오염
명
pollution

자동차 매연은 대기 **오염** 물질로 공기를 더럽게 만드는 가장 큰 원인이다.
Car exhaust is the biggest cause of air being made dirty by air **polluting** substances.

기출 표현 오염 물질

출제 TIP

환경에 대한 지문에 오염의 종류가 자세히 나올 가능성이 많으므로 공부해 둡시다.

- **수질 오염:** 생활 하수, 공장 폐수로 인해 물이 더러워진 현상
- **토양 오염:** 쓰레기나 농약으로 인해 땅이 더러워진 현상
- **대기 오염:** 자동차 매연, 공장의 연기로 인해 공기가 더러워진 현상
- **해양 오염:** 쓰레기로 인해 바다가 더러워진 현상

19. 위기
명
crisis, emergency

동물 보호 단체는 먹이가 없거나 살 곳이 없는 등 **위기**에 처한 동물들을 구하기 위해서 노력한다.
Animal protection groups try to save animals in **crisis**, with no food or place to live, etc.

기출 표현 위기에 처하다, 위기에 대처하다, 위기에 놓이다, 위기를 맞다, 위기를 면하다

20. 유해하다
형
to be harmful,
to be toxic

유의어 해롭다

반의어 무해하다

아기 용품에서 **유해한** 물질이 기준 이상으로 나와서 큰 문제가 되었다.
There was a big problem as baby products were found to have **toxic** substances above the standard level.

기출 표현 유해성

21. 자원
명
resource

가: 누구나 쉽게 실천할 수 있는 **자원**을 아끼는 방법은 뭘까요?
What's one way that anyone can easily practice the conservation of **resources**?

나: 양치할 때 물을 잠그는 일은 어린이도 당장 실천할 수 있는 좋은 방법이라고 생각합니다.
I think that turning off the water when you brush your teeth is one good method that even children can immediately put into practice.

기출 표현 자원을 아끼다, 자원이 부족하다, 자원을 낭비하다

22. 절약(하다)
명/동
saving, to save,
to conserve

유의어 아끼다

반의어 낭비하다

시간을 **절약하기 위해서** 가장 빨리 갈 수 있는 길을 찾았다.
In order to save time, I looked for the quickest route.

기출 표현 전기를 절약하다, 에너지를 절약하다, 시간을 절약하다

문장을 통해 이어서 학습할 단어의 의미를 추측해 봅시다.

23. 우리가 사는 **지구**를 지키기 위해 우리는 반드시 환경을 보호해야 한다.

24. 환경 보호를 위한 쓰레기 줍기 봉사 활동에 주민들이 적극적으로 **참여했다**.

25. 음식물 쓰레기, 재활용 쓰레기로 분리해야 하는 이유는 종류에 따라 **처리** 방법이 다르기 때문이다.

26. 땅에 잘 분해되는 나무 칫솔은 요즘 **친환경** 제품으로 인기를 얻고 있다.

27. 한 기업에서 **플라스틱**을 재활용해서 만든 옷을 출시했다.

28. 생활 쓰레기 문제를 **해결하기 위해** 일회용 플라스틱 사용을 줄여야 한다.

29. 지구 온난화는 자연적인 **현상**이 아니라 인간이 배출한 이산화탄소 때문에 발생한다.

30. 나무 심기는 지구 온난화로부터 **환경**을 지킬 수 있는 가장 좋은 방법이다.

31. 작가 정효준 씨는 버려진 생활 쓰레기를 **활용해서** 예술 작품을 만드는 일을 하고 있다.

23. 지구

명
Earth, the globe

대기 오염으로 인해서 지구의 기온이 높아지는 현상을 **지구** 온난화라고 한다.
The phenomenon by which the temperature of the Earth is rising as a result of air pollution is called "**global** warming."

기출 표현 지구 온난화, 지구에 살다

24. 참여(하다)

명/동
participation, to participate

'환경 보호' 행사에 **참여하신** 모든 분들께 작은 선물을 드립니다.
We'd like to give a small gift to everyone who **participated** in the "Environmental Protection" event.

기출 표현 수업/프로그램/활동 + 에 참여하다

출제 TIP

'참여', '참석', '참가'의 차이를 알아봅시다.

- **참여:** 어떤 일에 관계하는 것을 의미합니다.
  예 이번 올림픽에 외국어 자원봉사자로 참여했다.
- **참석:** '출석하다'와 같이 자리에 참여하는 것을 의미합니다.
  예 20여 개국의 정상들이 이번 올림픽 개막식에 참석할 예정이다.
- **참가:** 세미나, 운동 경기, 대회, 올림픽 등에 직접 관계하는 것을 의미합니다.
  예 박건우 선수는 올림픽을 앞두고 부상을 당해 이번 올림픽에 참가하지 못하 게 되었다.

'참석'보다는 '참여'나 '참가'가 좀 더 적극적으로 관계한다는 느낌을 줍니다.

25. 처리(하다)

명/동
handling, to handle

일을 효과적으로 **처리하기 위해서** 회의를 했다.
In order to handle the work effectively, a meeting was held.

기출 표현 일을/쓰레기를/사고를 + 처리하다 | 정보 처리, 처리 과정

26. 친환경

명
environmental friendliness

최근 환경 보호에 관심이 많아진 소비자들이 **친환경** 브랜드를 많이 찾고 있다.
Recently, consumers, whose interest in protecting the environment has grown, are increasingly looking for **environmentally friendly** brands.

기출 표현 친환경적, 친환경 브랜드, 친환경 에너지

만점으로 가는 배경지식

친환경 제품들에 대해서 알아봅시다.

친환경 제품은 자연환경을 오염시키거나 파괴하지 않고 자연환경에 잘 어울리는 것을 말합니다. 친환경 제품에 대한 소비자의 관심이 높아지면서 기업들은 친환경적 이미지를 만들기 위해 노력하고 있습니다. 일상생활에서는 개입 컵이나 개인 용기가 친환경 제품으로 많이 사용되고 있고 '친환경 전기 버스', '친환경 주택' 등도 많이 생기고 있습니다.

27. 플라스틱
명
plastic

가: 카페에서 **플라스틱** 컵을 점점 없앤다는 뉴스를 봤어요.
I saw the news that cafes are slowly eliminating **plastic** cups.

나: 환경을 위해서 꼭 그렇게 해야 된다고 생각해요.
I think it definitely has to be done in order to protect the environment.

기출 표현 플라스틱 용기

---

28. 해결(하다)
명/동
solution, to solve, to resolve

쓰레기 처리장 설치에 관한 갈등은 정부와 주민이 같이 **해결책**을 찾아야 한다.
The government and the people must look for **solutions** together in conflicts related to the installation of waste disposal plants.

기출 표현 해결 방안/해결책/해법 + 을 마련하다/제시하다

---

29. 현상
명
phenomenon

여름밤 기온이 25도 이상으로 올라가는 것을 열대야 **현상**이라고 한다.
The temperature rising to 25 degrees or more on summer nights is called the "tropical nights **phenomenon**."

기출 표현 현상이 생기다, 현상이 나타나다, 현상이 일어나다

---

30. 환경
명
environment

최근 등산을 하면서 쓰레기를 줍는 **환경** 보호 여행 상품이 생겼다.
Recently, **environmental** protection travel packages have been created, where you pick up trash while hiking.

기출 표현 환경 보호, 자연환경, 환경 단체, 환경 변화

---

31. 활용(하다)
명/동
(to) use

가: 학생들이 온라인 수업에 집중하기 힘들어하는 것 같아요.
I think it's hard for students to concentrate in online classes.

나: 인터넷 게시판 앱을 **활용해 보세요**. 자신의 의견을 말할 수 있어서 집중도가 높아지는 것 같아요.
Try using an internet message board app. I think it boosts concentration as you can express your own opinions.

기출 표현 활용성, 활용도가 높다

☑ DAY 36 | 앞에서 배운 내용을 확인해 봅시다.

[1-5] 다음 빈칸에 들어갈 단어를 [보기]에서 골라 알맞게 쓰십시오.

보기 | 해결(하다) 참여(하다) 배출(하다) 자원 무한(하다) 마련(하다) 친환경

1. 요즘 환경에 대한 관심이 많아지면서 ________ 제품에 대한 관심도 많아지고 있다.

2. 지구에는 우리가 쓸 수 있는 ________ 무한하지 않기 때문에 아끼고 보호해야 한다.
   이/가

3. 환경 보호를 위한 운동에 적극적으로 ________.
   -ㄴ/는다

4. 지구 온난화 문제를 ________ 모두 노력 해야 한다.
   -기 위해

5. 재활용품은 일반 쓰레기와 분리해서 ________.
   -ㄴ/는다

[6-8] 다음 설명에 알맞은 단어를 [보기]에서 찾아 쓰십시오.

보기 | 환경 절약(하다) 지구 미세 먼지 대비(하다)

6. 아껴서 사용(하다) ________

7. 눈으로 보이지 않을 만큼 매우 작은 오염 물질 ________

8. 어떤 문제가 생길까 봐 미리 준비하는 것 ________

DAY
37 동식물
Plants and Animals

문장을 통해 이어서 학습할 단어의 의미를 추측해 봅시다.

01. 기후 변화 때문에 벌의 **개체** 수가 줄어들고 있다.

02. 초등학생 때 토마토를 심고 어떻게 자라는지 매일 **관찰하고** 일기를 썼다.

03. 반려동물을 건강하게 하거나 털에서 냄새가 나지 않게 하는 등 여러 가지 **기능**이 있는 먹이가 출시됐다.

04. 공원에서 날아다니는 새를 보고 과자를 줬더니 새가 **날개**를 접고 내려앉아서 과자를 먹었다.

05. 여름을 지내고 가을이 따뜻한 곳으로 **날아가는** 새를 여름 철새라고 한다.

06. 제주도 한라산에는 서울에서는 볼 수 없는 많은 종류의 **동식물**이 살고 있다.

07. 동물원에서 체험에 참여하면 토끼에게 당근 같은 **먹이**를 직접 줄 수 있다.

08. 공룡은 **멸종돼서** 이제는 영화 속에서나 볼 수 있다.

09. 어떤 철새는 계절이 바뀌면 수십만 개체가 **무리**를 지어 날아간다.

10. 물고기는 알을 낳는 방법으로 **번식한다**.

01. 개체
명
entity, individual

가: 2월에 세계 고래의 날이 있네요.
There's a World Whale Day in Feburary.

나: 고래 **개체** 수가 많이 줄어서 고래를 보호하기 위해 만든 날이에요.
It's a day that was made to protect whales because the size of whale populations [the number of **individuals**] has greatly decreased.

기출 표현 개체 수를 조절하다

---

02. 관찰(하다)
명/동
observation, to observe
유의어 살피다

가: 주말에 뭐 했어요?
What did you do over the weekend?

나: 아이하고 동물원에 갔는데 아이가 동물을 **관찰하며** 질문을 많이 하더라고요.
I went to the zoo with my child, and she asked a lot of questions as we **observed** the animals.

기출 표현 식물 관찰, 관찰 결과, 오랫동안 관찰하다

---

03. 기능
명
function, skill

가: 어? 강아지가 갑자기 냄새를 맡네요? 여기에 뭔가 있나 봐요.
Huh? The dog suddenly started sniffing. There must be something here.

나: 그러게요. 강아지는 냄새를 맡는 **기능**이 인간보다 훨씬 뛰어나다고 하더니 신기하네요.
Really. They say that dogs are much more **skilled** at smelling things than humans are. It sure is amazing.

기출 표현 기능 점검, 기능이 다양하다, 기능이 발달하다, 기능이 좋아지다

---

04. 날개
명
wings

가: 빨리 와. 왜 이렇게 안 와?
Hurry up. Why aren't you coming?

나: 잠깐만, 여기 **날개**를 다친 새가 있어. 이대로 두면 안 될 것 같은데…….
Hold on, there's a bird that hurt its **wing** here. I don't think we can leave it like this…….

기출 표현 날개 무늬, 날개를 펴다

---

05. 날아가다
동
to fly

가: 하늘을 **날아가는** 비행기를 보면 여행 가고 싶어요.
When I see a plane **flying** in the sky, I want to travel.

나: 맞아요. 저도 비행기만 봐도 설레더라고요.
Right. I also feel excited just seeing a plane.

기출 표현 날아오다, 새가 날아가다

06. 동식물

명

plants and animals

가: **동식물**을 키우면 정서적으로 좋은 점이 많다고 해요.

They say that raising **plants and animals** has a lot of emotional benefits.

나: 맞아요. 우리 어머니는 집에서 꽃을 키우면 정서적으로 안정이 된다고 하셨어요.

That's right. My mother said that growing flowers at home gave her emotional stability.

기출 표현 야생 동식물, 동식물 생태계

---

07. 먹이

명

food (for animals), feed

가: 엄마, 곰은 왜 겨울잠을 자요?

Mom, why do bears hibernate in the winter?

나: 겨울에는 날씨가 너무 춥기도 하고 **먹이**를 찾기 힘들기도 해서 그래.

Because in the winter, the weather is too cold and it's hard to find **food**.

기출 표현 먹이를 주다, 먹이를 구하다, 먹이를 섭취하다, 먹이가 풍부하다

---

08. 멸종

명

extinction

가: **멸종** 위기 동물은 어떤 것들이 있어요?

What animals are in danger of **extinction**?

나: 대표적으로 우리가 잘 아는 동물인 늑대도 **멸종** 위기에 처해 있어요.

As a representative example, wolves, an animal that we all know well, are in danger of **extinction**.

기출 표현 멸종 위기, 멸종되다

만점으로 가는 배경지식

기출 어휘인 '멸종 위기 동물'에 대해 알아봅시다.

환경 오염으로 인한 기후 변화 등으로 인해 전 세계의 많은 동물들이 멸종 위기에 놓여 있습니다. 멸종 위기 동물이란 개체 수가 현저히 줄어들어 번식이 힘든 동물들을 말합니다. 반달가슴곰, 산양, 수달, 표범 등의 동물이 대표적인 멸종 위기 동물입니다. 현재 세계 여러 나라에서 멸종 위기에 처한 동물들을 보호하기 위해 많은 노력을 하고 있습니다.

---

09. 무리

group, pack, flock

가: 텔레비전에서 미어캣이라는 동물이 무리를 지어서 모두 고개를 들고 쳐다보는데 너무 귀여웠어요.

On TV, these animals called meerkats formed a **pack**, and they all raised their heads and stared and it was so cute.

나: 미어캣 너무 귀엽죠. 미어캣이 **무리**를 지어서 사는 대표적인 동물이래요.

Meerkats are really cute, aren't they? Meerkats are a representative animal that forms **packs**.

기출 표현 여러 무리, 무리를 이루다/짓다

---

10. 번식(하다)

명/동

breeding, to breed, to reproduce, to propagate

가: 젖은 신발을 햇빛에 건조시키지 않으면 세균이 **번식할 수 있어요**.

If you don't dry your wet shoes in the sun, bacteria **can propagate**.

나: 신발 속에 **번식한** 세균 때문에 발 건강이 나빠지겠네요.

Bacteria **that have propagated** inside shoes must be bad for the health of your feet.

기출 표현 번식력, 빠른 번식

문장을 통해 이어서 학습할 단어의 의미를 추측해 봅시다.

11. 그 학자는 나비의 종류를 **분류하고** 이름을 지어 준 것으로 유명하다.

12. 나무는 땅 밑에 길고 많은 **뿌리**를 내리고 서 있다.

13. 소는 새끼를 낳자마자 정성껏 혀로 **새끼**를 닦는다.

14. 아들이 바다 **생물**을 좋아해서 자주 바닷가에 놀러 가거나 가까운 수족관에 간다.

15. 외국에서 생물이 잘못 들어오면 원래 있던 생물을 잡아먹어서 **생태계**가 파괴될 수 있다.

16. 바다에는 많은 종류의 생물이 **서식하고 있다**.

17. 과일 씨나 닭 뼈는 개의 목에 걸릴 수 있기 때문에 절대 **섭취하면** 안 되는 음식이다.

18. 여름이 되면 **수컷** 매미들은 암컷을 찾기 위해 시끄럽게 운다.

19. 공원에서 예쁜 토끼를 보고 따라갔는데 토끼가 바위 뒤에 **숨어서** 더 이상 볼 수 없었다.

20. **숲**은 많은 동물들이 서식하기 좋은 환경이기 때문에 보호해야 한다.

Day 37-2

11. 분류(하다)
명/동
classification, to classify

가: 움직이는 생물을 동물로, 움직이지 못하는 생물을 식물로 분류하면 되죠?
We can classify living things that move as animals and living things that don't move as plants, right?

나: 예전에는 그랬는데 움직이는 식물들이 있어서 **분류** 기준이 좀 더 늘어났어요.
We did in the past, but there are plants that move, so the standards for **classification** have expanded a bit.

기출 표현 분류 기준, 명별로 분류하다, 종류를 분류하다

---

12. 뿌리
명
roots

뿌리채소는 땅 밑에 있는 **뿌리**가 채소인 것을 말하며 대표적인 **뿌리**채소로 당근, 생강, 고구마가 있다.
"**Root** vegetables" refers to **roots** in the ground that are vegetables, and representative **root** vegetables include carrots, gingers, and sweet potatoes.

기출 표현 뿌리채소, 뿌리를 자르다

출제 TIP

기출 어휘인 '열매'와 '줄기'도 함께 알아 둡시다.

- **열매** 예 이 나무는 사과나무인데 가을쯤 꽃이 지면 사과 열매가 많이 열린다.
- **줄기** 예 식물의 줄기는 뿌리에서 흡수한 물을 잎까지 전달하는 역할을 한다.

---

13. 새끼
명
baby (of an animal), cub, calf, young

가: 얼마 전에 다큐멘터리에서 아기 새가 엄마 품을 떠나서 하늘을 나는 것을 보고 감동했어요.
A little while ago, I was moved when I saw in a documentary a baby bird leave its mother's breast and fly into the sky.

나: 동물들도 **새끼**를 낳으면 세상을 사는 방법을 가르쳐 주는 것이 정말 감동적이죠.
It really is touching that animals also have **young** and teach them how to live in the world.

기출 표현 새끼를 낳다, 새끼를 기르다

---

14. 생물
명
living thing, organism, biology

가: 중학교 **생물** 시간에 꽃의 줄기를 잘라서 줄기 속을 관찰하는 실험을 한 적이 있어요.
In **biology** class in middle school, we did an experiment where we cut the stems off of flowers and observed the inside of the stems.

나: 저도요. 줄기 속이 생각보다 복잡해서 놀랐던 기억이 나요.
Me too. I remember being surprised that the inside of the stems was more complex than I thought it would be.

기출 표현 생물학자, 바다의 생물, 생물의 진화

---

15. 생태계
명
ecosystem

숲은 공기를 좋게 해 줄 뿐만 아니라 여러 동식물들이 살아갈 수 있어서 **생태계**를 보호할 수 있는 곳이다.
Not only do forests improve the air, they're also places that protect our **ecosystem** as many plants and animals can live there.

기출 표현 해양/바다 생태계, 생태계를 보호하다

---

16. 서식(하다)
명/동
living, to live, to inhabit

가: 얼마 전에 뉴스를 보니까 골프장 건설 중에 멸종 위기 동물의 **서식지**가 나와서 급히 공사를 중단했대요.
I was watching the news a little while ago and they said that during construction of a golf course, the **habitat** of an endangered animal was found, so the construction was suspended.

나: 멸종 위기 동물이라니. **서식지**를 끝까지 지켜 주면 좋겠네요.
Wow, an endangered animal. I hope they protect that **habitat** until the end.

기출 표현 서식지, 서식 환경

---

17. 섭취(하다)
명/동
ingestion, to ingest, to consume

유의어 먹다

고양이에게 유해한 식물의 종류가 많기 때문에 고양이가 식물을 **섭취하지 않도록** 주의해야 한다.
You must take care to make sure that cats **don't consume** any plants because there are many kinds of plants that are toxic to cats.

기출 표현 영양분을/먹이를 섭취하다

---

18. 수컷
명
male

반의어 암컷

가: 저 새의 색깔이 화려하고 예쁜 걸 보니 여자 새인가 봐요.
That bird with the bright, pretty colors must be a female bird.

나: 아니에요. 새들은 암컷보다 **수컷**이 더 화려한 색을 가진 경우가 많대요.
No. They say among birds, **males** often have brighter coloring than females.

기출 표현 수컷 한 마리, 수컷과 암컷

---

19. 숨다
동
to hide

동식물이 몸의 색을 자연환경과 비슷한 색으로 바꿔 **숨는** 방법을 보호색이라고 부른다.
The method that plants and animals use to **hide** by changing themselves to a similar color as their natural environment is called "protective coloring."

기출 표현 숨어 있다, 산 속으로 숨다, 숨은 그림자

---

20. 숲
명
forest, woods

가: 도시에 사는 아이들은 가까운 **숲**에 자주 데리고 가면 좋을 것 같아요.
I think it would be good to frequently take kids who live in the city to some nearby **woods**.

나: 맞아요. **숲**은 공기도 좋고 여러 동식물을 직접 보고 관찰할 수 있잖아요.
Right. In the **woods**, the air is good and they can see and observe many plants and animals for themselves.

기출 표현 푸른 숲, 숲이 우거지다

문장을 통해 이어서 학습할 단어의 의미를 추측해 봅시다.

21. 할아버지는 꽃과 나무를 좋아하셔서 집 앞 정원에 다양한 종류의 **식물**을 기르신다.

22. 어렸을 때 수박을 먹고 집 앞 마당에 수박**씨**를 심어 본 적이 있다.

23. 닭은 거의 매일 **알**을 낳는다.

24. 이 숲은 땅에 **양분**이 많아서 식물이 잘 자란다.

25. 우리 집은 할아버지께서 직접 **재배하신** 배추로 김치를 담근다.

26. 생물학 박사의 말에 따르면 나비는 날개 모양이 다르면 **종**이 다르다고 한다.

27. 커피는 재배 조건이 까다로워서 날씨가 좋은 **특정** 지역에서만 재배할 수 있다.

28. 상어의 **특징** 중의 하나는 이빨이 빠지면 계속 다시 나온다는 것이다.

29. 연어는 강에서 태어나서 바다에서 살다가 강으로 다시 **헤엄쳐서** 돌아와 알을 낳는다.

30. 나는 하얀색 **화분**에 예쁜 꽃씨를 심고 물을 줬다.

31. 옛날이야기에 많이 나온 동물 호랑이는 이제는 잘 볼 수 없는 **희귀** 동물이다.

Day 37-3

21. 식물

명

plant

가: 이 꽃은 키우기 쉬운 **식물**이라던데 맞나요?

I heard that this flower is a **plant** that's easy to grow. Is that true?

나: 네, 햇빛이 잘 들어오는 곳에 두고 한 달에 한 번만 물을 주면 돼요.

Yes, just leave it in a place that gets a lot of sun and give it water once a month.

기출 표현 식물학, 식물을 기르다, 식물이 자라다

---

22. 씨

명

seed

유의어 씨앗

가: 이것 좀 드셔 보세요. 우리 집 앞마당에서 제가 직접 **씨를** 뿌리고 키운 채소들이에요.

Try these. They're vegetables that I grew in the front yard after planting the **seeds** myself.

나: 정성껏 키운 채소네요. 감사합니다. 정말 잘 먹을게요.

Oh, these are vegetables that have been grown carefully. Thank you. I'll definitely enjoy them.

기출 표현 씨를 뿌리다, 씨를 심다

---

23. 알

명

egg

가: **알**을 깨고 나온 병아리 영상을 봤는데 **알**을 깨는 게 정말 어려워 보이더라고요.

I saw a video of a chick that broke out of its **egg**, and it looked like breaking the **egg** was really difficult.

나: 맞아요. 그런데 아무리 힘들어도 **알** 안에 있는 새끼가 스스로 깨고 나와야 한대요.

That's right. But no matter how hard it is, the chick inside of the **egg** has to break it and come out for itself.

기출 표현 양분을 받다, 양분을 주다

---

24. 양분

명

nutrient

가: 오늘 줄기를 잘라서 직접 관찰해 보니까 어땠어요? 뭘 알게 됐어요?

How was it to cut open stems today and observe them for yourself? What did you learn?

나: 줄기 속을 보니까 뿌리에서 잎까지 **양분**을 주는 관이 있다는 것을 알게 됐어요.

Looking inside of the stems, I learned that there are vascular bundles that carry **nutrients** from the roots to the leaves.

기출 표현 양분을 받다, 양분을 주다

---

25. 재배(하다)

명/동

cultivation, to cultivate, to grow

유의어 기르다, 키우다

가: 와, 여기는 어디예요? 초록색으로 가득찬 밭을 보니까 너무 마음이 편안해져요.

Wow, where are we? Seeing this field full of green, I feel so at ease.

나: 이 지역에서 유명한 녹차 밭이에요. 한국에서 녹차를 가장 많이 **재배하는** 지역으로 유명해요.

This is a famous green tea field in this region. It's famous for being the region where the most green tea is **cultivated** in Korea.

기출 표현 작물 재배, 채소를 재배하다, 꽃을 재배하다

---

26. 종
명
species, breed
유의어 종류

가: 강아지를 키우고 싶은데 털이 많이 빠질까 봐 걱정이에요. 털이 잘 안 빠지는 강아지 **종**은 뭐예요?
I want to raise a dog but I'm worried that it'll shed a lot. What **breeds** of dog don't shed a lot?

나: 푸들이 털이 잘 안 빠지는 대표적인 강아지 **종**이라고 들었어요.
I heard that poodles are a representative dog **breed** that doesn't shed a lot.

기출 표현 종이 다르다, 종이 다양하다

---

27. 특정
명
specific, particular

요즘 많은 사람들이 즐겨 먹는 갈비나 불고기는 옛날에는 **특정** 계층만 먹을 수 있는 특별한 음식이었다.
In the past, galbi and bulgogi, foods that many people enjoy eating these days, were special foods that could only be eaten by **particular** classes.

기출 표현 특정 집단, 특정 지역, 특정 목적

---

28. 특징
명
characteristic

가: 한국어의 **특징**은 뭐라고 생각해요?
What do you think is **characteristic** of Korea?

나: 예의를 중요시해서 그런지 높임말이 발달한 것이 **특징**인 것 같아요.
Maybe because Koreans value manners, I think that the development of honorific speech is **characteristic** of Korea.

기출 표현 특징이 있다, 특징을 잘 드러내다, 특징을 잡아내다

---

29. 헤엄(치다)
명/동
swimming, to swim

가: 어렸을 때 일 중에 아직도 생각나는 추억이 있어요?
Do you have any memories that still come to mind from when you were young?

나: 그럼요. 여름이 되면 가족과 시원한 강가에 가서 **헤엄치고** 놀다가 수박을 먹었는데 아직도 생각이 나요.
Of course. I still remember going to the cool riverside in the summer with my family, and **swimming** and playing, and then eating watermelon.

기출 표현 물속에서 헤엄치다

---

30. 화분
명
flowerpot, (potted) plant

가: 지난번에 우리 집 집들이 때 선물로 준 **화분**에 꽃이 정말 예쁘게 피었어요. 정말 고마워요. The flowers in the **flower pot** you gave me as a gift at my housewarming last time have bloomed really beautifully. Thank you so much.

나: 고맙기는요. 저도 똑같은 **화분**이 있는데 크기도 적당하고 물을 자주 안 줘도 돼서 키우기 편하더라고요. It's nothing at all. I have the same **plant**. It's a decent size and you don't have to water it often, so it's easy to grow.

기출 표현 화분 크기, 화분에 심다

---

31. 희귀(하다)
명/형
rarity, to be rare

가: 저는 동물원에 갇혀 있는 동물들을 보면 너무 불쌍해요. I feel so sorry for animals when I see them caged in the zoo.

나: 하지만 동물원이 **희귀** 생물을 보호하는 역할을 한다는 의견도 있어요. But there are also opinions that zoos play the role of protecting **rare** living creatures.

기출 표현 희귀성, 희귀식물

DAY 37 | 앞에서 배운 내용을 확인해 봅시다.

[1-5] 다음 빈칸에 들어갈 단어를 [보기]에서 골라 알맞게 쓰십시오.

보기	분류(하다)	생태계	관찰(하다)	기능	서식(하다)

1. 개는 냄새를 맡는 ________(이/가) 발달해서 땅속에 있는 개미도 찾을 수 있다.

2. 이 지역은 ________(이/가) 잘 보호되어 있는 곳이라서 다양한 생물이 살고 있다.

3. 이 물고기는 아주 깨끗한 물에서만 ________(-아/어서) 보기가 힘들다.

4. 발표 자료를 시간 순서대로 ________(-았/었다).

5. 별자리를 누워서 ________(-았/었다).

[6-9] 다음 설명에 알맞은 단어를 [보기]에서 찾아 쓰십시오.

보기	특징	번식(하다)	식물	멸종

6. 가: 환경 오염이나 사람들의 사냥 때문에 ________ 위기에 처한 동물들이 많대요.

나: 맞아요. 동물을 보호하기 위해 우리 모두 노력해야 할 텐데…….

7. 가: 저기 멀리 보이는 동물은 낙타인 것 같아요.

나: 저는 잘 모르겠는데 어떻게 알아요?

가: 멀리에서 봐도 낙타의 ________(이/가) 잘 보이잖아요. 저기 등이 튀어나와 있는 것 보이죠?

8. 가: 바닷물 색깔이 왜 이렇게 빨갛지?

나: 적조 현상인가 봐. 식물 플랑크톤이 너무 많이 ________(-아/어서) 그럴걸?

9. 가: 키우기 쉬운 ________(은/는) 뭐가 있어요?

나: 이 나무는 정말 키우기 쉬워요. 한 달에 한 번만 물을 주면 돼요.

DAY

38 관용 표현1

Idioms 1

문장을 통해 이어서 학습할 단어의 의미를 추측해 봅시다.

01. 자동차 회사는 자동차 사고에 기계적 문제가 있다는 것을 인정하며 국민들에게 **고개를 숙였다**.

02. 내 동생은 **귀가 얇아서** 친구들 말에 자꾸 마음을 바꾼다.

03. 우리 선생님은 학생 한 명 한 명의 목소리에 **귀를 기울이신다**.

04. 물건을 잘 챙기라는 엄마의 말을 **귓등으로 듣고** 학교에 책을 안 가져가서 공부를 못했다.

05. 아기가 **낯을 가려서** 처음 본 사람들이 귀엽다고 해도 많이 울었다.

06. 책 표지에 낙서가 되어 있었지만 아이가 한 것 같아서 **눈 감아 줬다**.

07. 그 가게는 크리스마스 장식을 예쁘게 해서 지나가는 사람들의 **눈길을 끌었다**.

08. 유학 생활을 마치고 공항에 도착했을 때 마중 나온 부모님을 보고 **눈물이 핑 돌았다**.

09. 거리를 걸으면서 담배를 피우는 사람을 보면 **눈살이 찌푸려진다**.

10. 취업에 실패하고 앞으로 뭘 해야 할지 **눈앞이 캄캄했다**.

01. 고개를 숙이다
관
to bow one's head

음주 운전을 한 배우 이 씨는 기자 회견을 통해 팬들에게 죄송하다며 **고개를 숙였다.**
Through the press conference, actor Lee, who drank and drove, apologized to his fans, **bowing his head**.

잘못을 인정할 때, 부끄러울 때 사용해요.

---

02. 귀가 얇다
관
to be easily swayed (lit. to have thin ears)

가: 어제 산 원피스 환불하러 가려고. 남자 친구가 원피스보다 청바지가 더 잘 어울린대.
I'm going to return the dress I bought yesterday. My boyfriend said that jeans suit me better than dresses.

나: 뭐? 겨우 그 말 때문에 환불한다고? 넌 정말 **귀가 얇아서** 문제야.
What? You're returning it because of that? You're really **easily swayed**, it's a problem.

다른 사람의 말에 쉽게 마음을 바꿀 때 사용해요.

---

03. 귀를 기울이다
관
to lend an ear, to listen intently (lit. to lean one's ear)

세종대왕은 백성들의 말에 **귀를 기울이는** 훌륭한 왕이었다.
Sejong the Great was a remarkable king who **lent an ear** to his people.

다른 사람의 말을 잘 들을 때 사용해요.

---

04. 귓등으로 듣다
관
to turn a deaf ear, to pay no attention (lit. to listen with the back of one's ear)

가: 내 말 듣고 지난주에 비행기 표를 샀으면 싸게 샀을 텐데. 당신은 내 말을 **귓등으로도 안 듣더라.**
If you'd listened to me and bought the plane tickets last month, you could have bought them cheaply. You really **turn a deaf ear** to everything I say.

나: 미안해 여보. 다음부터는 당신 말을 잘 들을게.
I'm sorry, honey. Next time I'll listen to what you say.

다른 사람의 말을 잘 듣지 않을 때 사용해요.

---

05. 낯을 가리다
관
to be shy (lit. to pick faces)

우리 아기는 **낯을 안 가리고** 잘 웃어서 동네에서 귀여움을 많이 받는다.
My baby **isn't shy** and smiles easily, so she's really well loved by our neighborhood.

친하지 않은 사람, 처음 보는 사람을 대하기 싫어할 때 사용해요.

---

06. 눈 감아 주다

관

to turn a blind eye, to overlook (lit. to close one's eyes for someone)

고등학교 때 방에서 게임하다가 엄마가 들어오면 책을 읽는 척했는데 지금 생각하면 엄마는 다 알면서 **눈 감아 준 것 같다.**

In highschool, I'd play games in my room and then pretend to be reading a book when my mom came in, but when I think about it now, I think my mom knew all about it and **turned a blind eye.**

뜻 다른 사람의 잘못을 못 본 척, 모르는 척해 줄 때 사용해요.

---

07. 눈길을 끌다

관

to catch one's eye, to turn heads, to draw attention (lit. to draw in glances)

새로 나온 핸드폰은 디자인이 독특해서 많은 사람들의 **눈길을 끌었다.**

The new cell phone had a unique design, so it **caught the eye** of many people.

뜻 많은 사람들이 관심을 가질 때 사용해요.

---

08. 눈물이 핑 돌다

관

to tear up, for tears to spring to one's eyes (lit. for tears to spread/appear)

결혼식 날 부모님에게 인사를 드리는데 너무 감사한 마음에 갑자기 **눈물이 핑 돌았다.**

On my wedding day, I bowed to my parents and I felt so thankful that **tears sprang to my eyes**.

뜻 갑자기 눈물이 고일 때 사용해요.

---

09. 눈살을 찌푸리다

관

to knit one's brows, to frown (lit. to squinch the wrinkle between one's brows)

쓰레기를 함부로 버리는 사람을 보면 **눈살을 찌푸리게 된다.**

When I see someone carelessly littering, it **makes me frown**.

뜻 마음에 안 드는 행동을 보거나 말을 들을 때 사용해요.

참고 눈살이 찌푸려지다

---

10. 눈앞이 캄캄하다

관

to be plunged into darkness, to feel hopeless (lit. for it to be dark in front of one's eyes)

아버지께서 편찮으신데 어머니마저 건강이 안 좋다고 하시니까 **눈앞이 캄캄하다.**

My father is sick and now even my mother says she isn't well, so I feel **plunged into darkness**.

뜻 안 좋은 일이 생겨서 어떻게 해야 할지 모를 때 사용해요.

문장을 통해 이어서 학습할 단어의 의미를 추측해 봅시다.

11. 며칠 동안 회사 일 때문에 바쁘게 지내다가 집에 돌아오자 지저분한 집이 **눈에 들었다**.

12. 친구가 빨간색 옷을 입고 파란색 모자를 쓰니까 멀리서도 **눈에 띄었다**.

13. 그 작곡가는 60세의 나이로 **눈을 감았다**.

14. 너무 추워서 커피숍에 잠깐 들어갔는데 아무것도 주문하지 않으니까 **눈치가 보였다**.

15. 엄마는 **눈치가 빨라서** 내 표정이 조금이라도 이상하면 무슨 일이 있냐고 물어보신다.

16. 우리 팀 직원들이 밤새도록 **머리를 맞대고** 신제품의 기술 문제를 해결하기 위해 회의했다.

17. 나는 어렸을 때부터 돈을 아껴 써서 절약하는 습관이 **몸에 뱄다**.

18. 친구는 어제 자기가 화를 내서 미안하다며 작은 목소리로 **몸을 꼬며** 사과했다.

19. 김 과장은 예전에 회사에서 실수한 일이 아직도 **발목을 잡아서** 승진을 못하고 있다.

20. 그 사람은 아이가 태어나자 이제 나쁜 일에서 **발을 빼고** 착하게 살기로 결심했다.

11. 눈에 들다
관
to catch one's eye
(lit. to go into one's eyes)

음료수를 사러 편의점에 갔는데 할인하는 상품이 **눈에 들었다.**
I went to the convenience store to buy a soft drink and the items on sale **caught my eye**.

마음에 들 때, 눈에 보일 때 사용해요.

---

12. 눈에 띄다
관
to stand out
(lit. to by spotted by one's eyes)

분홍색 머리가 너무 **눈에 띄는** 것 같아서 갈색으로 염색했다.
Since pink hair seemed to **stand out** too much, I dyed my hair brown.

많은 것들 사이에서 뚜렷하게 잘 보일 때 사용해요.

---

13. 눈을 감다
관
to die, to pass away
(lit. to close one's eyes)

이 배우는 5살 때부터 배우 생활을 시작해서 70세의 나이로 **눈을 감기**까지 연기에 열정을 다했다.
The actor began his life of acting at age 5 and acted with all his passion until he **passed away** at age 70.

사람이 죽었을 때 사용해요.

---

14. 눈치가 보이다
관
to feel self-conscious
(lit. for one's intent to be read)

조용한 수업 시간에 선생님께 화장실에 간다고 말하기가 **눈치 보였다.**
During the quiet class, I **felt self-conscious** about telling the teacher I was going to the bathroom.

다른 사람의 마음과 태도를 살필 때 사용해요.

---

15. 눈치가 빠르다
관
to be quick-witted, to be perceptive

반의표현 눈치가 없다

가: 너, 진우 선배 좋아하지?
You like Jinwu, don't you?

나: 어머, 어떻게 알았어? 너 **눈치 정말 빠르다.**
Oh my gosh, how did you know? You're **really perceptive**.

다른 사람의 마음을 빨리 알아챌 때 사용해요.

---

16. 머리를 맞대다

관

to put heads together

환경 오염 문제를 해결하기 위해서 전 세계 지도자들이 **머리를 맞대고** 노력해야 한다.

In order to solve the problem of environmental pollution, leaders all around the world must **put their heads** together and make an effort.

어떤 일을 의논하고 회의할 때 사용해요.

17. 몸에 배다

관

to get used to, to grow accustomed to (lit. to be ingrained in one's body)

가: 어떻게 그렇게 매일 운동을 두 시간이나 해요?

How do you exercise for a whole two hours like that every day?

나: 매일 운동하는 것이 **몸에 배서** 하루라도 운동을 안 하면 오히려 이상한 느낌이에요.

I've **gotten used to** exercising every day so I actually feel strange if I don't work out.

어떤 일을 여러 번해서 아주 익숙해졌을 때 사용해요.

18. 몸을 꼬다

관

to squirm, to twist one's body

친구는 어려운 부탁을 할 때 **몸을 꼬며** 말한다.

When my friend asks me for a difficult favor, he **squirms** as he talks.

부끄러울 때 사용해요.

19. 발목을 잡다

관

to backfire, to (come back to) haunt someone (lit. to catch one's ankle)

그 남자는 자기가 한 거짓말이 **발목을 잡아서** 여자 친구와 헤어지게 되었다.

The lie the man told **came back to haunt** him and he ended up breaking up with his girlfriend.

다른 사람의 행동을 방해할 때, 과거의 어떤 일에서 벗어나지 못할 때 사용해요.

20. 발을 빼다

관

to wash one's hands of, to be done with (lit. to pull out one's feet)

유의표현 손을 씻다

예전에 알던 거래처 사장님에게 연락했는데, 사장님은 그 일에서 **발을 뺐다면서** 다른 분을 소개해 주셨다.

I contacted the owner of the old account, who told me he'd **washed his hands of** the business and referred me to someone else.

어떤 일을 완전히 끝내고 하지 않을 때 사용해요.

문장을 통해 이어서 학습할 단어의 의미를 추측해 봅시다.

21. 내 친구는 **발이 넓어서** 우리 학교뿐만 아니라 동네에서 모르는 사람이 없을 정도이다.

22. 제주도에 온 태풍 때문에 비행기가 뜨지 못해서 승객들이 공항에 **발이 묶였다**.

23. 아빠에게 콘서트에 가자고 했더니 아빠는 **손사래를 치시며** 친구랑 가라고 하셨다.

24. 미국의 캘리포니아 지역은 일 년 중에 비 오는 날이 **손에 꼽힐 정도로** 비가 안 온다.

25. 회사에서 아이가 아프다는 전화를 받고 일이 **손에 잡히지 않았다**.

26. 우리 부모님은 어려운 사람을 보면 내가 먼저 **손을 내밀어야 한다고** 가르치셨다.

27. 김 회장은 앞으로 회사 일에 **손을 떼고** 물러나겠다고 밝혔다.

28. 지난 대회 결승전에서 아깝게 졌던 우리 선수들은 올해 우승하기 위해 **이를 갈며** 훈련했다.

29. 나는 친구한테 비밀을 말했는데 친구는 그 사실을 절대 **입 밖에 내지 않겠다고** 약속했다.

30. **콧대가 높은** 명품 브랜드들은 할인 행사를 절대 하지 않는다.

21. 발이 넓다

to have a wide social circle, to be a social butterfly (lit. to have wide feet)

가: 내가 방송국에 아는 사람이 있는데 이번 우리 학교 축제에 가수 정우 씨를 초대하면 어떨까?

I know someone at a broadcasting company. Should I invite the singer Jeongwu to our school festival?

나: 방송국에도 아는 사람이 있어? 너 정말 **발이 넓구나**

You even know someone at a broadcasting company? You really **have a wide social circle, huh**?

뜻 아는 사람, 친구가 많을 때 사용해요.

---

22. 발이 묶이다

관

to be stuck, to be stranded (lit. to have one's feet tied)

오늘 출근길에 정전이 돼서 지하철이 멈추는 바람에 **발이 묶여서** 꼼짝을 못했다.

There was a power outage on my way to work today and I **was stuck** and couldn't move because the subway stopped.

뜻 몸을 움직일 수 없을 때 사용해요.

---

23. 손사래(를) 치다

관

to wave one's hand dismissively

대학생들은 돈을 아무리 많이 준다고 해도 일이 많아서 늦게 퇴근하는 회사는 가기 싫다고 **손사래 쳤다.**

The college students **waved their hands dismissively**, saying they didn't want to work at a company that made them stay late because there was a lot of work to do, no matter how much money they were offered.

뜻 거절하거나 아니라고 말하면서 손을 펴서 휘저을 때 사용해요.

---

24. 손에 꼽히다

관

to count on one hand, to be pointed out (lit. to count on one's fingers)

가: 저 친구는 누구야?

Who's that friend?

나: 민수라는 친구인데 학교에서 수학 잘하기로 **손에 꼽히는** 친구야.

He's called Minsu, and he's **pointed out** at school for being good at math.

뜻 어떤 범위나 순위 안에 들 때 사용해요.

---

25. 손에 잡히다

관

to concentrate on (lit. to be grabbed in one's hands)

날씨도 너무 덥고 배도 고파서 도서관에 앉아 있어도 공부가 **손에 잡히지 않았다.**

The weather was so hot and I was hungry, so even though I was sitting in the library, I **couldn't concentrate on** studying.

뜻 마음이 편안해서 일이 잘 될 때 사용해요.

26. 손을 내밀다

관

to reach one's hand out

가: 지금도 기억나는 선생님이 있어요?

Are there any teachers that you still remember now?

나: 네, 고등학교 때 아버지께서 돌아가셨는데 그때 담임 선생님이 먼저 **손을 내밀고** 많이 도와주셨어요.

Yes, my father passed away when I was in high school, and my homeroom teacher at the time **reached his hand out** first and really helped me.

뜻 도움을 줄 때 사용해요.

---

27. 손을 떼다

관

to pull out of (lit. to take one's hands off of)

내일부터 다른 부서에서 일하게 돼서 지금까지 하던 일에서 **손을 떼고** 정리했다.

I'm going to be working in a different department starting tomorrow, so I **pulled out of** the work I did until now and finished up.

뜻 하던 일을 그만 둘 때 사용해요.

---

28. 이를 갈다

관

to grit one's teeth

예전 남자 친구가 나보고 공부를 못해서 싫다고 해서 **이를 갈고** 열심히 공부했다.

My ex-boyfriend said he didn't like me because I couldn't study well, so I **gritted my teeth** and studied hard.

뜻 너무 화가 나는 일이 있어서 앞으로 잘하려고 마음을 먹을 때 사용해요.

---

29. 입 밖에 내다

관

to blurt out, to utter, to let something slip (lit. to let something out of your mouth)

옛날에는 왕의 이름을 **입 밖에 내서** 부를 수 없었다.

In the past, the king's name couldn't be **uttered** out loud.

뜻 생각이나 사실을 말할 때 사용해요.

---

30. 콧대가 높다

관

to be stuck-up, to be snooty (lit. to have a high nose bridge)

가: 우리 회사에 김 과장님은 **콧대가 높아서** 자기가 제일 멋있고 제일 똑똑한 줄 알아.

Manager Kim in my office **is stuck-up** so he thinks he's the coolest and smartest.

나: 그런 사람이랑 같이 일하면 힘들겠다.

It must be hard to work with someone like that.

뜻 자존심이 세고 자랑하고 싶어 하는 태도가 있을 때 사용해요.

DAY 38 | 앞에서 배운 내용을 확인해 봅시다.

[1-5] 다음 빈칸에 들어갈 단어를 [보기]에서 골라 알맞게 쓰십시오.

보기 | 눈에 띄다 눈살을 찌푸리다 머리를 맞대다 발이 넓다 손에 꼽히다

1. 그동안 여행을 간 많은 곳 중에서 부산은 ＿＿＿＿＿＿＿＿(-(으)ㄹ) 정도로 아름다운 곳이다.

2. 동아리 신입 부원 모집 포스터를 ＿＿＿＿＿＿＿＿(-게) 만들려고 화려한 색깔의 볼펜으로 글을 썼다.

3. 지하철에서 큰 소리로 통화하는 사람을 보면 ＿＿＿＿＿＿＿＿(-게) 된다.

4. ＿＿＿＿＿＿＿＿(-(으)ㄴ/는) 사람은 성격이 활발하고 다른 사람에게 관심이 많은 것 같다.

5. 이번 화재 피해가 너무 커서 정부에서는 ＿＿＿＿＿＿＿＿(-고) 대책을 세우고 있다.

[6-9] 다음 설명에 알맞은 단어를 [보기]에서 찾아 쓰십시오.

보기 | 이를 갈다 눈치가 빠르다 귀를 기울이다 눈앞이 캄캄하다

6. 가: 우리 부모님은 내가 하는 말에 ＿＿＿＿＿＿＿＿(-(으)세요).

   나: 부모님이 너무 좋으신 것 같아요. 부모님과는 무슨 이야기든지 다 할 수 있겠네요.

7. 가: 얼굴이 왜 그래? 무슨 안 좋은 일 있어?

   나: 지원한 대학교에 떨어졌어. 이제 어떻게 해야 좋을지 ＿＿＿＿＿＿＿＿(-아/어).

8. 가: 와, 살을 어떻게 이렇게 많이 뺐어? 정말 몰라볼 정도야.

   나: 반 친구들이 뚱뚱하다고 놀려서 ＿＿＿＿＿＿＿＿(-고) 열심히 다이어트를 했어.

9. 가: 부서에 새로 온 신입 사원은 어때요?

   나: ＿＿＿＿＿＿＿＿(-아/어서) 상황도 잘 파악하고 일도 빨리 배우는 것 같아요.

DAY

39 신체

The Body

문장을 통해 이어서 학습할 단어의 의미를 추측해 봅시다.

01. 눈, 코, 귀, 피부 등은 우리 몸에서 **감각**을 담당하는 기관이다.

02. 사람의 표정은 얼굴의 **근육**을 통해 만들어진다.

03. 머리카락에는 감각 **기관**이 없어서 잘라도 아픔을 느끼지 못한다.

04. 걷기 운동은 체력을 기를 수 있을 뿐만 아니라 **뇌** 건강에도 도움이 된다.

05. 매일 사용하는 이불은 피부에 직접 **닿기 때문에** 늘 청결해야 한다.

06. 오늘은 몸이 **떨릴 정도로** 날씨가 춥다.

07. **미각**은 요리사에게 가장 중요한 감각이다.

08. 허리는 우리 몸의 상하체를 나누는 중심이 되는 **부위이다**.

09. 날씨가 더울 때 우리 몸은 땀을 **분비한다**.

10. 김 선수는 경기 중에 다른 선수와 부딪혀서 **다리뼈**가 부러지는 부상을 당했다.

Day
39-1

01. 감각

명
sense, sensation

유의어 느낌

가: 저 배우는 정말 옷을 잘 입는 것 같아.
I think that actor really wears clothes well.

나: 응, 패션 **감각**이 정말 뛰어나.
Yeah, his fashion **sense** is really outstanding.

기출 표현 감각적, 예술적 감각, 감각이 둔하다, 감각이 예민하다, 감각을 잃다, 감각을 키우다

만점으로 가는 배경지식

우리 몸의 대표적인 다섯 가지의 감각을 '오감'이라고 합니다. 오감 중 자주 출제되는 '미각'을 포함한 나머지 감각들도 알아 두도록 합시다.

- **오감**
  ① 시각: 눈으로 보고 느끼는 감각
  ② 후각: 냄새를 맡는 감각
  ③ 청각: 소리를 느끼는 감각
  ④ 미각: 맛을 느끼는 감각
  ⑤ 촉각: 피부에 닿아서 느껴지는 감각

---

02. 근육

명
muscle

가: 운동을 하면 좋은 점이 무엇입니까?
What are the benefits of exercising?

나: 몸속의 **근육**이 발달하여 튼튼한 체력을 기를 수 있다는 점입니다.
That the **muscles** in your body develop and you can build up a healthy physical strength.

기출 표현 근육 운동, 근육이 발달하다, 근육이 생기다

---

03. 기관[2]

명
organ

고양이는 감각 **기관**이 잘 발달되어서 밤에도 멀리 볼 수 있고 작은 소리도 잘 들을 수 있다.
The sensory **organs** of cats are well developed so they can see far even at night and can hear small sounds well.

기출 표현 신체 기관, 감각 기관, 호흡 기관

---

04. 뇌

명
brain

뇌는 말을 하는 것, 감정을 느끼는 것, 운동을 하는 것 등 인간의 모든 활동을 맡아서 처리한다.
The **brain** is responsible for processing all human activities, including speaking, feeling emotions, moving, etc.

기출 표현 뇌 기능, 뇌가 발달하다

05. 닿다

동

to touch, to reach

유의어 접촉하다

어린아이들은 손에 **닿는** 물건을 입으로 가져가려는 본능이 있다.

Young children have an instinct to put objects their hands can **reach** in their mouths.

기출 표현 몸/손/발(신체)에 닿다

---

06. 떨리다

동

to shake,
to be nervous

가: 월드컵 결승 경기가 오늘이지?

Today's the final match of the World Cup, isn't it?

나: 응, 나는 **떨려서** 오늘 경기는 못 볼 것 같아.

Yeah, I don't think I can watch today's match because I'm **nervous**.

기출 표현 명 떨림 | 가슴이 떨리다, 손/몸이 떨리다

---

07. 미각

명

taste, sense of taste

미각은 쓴맛, 단맛, 짠맛, 신맛의 네 가지로 분류한다.

Taste is divided into the 4 flavors of bitter, sweet, salty, and sour.

기출 표현 미각을 자극하다

---

08. 부위

명

part, area

상처 **부위**에 세균이 들어가면 병에 걸릴 수 있다.

You can get catch a disease if bacteria enters a wounded **area**.

기출 표현 상처 부위, 신체 부위

---

09. 분비(하다)

명/동

secretion, to secrete

가: 아이가 키가 작은데 어떻게 하면 클 수 있을까요?

My child is short. How can they get taller?

나: 잠이 부족하면 성장 호르몬이 **분비되지 못하기 때문에** 키가 크려면 잠을 충분히 자야 합니다.

Since growth hormones **aren't secreted** if you're lacking sleep, in order to grow tall, they have to get enough sleep.

기출 표현 분비되다, 분비시키다, 호르몬을 분비하다

---

10. 뼈

명

bone

우리 몸에는 200개가 넘는 **뼈**가 있다.

There are over 200 **bones** in our bodies.

기출 표현 뼈가 약하다, 뼈가 튼튼하다, 뼈가 부러지다

문장을 통해 이어서 학습할 단어의 의미를 추측해 봅시다.

11. 사람의 몸을 이루는 **세포**는 너무 작아서 눈으로 구분하기 어렵다.

12. **소화**가 잘되려면 음식을 천천히 씹어서 먹어야 한다.

13. 출산율이 감소하고 평균 **수명**이 길어지면서 노인 인구가 급격히 증가하게 되었다.

14. 사람은 물속에서 **숨**을 쉴 수 없다.

15. 사고로 **신경**을 다쳐서 다리에 감각이 없다.

16. 큰 키에 빠른 발을 가진 박건우 선수는 운동선수로서 좋은 **신체** 조건을 가지고 있다.

17. 사람이 긴장하면 보통 때보다 **심장**이 빨리 뛴다.

18. 심장은 근육 운동을 통해 피를 **온몸**으로 보낸다.

19. 식욕이란 먹고자 하는 **욕구**로 인간이 가진 가장 기본적인 욕구이다.

20. 사람이 몸을 **움직일 수 있는 것은** 뼈와 근육이 있기 때문이다.

21. 산업 혁명 이후 인간이 하던 힘든 **육체** 노동을 기계가 대신하게 되었다.

11. 세포

명

cell

동물과 식물 등 모든 생물은 **세포**로 이루어져 있다.

All living creatures, including plants and animals, are made up of **cells**.

기출 표현 뇌세포, 피부 세포, 세포 활동

---

12. 소화(하다)

명/동

digestion, to digest

가: 요즘 **소화**가 잘 안되는 것 같아.

My **digestion** doesn't seem very good lately.

나: 야식을 너무 많이 먹어서 그래. 잠자기 전에는 음식을 안 먹는 것이 좋아.

It's because you eat too many late-night snacks. It's better not to eat food before you go to bed.

기출 표현 소화 불량, 소화되다, 소화시키다, 소화를 돕다, 음식을 소화하다

---

13. 수명

명

lifespan

조선 시대 왕들의 평균 **수명**은 46세라고 한다.

It's said that the average **lifespan** of Joseon Dynasty kings was 46 years.

기출 표현 평균 수명, 수명이 길다, 수명이 짧다, 수명이 늘다

---

14. 숨

명

breath, breathing

유의어 호흡

고래는 사람처럼 폐로 **숨**을 쉬기 때문에 물 위로 올라와 숨을 쉰다.

As whales, like humans, take **breaths** with their lungs, they come up out of the water to breathe.

기출 표현 숨을 쉬다, 숨을 멈추다, 숨이 차다

출제 TIP

자주 쓰이는 '숨'과 관련된 관용 표현을 알아 둡시다.

- **숨을 거두다:** 사람이 죽다
- **숨이 막히다:** 매우 답답하다
- **숨 쉴 새가 없다:** 숨을 쉴 여유가 없이 매우 바쁘다

---

15. 신경

명

nerves

커피에 들어있는 카페인은 우리 몸의 **신경**을 자극해서 집중력을 높이는 효과가 있다.

The caffeine in coffee stimulates the **nerves** in our bodies, so it has the effect of increasing our concentration.

기출 표현 신경을 자극하다

---

16. 신체
명
body, physical
유의어 육체, 몸

가: 저 선수는 농구 선수인데도 키가 작네.
That athlete's a basketball player but he's short.
나: 다른 선수들보다 **신체** 조건은 좋지 않지만 농구 실력만큼은 정말 뛰어나.
His physical **condition** isn't as good as the other players, but his basketball skills are really remarkable.

기출 표현 신체적, 신체 기관, 신체 활동, 신체가 건강하다, 신체가 튼튼하다

---

17. 심장
명
heart

무리한 운동은 **심장**에 부담을 줄 수 있다.
Excessive exercise can put a burden on your **heart**.

기출 표현 심장병, 심장 이식, 심장이 뛰다

출제 TIP

'심장이 뛰다'는 '긴장되다', '흥분되다'라는 의미의 관용 표현으로 자주 쓰입니다.
예 • 나는 좋아하는 사람의 이름만 들어도 심장이 뛴다.
• 어제 면접을 보러 갔는데 얼마나 긴장을 했는지 아직도 심장이 뛴다.

---

18. 온몸
명
whole body

자기 전에 스트레칭을 하면 **온몸**에 쌓인 피로를 풀 수 있다.
If you stretch before going to bed, you can release the fatigue that has built up in your **whole body.**

기출 표현 온몸이 아프다, 온몸이 쑤시다

---

19. 욕구
명
appetite, craving, desire

백화점은 물건을 멋지게 전시하여 소비자들의 구매 **욕구**를 자극시킨다.
Department stores stimulate consumers' **desire** to purchase by displaying items in a way that looks good.

기출 표현 구매 욕구, 욕구가 생기다, 욕구가 일어나다, 욕구를 느끼다

---

20. 움직이다
동
to move

학교에서 땅에 사는 작은 동물들의 **움직임**을 관찰했다.
At school, we observed the **movements** of small animals that live in the ground.

기출 표현 명 움직임 | 몸을 움직이다, 움직임이 활발하다, 마음을 움직이다

---

21. 육체
명
body, physical
유의어 신체, 몸

몸을 움직여서 일하는 것을 **육체** 노동이라고 한다.
Work that is done by moving your body is called **physical** labor.

기출 표현 육체적, 육체적 고통, 육체와 정신, 육체가 건강하다

문장을 통해 이어서 학습할 단어의 의미를 추측해 봅시다.

22. 사람의 발음 기관을 통해 나오는 말소리를 **음성**이라고 한다.

23. 미세 먼지는 일상생활과 **인체**에 악영향을 미친다.

24. 감기에 걸리지 않으려면 감기에 걸린 사람과 **접촉하지 않아야 한다**.

25. 여가 활동을 하면 기분이 좋아지고 스트레스를 풀 수 있어서 **정신** 건강에 도움이 된다.

26. **체내**에 수분이 부족하면 신체 기능이 떨어지고 쉽게 피곤해진다.

27. 몸에 열이 나는 것 같아서 **체온**을 재 보았다.

28. 나는 키가 크고 마른 **체형이다**.

29. 햇빛이 강한 여름에 야외 활동을 오래 하면 **피부**가 빨개지거나 까맣게 탄다.

30. 청소년기에 잠이 부족하면 **성장 호르몬**이 분비되지 못해 키가 크지 않는다.

31. 등산을 하면 땀이 나고 **호흡**이 빨라진다.

22. 음성
명
voice

유의어 목소리, 말소리

뉴스 진행자는 분명한 발음과 차분한 **음성**으로 사람들에게 소식을 전해 준다.
Newscasters deliver news to people with a clear pronunciation and a calm **voice**.

기출 표현 음성이 높다/낮다, 음성을 듣다, 음성이 들리다

---

23. 인체
명
human body

유의어 신체

담배에는 **인체**에 유해한 물질이 많이 들어 있다.
There are many substances in cigarettes that are harmful to the **human body**.

기출 표현 인체 기관, 인체 구조, 인체에 해롭다

출제 TIP

'몸'과 관련된 어휘를 알아봅시다.

- **신체:** '사람의 몸'을 의미합니다.
- **육체:** 정신적인 것을 포함하지 않는 '물질적인 사람의 몸'을 의미합니다.
- **인체:** '사람의 몸'을 의미하며 과학 분야에서 사람의 몸을 말할 때 주로 사용하는 표현입니다.

'몸'은 사람과 동물 모두에게 사용합니다. 반면에 '신체', '육체', '인체'는 사람에게만 사용합니다. 또한 '몸'은 '몸이 약하다'와 같이 건강을 의미하기도 합니다.

---

24. 접촉(하다)
명/동
(to) contact, (to) touch

유의어 닿다

사람이 많은 지하철에서는 원하지 않는 신체 **접촉**이 많이 일어난다.
In the subway where there are many people, unwanted physical **contact** often occurs.

기출 표현 신체 접촉, 접촉 사고, 접촉되다, 공기와 접촉하다

---

25. 정신
명
mind, mental

학교 폭력은 신체적인 괴로움뿐만 아니라 **정신적**으로도 아픔을 주는 행동이다.
School violence is behavior that causes not just physical distress but **mental** pain as well.

기출 표현 정신적, 정신적 고통, 육체와 정신, 정신을 가지다, 정신을 일깨우다

---

26. 체내
명
within the body, inside the body

반의어 체외

체내에 산소가 부족하면 생명이 위험해질 수 있다.
If there's a lack of oxygen **within your body**, your life can be in danger.

기출 표현 체내로 들어가다. 체내에 쌓이다

27. 체온
명
body temperature, temperature

사람의 정상 **체온**은 36.5도이다.
A person's normal **body temperature** is 36.5 degrees.

기출 표현 체온이 낮다/높다, 체온이 떨어지다, 체온을 유지하다, 체온을 재다

---

28. 체형
명
body type

옷의 장점 중 하나는 **체형**의 단점을 보완할 수 있다는 점이다.
One benefit of clothes is that they make up for shortcomings of your **body type**.

기출 표현 체형을 보완하다

---

29. 피부
명
skin

미세 먼지는 호흡기 질환, 눈병, **피부병** 등을 일으킨다.
Fine dust causes respiratory diseases, eyes diseases, **skin diseases**, etc.

기출 표현 피부병, 피부 접촉, 피부가 벗겨지다, 피부가 부드럽다

---

30. 호르몬
명
hormone

청소년들은 **호르몬** 변화와 신체적 변화로 인해 정서적 혼란을 겪는다.
Teenagers experience emotional distress due to **hormonal** changes and physical changes.

기출 표현 호르몬을 분비하다

---

31. 호흡(하다)
명/동
respiration, breathing, to breathe, to respire

유의어 숨

사람이 코를 통해 **호흡**을 하는 것처럼 식물들은 잎을 통해 **호흡**을 한다.
Just like people **breathe** through their noses, plants **breathe** through their leaves.

기출 표현 호흡 곤란, 호흡이 멎다, 호흡이 멈추다, 호흡이 빨라지다/느려지다

[1-5] 다음 빈칸에 들어갈 단어를 [보기]에서 골라 알맞게 쓰십시오.

보기 | 떨리다 감각 닿다 신체 뇌

1. 병원에 가면 사람의 ________ 기관을 그린 그림이 걸려 있다.

2. 개는 냄새를 맡는 ________ 인 후각이 발달한 동물이다.

3. 면접 볼 때 긴장해서 손이 ________(-았/었다).

4. 아기의 ________(은/는) 태어나자마자 빠르게 발달한다고 한다.

5. 축구 경기에서 공이 손에 ________(-(으)면) 반칙이다.

[6-7] 다음 밑줄 친 단어와 의미가 비슷한 단어를 [보기]에서 골라 쓰십시오.

보기 | 숨 접촉(하다) 음성 육체

6. 뉴스에서 <u>목소리</u>를 변조하거나 얼굴을 가리고 인터뷰를 한 기사가 많다. ( )

7. 아주 높은 산에 올라가면 <u>호흡</u>이 힘들 때가 많다. ( )

[8-9] 다음 설명에 알맞은 단어를 [보기]에서 찾아 쓰십시오.

보기 | 신경 뼈 수명 욕구

8. 무엇을 가지거나 어떤 일을 하고 싶은 마음 ________

9. 우리 몸에서 필요한 정보를 전달하는 역할을 하는 기관 ________

DAY

40 질병

Illnesses

문장을 통해 이어서 학습할 단어의 의미를 추측해 봅시다.

01. 감기 바이러스에 **감염되면** 콧물이 나고 열도 난다.

02. 계절이 바뀌는 환절기에는 감기나 독감 등 각종 질병에 **걸리기 쉽다**.

03. 병에 걸리면 정신적이나 육체적으로 **고통**을 겪게 된다.

04. 비만은 불규칙한 식습관, 운동 부족 등 잘못된 생활 습관과 **관련되어** 나타나기 쉽다.

05. 병에 걸리지 않으려면 운동을 해서 **면역력**을 길러야 한다.

06. 스트레스는 건강에 나쁜 영향을 **미친다**.

07. 겨울에 잘 걸리는 감기는 **바이러스**에 의해 감염된다.

08. 의사인 우리 아버지는 평생을 가난하고 **병든** 사람을 위해 봉사하셨다.

09. 나는 평소에 **불면증**을 앓아서 수면제를 먹지 않으면 새벽까지 잠을 자지 못한다.

10. 하루 종일 서서 일했더니 다리가 **부었다**.

01. 감염
명
infection

아이들은 면역력이 약해서 바이러스에 **감염되기** 쉽다.
Children's immunity levels are low, so they're easily **infected** by viruses.

기출 표현 세균 감염, 감염되다, 바이러스에 감염되다

---

02. 걸리다
동
to catch

가: 어젯밤부터 머리가 아프고 콧물이 나요.
I've had a headache and a runny nose since last night.

나: 감기에 **걸린 것 같은데** 병원에 가 보세요.
I think you caught a cold. Try going to the doctor.

기출 표현 감기에 걸리다, 병에 걸리다, 우울증에 걸리다

---

03. 고통
명
pain

경기 중 부상을 당한 선수가 **고통스러워하고 있다**.
The player who suffered an injury during the match **is in pain**.

기출 표현 형 고통스럽다 | 고통을 겪다, 고통을 느끼다, 고통이 심하다, 고통을 주다/받다, 고통을 참다/견디다

---

04. 관련(하다)
명/동
relation, connection, to be related, to be connected

가: 한국 역사 지식을 쌓으려면 어떻게 해야 돼요?
If I want to gain knowledge of Korean history, what should I do?

나: 도서관에 한번 가 보세요. 한국 역사와 **관련된** 책이 많을 거예요.
Try going to the library. There should be a lot of books there **related** to Korean history.

기출 표현 명와/과 관련이 있다 | 관련성, 관련되다, 관련시키다, 관련 분야, 관련성이 있다

---

05. 면역
명
immunity

몸에 수분이 부족하면 **면역력**이 떨어지게 된다.
If your body is insufficiently hydrated, your **level of immunity** will fall.

기출 표현 면역력, 면역되다, 면역 체계, 면역을 강화하다, 면역력을 기르다, 면역력이 생기다, 면역력을 잃다

06. 미치다

동

to reach, to influence, to have (an influence, impact, etc.)

유의어 끼치다

수면은 아이들의 성장에 큰 영향을 **미친다.**

Sleep **has** a big impact on children's growth.

기출 표현 영향을 미치다

---

07. 바이러스

명

virus

가: 감기 **바이러스**를 예방하려면 어떻게 해야 합니까?

What should we do if we want to prevent cold **viruses**?

나: 가장 효과적이고 쉬운 방법은 손을 잘 씻는 것입니다.

The most effective and simple method is to wash your hands well.

기출 표현 바이러스에 걸리다, 바이러스에 감염되다

---

08. 병들다

동

to get sick, to be sick

사람들이 버리는 쓰레기로 인해 소중한 바다가 **병들어** 가고 있다.

Our precious oceans are **getting sick** due to the garbage thrown away by people.

기출 표현 몸이 병들다

---

09. 불면증

명

insomnia, sleeplessness

잠을 자기 전까지 누워서 스마트폰을 보는 습관은 **불면증**을 일으킨다.

The habit of lying in bed and looking at your smartphone before going to sleep causes **insomnia**.

기출 표현 불면증을 겪다, 불면증에 걸리다, 불면증에 시달리다

출제 TIP

접 **-증:** 명사 뒤에 붙어 '증상'이나 '병'의 뜻을 나타냅니다.

예 건망증, 우울증, 가려움증

---

10. 붓다

to swell

가: 눈이 **부었네요**. 무슨 일 있어요?

Your eyes are **swollen**. Is something the matter?

나: 어젯밤에 본 영화가 슬퍼서 울었거든요.

I cried because the movie I saw last night was sad.

기출 표현 몸/얼굴/눈이 붓다

문장을 통해 이어서 학습할 단어의 의미를 추측해 봅시다.

11. 피자나 햄버거와 같은 패스트푸드는 **비만**을 일으키는 원인이 된다.

12. 채소를 적게 먹을수록 암이나 심장병, 당뇨병과 같은 **성인병**에 걸리기 쉽다.

13. 여름철에는 **세균**이 빠르게 번식하기 때문에 음식을 익혀서 먹어야 한다.

14. 여름철에 햇빛이 강한 곳에 오랫동안 있으면 피부가 **손상된다**.

15. **수면**이 부족하면 낮 시간 동안 졸음으로 인해 활동하는 데에 어려움을 겪는다.

16. 나는 우유 **알레르기**가 있어서 치즈나 아이스크림을 못 먹는다.

17. 감기는 누구나 한 번쯤 **앓아 본 적이 있을 정도로** 흔한 질병이다.

18. 준비 운동은 운동 중 일어날 수 있는 부상을 **예방하기 때문에** 꼭 해야 한다.

19. 환경 오염은 암을 비롯한 각종 질병을 **유발한다**.

20. 오염된 물이나 음식물에 있는 세균으로 인해 **전염병**이 발생하는 경우가 많다.

Day 40-2

11. 비만

명
obesity

비만은 성인병의 원인이 된다.
Obesity is a cause of lifestyle diseases.

기출 표현 비만율, 비만이 되다, 비만에 걸리다, 비만을 일으키다

---

12. 성인병

명
lifestyle disease

성인병을 예방하기 위해서는 골고루 먹고 운동하는 등의 생활 습관이 중요하다.
In order to prevent **lifestyle diseases**, life habits like eating balanced meals and exercising are important.

기출 표현 성인병에 걸리다, 성인병이 생기다, 성인병을 예방하다, 성인병을 치료하다

---

13. 세균

명
bacteria, germs

여름철에 음식을 잘못 보관하면 **세균**이 번식하기 쉽다.
If you store food improperly in the summer, it's easy for bacteria to propagate.

기출 표현 세균에 감염되다

---

14. 손상(하다)

명/동
injury, to injure, (to) damage

가: 운동하기 전에 준비 운동을 하는 이유는 무엇인가요?
What's the reason for doing warm-up exercises before working out?

나: 운동할 때 발생할 수 있는 신체 **손상**을 예방할 수 있기 때문입니다.
It's to prevent physical **injuries** that can occur while exercising.

기출 표현 손상되다, 손상시키다, 손상을 입다, 손상을 예방하다

---

15. 수면

명
sleep

유의어 잠

카페인이 함유된 커피, 초콜릿, 녹차 등은 **수면**을 방해하는 음식이다.
Coffee, chocolate, green tea, etc., which contain caffeine, are foods that interfere with **sleep**.

기출 표현 수면 부족, 수면 습관, 수면을 방해하다, 수면을 취하다

---

16. 알레르기
명
allergy

가: 감기에 걸렸어요? 자꾸 재채기도 하고 몸이 안 좋아 보여요.
Did you catch a cold? You're sneezing a lot and you don't look well.

나: 꽃가루 **알레르기** 때문에 그래요. 봄이 되면 항상 고생해요.
It's because of my pollen **allergy**. In the spring, I always suffer a lot.

기출 표현 알레르기를 일으키다, 알레르기에 걸리다

---

17. 앓다
동
to suffer (from/with), to be sick

최근 업무 스트레스로 인해 우울증을 **앓고 있는** 직장인이 늘었다고 한다.
It's said that recently, an increasing number of office workers **are suffering** from depression as a result of work stress.

기출 표현 감기를 앓다, 병을 앓다

---

18. 예방(하다)
명/동
prevention, to prevent

비타민 섭취는 감기 **예방**에 도움이 된다.
Ingesting vitamins helps to **prevent** colds.

기출 표현 예방법, 화재 예방, 범죄 예방, 사고 예방, 예방되다, 병을 예방하다

---

19. 유발(하다)
명/동
(to) cause, to lead to, to trigger

공부를 할 때 잘못된 자세는 허리 통증을 **유발한다**.
Improper posture while studying **leads to** back pain.

기출 표현 유발되다, 범죄를 유발하다, 병을 유발하다, 흥미를 유발하다

---

20. 전염
명
infection, contagion, spread (of a contagion)

감기 바이러스는 주로 공기를 통해 **전염된다**.
Cold viruses **are** mainly **spread** through the air.

기출 표현 전염병, 전염되다, 전염시키다, 전염을 예방하다

☑ 문장을 통해 이어서 학습할 단어의 의미를 추측해 봅시다.

21. 흡연은 폐 질환의 **주된** 원인이다.

22. **지나친** 음주와 흡연은 건강에 안 좋은 영향을 끼친다.

23. 약을 먹었는데도 일주일 이상 기침이 **지속돼서** 병원에 가 보기로 했다.

24. 소금은 우리 몸에 꼭 필요한 성분이지만 많이 먹으면 **질병**을 일으킨다.

25. 오염된 공기를 마시면 호흡기 **질환**에 걸리기 쉽다.

26. 잠을 푹 자면 하루 동안 쌓인 **피로**를 풀 수 있다.

27. 건강에 좋은 음식이라도 너무 많이 먹으면 오히려 몸에 **해롭다**.

28. 컴퓨터나 스마트폰을 자주 보는 생활 습관은 눈 건강을 **해칠 수 있다**.

29. 손 씻기는 질병의 **확산**을 예방하는 데 큰 효과가 있다.

30. **흡연**은 자신뿐만 아니라 타인의 건강에도 안 좋은 영향을 끼친다.

21. 주되다

동

to be primary, to be major, to be main

술, 담배는 질병에 걸리는 **주된** 원인이 된다.

Alcohol and cigarettes are **major** causes of illnesses.

기출 표현 주된 방식, 주된 원인, 주된 요소, 주된 이유

22. 지나치다

형

to be excessive

아내는 아이를 낳은 후 청결에 **지나치게** 신경을 쓴다.

After giving birth, my wife is **excessively** concerned about cleanliness.

기출 표현 지나친 운동, 욕심이 지나치다, 지나치게 많다

23. 지속(하다)

명/동

duration, to last, to continue

반의어 중단(하다)

추위가 오랜 기간 **지속되면서** 병원을 찾는 감기 환자들이 늘고 있다.

As the cold weather **continues** for a long period of time, the number of patients with colds going to the doctor's office is increasing.

기출 표현 지속적, 지속되다, 지속시키다, 상태가 지속되다

24. 질병

명

illness, disease

음악은 환자의 **질병** 치료에 이용되기도 한다.

Music is also used in the treatment of patients' **illnesses**.

기출 표현 질병 관리, 질병 예방, 질병에 걸리다, 질병을 치료하다

25. 질환

명

illness, disease

우울증과 같은 정신 **질환**은 스트레스가 주요 원인이다.

Stress is a main cause of mental **illnesses** like depression.

기출 표현 심혈관 질환, 질환을 앓다, 질환에 걸리다, 질환을 일으키다

출제 TIP

질병과 질환은 모두 '병'을 의미하는 어휘지만 다음과 같은 차이가 있습니다.

- **질병:** 우리 몸에 생기는 여러 가지 병을 의미합니다.
  예 질병에 걸리다 / 질병을 예방하다
- **질환:** 우리 몸에 생기는 여러 가지 병을 의미하며, 구체적으로 병의 증상이 있는 곳과 함께 쓰이는 경우가 많습니다.
  예 심장 질환에 걸리다 / 피부 질환을 예방하다

26. 피로

명

fatigue, exhaustion

가: 얼굴이 왜 그래요? 피곤해 보여요.

What's with your face? You look exhausted.

나: 일이 많아서 며칠 잠을 못 잤더니 **피로**가 쌓인 것 같아요.

I had so much work that I couldn't sleep well for a few days and I guess my **fatigue** built up.

기출 표현 피로 회복, 피로가 쌓이다, 피로를 풀다, 피로를 느끼다

---

27. 해롭다

형

to be harmful, to be bad for

반의어 이롭다

아무리 건강에 좋은 음식이라도 지나치게 먹으면 건강에 **해롭다**.

No matter how healthy the food is, eating excessively **is bad for** your health.

기출 표현 해로운 성분/물질, 건강/인체에 해롭다

---

28. 해치다

동

to harm, to damage

지나친 다이어트는 오히려 건강을 **해친다**.

Excessive dieting actually **harms** your health.

기출 표현 건강을 해치다

---

29. 확산(하다)

명/동

(to) spread

유의어 퍼지다

전염병의 **확산**을 막기 위해 마스크를 쓰는 것이 좋다.

To prevent the **spread** of infectious diseases, it's good to wear a mask.

기출 표현 확산되다, 확산을 막다, 전염병이 확산되다, 빠르게 확산되다

---

30. 흡연(하다)

명/동

smoking, to smoke

반의어 금연

흡연이 몸에 좋지 않다는 것을 알면서도 끊기가 어렵다.

Even if you know **smoking** is bad for your health, it's hard to quit.

기출 표현 흡연자, 흡연율

DAY 40 | 앞에서 배운 내용을 확인해 봅시다.

[1-5] 다음 빈칸에 들어갈 단어를 [보기]에서 골라 알맞게 쓰십시오.

보기	미치다	유발(하다)	관련(하다)	지나치다	걸리다

1. 공사 현장에서 날리는 먼지는 매우 해로워서 인체에 들어가면 각종 질병을 ________. (-ㄴ/는다)

2. 스마트폰이나 텔레비전은 아이의 정서 발달에 안 좋은 영향을 ________. (-ㄴ/는다)

3. 태풍, 가뭄 등 기후 변화는 지구 온난화와 ________ 있다. (이/가)

4. 봄이나 가을처럼 일교차가 심한 날씨에는 감기에 ________ 가 쉽다. (-기)

5. ________ 운동은 근육과 뼈에 무리가 가기 때문에 오히려 건강에 안 좋다. (-ㄴ/은)

[6-8] 다음 설명에 알맞은 단어를 [보기]에서 찾아 쓰십시오.

보기	고통	해롭다	예방(하다)

6. 안 좋은 영향을 주다 ________

7. 병이나 나쁜 일이 일어나기 전에 미리 대처(하다) ________

8. 몸이나 마음이 매우 아픈 것 ________

DAY

41 의료

Medical Services

문장을 통해 이어서 학습할 단어의 의미를 추측해 봅시다.

01. 건강 상태를 확인하기 위해 병원에서 **검진**을 받았다.

02. 건강한 삶을 살기 위해서는 규칙적인 운동과 충분한 휴식과 같은 꾸준한 **관리**가 필요하다.

03. 간호사는 수술 전 환자의 상태와 수술 **기구**를 확인한다.

04. 건강 **보험**에 가입하면 몸이 아파서 치료를 할 때 적은 돈으로 진료를 받을 수 있다.

05. 약은 우유나 주스 말고 물과 함께 **복용하는 것**이 좋다.

06. 수면은 사람의 생활과 건강에 많은 영향을 끼치는 중요한 **부분** 중 하나이다.

07. 간호사는 환자에게 퇴원 후 조심해야 할 **사항**에 대해 설명했다.

08. 의사는 수술 전 환자의 상태를 **살펴보았다**.

09. 아직도 지구촌에는 병을 치료할 의사와 약이 부족하여 **생명**을 잃는 사람들이 많다.

10. 심장이 멈춰 쓰러진 환자에게 **응급** 치료를 실시했다.

01. 검진(하다)
명/동
examination,
(to have a) check-up

가: 요즘 쉽게 피로해지는 것 같아요.
I seem to get fatigued easily these days.

나: 건강 **검진**을 한번 받아 보는 게 어때요?
How about getting a health **check-up**?

기출 표현 건강 검진, 검진을 받다

---

02. 관리(하다)
명/동
(to take) care (of),
management,
to manage

나는 건강을 **관리하기 위해** 매일 아침 운동을 한다.
I exercise every morning **to take care of** my health.

기출 표현 관리되다, 건강 관리, 식물 관리, 안전을 관리하다, 시설을 관리하다

---

03. 기구[2]
명
equipment

그 병원은 최신 의료 **기구**와 실력 있는 의사들이 많기로 유명하다.
That hospital is famous for having the newest medical **equipment** and a lot of skilled doctors.

기출 표현 운동 기구, 조리 기구, 의료 기구, 난방 기구

---

04. 보험
명
insurance

치과에 가기 전에 비용이 많이 들까 봐 **보험**에 가입했다.
I thought it might cost a lot, so I signed up for **insurance** before going to the dentist.

기출 표현 보험사, 보험료, 보험에 가입하다

---

05. 복용(하다)
명/동
taking,
dosing oneself,
to take (a dose of
medicine)

가: 이 약은 언제 먹어야 하나요?
When should I take this medicine?

나: 식후 30분 후에 **복용하시면** 됩니다.
You can **take a dose** 30 minutes after eating.

기출 표현 복용 방법(복용법), 약을 복용하다

---

06. 부분
명
part

병이 심각하지 않아서 **부분적으로** 치료하면서 상황을 지켜보기로 했다.
The disease isn't serious, so I decided to watch the situation while **partially** treating it.

기출 표현 부분적, 중요한 부분

---

07. 사항
명
matters, terms, details

약을 먹기 전에 주의 **사항**을 반드시 확인해야 한다.
Before taking medicine, make sure to check the precautions [**matters** of caution].

기출 표현 변경 사항, 주의 사항, 지시 사항, 고려 사항

---

08. 살펴보다
동
to examine

의사가 사고로 응급실에 온 환자의 몸을 **살펴보았다**.
The doctor **examined** the body of the patient who had been brought to the emergency room from an accident.

기출 표현 주위를 살펴보다, 자세히 살펴보다, 주의 깊게 살펴보다

---

09. 생명
명
life

경찰은 국민의 **생명**과 재산을 보호하는 역할을 한다.
The police have the role of protecting the **life** and property of the people.

기출 표현 생명을 살리다, 생명을 구하다, 생명을 보호하다, 생명을 잃다

---

10. 응급
명
emergency

가: 박건우 선수가 경기 중에 부상을 당했다면서요?
I heard that player Park Geonwu was injured during the game?

나: 네, 다행히 **응급** 치료를 받고 지금은 회복했다고 해요.
Yes, thankfully he got **emegency** treatment and they say he's recovered now.

기출 표현 응급실, 응급 상황, 응급 환자, 응급 치료

문장을 통해 이어서 학습할 단어의 의미를 추측해 봅시다.

11. 의사인 아버지는 주말마다 의료 시설이 부족한 지역에서 **의료** 봉사를 하신다.

12. 식물의 열매는 오래전부터 인간의 병을 고치기 위한 **의약품**으로 쓰였다.

13. **의학** 기술의 발달로 인해 인간의 평균 수명은 점점 늘고 있다.

14. 그동안 동물의 장기를 인간에게 **이식하는** 연구가 진행되어 왔지만 대부분 성공하지 못했다.

15. 블루베리는 소화 **작용**을 돕는 과일 중의 하나이다.

16. 엑스레이(X-ray) 검사를 통해 뼈나 **장기**의 문제를 확인할 수 있다.

17. 많이 아플 때는 약을 먹기보다는 병원에 가서 **적절한** 치료를 받는 것이 좋다.

18. 감기에 걸리면 콧물이나 기침과 같은 **증상**이 나타난다.

19. 의사는 환자의 병을 **진단하고** 치료하는 일을 한다.

20. 간호사는 의사의 **진료**를 돕고 환자를 치료하는 일을 한다.

21. 감기가 낫지 않아서 의사의 **진찰**을 받아 보기로 했다.

Day 41-2

11. 의료

명

medical (treatment)

지방의 작은 도시들은 대도시에 비해 **의료** 기관이 부족하다.

Small provincial cities lack **medical** facilities when compared to big cities.

기출 표현 의료 기관, 의료 기술, 의료 시설

---

12. 의약품

명

medical supplies, medicine

유의어 약

지진으로 피해를 입은 주민들에게 **의약품**을 지원했다.

Medical supplies were provided to the residents who suffered damage in the earthquake.

기출 표현 의약품을 처방하다, 의약품을 복용하다

---

13. 의학

명

medicine

한의학은 한국의 전통 **의학**에 따라 환자의 병을 살피고 고친다.

Oriental medicine examines and fixes patients' diseases according to traditional Korean **medicine**.

기출 표현 한의학, 의학 기술

---

14. 이식(하다)

명/동

(to) transplant

심장병을 앓고 있던 형이 장기 **이식**을 받고 다시 건강해졌다.

My older brother who had heart disease received an organ **transplant** and became healthy again.

기출 표현 이식되다, 장기 이식, 이식을 받다

---

15. 작용(하다)

명/동

effect, to work, to function

식물의 잎은 영양분을 만들고 숨을 쉬는 **작용을 한다**.

The leaves of a plant **function** to create nutrients and breathe.

기출 표현 작용되다, 작용시키다, 화학 작용

출제 TIP

기출 어휘인 '부작용'도 함께 알아 둡시다.

- **부작용:** 본래 작용에 이외에 일어나는 작용을 말합니다. 대부분 좋지 않은 경우에 사용됩니다.

  예 • 부작용이 있다/없다, 부작용이 생기다
  • 의사는 환자에게 약을 처방하면서 복용 방법과 **부작용**에 대해 설명했다.

---

16. 장기 ☆
명
organ

장기 이식을 기다리는 환자는 많지만 기증하는 사람은 매우 적다.
There are many patients waiting for an **organ** transplant, but very few people donating.

기출 표현 장기 기증, 장기 이식, 인공 장기

---

17. 적절하다
형
to be appropriate,
to be right,
to be suitable

건강 관리 전문가는 환자 개인에 맞는 **적절한** 건강 프로그램을 만드는 일을 한다.
Healthcare professionals do the work of creating **appropriate** health programs for individual patients.

기출 표현 부 적절히 | 적절한 시기, 적절하게 사용하다

---

18. 증상
명
symptom

감기와 독감은 나타나는 **증상**이 비슷해서 같은 질병이라고 생각하는 사람들이 많다.
As the **symptoms** of colds and the flu are the same, there are a lot of people who think they are the same disease.

기출 표현 감기 증상, 증상이 나타나다, 증상을 살피다, 증상이 완화되다

---

19. 진단(하다)
명/동
diagnosis,
to diagnose

가: 밥을 먹기만 하면 배가 아픈데 원인이 무엇인가요?
My stomach hurts whenever I eat. What's the cause?

나: 정확한 원인을 **진단하려면** 먼저 검사를 해 봐야 할 것 같습니다.
To **diagnose** the exact cause, I think we'll have to do some tests first.

기출 표현 진단을 받다, 문제점을 진단하다, 가능성을 진단하다, 원인을 진단하다

---

20. 진료(하다)
명/동
treatment,
to treat,
(medical)
consultation

유의어 진찰(하다)

이 병원은 늘 환자가 많아서 미리 예약을 하지 않으면 **진료**를 받기가 어렵다.
There are always a lot of patients at this hospital, so it's hard to get **treated** if you don't make an appointment in advance.

기출 표현 진료 예약, 진료를 받다, 환자를 진료하다

---

21. 진찰(하다)
명/동
examination,
to examine

유의어 진료(하다)

의사는 환자를 **진찰한** 후 처방을 내렸다.
The doctor gave a prescription after **examining** the patient.

기출 표현 진찰을 받다, 환자를 진찰하다

출제 TIP

진료와 진찰의 차이를 알아봅시다.

- **진찰:** 의사가 환자의 병과 증상을 살펴보는 것을 말합니다.
- **진료:** 의사가 환자를 진찰하고 진단, 치료하는 의료 행위의 모든 일을 말합니다.

문장을 통해 이어서 학습할 단어의 의미를 추측해 봅시다.

22. 나는 평소에 두통이 심해서 **진통제**를 항상 가지고 다닌다.

23. 토마토는 맛도 있고 건강에도 좋아서 매일 아침 **챙겨** 먹고 있다.

24. 수면제는 의사의 **처방**이 있어야만 구입할 수 있다.

25. 수술실에서는 위생과 감염 관리를 **철저하게** 해야 한다.

26. 의학 기술이 나날이 발달함에도 불구하고 아직 **치료법**을 찾지 못한 질병이 많다.

27. 음악과 미술은 마음의 병을 **치유하는** 데 큰 역할을 한다.

28. 수술 부위의 **통증**이 심해서 병원에 며칠 더 입원하기로 했다.

29. 운동하다가 다친 뼈를 **확인하기 위해** 검사를 받았다.

30. 형의 병은 일 년의 치료 끝에 운동도 할 수 있을 만큼 **회복되었다**.

31. 커피가 심장병 예방에 **효과적**이라는 연구 결과가 발표되었다.

22. 진통제

명
pain reliever, painkillers

진통제를 먹었더니 아프던 게 나아졌다.
I took **painkillers** and my pain got better.

기출 표현 진통제를 먹다, 진통제를 처방하다

출제 TIP

접 -제: 명을/를 돕는 '약'의 뜻을 나타냅니다.
- **수면제**: 잠을 잘 수 있게 도와주는 약
- **소화제**: 소화를 돕는 약
- **해열제**: 열을 떨어뜨리는 약

---

23. 챙기다

동
to make sure (to take, to eat, etc.)

가: 무슨 알람이에요?
What's that alarm for?
나: 약을 정해진 시간에 **챙겨** 먹어야 해서 알람을 맞춰 놨어요.
I have to **make sure** to take my medicine at a certain time, so I set an alarm.

기출 표현 챙겨 먹다, 밥을 챙기다, 건강을 챙기다

---

24. 처방(하다)

명/동
prescription, to prescribe

의사는 불면증으로 잠을 못 자는 나에게 수면제를 **처방해** 주었다.
The doctor **prescribed** me sleeping pills as I couldn't sleep due to insomnia.

기출 표현 약(의약품)을 처방하다, 처방을 받다, 처방을 내리다, 처방에 따르다

---

25. 철저(하다)

명/형
thoroughness, to be thorough, to be rigorous, to be strict

공사를 할 때는 안전 사고 예방을 **철저하게** 해야 한다.
During construction, safety accident prevention must be **rigorous**.

기출 표현 부 철저히 | 철저한 예방, 준비가 철저하다

---

26. 치료(하다)

명/동
treatment, to treat

유의어 고치다

요리를 하다가 손을 다쳐서 병원에서 **치료**를 받았다.
I hurt my hand while cooking, so I got **treatment** at the hospital.

기출 표현 치료되다, 치료제, 치료 방법(치료법), 치료를 받다, 환자를 치료하다

27. 치유(하다)
명/동
(to) cure, to heal

스트레스로 인한 두통을 자연 **치유하기 위해** 주말마다 등산을 한다.
In order to naturally **cure** headaches caused by stress, I go hiking every weekend.

기출 표현 치유되다, 치유 방법(치유법), 자연 치유, 병을 치유하다

출제 TIP

치료와 치유의 차이를 알아봅시다.

- **치유:** 건강한 상태로 회복시키는 것을 말합니다.
- **치료:** 병을 '고치다'의 의미이며, 병을 낫게 하려고 하는 모든 의료 행위를 말합니다.

---

28. 통증
명
pain

오랜 시간 컴퓨터 앞에 앉아 일하는 사람들은 목과 허리 **통증**이 자주 생긴다.
People who do work sitting in front of a computer for a long time often have neck and back **pain**.

기출 표현 통증을 느끼다, 통증이 생기다, 통증을 줄이다

---

29. 확인(하다)
명/동
confirmation,
to confirm, to check

반의어 미확인(하다)

의사는 수술 전 환자의 건강 상태를 **확인한다**.
Before surgery, doctors **check** the health condition of patients.

기출 표현 확인되다, 확인시키다, 방법을 확인하다, 시간을 확인하다, 상태를 확인하다

---

30. 회복(하다)
명/동
recovery, to recover

유의어 낫다

일을 그만두고 푹 쉬었더니 안 좋았던 건강이 **회복되었다**.
I quit my job and rested well, and my health, which was poor, **recovered**.

기출 표현 회복되다, 회복시키다, 피로 회복, 몸을 회복하다, 건강을 회복하다

---

31. 효과
명
effectiveness, effect

가: 아직도 감기가 낫지 않은 모양이네.
It seems like your cold still hasn't gotten better.

나: 응, 처방 받은 약이 별로 **효과**가 없는 것 같아.
Yeah, the medicine I was prescribed doesn't seem to have much of an **effect**.

기출 표현 효과적, 효과가 있다/없다, 효과를 보다/거두다/얻다, 효과가 좋다/나타나다, 효과를 살리다

출제 TIP

기출 어휘인 '역효과'도 함께 알아 둡시다.

- **역효과:** 기대했던 것과 반대가 되는 효과를 말합니다.
  예 • 역효과가 나다, 역효과를 내다
  • 좋은 약도 잘못 먹으면 역효과가 날 수 있다.

DAY 41 | 앞에서 배운 내용을 확인해 봅시다.

[1-5] 다음 빈칸에 들어갈 단어를 [보기]에서 골라 알맞게 쓰십시오.

보기	복용(하다)	확인(하다)	치료(하다)	회복(하다)	관리(하다)

1. 그 의사는 평생 질병을 연구하고 환자를 ______________.
   -았/었다
2. 몸이 건강할 때 건강을 잘 ______________.
   -아/어야 한다
3. 약은 의사의 지시에 따라 ______________.
   -아/어야 한다
4. 형은 수술 후 다행히 건강을 ______________.
   -았/었다
5. 간호사는 진료 전에 환자 정보와 증상을 꼼꼼하게 ______________.
   -았/었다

[6-8] 다음 설명에 알맞은 단어를 [보기]에서 찾아 쓰십시오.

보기	응급	통증	증상

6. 몸에 아픔을 느끼는 것 ______________
7. 병에 걸렸을 때 나타나는 상태 ______________
8. 급한 상황에 대처하는 것 ______________

DAY
42 영양
Nutrition

문장을 통해 이어서 학습할 단어의 의미를 추측해 봅시다.

01. 고기와 생선은 우리 몸에 꼭 필요한 영양소 중 하나인 단백질을 **공급한다**.

02. 커피의 하루 **권장** 섭취량은 2잔 정도이다.

03. **균형** 잡힌 식사란 모든 영양소가 적당하게 포함되어 있는 식사를 말한다.

04. 달걀과 고기 등의 **단백질**은 몸의 근육을 키워 주는 영양소이다.

05. 직장인 1,000명을 **분석한** 결과 스트레스가 많을수록 칼로리 소비량도 느는 것으로 나타났다.

06. 귤이나 오렌지는 **비타민**이 풍부해 면역력을 기르는 데 효과가 있다.

07. 어머니는 마트에서 식품을 살 때 **성분** 표시를 꼼꼼히 확인하신다.

08. 자전거 타기는 체력 **소모**가 높은 운동으로 다이어트에 효과적이다.

09. 사람과 동물은 음식물 섭취를 통해 에너지를 **얻는다**.

10. 탄수화물, 단백질, 지방은 우리 몸에 **에너지**를 공급해 주는 3대 영양소이다.

01. 공급(하다)
명/동
(to) supply, to provide

인간은 평균 4일 이상 물이 **공급되지 않으면** 살 수 없다.
Humans cannot survive **if not provided** with water for more than 4 days, on average.

기출 표현 공급되다, 식량 공급, 공급을 받다, 영양을 공급받다, 공급이 안정되다

---

02. 권장(하다)
명/동
encouragement, to encourage, to recommend

건강을 위해서 하루에 물 8잔 이상 마시는 것을 **권장한다**.
For good health, it **is recommended** to drink more than 8 glasses of water per day.

기출 표현 권장되다, 권장 사항, 권장 섭취량

---

03. 균형
명
balance

반의어 불균형

채소는 적게 먹고 고기는 많이 먹는 **불균형한** 식습관은 건강에 좋지 않다.
An **unbalanced** eating habit of eating few vegetables and a lot of meat is bad for your health.

기출 표현 균형을 이루다, 균형을 잡다, 균형을 잃다, 균형이 깨지다

---

04. 단백질
명
protein

동물성 단백질은 고기나 달걀, 우유에 들어있는 **단백질**을 말한다.
"Animal proteins" refers to the **proteins** in meat, eggs, and milk.

기출 표현 단백질을 함유하다, 단백질이 들어있다, 단백질이 부족하다

---

05. 분석(하다)
명/동
analysis, to analyze

체중 관리를 위해 평소에 먹는 음식들을 **분석했다**.
In order to manage my weight, I **analyzed** the foods that I usually eat.

기출 표현 분석되다, 원인을 분석하다, 자료를 분석하다, 장단점을 분석하다

06. 비타민
[명]
vitamin

비타민이 부족할 때는 채소와 과일을 많이 섭취하는 것이 좋다.
When lacking in **vitamins**, it's good to consume a lot of fruits and vegetables.

기출 표현 비타민이 풍부하다, 비타민을 섭취하다

---

07. 성분
[명]
ingredient, component

담배의 **성분**은 인체에 유해하다.
The **ingredients** in cigarettes are harmful to the human body.

기출 표현 필수 성분, 영양 성분, 성분이 포함되다, 성분으로 구성되다

---

08. 소모(하다)
[명/동]
consumption, to consume, to use up

섭취한 열량을 충분히 **소모하지 않으면** 살이 찌기 쉽다.
If you **don't use up** enough of the calories you consume, it's easy to gain weight.

기출 표현 시간/비용을 소모하다, 영양/열량을 소모하다

---

09. 얻다
[동]
to receive

간편하다고 해서 음료로 식사를 대신하다 보면 건강에 부정적인 결과를 **얻게 된다**.
If you substitute drinks for meals because they're convenient, you'll **receive** negative health consequences.

기출 표현 결과를 얻다, 지식/정보를 얻다, 영양분/자원/수익을 얻다, 여유를 얻다

---

10. 에너지
[명]
energy

유의어 힘

모든 동물은 음식을 섭취하여 **에너지**를 얻는다.
All animals receive **energy** by consuming food.

기출 표현 에너지를 내다, 에너지가 흐르다

문장을 통해 이어서 학습할 단어의 의미를 추측해 봅시다.

11. 채소는 **열량**이 적어서 다이어트에 효과적이다.

12. 라면과 같은 인스턴트 식품은 열량은 높지만 **영양**은 부족하다.

13. 단백질은 우리 몸을 만드는 구성 **요소** 중 하나이다.

14. 영양소는 인간이 생명을 **유지하는 데에** 필요한 물질이다.

15. 맵고 짠 **자극적인** 음식은 건강에 좋지 않다.

16. 피는 우리 몸에 산소와 영양분을 **전달한다**.

17. 우리 형은 운동과 식사 **조절**을 통해 다이어트에 성공했다.

18. 햄버거나 치킨과 같은 음식을 만들 때 사용하는 기름에는 우리 몸에 나쁜 **지방**이 들어있다.

19. 쌀은 재배 방법에 따라 맛과 영양의 **차이**가 크다.

11. 열량
명
calorie
유의어 칼로리

아이스크림은 **열량**이 높아서 한 개만 먹어도 밥 한 공기의 **열량**을 섭취하는 셈이다.
Ice cream is high in **calories**, so eating just one is equivalent to taking the **calories** in one bowl of rice.

기출 표현 고열량/저열량, 열량이 높다/낮다, 열량을 섭취하다, 열량을 소비하다

---

12. 영양
명
nutrition

아이들이 건강하게 자라기 위해서는 **영양**이 풍부하게 든 음식을 잘 섭취해야 한다.
In order for children to grow healthily, they must consume foods that are full of **nutrition**.

기출 표현 영양제, 영양 성분, 영양 부족, 영양이 풍부하다, 영양을 섭취하다/공급하다

출제 TIP

시험에 자주 등장하는 영양소, 영양가에 대해 알아봅시다.

- **영양소**: 인간이 생명을 유지하고 성장하기 위해 음식의 섭취를 통해 얻는 필수 물질을 말합니다. 탄수화물, 단백질, 지방, 비타민 등이 있습니다.
  예 영양소를 섭취하다, 영양소를 공급하다
- **영양가**: 식품의 영양 가치를 말합니다.
  예 영양가가 있다/없다, 영양가가 높다/낮다/풍부하다

---

13. 요소
명
element, factor, component

배우, 무대, 관객을 연극의 3대 **요소**라고 한다.
The actors, stage, and audience are called the three **elements** of theater.

기출 표현 필수 요소, 구성 요소, 문화적/역사적 요소

---

14. 유지(하다)
명/동
maintenance, to maintain, to sustain

건강을 **유지하기 위해서는** 규칙적으로 운동을 해야 한다.
You should exercise regularly **in order to maintain** your health.

기출 표현 유지되다, 형태를 유지하다, 온도를 유지하다, 맛을 유지하다, 직장 생활을 유지하다, 생계를 유지하다

---

15. 자극(하다)
명/동
stimulation, to stimulate

다양한 색의 음식들이 우리의 식욕을 **자극했다**.
Foods of various colors **stimulated** our appetite.

기출 표현 자극적, 자극되다, 뇌/피부를 자극하다

16. 전달(하다)
명/동
delivery, to deliver

아침 식사는 뇌에 영양을 **전달해서** 오전 집중력을 높이는 데 도움이 된다.
Breakfast helps to boost your concentration in the morning as it **delivers** nutrition to the brain.

기출 표현 전달되다, 물건을 전달하다, 정보를 전달하다, 사실/지식을 전달하다

17. 조절(하다)
명/동
(to) control, to adjust

운동선수들은 경기 전 체중 **조절**에 신경을 쓴다.
Athletes pay a lot of attention to **controlling** their weight before a game.

기출 표현 조절되다, 온도를 조절하다, 감정을 조절하다, 체중을 조절하다, 수위를 조절하다

18. 지방[2]
명
fat

가: 네가 좋아하는 고기잖아. 왜 안 먹어?
You love meat. Why aren't you eating?
나: 지금 다이어트 중이라서 **지방**이 많은 음식은 안 먹기로 했어.
I'm on a diet right now, so I've decided not to eat foods with a lot of **fat**.

기출 표현 고지방/저지방, 지방이 많다/적다

19. 차이
명
difference

많은 외국인 유학생들이 문화적 **차이**를 극복하지 못해 한국 생활에 어려움을 겪고 있다.
A lot of international students from abroad are experiencing difficulties living in Korea because they can't overcome cultural **differences**.

기출 표현 차이점, 차이가 있다/없다, 차이가 나다, 차이가 크다/적다

출제 TIP
- '차이점'이란 서로 같지 않고 다른 점을 말합니다. 반의어 공통점

☑ 문장을 통해 이어서 학습할 단어의 의미를 추측해 봅시다.

20. 브로콜리는 몸에 좋은 영양소가 풍부하여 면역 **체계**를 활성화하고 질병 예방에 도움을 준다.

21. 복숭아는 수분과 비타민이 많이 들어 있어서 여름철 수분 공급과 식욕 **촉진**에 도움을 준다.

22. 우리 회사는 다이어트에 관심이 많은 젊은 고객을 위해 **칼로리**가 낮은 음료를 개발했다.

23. 우유에 들어 있는 **칼슘**은 뼈를 튼튼하게 하는 데 도움을 준다.

24. **탄수화물**은 사람이 살아가는 데 있어서 가장 기본이 되는 영양소이다.

25. 과일과 채소는 영양이 **풍부하여** 골고루 섭취하는 게 좋다.

26. 비타민A는 동물의 성장에 **필수적인** 영양소이다.

27. 감자에는 탄수화물 외에 비타민도 **함유되어 있다**.

28. 음식을 통해 섭취한 영양소는 소화 과정을 거쳐서 몸속에 **흡수된다**.

20. 체계

명
system

유의어 시스템

비만을 치료하기 위해서는 운동과 식사를 **체계적으로** 관리해야 한다.
In order to treat obesity, exercise and diet must be **systematically** managed.

기출 표현 체계적, 면역 체계, 체계를 갖추다, 체계를 마련하다

---

21. 촉진(하다)

명/동
promotion,
to promote,
to accelerate,
to boost

가: 배가 고플 때 배에서 소리가 나는 이유가 무엇입니까?
What is the reason that our stomachs make noises when we're hungry?

나: 밥을 먹지 못했을 때 식욕을 **촉진하는** 호르몬이 위에서 분비되기 때문입니다.
It's because hormones that **promote** appetite are secreted by our stomachs when we haven't eaten.

기출 표현 촉진되다, 촉진을 시키다, 의욕을 촉진하다, 호르몬 분비를 촉진하다, 발달을 촉진하다

---

22. 칼로리

명
calorie

유의어 열량

가: 요즘 유행하는 다이어트 음료 들어 봤어요?
Did you hear about the diet drink that's popular these days?

나: 네, **칼로리**가 없거나 낮아서 다이어트에 도움이 된대요.
Yes, they say it's helpful for dieting since it has few or no **calories**.

기출 표현 칼로리가 높다/낮다, 칼로리를 섭취하다, 칼로리를 함유하다

---

23. 칼슘

명
calcium

뼈가 튼튼해지려면 **칼슘**이 들어 있는 음식물을 많이 섭취해야 한다.
To strengthen your bones, you have to consume a lot of foods that contain **calcium**.

기출 표현 칼슘이 들어 있다, 칼슘을 섭취하다, 칼슘이 부족하다/풍부하다

---

24. 탄수화물

명
carbohydrate

탄수화물을 지나치게 많이 섭취하면 비만이 될 가능성이 높다.
If you consume an excessive amount of **carbohydrates**, the chance of becoming obese is high.

기출 표현 탄수화물이 들어 있다, 탄수화물을 섭취하다, 탄수화물이 부족하다/풍부하다

---

25. 풍부하다

형

to be abundant, to be rich in, to be full of

반의어 부족하다

키위는 칼로리는 낮고 영양소는 **풍부하여** 다이어트 식품으로 인기를 얻고 있다.

As kiwis are low in calories and **rich in** nutrients, they are gaining popularity as a diet food.

기출 표현 지식/경험이 풍부하다, 먹이가/자원이 풍부하다, 영양소가 풍부하다

---

26. 필수

명

necessity, requirement, essential

햇빛, 물, 공기는 식물의 성장을 위한 **필수** 성분이다.

Light, water, and air are **essential** components for plant growth.

기출 표현 필수적, 필수 성분/영양소/조건

---

27. 함유(하다)

명/동

component, to contain

커피나 차에는 카페인 성분이 **함유되어 있다.**

Coffee and tea **contain** caffeine.

기출 표현 함유되다, 영양소를 함유하다, 수분을 함유하다, 성분을 함유하다

---

28. 흡수(하다)

명/동

absorption, to absorb

가: 운동복 좀 추천해 주세요.

Please recommend some workout clothes.

나: 이 옷은 어떠세요? 땀을 잘 **흡수해서** 인기가 많아요.

How about this? It's popular because it **absorbs** sweat well.

기출 표현 흡수력, 흡수되다, 흡수시키다, 물/땀을 흡수하다, 흡수가 빠르다

☑ DAY 42 | 앞에서 배운 내용을 확인해 봅시다.

[1-5] 다음 빈칸에 들어갈 단어를 [보기]에서 골라 알맞게 쓰십시오.

보기 | 유지(하다) 자극(하다) 조절(하다) 공급(하다) 전달(하다)

1. 직접 쓴 손 편지는 진실한 마음을 ______ 수 있다.
-(으)ㄹ

2. 추운 날씨에 감기에 걸리지 않으려면 체온을 따뜻하게 ______ 한다.
-아/어야

3. 건조한 날씨에 피부 건강을 지키려면 수분을 충분히 ______ 것이 좋다.
-는

4. 댐은 폭우로 인한 홍수를 막기 위해서 수위 ______ 한다.
을/를

5. 등산과 같은 운동은 신체에 좋을 뿐만 아니라 뇌를 ______ 기억력도 좋아진다.
-아/어서

[6-9] 다음 설명에 알맞은 단어를 [보기]에서 찾아 쓰십시오.

보기 | 분석(하다) 얻다 균형 요소

6. 가: 축하합니다. 이번 경기 승리의 원인은 뭐라고 생각하십니까?

나: 팀 전체가 포기하지 않고 열심히 해서 좋은 결과를 ______ 생각합니다.
-았/었다고

7. 가: 새롭게 바뀐 교통 법규에 대한 국민들의 의견은 부정적인데요. 어떻게 생각하십니까?

나: 일단 시범 운영을 통해 장점과 단점을 ______ 내년부터 정식으로 도입할 예정입니다.
-고

8. 가: 어? 얼굴이 왜 그래요? 다쳤어요?

나: 네, 길을 걷는데 갑자기 머리가 너무 아파서 ______ 잃고 쓰러졌어요.
을/를

9. 가: 건강을 위해 살을 빼고 싶은데 어떻게 하면 건강하게 살을 뺄 수 있을까요?

나: 다이어트를 성공하기 위한 가장 중요한 ______ 식단, 운동입니다.
은/는

DAY
43 관용 표현 2
Idioms 2

문장을 통해 이어서 학습할 단어의 의미를 추측해 봅시다.

01. 최근 우리 마을에 관광객이 늘면서 소음, 쓰레기 처리 등 **골치 아픈** 문제가 발생하고 있다.

02. 이 음식은 매운 음식을 즐겨 먹는 한국인의 **구미에 잘 맞는다**.

03. 정부의 장학금 지원 제도는 학비가 없어 진학을 포기한 학생들에게 배움의 **길을 열어 주었다**.

04. 그는 주위에서 아무리 떠들어도 **꼼짝도 안 하고** 일만 했다.

05. 이 소설은 삶이 힘들어 세상과 **담을 쌓아 버린** 한 소년에 대한 이야기이다.

06. 쇼핑하러 백화점에 갔는데 **마음에 드는** 물건이 없어서 아무것도 사지 않았다.

07. 회사에 일이 많아서 휴가인데도 **마음을 놓고** 쉴 수 없다.

08. 나는 목표한 대학에 진학하기 위해 오늘부터 열심히 공부하기로 **마음을 먹었다.**

09. 함께 일하는 동료와 **마음이 안 맞아서** 일하기가 힘들다.

10. 낮 최고 기온이 35도까지 오르는 등 전국 대부분의 지역이 더위로 **몸살을 앓았다**.

01. 골치가 아프다

관

to be a headache,
to be troublesome

가: 무슨 안 좋은 일 있어요?
Is something wrong?

나: 회사에 해결하기 어려운 일이 생겨서 **골치가 아파요.**
A difficult-to-solve problem came up at the office and **it's a real headache**.

뜻 일을 해결하기 어려울 때 사용해요.

---

02. 구미에 맞다

관

to suit one's tastes

우리 회사는 젊은 사람들의 **구미에 맞는** 상품을 개발하기 위해 노력하고 있다.
Our company is trying to develop products that **suit the tastes** of young people.

뜻 취향에 맞을 때 사용해요.

---

03. 길을 열다

관

to pave the way,
to open the door

두통에 효과가 좋은 약이 개발되어 두통으로 고통받는 환자들을 치료할 수 있는 **길이 열렸다.**
An effective medicine for headaches has been developed, **paving the way** for treating patients who suffer from headaches.

뜻 방법을 찾아내거나 마련할 때 사용해요.

---

04. 꼼짝(도) 안 하다

관

to not budge,
to not move a muscle

정부는 언론의 비판에도 **꼼짝 않고** 이번 정책을 추진하기로 했다.
Despite criticism from the media, the government **hasn't budged** and has decided to pursue the policy.

뜻 남에게 조금도 영향을 받지 않을 때 사용해요.

---

05. 담을 쌓다

관

to build a wall between oneself and something,
to be uninterested,
to cut oneself off from

우리 형은 게임에 빠져 공부와는 **담을 쌓았다.**
My older brother got into gaming and **became** totally **uninterested in studying**.

뜻 사람과의 관계를 끊을 때, 어떤 일에 전혀 관심이 없어 관계하지 않을 때 사용해요.

---

06. 마음에 들다

관

to strike one's fancy,
to like
(lit. to come into one's mind)

가: 생일 축하해요. 이건 꽃인데 좋아할 것 같아서 샀어요.

Happy birthday. These are flowers. I thought you might like them so I bought them.

나: 고마워요. 정말 **마음에 들어요**.

Thank you. I really **like them.**

뜻 마음이나 감정이 좋게 여겨질 때 사용해요.

---

07. 마음을 놓다

관

to put one's mind at ease,
to breathe easily,
to not worry

가: 일도 하고 육아도 하느라 힘들지요?

Working and taking care of a child must be hard, right?

나: 네, 아이가 아직 어려서 **마음을 놓고** 일할 수 없는 것이 제일 힘들어요.

Yes, my child is still young, so not being able to **put my mind at ease** and work is the hardest part.

뜻 마음을 편안하게 할 때 사용해요.

---

08. 마음을 먹다

관

to make up one's mind
(lit. to eat one's mind)

나는 꿈을 이루기 위해 회사를 그만두고 유학을 떠나기로 **마음을 먹었다.**

I **made up my mind** to quit work and leave to study abroad in order to achieve my dream.

뜻 어떠한 일을 하기로 결정했을 때 사용해요.

---

09. 마음이 맞다

관

to get along well,
to be like-minded
(lit. for minds to fit with each other)

학교에서 **마음이 맞는** 친구들과 동아리를 만들었다.

At school, I made a club with **like-minded** friends.

뜻 상대방과 서로 생각이 같아 잘 어울릴 때 사용해요.

---

10. 몸살을 앓다

관

to suffer from
(lit. to suffer body aches)

휴가철에 관광지 주민들은 관광객들이 버리고 간 쓰레기로 **몸살을 앓고 있다.**

During the holiday season, residents at tourist spots **are suffering from** litter thrown away by tourists.

뜻 어떤 일로 고통을 겪을 때 사용해요.

문장을 통해 이어서 학습할 단어의 의미를 추측해 봅시다.

11. 우리 동아리는 참여하고 싶은 학생들이 언제든지 가입할 수 있도록 **문을 열어 놓았다**.

12. 휴가 기간 동안 호텔들이 요금을 2배로 올려 관광객들에게 **바가지를 씌웠다**.

13. 공부하다가 머리가 아파서 잠시 **바람을 쐬러** 밖에 나갔다.

14. 최근 1인 가구가 늘면서 변화하는 소비 형태에 기업들도 **발걸음을 맞췄다**.

15. 배우 김규원 씨는 인터뷰 중 기자들의 칭찬에 **비행기를 태우지** 말라며 부끄러워했다.

16. 야구 선수 박건우 씨는 부상을 입었다는 소문에 대해 사실이 아니라며 **선을 그었다**.

17. 요즘 아르바이트를 하느라 공부에 **신경을 쓸** 여유가 없다.

18. 그는 화가 나면 **앞뒤를 가리지 않는** 성격이라 친구가 별로 없다.

19. 기회가 왔을 때 지나치게 신중하고 **앞뒤를 재다가는** 그 기회를 놓칠 수 있다.

20. 선거를 앞두고 후보들이 주민들의 지지를 얻기 위해 **열을 올렸다**.

11. 문을 열다

관

to open one's doors, to be newly opened

가: 학교 앞에 새로 **문을 연** 한식집 알아요?

Do you know the new Korean restaurant in front of the school that **opened (its doors)**?

나: 그럼요. 요즘 학생들 사이에 맛집으로 소문이 났어요.

Of course. Lately, a rumor has spread that among students that it's a good place to eat.

뜻 영업을 시작할 때, 조직에서 벽을 두지 않고 받아들일 때 사용해요.

---

12. 바가지를 쓰다

관

to get ripped off (lit. to put on a bowl made of a gourd)

가: 인터넷에서 만 원인 옷을 시장에서 5만 원이나 주고 샀어요.

I bought clothes that are 10,000 won online for 50,000 at the market.

나: **바가지 써서** 속상하겠어요. 앞으로 잘 알아보고 사세요.

You must be upset because you **got ripped off**. From now on, look into things well and buy them.

뜻 요금이나 물건값을 실제 가격보다 비싸게 지불해 손해가 생겼을 때 사용해요.

---

13. 바람을 쐬다

관

to get some fresh air

하루 종일 집에 있었더니 답답해서 운동도 하고 **바람도 쐴 겸** 공원에 다녀왔다.

It felt stifled because I'd been home all day, so I went to the park to exercise and **get some fresh air.**

뜻 기분 전환을 위해 바깥을 나가거나 다닐 때 사용해요.

---

14. 발걸음을 맞추다

관

to fall into step with

장애인은 우리 사회의 한 구성원이자 가까운 이웃이므로 함께 **발걸음을 맞춰** 가야 한다.

As people with disabilities are members of our society and our close neighbors, we must **fall into step with** them.

뜻 행동이나 마음 등을 같은 방향으로 일치시킬 때 사용해요.

---

15. 비행기를 태우다

관

to flatter, to speak too highly of (lit. to take someone aboard a plane)

가: 노래를 참 잘하시네요. 가수인 줄 알았어요.

You're really good at singing. I thought you were a singer.

나: 잘하기는요. **비행기 태우지** 마세요.

Oh, I'm not good at all. Please don't **flatter** me.

뜻 다른 사람을 칭찬할 때 사용해요.

---

16. 선을 긋다

관

to draw a line

친한 사이일 뿐 사귀는 것은 아니라며 **선을 그어** 왔던 두 배우가 결혼을 발표했다.

The two actors, who had **drawn a line** saying they were only close and weren't dating, announced their marriage.

뜻 한계나 허용 범위를 정할 때 사용해요.

---

17. 신경을 쓰다

관

to take care of, to pay attention to, to be concerned about (lit. to use one's nerve)

우리 어머니는 가족들의 건강을 위해 음식에 특별히 **신경을 쓰신다.**

My mother always **pays** special **attention to** food for the sake of our family's health.

뜻 어떤 상황이나 일에 세심하게 마음을 쓸 때 사용해요.

---

18. 앞뒤를 가리지 않다

관

to be reckless, to throw caution to the wind (lit. to not distinguish the front and back)

가: 어제 쇼핑하느라 생활비를 다 써 버렸어.

I spent all my living expenses shopping yesterday.

나: 너는 사고 싶은 것이 있으면 늘 **앞뒤를 가리지 않고** 사 버려서 문제야.

If there's something you want to buy, you always **throw caution to the wind** and buy it, and it's a problem.

뜻 신중하게 생각하지 않고 마음대로 행동할 때 사용해요.

---

19. 앞뒤를 재다

관

to weigh the pros and cons (lit. to measure the front and back)

가: 이 회사는 근무 시간에 비해 월급이 적은 것 같아서 지원하지 않으려고.

This company seems to have a low salary compared to the working hours, so I'm not going to apply.

나: 요즘처럼 취직이 어려운 시기에 그렇게 **앞뒤를 재다가는** 일을 구하기 어려울 거야.

In times like these where it's hard to get a job, it'll be hard to find something if you **weigh the pros and cons** like that.

뜻 어떤 일을 할 때, 자신의 이익과 손해를 따져 계산할 때 사용해요.

---

20. 열을 올리다

관

to lose one's temper, to get worked up (lit. to raise one's fever)

소음 문제로 아파트 주민들이 **열을 올리며** 싸웠다.

The residents of the apartment building **lost their temper** over the noise problem and fought.

뜻 흥분해서 화를 낼 때, 어떠한 일에 열중할 때 사용해요.

문장을 통해 이어서 학습할 단어의 의미를 추측해 봅시다.

21. 우리 마을은 산속에 **자리 잡고 있어서** 공기도 깨끗하고 경치도 아름답다.

22. 냉장고에 먹을 것이 없어서 마트에서 **장을 봤다**.

23. 이 식당은 음식 맛이 좋아 늘 손님들이 **줄을 잇는다**.

24. 공연 중에 마이크가 고장 나는 바람에 가수가 무대 위에서 **진땀을 흘렸다**.

25. 회사 운영이 어려워지자 절반이 넘는 직원들이 **짐을 쌌다**.

26. 이번 주말에 큰비가 예보되어 농민들의 걱정이 **태산 같다**.

27. 나이가 어린 선수라고 만만하게 봤다가는 **한 방 먹을 수 있다**.

28. 친구는 빌려 간 내 물건을 돌려주기는커녕 **한술 더 떠** 빌린 적이 없다고 한다.

29. 우리 팀이 10대 0으로 지자 감독은 **할 말을 잃은 채** 경기장 밖으로 나갔다.

21. 자리를 잡다

관
to get a job,
to be established,
to hold a position,
to get/be settled

무대가 잘 보이도록 극장의 가운데에 **자리를 잡았다.**

I **got settled** in the middle of the theater, where the stage could be seen clearly.

자리를 차지할 때, 일자리나 살 곳을 찾아 머무를 때 사용해요.

---

22. 장을 보다

관
to go to market,
to go grocery shopping
(lit. to see the market)

나는 **장을 보기 전에** 사야 할 물건을 미리 적어 놓는다.

I write down the things I need to buy **before** I **go grocery shopping**.

시장에서 물건을 살 때 사용해요.

---

23. 줄을 잇다

관
to line up,
to be endless
(lit. to connect the lines)

기차표를 사기 위해 사람들이 **줄을 이어** 서 있다.

People are **lining up** to buy train tickets.

끊이지 않고 계속될 때 사용해요.

---

24. 진땀을 흘리다

관
to sweat bullets
(lit. to drop sweat like sap)

대통령 후보인 그는 토론회에서 상대 후보의 강도 높은 질문에 **진땀을 흘렸다.**

The presidential candidate **sweated bullets** at his opponent's intense questions in the debate.

난처하거나 어려운 일을 당해 몹시 애를 쓸 때 사용해요.

---

25. 짐을 싸다

관
to pack one's bags,
to quit, to leave

편찮으신 아버지를 돌보기 위해 **짐을 싸서** 고향에 돌아가기로 했다.

In order to look after my sick father, I decided to **pack my bags** and return to my hometown.

하던 일을 완전히 그만둘 때, 다른 곳으로 이사할 때 사용해요.

26. 태산 같다

관
to have mountains of, to be up to one's ears in something

가: 이사 준비로 할 일이 **태산 같은데** 다리를 다쳐서 아무것도 하지 못했어요.
I have mountains of work to do to prepare for the move, but I hurt my leg and haven't been able to do anything.

나: 제가 도와줄 테니까 걱정하지 마세요.
I'll help you so don't worry.

뜻 무엇이 매우 크거나 많을 때 사용해요.

---

27. 한 방 먹다

관
to take a heavy blow, to get punched

가: 얼굴이 왜 그래요? 다쳤어요?
What's wrong with your face? Did you get hurt?

나: 친구하고 싸우다가 얼굴을 **한 방 먹었어요**.
I fought with a friend and **took a heavy blow** to the face.

뜻 세게 한번 맞았을 때, 상대방에게 충격을 받았을 때 사용해요.

---

28. 한술 더 뜨다

관
what's more, to go a step further (lit. to scoop up another spoonful)

범인은 자신의 죄를 반성하기는커녕 **한술 더 떠서** 자신의 억울함을 주장했다.
Not only did the criminal not reflect on his crime, **what's more**, he insisted that he had been wronged.

뜻 이미 잘못된 일에 더 나아가 엉뚱한 일을 할 때 사용해요.

---

29. 할 말을 잃다

관
to be speechless, to be at a loss for words

자연재해로 인해 집을 잃은 주민들은 **할 말을 잃었다**.
The residents who lost their homes to a natural disaster **were at a loss for words**.

뜻 놀랍거나 뜻밖의 일을 당해 말이 나오지 않을 때 사용해요.

DAY 43 | 앞에서 배운 내용을 확인해 봅시다.

[1-5] 다음 빈칸에 들어갈 단어를 [보기]에서 골라 알맞게 쓰십시오.

보기	신경을 쓰다	앞뒤를 재다	담을 쌓다	바람을 쐬다	골치가 아프다

1. 이번 시험에서 또 떨어지면 세상과 ________(-고) 아무도 안 만나려고 한다.
2. 내가 다리를 다쳤을 때 선생님께서 내가 불편하지 않게 ________(-아/어) 주셨다.
3. 친구들이 여행 가고 싶은 곳이 다 달라서 여행지를 결정하는 것이 ________.
4. 도서관에서 늦게까지 공부하다가 ________(-(으)러) 잠시 밖에 나갔다.
5. 나는 내가 좋아하는 일이라면 ________(-지) 않고 열심히 하려고 한다.

[6-8] 다음 설명에 알맞은 단어를 [보기]에서 찾아 쓰십시오.

보기	비행기를 태우다	선을 긋다	진땀을 흘리다

6. 가: 신제품 출시를 앞두고 문제가 발견됐다면서요?

   나: 네, 그 일을 해결하느라고 모든 팀원들이 ________(-(으)며) 일했어요.
7. 가: 노래 진짜 잘한다! 너는 공부도 잘하고 요리도 잘하는데 노래도 잘하는구나!

   나: 부끄러우니까 너무 ________(-지) 마세요.
8. 가: 어머니와 함께 오랫동안 일하시면서 가장 중요하게 생각하는 것이 무엇입니까?

   나: 일할 때는 가족이라기보다 같이 일하는 동료로 ________(-고) 서로 열심히 일에 집중했습니다.

DAY 44 | 복습 4
REVIEW 4

[1-3] 다음을 보고 빈칸에 들어갈 알맞은 단어를 고르십시오.

1.

> **우리 가족의 건강을 지켜 주세요!**
> 이 건물은 (㉠) 건물입니다.
> 건물 안에서는 담배를 피울 수 없습니다.

① 인공
② 흡연
③ 응급
④ 금연

2.

> 겨울철 감기 (㉠)을/를 위한
> **깨끗한 손 씻기**
> 30초 손 씻기가 모두를 건강하게 합니다.

① 유발
② 세균
③ 예방
④ 질환

3.

원인		(㉠)
상한 음식을 먹었다	→	배가 아프고 설사를 한다
감기에 걸렸다	→	콧물, 기침이 난다
더러운 손으로 눈을 만졌다	→	눈이 가렵다

① 증상
② 치료
③ 특징
④ 발생

[4-5] 다음을 신문 기사를 읽고 (㉠)에 들어갈 알맞은 단어를 고르십시오.

4.

> **해마다 발생하는 미세 먼지, (㉠) 마련 시급**
>
> 서울시가 최근 시민의 안전과 건강을 위협하는 미세 먼지가 갈수록 심해지면서 미세 먼지를 줄이기 위해서 적극적인 (㉠)을/를 마련하겠다고 밝혔다.

① 보호　② 위기　③ 처리　④ 대책

5.

> **기상청, 건조한 겨울에 봄에는 강풍 (㉠), 강원도 대형 산불 비상**
>
> 기상청에 따르면 전문가들은 올해 봄철 강수량이 적고 동해안에 강풍과 건조한 날씨로 대형 산불 위험이 매우 클 것으로 (㉠) 했습니다.

① 자극　② 예측　③ 동참　④ 분류

[6-9] 다음 글을 읽고 (㉠)에 들어갈 알맞은 단어를 고르십시오.

6.

(㉠)은 매연, 먼지, 가스 등에 의해 공기가 더러워지는 현상을 말한다. 이러한 오염 물질은 한번 배출되면 깨끗해지기 어렵기 때문에 가까운 거리는 걷거나 자전거를 이용하고 공장의 매연은 배출량을 줄이기 위해 항상 노력해야 한다.

① 대기 오염 ② 수질 오염 ③ 토양 오염 ④ 해양 오염

7.

동물원에서는 멸종 위기 동물의 (㉠)을/를 도와주고 보호하는 역할을 하기도 한다. 이런 이유 때문에 동물원을 폐지하면 안 된다는 목소리가 늘고 있다.

① 번식 ② 기능 ③ 먹이 ④ 특징

8.

(㉠)은/는 건강에 큰 영향을 끼친다. 잠이 부족하면 체중, 음주, 흡연이 증가해 비만이나 당뇨병 같은 성인병의 원인이 될 수 있다. 따라서 건강 관리를 위해서는 잠을 충분히 자는 것이 중요하다.

① 멀미 ② 수면 ③ 지방 ④ 성분

9.

우리가 '살이 쪘다'라고 표현하는 (㉠)(이)란, 몸에 정상보다 많은 지방이 쌓여 있는 것을 말한다. 지나치게 많은 지방은 몸을 움직이기 힘들게 한다. 또한 당뇨 등 성인병의 원인이 된다. 특히 청소년의 (㉠)은/는 어른이 되어서도 계속 이어질 수 있어 더욱 주의해야 한다.

① 영양 ② 성분 ③ 비만 ④ 열량

[10-12] 다음을 읽고 ( )에 공통으로 들어갈 단어를 고르십시오.

10.

- 친구가 지난 올림픽에서 자원봉사자로 ( ).
- 이번 행사에 ( ) 분들에게는 특별한 선물을 드립니다.
- 나는 평소 요리에 관심이 많아서 요리 수업에 적극적으로 ( ).

① 관리하다
② 참여하다
③ 활용하다
④ 기록하다

11.

• 큰 건물이 햇빛을 (   ).

• 음악 소리가 너무 시끄러워서 귀를 (   ).

• 태풍으로 인한 피해를 (   )기 위해 준비해야 합니다.

① 아끼다
② 번지다
③ 막다
④ 품다

12.

• 배달 음식은 맛을 (   )는 것이 어렵다.

• 개의 털은 체온을 (   )는 역할을 한다.

• 사람들은 좋은 인간관계를 (   )기 위해서 노력한다.

① 자극하다
② 유지하다
③ 가능하다
④ 예측하다

[13-18] 다음 글을 읽고 빈칸에 들어갈 알맞은 관용 표현을 고르십시오.

13.

내 친구 마이클은 인기가 많다. 훤칠한 키에 커다란 눈, 친절한 말투가 정말 매력적이다. 이런 마이클은 많은 사람들 속에서도 언제나 (   ).

① 눈을 감다 ② 눈을 붙이다 ③ 눈에 띄다 ④ 눈을 피하다

14.

미카는 다가오는 기말고사를 위해 밤새도록 공부하고 있었다. 열심히 공부하던 미카는 머리가 아파오기 시작했다. 그래서 미카는 잠깐 (   )러 나갔다. 산책을 하며 상쾌한 공기를 마시니까 머리도 맑아지는 것 같았다.

① 바람을 쐬다 ② 손에 잡히다 ③ 장을 보다 ④ 신경을 쓰다

15.

10년 전 고등학교 때 만난 선생님이 아직도 기억이 난다. 선생님은 늘 웃는 얼굴로 우리에게 힘든 일이 무엇인지 질문하셨다. 나를 비롯해서 많은 친구들은 고민이 있을 때마다 선생님을 찾았다. 고민을 이야기하고 난 후에 선생님은 어떤 방법을 말해 주지 않으셨지만 나는 마음이 편해졌다. 그때 나는 깨달았다. 다른 사람의 이야기를 들어 주는 것만으로도 큰 힘이 될 수 있다는 것을. 선생님처럼 다른 사람의 말에 (   )도록 노력해야겠다.

① 눈치가 빠르다 ② 귀를 기울이다 ③ 귀를 의심하다 ④ 눈살을 찌푸리다

16.

나는 어렸을 때 초콜릿을 좋아했다. 너무 많이 먹어서 엄마는 늘 하루에 먹는 양을 정해 주곤 하셨다. 어느 날 엄마가 시장에 가신 사이에 몰래 초콜릿을 많이 먹었다. 엄마가 집에 돌아왔을 때 엄마는 아무것도 모르는 것 같았다. 시간이 많이 지나고 엄마와 이야기를 하니 엄마는 그때 모든 것을 알고 계셨다고 했다. 하지만 초콜릿을 좋아하는 내가 귀여워서 알지만 (   )다고 하셨다.

① 이를 악물다 ② 고개를 숙이다 ③ 골치가 아프다 ④ 눈 감아 주다

17. 다음을 읽고 밑줄 친 부분과 바꿔 쓸 수 있는 단어를 고르십시오.

동물이 인간과 같은 언어를 사용하지 않아서 동물은 감정이 없을 것이라고 생각하거나 사람의 목소리를 구별하지 못한다고 생각하는 사람들이 있다. 그러나 여러 연구를 통해서 동물도 감정이 있다고 밝혀졌으며 특히 개는 사람의 목소리 억양도 구분할 수 있어서 자신이 사랑받고 있는지 혼나고 있는지도 알 수 있다고 한다.

① 체온 ② 음성 ③ 정신 ④ 신경

18. 다음 글을 읽고 글의 내용과 관계가 있는 단어를 고르십시오.

하루를 살아서 '하루살이'라고 이름이 붙은 하루살이는 실제로 1년 정도를 산다고 한다. 1년을 사는데도 불구하고 '하루살이'라는 이름으로 불리게 된 이유는 물속에서 애벌레로 사는 기간을 제외하면 대개 하루밖에 살지 못하기 때문이다.

① 부위 ② 관찰 ③ 체계 ④ 수명

[19-20] 다음을 읽고 질문에 답하십시오.

환경 문제를 해결하기 위해 소중한 우리 자원을 ㉠ 아껴서 쓰는 노력이 필요하다. 샴푸나 비누 등 세제를 적게 쓰고 음식도 필요한 만큼만 만들고 남김없이 먹어서 음식물 쓰레기가 나오지 않도록 해야 한다. 또 재활용품은 반드시 일반 쓰레기와 분리해서 (㉡)하여 쓰레기의 양을 줄이도록 노력해야 한다.

19. ㉠과 비슷한 의미의 단어를 고르십시오.

① 무한하다 ② 마련하다 ③ 절약하다 ④ 해결하다

20. (㉡)에 들어갈 단어를 고르십시오.

① 대비 ② 수거 ③ 동참 ④ 발생

DAY

45 생활 과학

Practical Science

☑ 문장을 통해 이어서 학습할 단어의 의미를 추측해 봅시다.

01. 어렸을 때는 큰 배가 물속에 **가라앉지 않는** 것이 신기했다.

02. 그는 자신의 이론이 맞는다고 **가정하고** 연구를 계속해 나갔다.

03. 산소와 수소가 **결합하면** 물이 된다.

04. **과학**의 발전 덕분에 우리는 지금 스마트폰이나 컴퓨터를 이용하며 편리하게 살고 있다.

05. 초등학생 때 고등학생 형의 수학책을 본 적이 있는데 모르는 **기호**가 많이 나와서 어려워 보였다.

06. 한 과학자가 사람들이 핸드폰을 떨어뜨리면 왜 화면부터 떨어져서 **깨지는지** 연구했다.

07. 최근 과학자들은 우주에 지구를 **대체할 수 있는** 다른 별이 있는지 연구하고 있다.

08. 우리가 보는 하늘의 별빛은 오랜 시간이 지나서 지구에 **도달한** 빛이다.

09. **동일한** 조건에서 기존 배터리와 새로 나온 배터리의 사용 시간을 비교하는 실험을 했다.

10. 동물 실험에 대한 문제를 **둘러싸고** 찬성과 반대 의견이 대립하고 있다.

01. 가라앉다
동
to sink

반의어 떠오르다

일반적으로 가벼우면 물에 뜨고 무거우면 물에 **가라앉는다**.
Usually, things that are light float in water and things that are heavy **sink** in water.

기출 표현 먼지가 가라앉다, 물속에 가라앉다, 밑으로 가라앉다

---

02. 가정(하다)
명/동
hypothesis, assumption, to assume

가: 만약 지금도 공룡이 살고 있다고 **가정하면** 인간이 지금처럼 살 수 있었을까?
Assuming that dinosaurs were still alive, do you think people could live like they do now?

나: 공룡들이 엄청 크잖아. 인간은 공룡을 훈련시키지 못하고 잡아 먹혔을 것 같아.
Dinosaurs are really huge. I think humans wouldn't be able to train dinosaurs and would be caught and eaten.

기출 표현 가정을 세우다, 가정을 해 보다, 가정에 불과하다

---

03. 결합(하다) ☆
명/동
combination, to combine, to fuse

요즘에는 뇌 과학과 심리학을 **결합해서** 사람들의 심리를 이해하려는 시도가 늘어나고 있다.
Lately, attempts to understand people's psychology by **combining** brain science with psychology are increasing.

기출 표현 결합되다, 결합을 통해 이루다

---

04. 과학 ☆
명
science

가: 태오 씨는 외계인이 존재한다고 생각해요?
Do you think that aliens exist, Taeoh?

나: 아니요, 외계인의 존재가 **과학적으로** 증명되지 않아서 저는 안 믿어요.
No, the existence of aliens hasn't been **scientifically** proven, so I don't believe in them.

기출 표현 과학적, 과학자, 첨단 과학, 현대 과학, 과학 기술, 과학을 연구하다

---

05. 기호
명
symbol, sign

가: 중학교 때 화학 **기호**를 외우는 것이 정말 싫었어요.
I really hated memorizing all the chemical **symbols** in middle school.

나: 저도요. 열심히 외웠는데 거의 잊어버렸어요. 산소가 O_2라는 것만 아직도 기억나요.
Me too. I worked hard to remember them, but I've forgotten nearly all of them. All I still remember is that oxygen is O_2.

기출 표현 언어 기호, 수학 기호, 기호로 나타내다

---

06. 깨지다
동
to break, to crack

가: 운전하고 있었는데 길에서 뭔가 날아와서 자동차 앞 유리가 살짝 **깨졌어요**.
I was driving when something came flying off the road and my car's front window **cracked** slightly.

나: 자동차의 속도 때문에 더 세게 부딪혔나 보네요. 안 다쳐서 다행이에요.
It sounds like you were hit more strongly because of the speed of your car. It's a relief that you weren't injured.

기출 표현 유리가 깨지다, 물건이 깨지다

---

07. 대체(하다)
명/동
substitution, to substitute, to replace, instead of

유의어 교체

이번 학기는 기말 시험을 안 보고 보고서로 **대체할게요**. 보고서는 다음 주 화요일까지 제출하세요.
This semester, you won't be taking a final exam, and we'll be **replacing** it with a report instead. Please submit the report by next Tuesday.

기출 표현 대체 방안, 대체 에너지, 대체가 가능하다

---

08. 도달(하다)
명/동
arrival, to arrive at, to reach

유의어 이르다

과학적으로 머릿속으로 먼저 상상한 다음에 행동으로 옮기면 목표에 **도달할** 가능성이 높아진다고 한다.
Scientifically, it's said that if you imagine something in your mind first and then move on to acting, the chance of **reaching** your goal increases.

기출 표현 목표 도달, 지구에 도달하다

---

09. 동일(하다)
명/동
sameness, identificalness, to be the same, to be identical

유의어 같다

저녁을 늦게 먹으면 평소와 **동일한** 양을 먹어도 살이 쉽게 찐다.
If you eat dinner late at night, it's easy to gain weight, even if you eat the **same** amount as usual.

기출 표현 동일한 양, 동일 조건, 동일 인물

---

10. 둘러싸다
동
to surround, to enclose

가: 와, 이 마을은 정말 공기가 좋네요.
Wow, the air in this town is really great.

나: 그렇죠? 나무가 마을을 **둘러싸고** 있어서 그래요.
Right? It's because trees **surround** the town.

기출 표현 둘러싼 논란, 겹겹이 둘러싸다

☑ 문장을 통해 이어서 학습할 단어의 의미를 추측해 봅시다.

11. 빠르게 운전을 하다가 갑자기 멈추면 자동차 타이어와 바닥에 **마찰**이 생겨서 큰 소리와 열이 난다.

12. 나무를 잘라서 의자로 만든 경우를 나무의 **물리적** 변화라고 한다.

13. 에디슨은 소리를 녹음하고 들을 수 있는 축음기를 최초로 **발명했다**.

14. 풍선이 하늘 높이 올라갈수록 풍선 속 공기의 **부피**가 점점 커져서 터지게 된다.

15. 물체의 형체와 성질을 잃지 않는 가장 작은 단위를 **분자**라고 한다.

16. 맑은 날 한강을 보고 있으면 태양 **빛**이 강물에 반사돼서 눈이 부시다.

17. **산소**, 물, 적당한 온도는 거의 모든 생물들이 살아가는 데 매우 중요한 역할을 한다.

18. 어제 학교 과학 시간에 물병으로 로켓을 만들어서 하늘로 날아가는지 **실험했다**.

19. 기술 발달로 인해 인간이 여행할 수 있는 **영역**이 우주까지 확대됐다.

11. 마찰(하다)

명/동

friction, to rub

가: 뉴스 봤어요? 어제 공항에 착륙하던 비행기에서 불이 나서 승객들이 대피했대요.

Did you see the news? A plane that landed at the airport yesterday caught fire and the passengers had to evacuate.

나: 네, 봤어요. 착륙할 때 바퀴와 땅의 **마찰**로 열이 나는데 그것 때문에 불이 났대요.

Yes, I saw. They said that heat was generated by **friction** between the wheel and the ground during landing, and that's why the fire broke out.

기출 표현 마찰력, 마찰열, 의견 마찰, 마찰이 생기다, 마찰을 빚다

12. 물리적

명

physical

가: 책에서 봤는데 슬플 때 흘린 눈물은 신맛이 난다던데 사실이에요?

I saw in a book that tears we cry when we're sad taste bitter. Is that true?

나: 그렇대요. 먼지처럼 몸 밖에서 **물리적** 자극을 받아서 난 눈물은 아무 맛이 안 난대요.

That's what they say. They say that tears that form because of external **physical** stimulation from things like dust don't have any taste.

기출 표현 물리적 자극, 물리학 전공

만점으로 가는 배경지식

세상의 진리나 법칙을 발견하고 연구하는 분야를 과학이라고 합니다. 좁게는 자연 현상을 연구하는 자연 과학을 주로 가리키며 연구 대상에 따라 아래 5가지로 나뉩니다.

- **물리학:** 세상의 모든 현상을 연구하는 학문입니다.
- **생물학:** 인간, 동물, 식물처럼 생명이 있는 물질의 구조와 기능을 연구하는 학문입니다.
- **우주 과학(천문학):** 우주의 모든 사물과 현상을 관측하고 설명하는 학문입니다.
- **지구 과학:** 지구를 대상으로 연구하는 학문들을 모두 모아 부르는 이름입니다.
- **화학:** 물질의 구조와 성질, 변화 방법 등을 연구하는 학문입니다.

13. 발명(하다)

명/동

invention, to invent

가: 인간의 발명품 중 가장 위대한 것은 뭐라고 생각해요?

What do you think is the most amazing human invention?

나: 지금 우리가 사용하는 문자의 **발명**이 가장 위대하다고 생각해요.

I think the **invention** of the letters we're using right now is the most amazing.

기출 표현 발명 특허, 문자의 발명, 최초로 발명하다, 발명되다

출제 TIP

'발견'과 '발명'의 차이를 알아봅시다.

- **발견:** 새로운 것을 찾는다는 의미입니다.
  - 예 새로운 발견, 신대륙 발견, 유물 발견
- **발명:** 새로운 것을 만든다는 의미입니다.
  - 예 발명 특허, 종이의 발명, 신기술을 발명하다

14. 부피

명

volume

가: 태오 씨는 여행을 자주 다니니까 짐을 잘 싸는 좋은 방법을 알 것 같아요.

You travel a lot, Taeoh, so you seem like you would know good ways of packing luggage well.

나: 여행 짐을 쌀 때는 **부피**가 작은 물건들로 챙기는 것이 좋아요. 로션도 작은 통에 덜고 가방도 여러 번 접어서 작아지는 것들이 좋죠.

When packing luggage for a trip, it's good to bring things that have a small **volume**. It's good to put lotion in a small bottle, and fold bags up several times to make them smaller.

기출 표현 부피가 커지다, 부피를 재다

---

15. 분자

명

molecule

물은 수소 **분자**와 산소 **분자**가 결합해서 만들어진 것이다.

Water is made from the combination of hydrogen **molecules** and oxygen **molecules**.

기출 표현 분자 결합

---

16. 빛

명

light

가: 이 호텔은 청소가 정말 잘 되어 있는 것 같아요. 바닥이나 물건들을 잘 닦았는지 **빛**이 나요.

I think the cleaning in this hotel is done really well. Maybe because they were wiped down well, the floor and objects are shining [**light** is appearing on them].

나: 그러네요. 이 컵에서도 **빛**이 나네요.

You're right. This cup is shining [**light** is appearing on it] too.

기출 표현 빛이 통과하다, 빛이 나다, 빛이 약하다, 빛이 반사되다

---

17. 산소

명

oxygen

가: 창문을 좀 열어도 돼요? 교실에 사람도 많은데 난방도 하니까 **산소**가 부족한지 머리가 좀 아파요.

Can I open the window a bit? Maybe it's that there's not enough **oxygen** because there are a lot of people in the classroom and the heating's on, but my head hurts a little.

나: 네, 창문을 여세요. Sure, open the window.

기출 표현 공기 중의 산소, 산소 부족

---

18. 실험(하다)

명/동

(to) experiment

가: 오늘은 종이로 다양한 모양의 배를 만들어서 어떤 배가 오랫동안 물에 떠 있는지 **실험했어요.**

Today we **experimented** with making paper boats in different shapes to see which boat would float the longest on the water.

나: 정말 재미있었겠구나. **실험** 결과는 어땠어?

That must have been really fun. What were the results of the **experiment**?

기출 표현 실험실, 실험을 진행하다

---

19. 영역

명

territory, domain

유의어 분야

최근 한 자동차 회사는 자동차를 생산하는 것을 넘어 자동차 내부 디자인 용품까지 판매하면서 사업 **영역**을 넓히고 있습니다.

Recently, one car company has gone beyond manufacturing cars and is widening its business **territory** by even selling design items for car interiors.

기출 표현 연구 영역, 활동 영역, 영역을 넓히다

문장을 통해 이어서 학습할 단어의 의미를 추측해 봅시다.

20. 밤하늘의 별을 보고 있으면 **우주**의 끝은 어디일까 궁금해진다.

21. 요즘 날개가 없는 선풍기가 인기가 있는데 나는 날개 없이 바람이 나오는 **원리**가 궁금하다.

22. 우리가 사용하고 있는 많은 전자 제품은 과학 지식을 **응용해서** 만든 것이다.

23. A회사에서 이번에 출시한 신제품은 새로운 기술이 **적용된** 첫 번째 제품이다.

24. 전자 제품을 사용할 때 나오는 전자파를 **차단해** 준다는 제품의 효과가 없는 것으로 나타났다.

25. 카메라는 눈의 구조에 **착안해서** 만들어졌다.

26. 과학 기술이 발전해서 인간들의 삶이 편해졌다는 긍정적 **측면**이 있다.

27. 한 과학자가 깨져도 작은 조각이 **튀지** 않는 유리를 발명했다.

28. 물에 기름을 넣으면 물의 **표면**에 기름이 위에 뜬다.

29. 현재 우주의 끝이 어디인지 과학적으로 설명할 수 없는 **한계**가 있다.

30. 비행기의 타이어에는 안전을 위해 산소가 **혼합되지 않은** 질소만 넣는다.

20. 우주
명
space, the universe

가: 영화를 보면 **우주**에 간 우주인들은 우주선 안에서 떠 있더라.
When you watch movies, astronauts who have gone to **space** float around in their spaceships.
나: 맞아. **우주**에는 지구와 달리 중력이 없잖아.
Right. Unlike Earth, there's no gravity in **space**.

기출 표현 우주인, 우주여행

---

21. 원리
명
fundamentals, principle

가: 세탁기를 작동시키고 지켜보니까 손으로 빨래하는 것과 같은 **원리**더라고요.
Turning on the washing machine and looking at it, its **fundamentals** are the same as washing laundry by hand.
나: 네, 손으로 빨래를 비비고 때리면 깨끗해지는 **원리**를 이용한 것이죠.
Yes, it uses the **principles** of cleaning laundry by rubbing it and striking it by hand.

기출 표현 작동/생성 원리, 원리를 알아내다/발견하다

---

22. 응용(하다)
명/동
application, to apply
유의어 활용

학교에서 배우는 수학은 원리를 이해한 다음에 원리를 **응용해서** 다양한 문제를 푸는 것이다.
Math learned in school is understanding principles and then **applying** the principles to solve various problems.

기출 표현 응용 기술, 응용 학문, 과학을 응용하다, 원리를 응용하다

---

23. 적용(하다)
명/동
application, to apply

미국 및 유럽의 여러 나라에서는 여름에 일찍 뜨는 해에 맞춰 일과를 시작하기 위해 서머 타임을 **적용한다**.
The United States and many countries in Europe **apply** Daylight Savings Time to align their routines with the sun rising earlier in the summer.

기출 표현 기술을 적용하다, 이론을 적용하다, 법을 적용하다

---

24. 차단(하다)
명/동
obstruction, to block
유의어 막다

가: 운전할 때 눈을 보호하기 위해 꼭 선글라스를 껴야 해요.
You should wear sunglasses in order to protect your eyes while driving.
나: 네, 선글라스를 선택할 때 자외선을 잘 **차단하는지** 확인해야 할 것 같아요.
Yes, and I think that when choosing sunglasses, you should check **whether they block** UV rays well.

기출 표현 전자파 차단, 자외선 차단

---

25. 착안(하다)
명/동
attention, notice, to pay attention to, to take notice, to base on

가: 어떻게 토마토 김치를 만들 생각을 하셨어요?
How did you think to make tomato kimchi?
나: 김치의 재료에 따라 맛이 달라지는 것에 **착안해서** 시도한 끝에 개발할 수 있었습니다.
I **noticed** how the taste of kimchi changes depending on its ingredients, and after trying, I was able to develop it.

기출 표현 명에/에서 착안하다

---

26. 측면

명

side, aspect

가: 아이들에게 용돈을 일찍 주는 것이 좋을까요?

Do you think it's good to give pocket money to children early on?

나: 용돈을 주면서 일찍 경제에 대해 알려 줄 수 있으니까 교육적 **측면**에서 좋다고 생각해요.

I think it's good from an educational **aspect** because giving them pocket money can teach them about the economy early on.

기출 표현 긍정적 측면, 오른쪽 측면, 새로운 측면이 드러나다

---

27. 튀다

동

to splatter, to spatter, to scatter

가: 비가 오는 모습을 보고 있으면 비가 바닥에 닿을 때 물방울이 여러 개로 **튀는** 것을 볼 수 있어요.

If you watch rain as it falls, you can see raindrops **splattering** into several drops when they hit the ground.

나: 맞아요. 그렇게 비가 바닥에 **튀어서** 비오는 날 우산을 써도 신발이 다 젖잖아요.

Right. Since rain **splatters** on the ground like that, your shoes get all wet on rainy days even if you use an umbrella.

기출 표현 파편이 튀다, 공이 튀다

---

28. 표면

명

surface

가: 지구에서 보는 달은 노랗고 예쁜데 실제로 우주에서 찍은 달을 보면 **표면**이 거칠더라고요.

The moon seen from Earth is yellow and pretty, but if you look at pictures of the moon taken from space, its **surface** is rough.

나: 네, 우주에서 많은 행성에 부딪혀서 그렇게 됐대요.

Yes, they say it became like that because it was hit by many asteroids in space.

기출 표현 지구/달의 표면, 표면이 거칠다

---

29. 한계

명

limit

마라톤은 인간의 **한계**에 도전하는 운동이다.

A marathon is an exercise that challenges human **limits**.

기출 표현 한계가 있다/없다, 한계에도 불구하고, 한계를 넘다, 한계를 시험해 보다

---

30. 혼합(하다)

명/동

mixture, to mix, (to) blend

가: 저는 어렸을 때 그림 그리는 걸 좋아했어요. 색을 **혼합하면** 다른 색이 나오는 게 신기했거든요.

When I was young, I liked to paint. It amazed me that when I **mixed** colors, different colors appeared.

나: 맞아요. 빨간색하고 하얀색을 섞으면 분홍색이 나오잖아요.

Right. If you mix red and white, you get pink.

기출 표현 혼합 물질, 혼합 성분, 혼합되다

DAY 45 | 앞에서 배운 내용을 확인해 봅시다.

[1-5] 다음 빈칸에 들어갈 단어를 [보기]에서 골라 알맞게 쓰십시오.

보기	적용(하다)	동일(하다)	실험(하다)	우주	대체(하다)

1. 한국은 한국이 만든 로켓을 ________(으)로 보내는 데 성공했다.
2. 새로 개발한 약이 효과가 있는지 알기 위해서 수많은 ________을/를 해야 한다.
3. 우리 회사는 임시 직원에게도 똑같은 복지 혜택을 ________-ㄴ/는다.
4. 이 커피숍은 차가운 음료와 뜨거운 음료의 가격이 ________-고 저렴해서 인기가 많다.
5. 기술이 아무리 발달해도 로봇이 사람을 완전히 ________-(으)ㄹ 수 없다고 생각한다.

[6-8] 다음 설명에 알맞은 단어를 [보기]에서 찾아 쓰십시오.

보기	한계	원리	증명(하다)	결합(하다)

6. 어떤 것이 사실인지 아닌지 밝히는 것 ________
7. 기초가 되는 근거, 사물이 작동하는 방법 ________
8. 두 개 이상의 사물이 관계를 맺어서 하나가 되는 것 ________

DAY

46 정보 통신

Information & Communications

문장을 통해 이어서 학습할 단어의 의미를 추측해 봅시다.

01. 공룡 시대를 모험하는 **가상** 현실 게임이 큰 인기를 끌고 있다.

02. 예전에는 자료를 책을 통해서 많이 찾았는데 요즘은 편리하게 컴퓨터로 **검색한다**.

03. 한국은 인터넷 통신망이 잘 **구축되어 있어서** 어디에서든 인터넷을 빠르게 이용할 수 있다.

04. 사람들은 숫자를 활용한 **데이터**를 믿기 때문에 많은 기업에서 마케팅에 **데이터**를 사용한다.

05. 카페에서 핸드폰 앱으로 미리 음료를 주문하는 방식을 **도입하자** 커피 매출이 급격히 늘었다.

06. **디지털** 카메라는 필름 카메라와는 달리 쉽게 찍고 바로 확인할 수 있다는 장점이 있다.

07. 요즘은 사람이 하기 힘든 일을 **로봇**이 대신 한다.

08. 스마트폰은 거의 모든 사람들이 가지고 있는 대표적인 **모바일** 기계다.

09. 요즘은 집에 있는 냉장고나 실내 등처럼 **사물**을 인터넷으로 연결해서 밖에서도 조정할 수 있다.

10. 인터넷 마트 **사이트**에서 장을 보면 집까지 무료로 배송해 줘서 좋다.

01. 가상 (공간)
명
virtual (space)
(cyberspace, online)

반의어 실제

가: 요즘은 어렸을 때부터 핸드폰이나 컴퓨터로 인터넷의 **가상 공간**에서 친구를 만들더라고요.
Lately, kids make friends in **virtual spaces** on the internet using cell phones or computers beginning from when they're young children.

나: 네, 밖에서 친구들과 뛰어놀 나이에 **가상 공간**에 빠져 있는 청소년이 많은 게 사회적인 문제예요.
Yes, it's a societal problem as there are a lot of teens who are so into **cyberspace** at an age when they should be running and playing outside with their friends.

기출 표현 가상 계좌, 가상 체험, 가상 현실

---

02. 검색(하다)
명/동
(to) search

유의어 찾다

가: 해외여행은 처음이라서 좀 걱정돼요.
It's my first time traveling abroad so I'm a little worried.

나: 지금부터 인터넷으로 날씨, 맛집 등 필요한 정보를 **검색해 보세요**.
Start **searching** online now for the information you need, like the weather, restaurants, etc.

기출 표현 검색 사이트, 인터넷 검색, 자료를 검색하다

---

03. 구축(하다)
명/동
construction,
to construct, to build,
to establish

가: '고흐'의 그림을 보면 자신만의 예술 세계를 **구축한** 화가 같아요.
When I see "Gogh's" paintings, it seems to me like he's a painter who **constructed** his own art world.

나: 맞아요. 그림의 색깔이나 느낌만 봐도 '고흐'가 그린 걸 알 수 있으니까요.
Right. You can tell it's a "Gogh" just by seeing the colors or the feeling of the painting.

기출 표현 통신망 구축, 구축되다, 체계를 구축하다

---

04. 데이터
명
data

A회사에서 5년 동안 개발한 신약이 나왔습니다. 약의 효과에 대해 여러 번 실험한 결과 약의 효과가 매우 뛰어나다는 연구 **데이터**를 발표했습니다.
A new medication developed by Company A over 5 years has been released. After conducting experiments several times on the effectiveness of the medication, they have published research **data** that shows that the medication is highly effective.

기출 표현 연구 데이터, 데이터를 활용하다

만점으로 가는 배경지식

요즘 정보 통신 분야에서 화제인 '빅 데이터'에 대해서 알아봅시다.
빅 데이터는 말 그대로 많은 정보의 양을 말합니다. 주로 검색 사이트나 SNS 등에서 만들어지는 글, 영상, 검색어들을 말합니다. 최근에는 이런 빅 데이터를 활용한 연구, 마케팅이 많은데, 교통 체증을 예측하거나 세대별 취향을 분석해 마케팅 전략을 만드는 것 등이 대표적입니다.

05. 도입(하다)

명/동
introduction,
to introduce, to adopt

가: 요즘 배우는 내용이 어려워서 그런지 학생들이 수업 시간에 너무 힘들어해요.
The students are having a hard time in class, maybe because the content they're studying lately is difficult.

나: 수업에 게임을 **도입하면** 학생들이 즐겁게 적극적으로 참여하더라고요. 한번 게임을 해 보세요.
Students can have fun participating actively if you **introduce** games in class. Try playing a game.

기출 표현 기술 도입, 도입되다, 제도를 도입하다

---

06. 디지털

명
digital

반의어 아날로그

가: 요즘 핸드폰 없이는 아무것도 할 수가 없어요. 디지털 치매인가 봐요.
These days, I can't do anything without my cell phone. I guess it's like digital dementia.

나: 저도요. **디지털** 기계를 너무 많이 사용하다 보니 스스로 생각하거나 기억하는 게 어려워졌어요.
Me too. Using too many **digital** devices has made it difficult for me to think or remember things for myself.

기출 표현 디지털 기기, 디지털 방송, 디지털 시대

---

07. 로봇

명
robot

가: 인천 공항에 있는 식당에 갔더니 **로봇**이 음식을 배달해 줬어요.
I went to a restaurant in Incheon Airport and a **robot** delivered my food to me.

나: 저도 봤어요. 그리고 길을 안내해 주는 **로봇**도 있더라고요.
I saw that too. And there are also **robots** that give you directions.

기출 표현 인공지능 로봇, 산업용/의료용 로봇, 로봇 장난감

---

08. 모바일

명
mobile

가: 요즘 영화표를 사면 바코드로 된 **모바일** 티켓을 주더라고요. These days, when you buy a movie ticket, they give you a mobile ticket that's a barcode.

나: 맞아요. 어떤 가게들은 영수증도 **모바일**로 줘요.
That's right. Some stores also give out **mobile** receipts.

기출 표현 모바일 쇼핑, 모바일 기기, 모바일 시장

---

09. 사물

명
object, thing

가: 이 박물관은 홈페이지에 디지털 박물관을 만들어 놨던데 혹시 봤어?
This museum put up a digital museum on their homepage. Have you seen it?

나: 응, **사물**이랑 장소를 인터넷에 옮겨놔서 실제 박물관에 간 것 같더라.
Yeah, they've moved **objects** and spaces online, so it's as if you really went to the museum.

기출 표현 사물을 보다, 사물을 그리다

---

10. 사이트

명
(web)site

가: 한국 생활에 대한 정보를 서로 공유하는 **사이트**가 있는데 알려 줄까요?
There's a **site** where people share information about life in Korea. Want me to show it to you?

나: 네, 한국에 유학 온 지 일주일밖에 안 돼서 아는 게 하나도 없어요. Yes, it's only been one week since I came to Korea to study abroad, so I don't know anything.

기출 표현 인터넷 사이트, 사이트 주소, 사이트에 접속하다

☑ 문장을 통해 이어서 학습할 단어의 의미를 추측해 봅시다.

11. 인터넷으로 회원 가입을 하려면 아이디와 비밀번호를 **설정해야 한다**.

12. 컴퓨터 바이러스 때문에 컴퓨터 **시스템**이 망가져서 사용할 수가 없다.

13. 컴퓨터로 PPT와 같은 **실용적인** 프로그램을 배우면 어디에서든지 많이 사용할 수 있다.

14. 인터넷 기술을 통해 공장의 자동화를 **실현할 수 있었다**.

15. 나는 인터넷에서 심한 말을 한 댓글은 사이트에서 자동 삭제하자는 **아이디어**에 동의한다.

16. 아파서 학교에 가지 못하면 집에서 컴퓨터로 **온라인** 수업을 들을 수 있다.

17. 나는 운전하거나 바쁠 때 핸드폰에 말하면 문자를 대신 보내 주는 기능을 **유용하게** 사용하고 있다.

18. 이름, 나이, 전화번호, 주소처럼 개인 정보가 **유출되면** 광고 전화가 많이 온다.

19. **인공** 지능 스피커에 듣고 싶은 노래를 말하면 바로 노래가 나온다.

20. 인터넷과 통신이 발달해서 CCTV와 같은 보안 **장비**로 집을 안전하게 지킬 수 있다.

21. **전자책**은 장소와 상관없이 읽고 싶은 책을 언제 어디에서나 읽을 수 있다.

22. 여행 가서 인터넷 **접속**이 안 되면 검색 기능을 사용할 수 없어서 답답하다.

Day 46-2

11. 설정(하다)
명/동
setting, setup, to set up

가: 요즘 유출 사건이 많아서 제 비밀번호가 안전할지 걱정이 돼요. There are a lot of leaks these days, so I'm worried about whether my passwords are secure.
나: 각 사이트마다 다른 비밀번호를 **설정하는** 것이 좋대요.
It's good to **set up** a different password for each site.
기출 표현 상황 설정, 비밀번호를 설정하다, 목적을 설정하다

---

12. 시스템
명
system
유의어 체계

가: 요즘 대부분의 쇼핑 사이트에 전자 결제 **시스템**이 잘 되어 있어서 너무 편하더라고요.
It's so convenient these days as most shopping sites have good electronic payment **systems**.
나: 맞아요. 저도 카드를 핸드폰에 등록했더니 모바일에서 바로 쇼핑할 수 있어서 좋아요.
Right. I also like that I can shop right away on mobile since I've registered my card on my cell phone.
기출 표현 유통 시스템, 시스템을 개선하다

---

13. 실용적
관형/명
practical

가: 최근 우리 생활에 **실용적인** 통신 기술에는 뭐가 있을까요?
What are some recent **practical** communications technologies in our lives?
나: 저는 우리 생활에 이미 깊숙하게 들어와 있는 사물 인터넷 기술을 꼽고 싶습니다.
I'd like to point to the "internet of things" technology that's already deeply embedded in our lives.
기출 표현 실용적 기술, 실용적인 용도

---

14. 실현(하다)
명/동
realization, to realize, to fulfill
유의어 이루다

가: 지난번 여행에서 하루에 관광지 5곳에 가도록 계획을 세웠는데 다 가지도 못하고 너무 피곤했어요. On my last trip, I made plans to go to 5 tourist spots in one day, but I was so tired and couldn't go to all of them.
나: 그래서 너무 무리하지 말고 **실현** 가능성 있게 계획을 짜야 돼요.
So you have to not overdo it and make plans that are possible to **realize**.
기출 표현 꿈의 실현, 이상 실현

---

15. 아이디어
명
idea

가: 자, 신제품 광고를 어떻게 하면 좋을지 모두 **아이디어**를 하나씩 내 보세요.
Okay, each of you give one **idea** of how we can advertise our new product.
나: SNS를 활용한 이벤트를 하면 어떨까요?
How about doing an event using social media?
기출 표현 새로운 아이디어, 아이디어를 내다, 아이디어가 뛰어나다

출제 TIP
아이디어는 긍정적 의미로 많이 사용합니다.
예 아이디어가 좋다, 참신한 아이디어, 획기적인 아이디어

---

16. 온라인
명
online
반의어 오프라인

가: 오늘 입은 옷 너무 예쁘다. 어디에서 샀어?
The clothes you're wearing today are so pretty. Where did you buy them?
나: 내가 좋아하는 **온라인** 쇼핑몰이 있는데 지금 사이트 주소 알려 줄게. 너도 한번 들어가 봐. There's an **online** shopping mall that I like. I'll give you the website address. You try it out, too.
기출 표현 온라인 쇼핑/게임/송금

17. 유용하다

형
to be useful,
to be helpful

가: 또 은행 문 닫았네. 은행에 가야 하는데 매일 회사 일 때문에 못 가고 있어.
The bank is closed again. I have to go to the bank, but every day, I've been unable to go because of work.

나: 요즘엔 은행 앱으로 상담도 쉽게 가능하더라. **유용한** 기능이 많으니까 우선 앱을 먼저 써 보는 게 어때?
You can easily talk to an employee using banking apps these days. There are a lot of **useful** functions, so how about trying the app first?

기출 표현 유용하게 사용되다, 방법이 유용하다

---

18. 유출(하다)

명/동
leak, to leak

가: 우리 회사에 다니던 부장님이 다른 회사로 가면서 회사 기술 정보를 **유출했대.**
They say that a manager who used to work at our office went to another company and **leaked** technical information.

나: 나도 뉴스에서 봤어. 돈 때문에 중요한 정보를 **유출하다니**!
I saw that too on the news. To think he **leaked** important information because of money!

기출 표현 개인 정보 유출, 유출되다, 문화재를 유출하다, 유출을 막다

---

19. 인공

명
artificial

반의어 자연, 천연

가: 'A.I.'라는 영화 봤어요? 저는 그 영화를 너무 좋아해요.
Have you seen the movie "A.I."? I really like that movie.

나: 저도요. **인공** 지능 로봇과 감정을 나눌 수 있다는 것이 정말 신기하고 감동적이었어요.
Me too. It was really amazing and moving that emotions could be shared with a robot with **artificial** intelligence.

기출 표현 인공 지능, 인공 장기

---

20. 장비

명
equipment

가: 내일 등산 갈 준비 다 했어? Are you all ready to go hiking tomorrow?

나: 응, 해가 뜨기 전에 가니까 손전등이랑 장갑이랑 이것저것 **장비**들을 잘 챙겼어.
Yeah, since I'm going before sunrise, I've packed a flashlight, gloves, and some other **equipment**.

기출 표현 첨단 장비, 등산 장비, 장비를 갖추다

---

21. 전자

명
electric, electronic

가: 냉장고랑 세탁기가 같이 고장이 나서 백화점에서 새로 살까 해요.
The refrigerator and washing machine both broke so I was thinking about buying new ones at the department store.

나: 집 앞에 있는 **전자** 제품 가게에 가 보면 어때요? 종류도 다양하고 가격도 백화점보다 싸더라고요.
How about going to the **electronic** appliance store in front of the house? They have a lot of different types and the prices are cheaper than the department store.

기출 표현 전자책, 전자 기기, 전자 제품, 전자파

---

22. 접속(하다)

명/동
(to) access

유의어 연결(하다)

가: 교환 학생 신청은 어떻게 해야 돼요? How do I apply as an exchange student?

나: 학교 홈페이지에 **접속해서** 교환 학생 신청서를 작성하면 돼요.
You can **access** the school homepage and fill out an exchange application registration form.

기출 표현 사이트에 접속하다, 접속을 끊다

문장을 통해 이어서 학습할 단어의 의미를 추측해 봅시다.

23. **정밀한** 수술을 위해 로봇을 도입하는 병원이 많아지고 있다.

24. 이 사이트에는 집에서 쉽게 할 수 있는 요리 방법에 대한 **정보**가 있다.

25. 핸드폰을 사용해 몰래 다른 사람의 사진을 찍는 등의 **도덕적** 차원에서 문제가 심해지고 있다.

26. 인공 지능이 사람을 대체하는 요즘, 경쟁력을 갖추려면 **창의적으로** 새로운 것을 만들어 내야 한다.

27. 우주, 항공기, 컴퓨터 등의 기술에 대한 산업을 **첨단** 산업이라고 한다.

28. 지금 사용하는 핸드폰은 작고 가볍지만 **최초**의 핸드폰은 매우 크고 무거웠다.

29. 이번에 출시된 핸드폰 카메라에는 100배 확대할 수 있는 기능이 **추가됐다**.

30. 요즘은 **통신**이 발달해서 해외에 있는 친구, 가족들과 자주 연락할 수 있다.

31. 이 핸드폰 액정은 **특수한** 물질로 만들어서 아무리 떨어뜨려도 깨지지 않는다.

32. 사람이 운전하지 않고 스스로 운전하는 자동차가 나오다니, 마치 영화가 **현실**이 된 것 같다.

33. 읽고 싶은 책이 학교 도서관에 없을 때는 도서관 **홈페이지**에서 원하는 도서를 신청하면 된다.

23. 정밀(하다)
명/형
specifics, detail, to be detailed, to be precise

가: 건강 검진 잘했어요? 요즘 몸이 안 좋아서 걱정 많이 했잖아요.
Did your health check go well? You were really worried since you haven't been well these days.

나: 네, 소화가 안되고 배가 자주 아파서 **정밀** 검사를 했는데 아무 문제없다고 하더라고요.
Yes, I did a **detailed** test since my digestion isn't good and my stomach often hurts, but they said there were no problems.

기출 표현 정밀 검사, 정밀 분석

---

24. 정보
명
information

가: 인터넷에 사실이 확인되지 않은 잘못된 **정보**나 가짜 뉴스가 많은 것 같아요.
It seems like there's a lot of incorrect **information** or fake news on the internet that hasn't been confirmed.

나: 맞아요. 인터넷에 있는 **정보**를 그대로 믿어서는 안 될 것 같아요.
Right. I don't think we can trust the **information** on the internet as it is.

기출 표현 개인 정보 유출, 정보화 시대, 정보를 얻다/찾다, 정보를 공유하다/교환하다/제공하다/수집하다

---

25. 차원
명
dimension, level

가: 컴퓨터 새로 바꿨다면서요. 바꾸니까 좋아요?
I heard you changed to a new computer. Is it nice, having changed?

나: 네, 화면도 크고 속도도 빨라서 그 전에 쓰던 거랑 **차원**이 달라요.
Yes, the screen is big and it's fast, so it's on a different **level** from the one I was using before.

기출 표현 교육적 차원, 국가 차원, 차원이 다르다

---

26. 창의적
관형/명
original, creative

가: 요즘은 학교에서 코딩 교육을 받는다면서요?
I heard kids are studying coding at school these days.

나: 맞아요. 프로그램 교육을 통해 **창의적인** 문제 해결 능력을 길러 준대요.
That's right. They say they cultivate **creative** problem-solving abilities through studying programming.

기출 표현 창의적인 결과, 창의적 기술 혁신, 창의성이 발휘되다

출제 TIP

이 단어는 다양한 주제에서 자주 출제됩니다. 같이 쓰는 단어와 함께 정리해 보세요.

예 아이의 창의력이 좋다, 창의적인 아이디어, 창의력이 발달하다

---

27. 첨단
명
state-of-the-art, cutting-edge

가: 얼마 전에 불에 탄 문화재를 **첨단** 기술로 예전과 똑같이 복구했대요.
They say that the cultural property that burned down a little while ago was restored just like it used to be using **cutting-edge** technology.

나: 저도 뉴스 봤어요. 불에 타서 아쉬웠는데 다행이에요.
I saw the news too. It was a shame it burned down, but this is a relief.

기출 표현 첨단 장비, 첨단 기술, 첨단 산업을 육성하다

28. 최초

명

first

가: 우리 시에서 국내 **최초**로 AI 로봇을 도입해서 시민의 안전을 지킨대요. I heard our city is introducing the **first** AI robots in the country to protect residents.

나: 그래요? CCTV가 없는 곳에서 활약할 수 있겠네요.

Really? Then they can play an active role in places where there isn't any CCTV.

기출 표현 국내/세계 최초, 최초로 발견하다

---

29. 추가(하다)

명/동

addition, to add

유의어 더하다

가: 새로 나오는 핸드폰에 다들 왜 그렇게 관심이 많은 거야?

Why is everyone so interested in the new cell phone that's coming out?

나: 이번에 엄청난 기능을 **추가할 거라는** 발표가 있었거든.

There was an announcement that said they're **adding** amazing functions this time.

기출 표현 추가 모집, 기능을 추가하다

---

30. 통신

명

communication(s)

가: 예전에는 높은 산에 올라가면 **통신** 상태가 안 좋았는데 요즘은 어디에서든 다 전화가 잘 되더라고. In the past, if you went up a high mountain, **communication** conditions weren't good, but now, phones work well from anywhere.

나: 맞아, 요즘은 통신망이 잘 발달되어 있어서 어디에서든지 **통신이** 잘 되는 것 같아.

Right, these days the communication network is well developed, so it seems like **communications** are good no matter where you are.

기출 표현 통신망, 통신 상태, 통신 수단, 통신이 발달하다

출제 TIP

'통신망'이란 통신 시설을 통해 정보나 연락을 주고받을 수 있는 시스템을 말합니다.

---

31. 특수(하다)

명/형

uniqueness, specialness, to be special

얼마전 영화에서 큰불이 난 장면을 봤는데 **특수** 효과 덕분에 실제로 불이 난 것 같았다.

Recently I saw a scene in a movie where there was a big fire, and thanks to the **special** effects, it really seemed like there was an actual fire.

기출 표현 특수 목재, 특수 문자, 특수한 물질, 특수한 상황

---

32. 현실

명

reality

가: 행복은 지금 살고 있는 **현실** 속에서 작고 소소한 일에서도 찾을 수 있어요.

In the **reality** we live in now, happiness can be found even in small, trivial things.

나: 네, 저는 매일 행복하다고 생각하며 살고 있어요.

Yes, I live each day thinking that I'm happy.

기출 표현 한계가 있다/없다, 한계에도 불구하고, 한계를 넘다, 한계를 시험해 보다

---

33. 홈페이지

명

homepage

가: 다음 주부터 A회사 신입 사원 서류 접수 기간이 시작한대. They say Company A's document submission period for new employees starts next week.

나: 그래? 회사 **홈페이지**에 들어가서 신입 사원 모집 공고를 자세히 봐야겠다.

Really? I'll have to go to the company's **homepage** and have a close look at the new employee recruitment announcement.

기출 표현 홈페이지에 들어가다/접속하다

DAY 46 | 앞에서 배운 내용을 확인해 봅시다.

[1-5] 다음 빈칸에 들어갈 단어를 [보기]에서 골라 알맞게 쓰십시오.

보기	도입(하다)	창의력	접속(하다)	실현(하다)	인공

1. 우리 회사는 내년부터 출퇴근 시간을 자유롭게 하는 유연 근무제를 ________ 했다.
   -기로
2. 이 지역은 여름마다 홍수가 나서 ________ 호수를 만들어서 물을 관리하기로 했다.
3. 그 선수는 오랫동안 훈련하고 노력해서 국가대표 선수가 되는 꿈을 ________.
   -았/었다
4. 해외에서는 보안 문제 때문에 이 사이트에 ________ 수 없다.
   -(으)ㄹ
5. 우리 학교에서는 학생들이 ________ 발휘할 수 있게 1년에 한번 발명 대회가 있다.
   을/를

[6-7] 다음 밑줄 친 단어와 의미가 비슷한 단어를 [보기]에서 골라 쓰십시오.

보기	추가(하다)	구축(하다)	검색(하다)

6. 발표 자료를 인터넷으로 <u>찾았다</u>. (　　　　)
7. 컴퓨터에 새로운 기능을 <u>더해서</u> 새로 출시됐다. (　　　　)

[8-9] 다음 글을 읽고 빈칸에 알맞은 단어를 쓰십시오.

요즘 사람들은 **8.** ________ 쇼핑을 많이 이용한다. 자주 쇼핑하는 **9.** ________ 에 카드만 등록해 놓으면 결제도 쉽고 물건을 집 앞까지 배달해 주기 때문이다.

DAY

47 교통

Transportation

☑ 문장을 통해 이어서 학습할 단어의 의미를 추측해 봅시다.

01. 교통사고가 난 곳에 사람들이 구경하려고 몰리자 경찰이 사람들을 **가로막았다**.

02. 우리 동네는 교통이 안 좋은 편이었는데 얼마 전에 지하철이 생겨서 **교통** 문제가 해결됐다.

03. 한국은 **국토**의 많은 부분이 산으로 되어 있어서 도로에 터널이 많다.

04. 아버지는 다니던 직장에서 퇴직하시고 지금은 택시 **기사** 일을 하신다.

05. 국토 교통부는 출퇴근 시간에 항상 막히는 길을 내년 6월까지 **넓히기로** 결정했다.

06. **운전면허**가 없으면 운전을 할 수 없다.

07. 운전 중에 자동차 **바퀴**가 터지는 소리가 들리면서 차가 흔들려서 너무 당황스러웠다.

08. 운전을 하다가 신호등이 빨간불로 바뀌어서 멈추려고 브레이크를 **밟았다**.

09. 주차할 때는 **주차선**을 넘지 않게 주의해야 한다.

10. 정부에서 가로등의 수가 부족한 도로에 가로등을 추가로 **설치했다**.

01. 가로막다

동
to block

가: 주차장에서 어떤 차가 내 차 앞을 **가로막고 있어서** 차를 못 빼고 한참 기다렸어.
A car **was blocking** mine in the parking lot, so I couldn't get my car out and I waited for ages.

나: 고생했네. 자기만 편하자고 다른 운전자를 불편하게 만들면 안 되지.
That's tough. It's not okay to make yourself comfortable at the expense of making other drivers uncomfortable.

기출 표현 길을 가로막다, 앞을 가로막다

---

02. 교통

명
traffic

가: 출근길에 사고가 나서 늦었다면서요?
I heard you were late to work because there was an accident on the road during your commute.

나: 네, 한 시간 넘게 **교통**이 마비돼서 전혀 움직일 수 없었어요.
Yes, **traffic** was paralyzed for over an hour so I couldn't move at all.

기출 표현 교통 체증, 교통수단, 대중교통, 교통편, 교통안전

---

03. 국토

명
country, land

가: 이 마을에 새로운 도로가 들어온다더니 왜 계속 소식이 없어요?
They said a new road would be built in town, so why has there been no news about it?

나: 주민들이랑 **국토** 교통부의 의견이 너무 달라서 그렇대요.
I heard it's because the opinions of the residents and the Ministry of **Land**, Infrastructure, and Transport are too different.

기출 표현 국토 교통부, 국토 조사, 국토 개발

---

04. 기사

명
driver

가: **기사**님, 이 버스가 광화문에 가나요?
Driver, does this bus go to Gwanghwamun?

나: 네, 할머니. 광화문 역 앞에 서요. 타세요.
Yes, ma'am. It stops in front of Gwanghwamun station. Please get on.

기출 표현 버스/택시/트럭/택배 기사

만점으로 가는 배경지식

이동 수단에 따라 운전하는 사람을 다르게 부릅니다. 정리해 봅시다.

- 버스/택시/트럭 **기사**
- 비행기 **조종사**
- 지하철/기차 **기관사**

---

05. 넓히다

동
to widen

유의어 확장하다

반의어 좁히다

가: 요즘 아이가 학교에서 다양한 성격의 친구들을 사귀어서 즐거워 보여요.
These days, my child seems to be having fun making friends with a lot of different personalities at school.

나: 청소년 시기에 인간관계를 **넓히는** 것이 좋다고 생각해요.
I think it's good to **widen** your relationships with other people during your teenage years.

기출 표현 길을 넓히다, 인간관계를 넓히다

06. 면허
명
license

가: 태오 씨, 운전을 잘하시네요. 운전 **면허**증은 언제 땄어요?
You're good at driving, Taeoh. When did you get your driver's **license**?

나: 고등학교를 졸업하자마자 땄어요.
I got it as soon as I graduated high school.

기출 표현 (운전)면허증, 면허 시험장, 면허를 따다

---

07. 바퀴
명
wheel

가: 여행 잘 갔다 왔어요? 재미있는 일 있었어요?
Did you have a good vacation? Did anything fun happen?

나: 비가 많이 와서 고생했어요. 흙에 자동차 **바퀴**가 빠져서 움직이지 않았어요. **바퀴**를 빼느라고 친구들하고 진짜 힘들었어요.
It rained a lot so it was difficult. The **wheel** of our car got stuck in the mud and wouldn't move. My friends and I had a really hard time getting the **wheel** out.

기출 표현 바퀴가 돌다, 바퀴가 달리다

---

08. 밟다
동
to step on

가: 어렸을 때 자전거 타는 법을 아버지께서 가르쳐 주셨어요.
When I was young, my father taught me how to ride a bike.

나: 저도요. 처음에는 자전거 페달을 **밟는** 게 너무 무서웠던 기억이 나요.
Me too. I remember being so afraid to **step on** the pedals at first.

기출 표현 페달을 밟다, 브레이크를 밟다, 엑셀을 밟다

---

09. 선
명
line

가: 학교 앞 횡단보도 **선**이 많이 흐려져서 위험해 보여요.
The **lines** of the crosswalk in front of the school have gotten really faded and it looks dangerous.

나: 그래서 내일 **선**을 다시 칠하는 작업을 하기로 했어요.
That's why I decided to do the job of repainting the **lines** tomorrow.

기출 표현 선을 지키다

출제 TIP

자주 출제되는 단어 '차선'에 대해 알아봅시다.

- **차선:** 도로에 자동차가 가는 방향에 따라 그어 놓은 선을 말합니다.
  예 차선을 바꾸고 싶을 때는 미리 방향 지시등을 켜야 한다.

---

10. 설치(하다)
명/동
to install

새로 이사한 집에 인터넷을 **설치해서** 무선 인터넷을 이용할 수 있다.
I **installed** the internet at the new house I moved to, so I can use the wifi.

기출 표현 인터넷 설치, 설치 작업

문장을 통해 이어서 학습할 단어의 의미를 추측해 봅시다.

11. 요즘은 자동차 대신 전동 킥보드, 전기 자전거 등 개인용 이동 **수단**으로 출퇴근하는 사람이 많다.

12. 버스가 갑자기 멈추는 바람에 버스 안에 있던 **승객**이 넘어졌다.

13. 공항에서 하늘로 날아간 비행기가 높이 멀리 가면서 **시야**에서 사라졌다.

14. 차에 타면 **안전벨트**부터 매야 한다.

15. 한국 지하철에 분홍색 자리가 있는데 이 자리는 임산부에게 **양보해야 한다**.

16. 서울 지하철 **운행** 시간을 알고 싶으면 사이트에 지하철역 이름을 검색하세요.

17. 한 시간 전에는 집 앞 도로가 차가 막혀서 움직일 수 없었는데 지금은 소통이 **원활하다**.

18. 신호를 **위반하면** 벌금을 내야 한다.

19. 고속 열차인 KTX는 서울에서 부산까지 **이동할 때** 차로 이동하는 것보다 2시간 덜 걸린다.

20. 자전거가 차도나 **인도**로 다니면 위험하기 때문에 자전거 도로를 따로 만들었다.

Day 47-2

11. 수단

명
way, means

유의어 방법

가: 제주도로 택배를 보내려면 배송 비용을 추가로 내야 해요?
Do I have to pay extra for shipping if I want to send a package to Jeju Island?

나: 네, 섬은 운송 **수단**이 추가로 필요해서 그런가 봐요.
Yes, it's probably because extra **means** of transportation are needed for an island.

기출 표현 통신 수단, 교통수단, 운송 수단, 결제 수단

---

12. 승객

명
passenger

안내 말씀 드립니다. 12시에 뉴욕으로 출발하는 비행기를 타실 **승객**께서는 20번 게이트로 오시기 바랍니다.
This is an announcement. **Passengers** for the 12 o'clock plane departing for New York, please come to Gate 20.

기출 표현 승객을 태우다, 승객이 탑승하다

---

13. 시야

명
field of vision, sight

가: 좀 늦었네요. 길이 많이 막혔어요?
You're a little late. Was there a lot of traffic?

나: 아니요. 안개가 **시야**를 가려서 천천히 운전하느라고 늦었어요. 미안해요.
No. I'm late because the fog covered my **field of vision** so I drove slowly. Sorry.

기출 표현 시야를 가리다, 시야가 밝다, 시야를 좁히다

---

14. 안전벨트

명
seatbelt

유의어 안전띠

곧 비행기가 이륙하겠습니다. 승객 여러분께서는 모두 **안전벨트**를 착용해 주시길 바랍니다.
The plane will be taking off soon. Passengers, please fasten your **seatbelts**.

기출 표현 안전벨트를 매다/채우다/착용하다, 안전벨트를 풀다

---

15. 양보(하다)

명/동
(to) yield, to give way

가: 저는 동생이 없어서 늘 동생이 있으면 좋겠다고 생각했어요.
I don't have a younger sibling, so I always thought it would be nice to have one.

나: 저는 어렸을 때 동생에게 **양보하라는** 말을 많이 들어서 동생을 싫어했어요.
When I was young, I was always being told to **give way** to my younger sibling, so I didn't like them.

기출 표현 명에게 양보하다, 자리 양보

---

16. 운행(하다)

명/동
operation,
to operate

가: 오늘 불꽃놀이 끝나면 지하철이 끊길 것 같은데 집에 어떻게 가죠?
I think the subway is going to stop when the fireworks are over today. How should I go home?

나: 오늘은 서울 지역 지하철이 새벽 1시까지 연장 **운행한대요**. 같이 지하철을 타요.
They said they're extending the **operation** of the subway in the Seoul area until 1 am today. Let's ride the subway together.

기출 표현 운행 노선, 운행 시간표, 열차/버스/엘리베이터를 운행하다

---

17. 원활하다

형
to be smooth

가: **원활한** 회의 진행을 위해 회의 전에 자료를 나눠 주세요.
Please distribute the materials before the meeting so that the meeting can proceed **smoothly**.

나: 네, 미리 자료를 읽고 회의를 시작할 수 있도록 하겠습니다.
Yes, I'll make sure the materials are read before the meeting begins.

기출 표현 원활한 판매, 흐름이/진행이/의사소통이 원활하다

---

18. 위반(하다)

명/동
violation,
to violate

가: 한국은 시내에서 제한 속도가 얼마나 돼요?
What is the speed limit inside cities in Korea?

나: 50km예요. 50km를 넘으면 속도 **위반**이라서 도로에 있는 카메라에 찍혀요.
It's 50km. If you go over 50, it's a speeding **violation**, so the cameras on the road will catch you.

기출 표현 신호 위반, 속도위반

---

19. 이동(하다)

명/동
movement,
to move, to travel

가: 서울 여행을 계획하고 있는데 관광지에서 어떻게 **이동할까** 고민이에요.
I'm planning a trip to Seoul but I'm wondering how to **travel** from the tourist spots.

나: 서울은 지하철이 깨끗하고 노선이 잘 만들어져 있어서 지하철 타는 것을 추천해요.
The Seoul subway is clean and the subways lines were made well, so I recommend taking the subway.

기출 표현 장소 이동, 이동 시간, 이동시키다

---

20. 인도

명
sidewalk

유의어 보도

반의어 차도

가: 어제 뉴스 봤어? 달리던 차가 갑자기 **인도**로 뛰어들어서 지나가던 사람 1명이 다쳤대.
Did you see the news yesterday? They said a car suddenly jumped onto the **sidewalk** and one person walking by was injured.

나: 정말? 운전자가 왜 인도로 차를 몰았대?
Really? Why did the driver drive onto the sidewalk?

기출 표현 인도로 걷다, 인도로 다니다

☑ 문장을 통해 이어서 학습할 단어의 의미를 추측해 봅시다.

21. 봄꽃 축제가 끝나고 돌아가는 시민들 때문에 축제 근처 주변이 극심한 **정체**를 보였다.

22. 태풍 때문에 비행기 운항이 **중단되었다**.

23. 비행기가 항공기 문제로 인해 출발이 2시간 정도 **지연돼서** 180명의 승객이 불편을 겪었다.

24. 경찰은 자주 사고가 나는 **지점**에 사고를 예방하기 위해 카메라를 설치했다.

25. 차를 새로 사면 정부에 **차량** 등록을 하고 **차량** 번호판을 받아야 한다.

26. 기차가 **철도** 위를 지나가고 있다.

27. 이번 주 일요일에 열리는 '서울마라톤대회'로 서울 시내 차량이 **통제된다.**

28. 다음 주부터 이 도로는 공사 때문에 모든 차량 **통행**이 제한됩니다. 다른 길로 가십시오.

29. 정부는 출근길 교통 문제를 해결하기 위해서 3차선 도로를 6차선으로 **확장하기로 했다**.

21. 정체(하다)
명/동
gridlock, congestion, to be jammed, to be stalled

가: 이번에 설날에 고향에 가요?
Are you going to your hometown this Lunar New Year?
나: 네, 가야죠. 고속도로는 **정체가** 너무 심해서 이번에는 기차를 타고 가려고요.
Yes, I should go. Since the **congestion** on the highways is so severe, I'm going to go by train this time.

기출 표현 차량 정체, 구간 정체, 정체되다

---

22. 중단(하다)
명/동
suspension, to suspend, to stop

유의어 중지(하다)

가: 어제 비 왔는데 경기장에서 야구 잘 봤어요?
It rained yesterday, but did you enjoy watching baseball at the stadium?
나: 경기 중에 비가 너무 많이 내려서 한 시간 정도 경기가 **중단됐어요**.
It rained so much during the game that it **was suspended** for about an hour.

기출 표현 운행 중단, 중단되다, 중단을 시키다

---

23. 지연(하다)
명/동
(to) delay

유의어 연기(하다)

올해 초에 출시하려고 했던 신제품이, 개발 중 기술적 문제가 발견되어 출시가 **지연될** 예정입니다.
Technical issues were discovered during the development of the new product that we wanted to release at the start of this year, so we plan to **delay** the launch.

기출 표현 지연 사고, 결정 지연, 제품 출시 지연, 지연되다

---

24. 지점
명
point, spot

가: 마라톤의 매력이 뭐라고 생각하세요?
What do you think is the appeal of a marathon?
나: 마지막까지 최선을 다해서 결승 **지점**을 통과할 때 굉장히 보람이 있다는 점이요.
The fact that you do your best until the end and it's incredibly rewarding when you pass the finish line [finish **point**].

기출 표현 국가 지점 번호, 사고 지점, 출발 지점

만점으로 가는 배경지식

시험에 출제된 '국가 지점 번호'에 대해서 알아봅시다.
국가 지점 번호는 산, 바다와 같이 건물과 도로가 없는 곳에 번호로 위치를 표시한 것입니다. 갑자기 사고를 당했을 때 빨리 구조할 수 있도록 만든 번호이므로, 높은 산을 오를 때는 '국가 지점 번호'를 기억해 두는 것이 좋습니다.

25. 차량
명
car, vehicle, traffic

가: 지하철 안이 좀 춥네요. 제가 에어컨 바람을 좀 싫어해서요.
It's a little cold inside the subway. I don't really like the wind from the air conditioner.

나: 그래요? 그럼 우리 약 냉방 **차량**으로 옮겨 가요. 지하철 **차량**마다 온도를 다르게 하거든요.
Really? Then let's move to a **car** with weak air conditioning. They make the temperature different in each subway **car**.

기출 표현 차량 정체, 차량 구입, 차량을 통과하다

---

26. 철도
명
railroad, railway

유의어 철길, 철로

가: 서울에서 부산까지 고속 **철도**를 이용하면 2시간 반밖에 안 걸려요.
If you use the high-speed **railway** to travel from Seoul to Busan, it only takes 2 hours.

나: 맞아요. 고속 철도는 비싼 대신 빠른 것이 장점이죠.
That's right. The high-speed railway is expensive, but in exchange, it has the benefit of being fast.

기출 표현 도시 철도, 고속 철도

---

27. 통제(하다)
명/동
(to) control,
to restrict

유의어 막다

가: 비가 정말 많이 오네요. 내일 출근길이 걱정이에요.
It sure is raining a lot. I'm worried about commuting tomorrow.

나: 출근하기 전에 꼭 뉴스 보고 비 때문에 교통 **통제되는** 곳이 있는지 확인해야겠어요.
I'll have to make sure to watch the news before going to work tomorrow and check if there are any places where traffic **is restricted** because of the rain.

기출 표현 교통 통제, 통제 구역, 출입이 통제되다

---

28. 통행(하다)
명/동
passage,
to pass, to travel

유의어 지나다니다

좁은 골목길은 한 방향으로 **통행하게** 만들었는데 이것을 일방통행이라고 한다.
Narrow alleys were made to be **passed** through in one direction, and these are called "one-way streets."

기출 표현 차량 통행, 통행을 금지하다

---

29. 확장(하다)
명/동
expansion, extension,
to expand, to extend

유의어 넓히다

반의어 축소(하다)

가: 이사 갈 집에 베란다가 좁아서 고민이에요. 화분을 많이 키우고 싶거든요.
I'm concerned because the veranda of the house I'm moving to is a little small. I want to grow a lot of potted plants.

나: 그러면 이사 전에 **확장** 공사를 하는 게 어때요?
Then how about doing **expansion** construction before you move in?

기출 표현 확장 공사, 도로를 확장하다

DAY 47 | 앞에서 배운 내용을 확인해 봅시다.

[1-5] 다음 빈칸에 들어갈 단어를 [보기]에서 골라 알맞게 쓰십시오.

보기	설치(하다)	이동(하다)	중단(되다)	지연(되다)	양보(하다)

1. 지하철을 타고 가다가 짐이 많은 아주머니를 보고 자리를 ＿＿＿＿＿＿＿＿.
-았/었다

2. 수업 중에 컴퓨터가 고장이 나서 잠깐 수업이 ＿＿＿＿＿＿＿＿.
-았/었다

3. 미술 시간과 음악 시간에는 교실을 ＿＿＿＿＿＿＿＿ 수업한다.
-아/어서

4. 컴퓨터 보안을 위해 정보 보안 프로그램을 ＿＿＿＿＿＿＿＿.
-았/었다

5. 갑작스러운 폭설로 인해서 항공기 출발이 ＿＿＿＿＿＿＿＿.
-았/었다

[6-7] 다음 밑줄 친 단어와 의미가 비슷한 단어를 [보기]에서 골라 쓰십시오.

보기	넓히다	측정	통제(하다)

6. 마라톤 대회가 열려서 경찰이 오전에는 거리를 막았다. (　　　　)

7. 서울시는 항상 차가 막히는 도로를 확장하려는 계획을 가지고 있다. (　　　　)

[8-9] 다음 괄호 안에 알맞은 단어를 고르십시오.

8. 가: 어제 어떤 자전거가 (인도 / 차선)에서 빠르게 달려서 부딪힐 뻔했어.

나: 자전거는 자전거 도로를 이용해야 되는데…….

9. 가: 이 길이 항상 막히는데 오늘은 소통이 (운행 / 원활)하네요.

나: 휴가철이라서 여행을 많이 갔는지 정말 오늘은 차가 안 막히네요.

DAY

48 사건과 사고

Incidents and Accidents

문장을 통해 이어서 학습할 단어의 의미를 추측해 봅시다.

01. 재해나 화재가 발생하면 최대한 빨리 사람들을 **구조해야 한다**.

02. 며칠 전 길을 건너다가 교통사고를 **당해** 병원에 입원했다.

03. 범인은 경찰을 피해 **도망치다가** 넘어졌다.

04. 경찰의 조사를 통해 범인의 죄가 **드러나게** 되었다.

05. 소방관들은 위험에 **맞서서** 타인의 생명을 구하는 데 힘쓴다.

06. 우리 회사는 업무 중 일어날 수 있는 사고를 **방지하기 위해** 안전 교육을 실시한다.

07. 횡단보도를 건너다가 신호를 지키지 않고 달려오는 차에 **부딪혔다**.

08. 불이 났을 때는 **비상계단**을 통해 건물 밖으로 나가야 한다.

09. 경찰은 범인을 밝히기 위해 **사건** 현장을 조사했다.

10. 소방관은 화재 현장에서 **생존자** 10명을 안전하게 구조했다.

01. 구조(하다)

명/동

(to) rescue

유의어 구하다

엘리베이터가 갑자기 멈췄을 때는 침착하게 **구조**를 기다려야 한다.

When an elevator stops suddenly, you should calmly wait for **rescue**.

기출 표현 인명 구조, 구조 현장, 구조되다, 구조를 요청하다, 생명을 구조하다

---

02. 당하다

동

to suffer, to undergo

응급실 의사가 사고를 **당한** 환자의 상태를 살피고 있다.

The emergency room doctor is examining the condition of the patient who **suffered** an accident.

기출 표현 사고/테러/피해를 당하다

---

03. 도망

명

flight, escape

동사 도망가다, 도망치다

경찰은 **도망가는** 범인의 모습이 담긴 CCTV 영상을 공개했다.

The police released a CCTV video that showed the criminal **fleeing**.

기출 표현 도망을 다니다

---

04. 드러나다

동

to emerge, to reveal

취재 결과 두 배우가 결혼한다는 소문은 사실이 아닌 것으로 **드러났다**.

The results of the coverage **revealed** that the rumor that the 2 actors were getting married was false.

기출 표현 사실이 드러나다, 여부가 드러나다, 의도가 드러나다

---

05. 맞서다

동

to oppose, to confront, to face

반의어 피하다

이번 올림픽에서 우리나라는 세계 1위의 강팀과 **맞서** 0:0 무승부를 기록했다.

In this Olympics, Korea **faced** the world's number 1 strongest team and had a 0–0 draw.

기출 표현 위험에 맞서다, 죽음에 맞서다

06. 방지(하다)

명/동

prevention, to prevent

유의어 막다, 예방(하다)

범죄를 **방지하기 위해** 거리마다 CCTV를 설치했다.

CCTV was installed on each street **in order to prevent** crime.

기출 표현 방지되다, 사고/재해/화재를 방지하다, 부작용을 방지하다

---

07. 부딪히다

동

to be bumped into, to be hit

길을 걷다가 자전거를 타고 오는 사람에게 **부딪혀서** 넘어졌다.

I was walking down the street when I was **bumped into** by someone who was riding their bike and I fell over.

기출 표현 차에 부딪히다

출제 TIP

'부딪히다'와 '부딪치다'의 차이를 알아봅시다.

- **부딪히다:** 기본 어휘인 '부딪다'의 피동 표현입니다.
  예 서 있던 아이가 지나가는 사람에게 부딪혀 넘어졌다.
  (지나가는 사람 때문에 부딪혀 넘어짐.)
- **부딪치다:** '부딪다'를 강조하여 이르는 말입니다.
  예 핸드폰을 보면서 걷다가 출입문에 머리를 부딪쳤다.
  (자기 스스로 문에 부딪침.)

---

08. 비상

명

emergency

소방 훈련 중 **비상벨**이 울리자 학생들은 코와 입을 막고 건물 밖으로 탈출했다.

When the **emergency bell** rang during a fire drill, the students covered their noses and mouths and escaped from the building.

기출 표현 비상벨이 울리다, 비상 대책

---

09. 사건

명

case, incident

유명 연예인의 음주 운전 **사건**을 취재하기 위해 기자들이 모였다.

The reporters gathered to cover the famous celebrity's drunk driving **incident**.

기출 표현 사건이 발생하다, 사건이 일어나다, 사건을 해결하다

---

10. 생존(하다)

명/동

survival, to survive

환경 오염은 인간의 **생존**을 위협한다.

Environmental pollution threatens the **survival** of humankind.

기출 표현 생존자, 생존을 위협하다

문장을 통해 이어서 학습할 단어의 의미를 추측해 봅시다.

11. 모든 건물은 화재가 발생할 때를 대비해 **소방** 시설을 갖춰야 한다.

12. 화재 사이렌이 **울리자** 건물 안의 사람들이 모두 밖으로 뛰쳐나갔다.

13. 어제 발생한 교통사고로 운전자가 크게 다쳐 생명이 **위급하다고** 한다.

14. 보험은 미래에 예측할 수 없는 사고의 **위험**에 대비하기 위해 생긴 제도이다.

15. 정부는 최근 반복되는 화재 사고와 관련하여 **유사** 사고가 일어나지 않도록 노력하겠다고 밝혔다.

16. **음주** 운전을 하면 사고가 발생하지 않아도 처벌을 받는다.

17. 백화점에서 대형 화재가 발생하였으나 **인명** 피해는 없는 것으로 확인되었다.

18. 휴가철 자동차를 이용해서 장거리 여행을 할 경우 차량 **점검**을 반드시 해야 한다.

19. 교통사고의 **주요** 원인을 조사한 결과 운전 중 휴대폰 사용이 가장 많은 것으로 나타났다.

20. 비가 많이 내리는 날에는 사고가 나기 쉬우므로 운전할 때 **주의해야 한다**.

Day 48-2

11. 소방

명

firefighting

소방복을 입은 아이들이 **소방** 체험 훈련을 하고 있다.

The children in firefighter uniforms are doing **firefighting** experience training.

기출 표현 소방 시설, 소방 훈련

출제 TIP

'소방'과 관련된 어휘를 알아봅시다.

- **소방관:** 정확한 명칭은 '소방 공무원'이며, 재난이나 화재 등 위급한 일이 발생했을 때 도와주는 직업을 가진 사람을 말합니다.
- **소방복:** 불을 끌 때 소방관이 착용하는 옷을 말합니다.
- **소방서:** 소방에 관한 업무를 보는 기관입니다.
- **소방차:** 소방 장비를 갖춘 특수한 차를 말합니다.

---

12. 울리다

동

to chime, to ring

화재가 났는데도 벨이 **울리지 않는** 바람에 더 큰 사고가 났다.

Because the bell **didn't ring** even though there was a fire, an even bigger accident occurred.

기출 표현 벨이 울리다

---

13. 위급(하다)

명/형

emergency, crisis, to be critical

교통사고로 크게 다친 환자의 상태가 **위급하여** 응급 수술을 했다.

The condition of the patient who was hurt badly in the car accident was **critical**, so emergency surgery was performed.

기출 표현 위급한 상황, 상태가 위급하다

---

14. 위험(하다)

명/형

danger, to be dangerous

반의어 안전(하다)

신호등을 보지 않고 길을 건너는 것은 **위험한** 행동이다.

Crossing the street without looking at the traffic light is a **dangerous** action.

기출 표현 위험성, 위험이 있다, 위험에 처하다, 위험에 대비하다

---

15. 유사(하다)

명/형

similarity, to be similar

유의어 비슷하다

한국어는 일본어와 언어적으로 **유사한** 점이 많다.

Korean has a lot of linguistic **similarities** with Japanese.

기출 표현 유사성, 성향/형태가 유사하다

---

16. 음주

명

drinking

지나친 **음주**는 건강에 악영향을 미친다.

Excessive **drinking** has negative effects on health.

기출 표현 음주 운전

---

17. 인명

명

life

전쟁으로 인해 수많은 **인명**이 희생되었다.

Countless **lives** were sacrificed as a result of war.

기출 표현 인명 구조, 인명 피해

---

18. 점검(하다)

명/동

inspection,
to inspect

장마에 대비해 집안 곳곳을 **점검했다**.

In preparation for the rainy season, I **inspected** every part of the inside of my house.

기출 표현 점검을 받다, 시설을 점검하다

---

19. 주요(하다)

명/형

major, main, primary

도시 사람들의 **주요** 교통수단인 지하철이 고장 나면서 출근길에 혼란이 발생했다.

The subway, the **main** means of transportation for people in the city, broke down, and chaos occurred on the way to work.

기출 표현 주요 내용, 주요 원인

---

20. 주의(하다)

명/동

caution,
to be cautious

반의어 부주의

약을 복용하기 전에 **주의 사항**을 꼭 확인해야 한다.

Before taking medicine, you should be sure to check the precautions [matters of **caution**].

기출 표현 주의 사항, 주의를 시키다, 주의가 요구되다

문장을 통해 이어서 학습할 단어의 의미를 추측해 봅시다.

21. 범인이 차를 타고 도망가자 경찰차가 범인을 잡기 위해 뒤를 **쫓았다**.

22. 어제 오후 강물에 빠져 위험에 **처할 뻔한** 남성을 지나가던 시민이 구조했다.

23. 등산을 하다가 **추락** 사고를 당한 등산객을 헬기로 구조하였다.

24. 빗길에 자동차와 버스가 **충돌하는** 사고가 일어났다.

25. 어제저녁 한 운전자가 술에 **취해** 운전을 하다가 접촉 사고를 냈다.

26. 소방관은 불이 난 건물 안에 있는 사람들의 **탈출**을 도왔다.

27. 학교 **폭력** 문제가 심각해지면서 청소년 범죄의 처벌을 강화해야 한다는 목소리가 커지고 있다.

28. 경찰은 사고 **현장**에서 사고 원인을 조사 중이다.

39. 대기가 건조한 겨울철에는 산불 등의 **화재** 예방에 힘써야 한다.

30. 어제 발생한 폭발 사고는 주변 건물들이 **흔들릴** 정도로 강력했다.

21. 쫓다

동
to chase

가: 이 영화 봤어요? 내용이 뭐예요?
Have you seen this movie? What's the story about?

나: 죄를 짓고 해외로 탈출한 범인을 주인공이 **쫓는** 내용이에요.
It's about the main character **chasing** a criminal who committed a crime and fled overseas.

기출 표현 도둑/범인을 쫓다

---

22. 처하다

동
to face,
to encounter

어려움에 **처한** 가정을 돕기 위해 아르바이트해서 모은 돈을 기부했다.
In order to help families who had **faced** difficulties, I donated the money I had saved from working part-time.

기출 표현 어려움에 처하다, 위험/위기에 처하다

---

23. 추락(하다)

명/동
(to) crash, (to) fall

유의어 떨어지다

비행기 **추락** 사고로 많은 인명 피해가 발생했다.
Many lives were lost in the plane **crash** accident.

기출 표현 아래로 추락하다, 버스가 추락하다

---

24. 충돌(하다)

명/동
collision, to collide

유의어 부딪히다

축구 경기 중 두 선수가 서로 **충돌하여** 부상을 입었다.
During the soccer game, two players **collided** with each other and were injured.

기출 표현 충돌 사고, 차와 충돌하다, 지구와 충돌하다

---

25. 취하다

동
to be drunk (with),
to be intoxicated

가: 어제 근처에서 큰 사고가 났다면서요?
I heard that there was a big accident in the area yesterday.

나: 네, 밤새 운전을 하던 트럭 운전자가 잠에 **취해** 사고를 낸 모양이에요.
Yes, apparently a truck driver who had driven all night was drowsy [**drunk** with sleep] and had an accident.

기출 표현 술/약/잠에 취하다

---

26. 탈출(하다)
명/동
(to) escape

매일 반복되는 일상으로부터 **탈출하고 싶다.**
I **want to escape** from my daily routine that repeats every day.

기출 표현 위기를 탈출하다, 탈출에 성공하다/실패하다

---

27. 폭력
명
violence

이 영화는 **폭력적인** 장면이 많아서 청소년들이 보기에 부적합하다.
There are many **violent** scenes in this movie, so it's inappropriate for adolescents to watch.

기출 표현 폭력적, 가정 폭력, 폭력을 쓰다

---

28. 현장
명
scene, site

경찰이 사건 **현장**에 도착했을 때 이미 범인은 도망간 뒤였다.
When the police arrived at the **scene** of the incident, the criminal had already fled.

기출 표현 사건/사고 현장

---

29. 화재
명
fire, blaze

어제 발생한 **화재**는 초기에 발견해 인명 피해를 막을 수 있었다.
The **fire** that occurred yesterday was discovered in the early stages, so it was possible to prevent loss of life.

기출 표현 화재 예방, 화재가 발생하다

---

30. 흔들리다
동
to shake

오늘 오전 9시쯤 건물이 **흔들릴** 정도의 지진을 느꼈다는 신고가 접수되었다.
At around 9 am this morning, reports were received that people felt an earthquake that **shook** buildings.

기출 표현 건물/차가 흔들리다

☑ ☐ # DAY 48 | 앞에서 배운 내용을 확인해 봅시다.

[1-5] 다음 빈칸에 들어갈 단어를 [보기]에서 골라 알맞게 쓰십시오.

보기	구조(하다)	처벌(하다)	주의(하다)	방지(하다)	점검(하다)

1. 전화로 경찰인 척하며 돈이나 개인정보를 요구하는 경우가 많으므로 많은 사람들의 ________(이/가) 필요하다.

2. 화재 예방을 위해서 건물 내 화재 예방 시설을 정기적으로 ________(-아/어야) 한다.

3. 나는 등산을 할 때 ________(-(으)ㄴ) 상황에 대비하기 위해 비상약을 챙긴다.

4. 이 책은 30년 넘게 ________ 현장에서 일한 소방관들의 이야기를 담았다.

5. 전염병이 확산되는 것을 ________(-기) 위해 마스크를 써야 한다.

[6-9] 다음을 읽고 밑줄에 알맞은 단어를 골라 쓰십시오.

보기	드러나다	화재	위험(하다)	현장

다음 소식입니다. 오늘 오후 4시경 서울의 아파트에서 **6.** ________(이/가) 나서 주민들이 대피하는 사고가 있었습니다.

사고 신고를 받은 소방서는 소방차 4대와 소방관 10여 명을 **7.** ________(에) 출동시켰습니다. 소방관들의 노력으로 주민들은 **8.** ________(-지) 않게 빨리 대피할 수 있었습니다. 경찰 조사에 의해 화재 원인은 담배 꽁초 때문인 것으로 **9.** ________(-았/었습니다).

DAY 48 사건과 사고 Incidents and Accidents

DAY
49 부사
Adverbs

문장을 통해 이어서 학습할 단어의 의미를 추측해 봅시다.

01. 날씨가 더워서 움직이지 않고 **가만히** 있어도 땀이 난다.

02. 쉬지 않고 일했더니 **결국** 병에 걸리고 말았다.

03. 고기와 채소를 **골고루** 먹어야 건강에 좋다.

04. 그의 운동 실력은 소문으로 듣던 대로 **과연** 뛰어났다.

05. 의사는 환자의 상태가 심각하지 않아 **굳이** 수술할 필요가 없다고 했다.

06. 그는 내가 묻는 말에 아무 대답 없이 **그저** 웃기만 했다.

07. 우는 아이를 엄마가 **꼭** 안아 주었다.

08. 평일인데도 극장에 사람이 **꽤** 많았다.

09. 건강해지려면 적은 시간이라도 **꾸준히** 운동해야 한다.

10. 두 사람이 사귄다는 소문은 이미 **널리** 알려진 사실이다.

01. 가만히
부
motionlessly, still

다리를 다쳐서 움직이지 못하고 **가만히** 누워 지냈다.
I hurt my leg, so I couldn't move and laid **still**.

기출 표현 가만히 있다, 가만히 듣다

02. 결국
부
finally, eventually, in the end

우리 팀은 이번 경기에서 이기기 위해 끝까지 노력했지만 **결국** 지고 말았다.
Our team tried hard to the last in order to win the match, but **in the end**, we ended up losing.

기출 표현 결국 성공하다, 결국 해결하다

03. 골고루
부
evenly, equally

비빔밥에는 여러 가지 채소가 **골고루** 들어가 있어서 영양가가 높다.
Since bibimbap **evenly** contains of a lot of different vegetables, its nutritional value is high.

기출 표현 골고루 먹다, 골고루 참여하다

04. 과연
부
really
유의어 역시

가: 이 작가 소설 읽어 봤어?
Have you read this author's novel?
나: 응, 재미있었어. **과연** 인기가 있을 만하더라.
Yeah, it was fun. It **really** deserves its popularity.

기출 표현 과연 대단하다, 과연 멋지다

05. 굳이
부
insistently, must

가: 인터넷으로 살 수 있는 물건을 **굳이** 백화점에 직접 가서 살 필요가 있을까?
Must we really go to the department store to buy items that we can buy online?
나: 백화점에 가서 사면 직접 확인해 볼 수 있다는 장점이 있잖아.
If you go buy things at the department store, there's the advantage of being able to check them for yourself.

기출 표현 굳이 말하다, 굳이 신경을 쓰다

06. 그저
부
only, just

한국에 처음 왔을 때 한국어를 몰라서 누가 말을 걸어도 **그저** 가만히 있을 수밖에 없었다.
When I first came to Korea, I didn't know Korean, so even if someone spoke to me, I could **only** stand there motionlessly.

기출 표현 그저 명만 하다, 그저 가만히 있다

---

07. 꼭
부
surely, tightly, barely

영화를 보다가 무서운 장면이 나와서 눈을 **꼭** 감았다.
I was watching a movie when a scary scene came on, so I closed my eyes **tightly**.

기출 표현 손을 꼭 잡다, 눈을 꼭 감다, 문을 꼭 닫다

---

08. 꽤
부
fairly, quite

가: 기숙사는 어때? 마음에 들어?
How's the dormitory? Do you like it?

나: 방이 좁다고 들어서 걱정했는데 생각보다 **꽤** 넓더라고.
I heard that the rooms were narrow so I was worried, but they're **quite** larger than I thought they would be.

기출 표현 꽤 가깝다/멀다, 시간이 꽤 걸리다

---

09. 꾸준히
부
steadily, consistently

가: 왜 이렇게 한국어 실력이 안 느는지 모르겠어.
I don't know why my Korean skills aren't improving.

나: 아직 공부한 지 6개월밖에 안 됐잖아. **꾸준히** 하다 보면 실력이 늘 거야.
You've only been studying for 6 months. If you keep doing it **consistently**, your skills will improve.

기출 표현 꾸준히 계속하다, 꾸준히 노력하다

---

10. 널리
부
extensively, widely

한국 드라마가 세계적으로 인기를 끌면서 한국 문화도 **널리** 알려지게 되었다.
As Korean dramas attracted popularity around the world, Korean culture came to be **widely** known.

기출 표현 널리 알리다, 널리 쓰이다, 널리 사용되다

☑ 문장을 통해 이어서 학습할 단어의 의미를 추측해 봅시다.

11. 청소년들의 학교 폭력은 **단순히** 생각하면 안 되는 문제이다.

12. 이 드라마는 국내에서뿐만 아니라 해외에서 **또한** 인기를 끌었다.

13. 두 사람은 오랜 연애 끝에 **마침내** 부부가 되었다.

14. 불이 난 건물에 있던 사람들이 **무사히** 구조되었다.

15. 토론을 할 때 자신의 생각과 다르다고 해서 상대방의 생각을 **무조건** 비판해서는 안 된다.

16. 좋은 글을 쓰려면 글을 쓰는 목적과 주제를 **분명히** 해야 한다.

17. 옛날에는 간단한 병도 고치기 힘들어서 **수없이** 많은 사람들이 목숨을 잃었다.

18. 이 소설은 **실제로** 있었던 역사를 바탕으로 썼다고 한다.

19. 일기 예보에 비 소식은 없지만 하늘을 보니 **아무래도** 비가 올 것 같다.

20. 그 가수는 데뷔한 지 30년이 지났는데도 불구하고 **여전히** 인기를 얻고 있다.

21. 살을 빼려고 다이어트를 시작했는데 **오히려** 몸무게가 늘었다.

Day 49-2

11. 단순히

부

simply, merely

유의어 간단히

기침이 오래 지속되면 **단순히** 감기라고 생각하지 말고 진료를 받아야 한다.

If your cough continues for a long time, you shouldn't think that it's **merely** a cold and should get treatment.

기출 표현 단순히 생각하다, 단순히 처리하다

---

12. 또한

부

additionally, also

사람의 몸에 들어와 병을 옮기는 바이러스처럼 컴퓨터 바이러스 **또한** 파일이나 프로그램을 감염시킨다.

Just like viruses that enter people's bodies and transmit diseases, computer viruses **also** infect files or programs.

기출 표현 나 또한

---

13. 마침내

부

finally, in the end

오랜 도전 끝에 그는 **마침내** 대통령에 당선되었다.

At the end of a long challenge, he was **finally** elected president.

기출 표현 마침내 결혼하다, 마침내 해결하다

---

14. 무사히

부

safely

산속에서 길을 잃어버린 등산객이 **무사히** 구조되었다.

The hiker who got lost in the mountains was **safely** rescued.

기출 표현 무사히 마치다, 무사히 도착하다

---

15. 무조건

부

unconditionally

친한 친구의 말이라고 해서 **무조건** 믿어서는 안 된다.

You can't **unconditionally** believe something just because a close friend said it.

기출 표현 (부탁을) 무조건 들어주다, 무조건 예뻐하다

---

16. 분명히

부

clearly, distinctly

발표를 할 때는 자신의 생각을 **분명히** 밝혀야 한다.

When giving a presentation, you should **clearly** reveal your thoughts.

기출 표현 분명히 보다, 분명히 듣다, 분명히 기억하다

---

17. 수없이
부
countless, innumerably

크리스트교, 불교, 이슬람교 등 세계에는 **수없이** 많은 종교가 있다.
There are **countless** religions in the world, such as Christianity, Buddhism, Islam, etc.

기출 표현 수없이 많다, 수없이 반복하다

---

18. 실제(로)
부
actually, really

가: 어제 콘서트 어땠어?
How was the concert yesterday?

나: TV로만 보던 가수를 **실제로** 보는 것은 처음이라 너무 좋았어.
It was my first time **actually** seeing a singer I'd only seen on TV, so it was so great.

기출 표현 (어떤 일이) 실제로 벌어지다/일어나다, 실제로 보다

---

19. 아무래도
부
somehow, regardless, at any rate

가: 이 노트북 인터넷이 안 되는데 봐 줄 수 있어?
The internet isn't working on this laptop. Can you take a look?

나: **아무래도** 고장이 난 것 같아. 수리 센터에 가지고 가 봐.
I think it's broken, **at any rate**. Try taking it to a repair center.

기출 표현 아무래도 이상하다

---

20. 여전히
부
still

우리 아버지는 20년 전에 산 컴퓨터를 **여전히** 사용하고 계신다.
My father is **still** using the computer he bought 20 years ago.

기출 표현 여전히 똑같다

---

21. 오히려
부
if anything, on the contrary, rather, actually

채소가 몸에 좋다고 해서 채소만 먹다가는 **오히려** 건강에 해가 될 수 있다.
Eating only vegetables because they're good for your body can **actually** harm your health.

기출 표현 오히려 해가 되다

문장을 통해 이어서 학습할 단어의 의미를 추측해 봅시다.

22. 형과 나는 외모는 비슷하지만 성격은 **완전히** 다르다.

23. 우리 회사에서 일하려면 **우선** 입사 시험에 합격해야 한다.

24. 그는 요리 실력이 **워낙** 뛰어나서 직업이 요리사냐는 질문을 자주 받는다고 한다.

25. 청소년이 아르바이트를 하려면 **일단** 부모님의 허락을 받아야 한다.

26. 여름철에 찬 음식만 먹다가는 **자칫** 배탈이 날 수 있으므로 주의해야 한다.

27. 식물이 잘 자라려면 온도와 습도가 **적절히** 유지되어야 한다.

28. 플라스틱의 사용량이 **점차** 늘면서 환경 오염에 대한 우려도 커지고 있다.

29. 그는 술에 취해서 **제대로** 걷지 못했다.

30. 이 건물은 100년 전, **즉** 우리 아버지가 태어났던 해에 지은 건물이다.

31. 사고가 났는지 **한참** 기다려도 버스가 오지 않는다.

32. 그는 외국에서 가족 없이 **홀로** 살고 있다.

22. 완전히
부
totally, completely

가: 웨이 씨 나라에도 막걸리처럼 쌀로 만든 술이 있나요?
Is there alcohol made with rice like makgeolli in your country too, Wei?
나: 네, 있기는 하지만 맛은 **완전히** 달라요.
Yes, there is, but the taste is **completely** different.

기출 표현 완전히 끝나다

---

22. 우선
부
first(ly)
유의어 먼저

가: 날씨도 좋은데 공원에 산책하러 갈까요?
The weather is nice. Shall we go take a walk in the park?
나: 곧 점심시간인데 산책하기 전에 **우선** 밥부터 먹는 게 어때요?
It's lunchtime soon. How about eating **first** before taking a walk?

기출 표현 우선 명부터

---

24. 워낙
부
very, so, basically
유의어 아주

그는 성격이 **워낙** 꼼꼼해서 작은 실수도 하지 않는다.
His personality is **very** meticulous, so he doesn't make even small mistakes.

기출 표현 워낙 급하다, 워낙 뛰어나다

---

25. 일단
부
first, for the moment, once

가: 머리가 아프면 병원에 가 보세요.
If your head hurts, go to the doctor.
나: **일단** 약을 먹어 보고 낫지 않으면 가려고요.
I'm going to try taking medicine **first**, and then go if it doesn't get better.

기출 표현 일단 기다리다

---

26. 자칫
부
(with bad luck, something) nearly/easily (happens)

가: 운전해야 하는데 밖에 눈이 많이 오네요.
I have to drive but it's snowing a lot outside.
나: 이런 날 **자칫** 잘못하면 큰 사고가 날 수 있어요. 지하철을 타세요.
On days like this, if you make a mistake, **with bad luck**, you can **easily** have a big accident. Take the subway.

기출 표현 자칫 잘못되다

27. 적절히
부
appropriately, properly
유의어 잘

재난에 **적절히** 대처하기 위해 안전 훈련을 실시했다.
Safety training was conducted in order to **appropriately** deal with a disaster.

기출 표현 적절히 대처하다, 적절히 이용하다

---

28. 점차
부
gradually

오전에 전국적으로 내리던 비가 그치면서 오후에는 **점차** 맑아지겠습니다.
As the rain that fell across the whole country this morning ends, the weather will **gradually** clear up in the afternoon.

기출 표현 점차 증가하다/감소하다, 점차 좋아지다, 점차 회복되다

---

29. 제대로
부
properly, correctly
유의어 잘

가: 피곤해 보이네요.
You look tired.
나: 요즘 날씨가 더워서 잠을 **제대로** 못 잤거든요.
The weather is hot lately so I haven't been able to sleep **properly**.

기출 표현 제대로 갖추다, 제대로 이해하다

---

30. 즉
부
that is, in other words

술을 마신 상태에서 운전을 하는 것, **즉** 음주 운전은 큰 사고로 이어질 수 있다.
Driving after drinking alcohol – **in other words**, drunk driving – can lead to a major accident.

기출 표현 즉 동/형-(으)ㄴ/는 것이다, 즉 동/형-(으)ㄹ 필요가 있다

---

31. 한참
부
a long while

우리 형은 입시를 앞두고 어느 학교에 진학할지 **한참** 고민했다.
Before the entrance exam process, my older brother worried for **a long while** about which school to go to.

기출 표현 한참 기다리다, 한참 고생하다

---

32. 홀로
부
alone, on one's own
유의어 혼자
반의어 같이

가: 이번 방학 때 뭐 할 거예요?
What are you going to do during this vacation?
나: **홀로** 배낭여행을 다녀올까 해요.
I'm thinking about going backpacking **on my own**.

기출 표현 홀로 있다, 홀로 남다

DAY 49 | 앞에서 배운 내용을 확인해 봅시다.

[1-5] 다음 빈칸에 들어갈 단어를 [보기]에서 골라 알맞게 쓰십시오.

보기	결국	오히려	제대로	꽤	분명히

1. 토론을 하기 전에 찬성과 반대 입장을 ________ 정해야 한다.

2. 집에서 마트까지 차로 가면 5분인데 걸어서 가기에는 ________ 멀다.

3. 중요한 시험을 준비하면서 걱정을 많이 했는데 시험을 볼 때는 ________ 마음이 편안했다.

4. 한 달 동안 장난감을 사 달라고 한 아이에게 ________ 장난감을 사 줬다.

5. 집을 살 때는 집 안과 집 주변의 장점과 단점을 ________ 살펴보고 사야 한다.

[6-8] 다음 설명에 알맞은 단어를 [보기]에서 찾아 쓰십시오.

보기	점차	아무래도	실제로

6. 순서에 따라 조금씩 ________

7. 상상이나 꿈이 아니라 현실에 ________

8. 다시 생각해 봐도 ________

DAY 50 | 복습 5

REVIEW 5

[1-3] 다음을 보고 빈칸에 알맞은 단어를 고르십시오.

1.

차량 (   ) 금지

폭우로 인해 산사태의 위험이 있으니

다른 길을 이용하시기 바랍니다.

① 면허 ② 설치 ③ 통행 ④ 통제

2.

엘리베이터 운행 중단 안내

엘리베이터 (   )을/를 위하여

오전 9시부터 오후 6시까지 운행을 중단합니다.

계단을 이용해 주시기 바랍니다.

① 점검 ② 비상 ③ 설정 ④ 지연

3.

(   ) 주의!

떨어질 위험이 있으니 올라가지 마세요.

① 음주 ② 생존 ③ 추락 ④ 도망

[4-6] 다음은 무엇에 대한 글인지 고르십시오.

4.

당신의 손은 어디에 있습니까?

운전 중 휴대 전화 사용은 사고를 유발할 수 있습니다.

① 전화 예절 ② 안전 관리 ③ 양보 운전 ④ 안전 운전

5.

주택 화재에 80대 부부 사망

오늘 새벽 1시 50분쯤 발생한 주택 화재로 인해 80대 부부가 숨졌고, 주민 3명이 다쳐 병원에서 치료를 받고 있다.

① 사고 예방 ② 화재 관리 ③ 인명 피해 ④ 피해 원인

6.

등산을 하기 전에 꼭 확인해 주세요!

- 등산 전 10분 정도 스트레칭을 해 주세요.
- 30분마다 수분을 섭취해 주세요.
- 등산할 곳의 기상 정보를 꼭 확인하세요.

① 안내 방송 ② 이용 방법 ③ 주의 사항 ④ 구조 현장

[7-9] 다음 글을 읽고 빈칸에 들어갈 알맞은 부사를 고르십시오.

7.

최근 우리나라는 고령 인구 비중이 빠르게 증가하여 내년 전체 인구의 20%, ( ) 5명 중 1명은 65세 이상 고령층이 될 것으로 예상된다.

① 즉 ② 꽤 ③ 자칫 ④ 점차

8.

살을 빼기 위해 아침을 먹지 않는 사람들이 늘고 있다. 아침을 먹지 않으면 과식이나 야식 등 불규칙적인 식사 습관으로 이어져 ( ) 비만을 초래한다.

① 일단 ② 널리 ③ 적절히 ④ 오히려

9.

우주선이 고장 나는 바람에 우주 정거장에서 지내던 우주 비행사 3명이 1년 만에 ( ) 지구로 돌아왔다.

① 단순히 ② 무사히 ③ 여전히 ④ 분명히

[10-12] 다음을 읽고 (㉠)에 들어갈 알맞은 단어를 고르십시오.

10.

우리가 사용하는 석유, 석탄과 같은 자원은 (㉠)이/가 있어서 수십 년이 지나면 모두 사라져 더 이상 사용할 수 없을 것이다. 따라서 대체 자원의 개발이 시급한 상황이다.

① 한계 ② 적용 ③ 착안 ④ 영역

11.

과거에는 비가 내리지 않으면 하늘에 제사를 지냈지만 오늘날에는 과학 기술을 이용해 (㉠)으로 비를 내리게 하여 인간이 자연 현상을 조절할 수 있게 되었다.

① 특수적 ② 실용적 ③ 창의적 ④ 인공적

12.

화재 신고 전화 119, 범죄 신고 전화 112와 같은 긴급 신고 번호는 짧고 외우기 쉬워 (㉠) 상황에서 빠르게 전화할 수 있다.

① 주요한 ② 위급한 ③ 원활한 ④ 정밀한

[13-14] 다음을 읽고 질문에 답하십시오.

오늘 오후 6시쯤 서울의 한 도로에서 승용차와 트럭 1대가 서로 (㉠) 사고가 났다. 이 사고로 인해 도로가 꽉 ㉡막혀 현재까지 퇴근길 시민들이 큰 불편을 겪고 있다. 정체는 오후 8시쯤 해소될 전망이다.

13. (㉠)에 들어갈 단어를 고르십시오.

① 추가하는 ② 운행하는 ③ 탈출하는 ④ 충돌하는

14. (㉡)과 바꿔 쓸 수 있는 말을 본문에서 찾아 쓰십시오. ( )

[15-16] 다음을 읽고 질문에 답하십시오.

최근 공원, 박물관, 버스 정류장 등의 안내문이나 광고 등에서 QR 코드를 쉽게 찾아볼 수 있다. 이 코드를 스마트폰으로 찍으면 인터넷 사이트로 ㉠연결하거나 사진, 동영상 등을 바로 시청할 수 있어서 빠르게 (㉡)을/를 공유할 수 있다.

15. ㉠과 바꿔 쓸 수 있는 단어를 고르십시오.

① 도달하다 ② 차단하다 ③ 검색하다 ④ 접속하다

16. (㉡)에 들어갈 단어를 고르십시오.

① 정보 ② 가상 ③ 통신 ④ 디지털

[17-18] 다음을 읽고 질문에 답하십시오.

화가를 꿈꾸었지만 가난했던 하이멘 립맨은 평소 지우개를 자주 잃어버려 고민했다. 그러던 어느 날 그림을 그리러 나가기 위해 모자를 쓰고 거울을 보던 그는 (㉠) 지우개를 잃어버리지 않을 방법을 찾았다. 연필 머리 부분에 지우개를 씌워 보기로 한 것이다. 그 후 1858년, 그는 '지우개가 달린 연필'을 만들어 냈다.

17. 글의 내용과 관계가 있는 단어를 고르십시오.

① 혼합　② 원리　③ 발명　④ 증명

18. (㉠)에 들어갈 부사를 고르십시오.

① 무조건　② 마침내　③ 가만히　④ 꾸준히

[19-20] 다음을 읽고 질문에 답하십시오.

플라스틱 카드 형태의 신분증은 가지고 다니기 불편하고 개인 정보가 노출되기 쉬워 그동안 문제점이 계속 제기되어 왔다. 이러한 문제점을 해결할 수 있도록 앞으로 온라인과 오프라인에서 모두 사용할 수 있는 모바일 신분증이 (㉠) 전망이다. 정부는 운전면허증을 시작으로 주민 등록증, 외국인 등록증 등 모바일 신분증의 범위를 ㉡확대할 계획이라고 밝혔다.

19. (㉠)에 들어갈 단어를 고르십시오.

① 유출될　② 도입될　③ 결합될　④ 실험될

20. ㉡과 반대되는 의미의 단어를 쓰십시오. (　　　　)

DAY 50 복습 5 Review 5

Appendix

TOPIK II VOCABULARY IN 50 DAYS

Answers

Index

Mini Mock Exams

미니 모의고사 해설

Mini Mock Exams' Explanations

정답 ANSWERS

DAY 01 인간과 삶

1. 인간이 2. 소통하고 싶기 3. 갈등이
4. 삶에 5. 존재한다고 6. 오해(하다)
7. 공감(하다) 8. 인물 9. 상대

DAY 02 감정

1. 곤란했다 2. 안타까웠다 3. 당황스러웠다
4. 실망했다 5. 만족했다 6. 감격스럽다
7. 억울하다 8. 아쉽다 9. 부담스럽다
10. 좌절하다

DAY 03 성격

1. 용감하게 2. 꼼꼼하게 3. 부정적으로
4. 신중하게 5. 이기적인 6. 긍정적
7. 성실(하다) 8. 침착하다

DAY 04 태도

1. 인정하셨다 2. 배려하기 위한 3. 염려했다
4. 존중해야 5. 평가하셨다 6. 미카 - 경계하다
7. 마이클 - 찬성하다 8. 정순 - 반대하다

DAY 05 시간 표현

1. 앞두고 2. 당시 3. 초기
4. 제시간 5. 장기 6. 시대
7. 접어들다 8. 이르다 9. 요즘

DAY 06 여가 생활

1. 알아볼 2. 가입해서 3. 해소하는
4. 벗어나서 5. 자유롭게 6. 일상이
7. 묵을 8. 수집하는 9. 활동을

DAY 07 음식과 조리

1. 식습관을 2. 위생 3. 저장할 수
4. 외식을 5. 비결은 6. 불타다
7. 데우다 8. 차리다 9. 간단하다

DAY 08 주거

1. 용도로 2. 안정된다 3. 소음
4. 형태로도 5. 환기하는 것 6. 낡은
7. 수리해야 한다 8. 건축 9. 실내

DAY 09 결혼과 육아

1. 낳고, 독신으로 2. 양육을
3. 가사 4. 부담한다 5. 맡기다
6. 대신하다 7. 방식

DAY 10 스포츠

1. 빠졌다 2. 도전 3. 개최했다
4. 이겨서 5. 실력이 6. 불가능하다
7. 불참하다 8. 감독 9. 순간
10. 고생하다

DAY 11 복습 1

1. ③ 2. ① 3. ② 4. ③
5. ② 6. ④ 7. ④ 8. ③
9. ① 10. ② 11. ③ 12. ②
13. ① 14. ④ 15. ③ 16. ②
17. ① 18. ④ 19. ④ 20. ②

DAY 12 공연과 행사

1. 가득하다 2. 진행한 3. 역할을
4. 관객이 5. 연기를 6. 연출
7. 주목하는 8. 행사 9. 수상할 것으로
10. 예상하고

DAY 13 대중 매체와 미디어

1. 대중의 2. 공개될 3. 출연해서
4. 제작하기 위해서 5. 의견 6. 전문
7. 핵심 8. 인식(하다)

DAY 14 역사

1. 발견했다 2. 궁중 3. 현대
4. 여기고 5. 목숨을 6. 기록(하다)
7. 업적 8. 밝히다

DAY 15 전통

1. 고유의 2. 훼손으로 3. 가치가
4. 전통이 5. 지정됐다 6. 장식(하다)
7. 사라지다 8. 문화재 9. 보존해서

DAY 16 문학

1. 드러낸다 2. 일깨워 준다 3. 간접
4. 담고 있다 5. 대표적인 6. 작품
7. 작가 8. 표현해서 9. 등장하는데
10. 흥미진진해서

DAY 17 예술

1. 전시한다 2. 기법으로 3. 이미지가
4. 다루고 5. 새겨 6. 시선이
7. 완성하지 못한 8. 특이한

DAY 18 학습

1. 집중해야 2. 지식은 3. 연구했다
4. 반복해서 5. 강연이 6. 향상되다
7. 포기하다 8. 발표하다

DAY 19 학교생활

1. 체험하기 위해 2. 적응하기가 3. 배치해 주었다
4. 흥미가 5. 엄격하게 6. 분위기가
7. 대화를 8. 강조한/강조하신 9. 등록해서

DAY 20 진로와 적성

1. 기대가 2. 선호하는 3. 달성하기 위해
4. 적성에 5. 특성이 6. 모집(하다)
7. 마감(하다) 8. 선발(하다) 9. 진학(하다)

DAY 21 아동과 청소년

1. 꿈꾸는 2. 젊어 3. 성장하는 데
4. 개성을 5. 올바른 6. 지능
7. 아동 8. 개입(하다) 9. 구분(하다)

DAY 22 복습 2

1. ③ 2. ① 3. ④ 4. ②
5. ② 6. ① 7. ③ 8. ①
9. ④ 10. ③ 11. ② 12. ①
13. ④ 14. ③ 15. ④ 16. ①
17. ③ 18. ② 19. ④

DAY 23 경제 1

1. 판매하는 2. 결제하는 3. 구매를
4. 투자해서 5. 운영하는 6. 경기가
7. 매출이 8. 요인은 9. 할인을

DAY 24 경제 2

1. 품질이 2. 기술을 3. 생산이
4. 작동하지 않아서 5. 발전하기 위해서 6. 거래가
7. 분야 8. 원동력은 9. 목재로

DAY 25 취업

1. 지원하기 2. 일자리를 3. 갖추고
4. 문의했다 5. 면접에서 6. 경쟁력을
7. 조건 8. 신입

DAY 26 직장 생활

1. 경영하면서 2. 개발에 3. 홍보
4. 담당한다 5. 참석자 6. 기획
7. 근무하고 8. 보고하는 9. 작성한
10. 제출했다

DAY 27 그래프와 표

1. 실시한다 2. 감소하고 3. 대상으로
4. 차지했다 5. 조사했다 6. 현황을
7. 증가하고 8. 불과했는데 9. 대폭

DAY 28 법과 제도

1. 객관적으로 2. 증명할 수 있는 3. 시행하고
4. 통과하지 5. 국민이 6. 조정하는
7. 개인이 8. 법을 9. 강화해야

DAY 29 사회 1 (정책)

1. 확대해서 2. 신청할 3. 지원을
4. 요청했다 5. 개선하기 6. 혜택
7. 늘리다 8. 방안 9. 보완(하다)

DAY 30 사회 2 (공공 복지)

1. 시설이 2. 극복하고 3. 주민의
4. 동의해서 5. 제공하기로 6. 가난하지만
7. 이용해요, 이용하는 8. 대여해 9. 제한이

DAY 31 선거

1. 사전에 2. 전략을 3. 지지해
4. 유리했다 5. 화제가 6. 선거
7. 견해 8. 공약 9. 검증된

DAY 32 세계

1. 상징한다 2. 촉구했다 3. 교류가
4. 나아갔다 5. 시도했다 6. 개방(하다)
7. 진출(하다) 8. 종교 9. 열풍

DAY 33 복습3

1. ② 2. ④ 3. 설문 조사 4. 이었다
5. 절반 6. ② 7. ③ 8. ①
9. ② 10. ④ 11. ④ 12. ④
13. ② 14. 차별(하다) 15. ④ 16. 손해
17. ① 18. ② 19. ② 20. ③

DAY 34 날씨

1. 비교하면 2. 건조하다 3. 지역
4. 예측했다 5. 변화에 6. 일부
7. 지방 8. 측정하는 9. 녹아서

DAY 35 재해

1. 일으키기 2. 끊임없는 3. 이어지면
4. 상황을 5. 겪는 6. 폭발
7. 원인 8. 재해 9. 막다

DAY 36 환경

1. 친환경 2. 자원이 3. 참여한다
4. 해결하기 위해 5. 배출한다 6. 절약(하다)
7. 미세 먼지 8. 대비(하다)

DAY 37 동식물

1. 기능이 2. 생태계가 3. 서식해서
4. 분류했다 5. 관찰했다 6. 멸종
7. 특징이 8. 번식해서 9. 식물은

DAY 38 관용 표현 1

1. 손에 꼽힐 2. 눈에 띄게 3. 눈살을 찌푸리게
4. 발이 넓은 5. 머리를 맞대고
6. 귀를 기울이세요. 7. 눈앞이 캄캄해
8. 이를 갈고 9. 눈치가 빨라서

DAY 39 신체

1. 신체 2. 감각 3. 떨렸다
4. 뇌는 5. 닿으면 6. 음성
7. 숨 8. 욕구 9. 신경

DAY 40 질병

1. 유발한다 2. 미친다 3. 관련이
4. 걸리기 5. 지나친 6. 해롭다
7. 예방(하다) 8. 고통

DAY 41 의료

1. 치료했다 2. 관리해야 한다 3. 복용해야 한다
4. 회복했다 5. 확인했다 6. 통증
7. 증상 8. 응급

DAY 42 영양

1. 전달할 2. 유지해야 3. 공급하는
4. 조절을 5. 자극해서 6. 얻었다고
7. 분석하고 8. 균형을 9. 요소는

DAY 43 관용 표현 2

1. 담을 쌓고 2. 신경을 써 3. 골치가 아프다
4. 바람을 쐬러 5. 앞뒤를 재지 않고
6. 진땀을 흘리며 7. 비행기를 태우지 8. 선을 긋고

DAY 44 복습 4

1. ④ 2. ③ 3. ① 4. ④
5. ② 6. ① 7. ① 8. ②
9. ③ 10. ② 11. ③ 12. ②
13. ③ 14. ① 15. ② 16. ④
17. ② 18. ④ 19. ③ 20. ②

DAY 45 생활 과학

1. 우주로 2. 실험을 3. 적용한다
4. 동일하고 5. 대체할 6. 증명(하다)
7. 원리 8. 결합(하다)

DAY 46 정보 통신

1. 도입하기로 2. 인공 3. 실현했다
4. 접속할 5. 창의력을 6. 검색(하다)
7. 추가(하다) 8. 온라인 9. 사이트

DAY 47 교통

1. 양보했다 2. 중단됐다 3. 이동해서
4. 설치했다 5. 지연됐다 6. 통제(하다)
7. 넓히다 8. 인도 9. 원활

DAY 48 사건과 사고

1. 주의가 2. 점검해야 3. 위급한
4. 구조 5. 방지하기 6. 화재가
7. 현장에 8. 위험하지 9. 드러났습니다

DAY 49 부사

1. 분명히 2. 꽤 3. 오히려
4. 결국 5. 제대로 6. 점차
7. 실제로 8. 아무래도

DAY 50 복습 5

1. ③ 2. ① 3. ③ 4. ④
5. ③ 6. ③ 7. ① 8. ④
9. ② 10. ① 11. ④ 12. ②
13. ④ 14. 정체(하다) 15. ④ 16. ①
17. ③ 18. ② 19. ② 20. 축소(하다)

색인 INDEX

ㄱ

ㄴ

ㄷ

ㅅ

ㅇ

ㅊ

ㅋ

ㅌ

ㅍ

ㅎ

제1회 미니 모의고사

Mini Mock Exam 1

TOPIK Ⅱ

1교시	듣기(Listening)
2교시	읽기(Reading)

수험번호(Registration No.)		
이름 (Name)	한국어(Korean)	
	영어(English)	

TOPIK Ⅱ 듣기(1번~10번)

1. 다음을 듣고 가장 알맞은 그림 또는 그래프를 고르십시오.

①
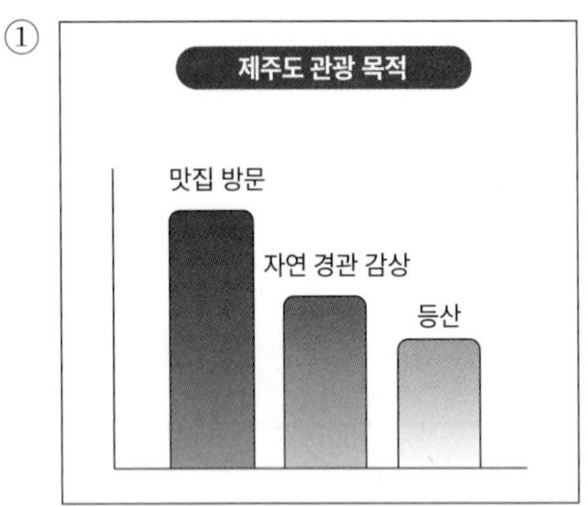

②
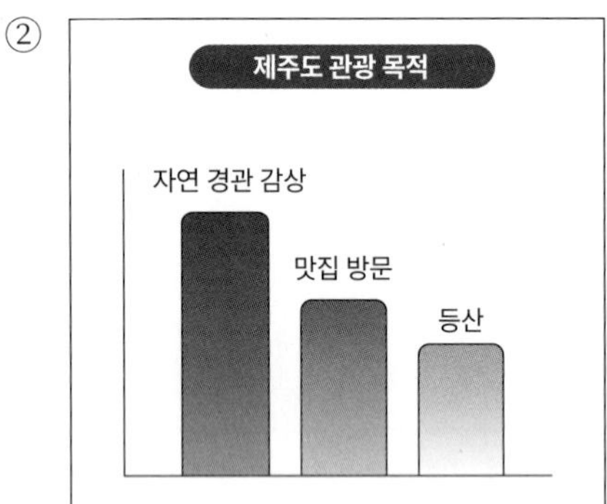

③
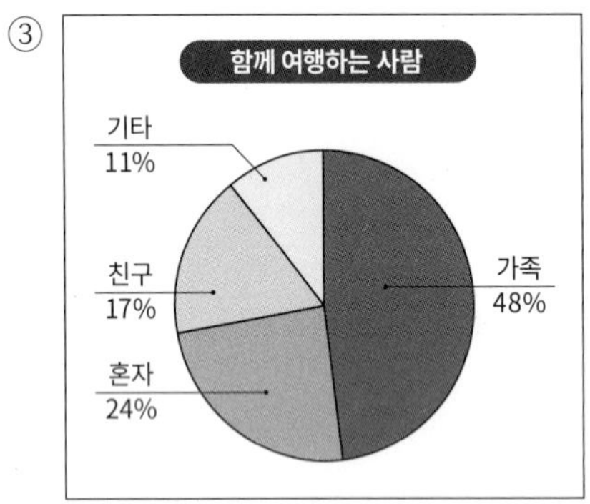

④
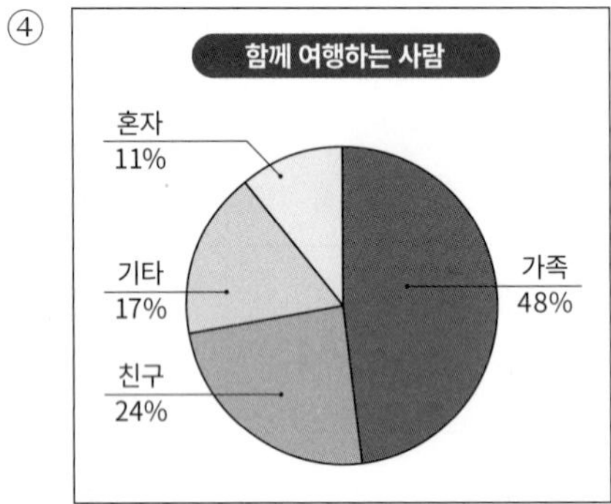

2. 다음 대화를 듣고 여자가 이어서 할 행동으로 가장 알맞은 것을 고르십시오.

① 환율을 확인한다. ② 은행에 전화한다.

③ 환전을 하러 간다. ④ 공항에 간다.

※ **[3-4] 다음을 듣고 들은 내용과 같은 것을 고르십시오.**

3. ① 남자는 집을 소개해 주고 있다.
② 여자는 집 구하는 앱을 이용해 봤다.
③ 남자는 여자와 함께 집을 구하려고 한다.
④ 여자는 집을 구하는 일 때문에 고민하고 있다.

4. ① 남자는 일기 예보를 하고 있다.
② 남자가 소개하는 요리는 재료비가 비싸다.
③ 남자가 소개하는 요리는 요리 방법이 복잡하다.
④ 남자의 가족들은 가을이 되면 먹는 요리가 있다.

※ **[5-6] 다음을 듣고 물음에 답하십시오.**

5. 남자가 무엇을 하고 있는지 고르십시오.

① 무료 상담에 대해 문의하고 있다.
② 무료 상담에 대해 알려 주고 있다.
③ 무료 상담 신청을 받아 주고 있다.
④ 무료 상담의 문제점을 지적하고 있다.

6. 들은 내용과 같은 것을 고르십시오.

① 무료 법률 상담은 한 시간 동안 진행된다.
② 상담 시간 30분이 지나면 돈을 내야 한다.
③ 무료 상담은 노동부에 가서 예약해야 한다.
④ 무료 법률 상담은 노동부 별관에서 진행된다.

※ [7-8] 다음을 듣고 물음에 답하십시오.

7. 남자의 중심 생각으로 가장 알맞은 것을 고르십시오.

① 학교에서 전통적인 교육 방식을 유지해야 한다.
② 학교에서는 학업에 집중할 수 있도록 노력해야 한다.
③ 학생들의 능력 개발을 위해 선생님들이 노력해야 한다.
④ 어릴 때부터 자신의 능력을 알고 키워야 한다고 생각한다.

8. 들은 내용과 같은 것을 고르십시오.

① 이 학교는 선생님들이 매우 친절한 편이다.
② 이 학교는 학생들 스스로 수업을 만들어야 한다.
③ 이 학교는 학생들이 스스로 즐거운 일을 찾게 도와준다.
④ 이 학교는 교실 속 교실을 운영하기 때문에 학교가 매우 크다.

※ [9-10] 다음을 듣고 물음에 답하십시오.

9. 들은 내용과 같은 것을 고르십시오.

① 키오스크는 온라인 결제 시스템이다.
② 60%의 노인들은 키오스크를 사용한 경험이 없다.
③ 키오스크는 계산을 해 주는 사람을 대체할 수 있다.
④ 고령 소비자는 키오스크에 대해 찬성하는 입장이다.

10. 여자가 말하는 방식으로 알맞은 것을 고르십시오.

① 사회 현상과 배경을 설명하고 있다.
② 경험을 근거로 현상을 비교하고 있다.
③ 사회 현상을 논리적으로 분석하고 있다.
④ 구체적인 사례에서 개념을 정의하고 있다.

TOPIK Ⅱ 읽기(11번~21번)

11. (   )에 들어갈 가장 알맞은 것을 고르십시오.

휴대폰을 보면서 걷다가 길에서 (   ).

① 넘어질 뻔했다 ② 넘어져 있다
③ 넘어질 리가 없다 ④ 넘어지게 했다

12. 다음 밑줄 친 부분과 의미가 가장 비슷한 것을 고르십시오.

쓰레기를 이렇게 <u>버리다가는</u> 세상이 쓰레기로 덮일 것이다.

① 버려 봤자 ② 버리다 보면
③ 버리다 보니까 ④ 버리는 바람에

※ [13-14] 다음은 무엇에 대한 글인지 고르십시오.

13.

온 가족이 즐길 수 있는 마시는 비타민 **매일 아침 신선함을 느껴 보세요.**

① 안경 ② 과자 ③ 주스 ④ 사탕

14.

담배 연기 때문에 가족을 못 찾고 계시나요? **지금 당장 끊으면 사랑하는 가족이 보입니다.**

① 화재 예방 ② 교통 안전 ③ 전기 절약 ④ 금연 홍보

15. 다음 글의 내용과 같은 것을 고르십시오.

> **야외 수영장 무료 이용 안내**
>
> • 운영 기간: 5월 ~ 9월, 종료일은 별도 공지 예정
> • 운영 시간: 매주 토요일, 일요일 오전 10시 ~ 오후 5시
> • 주의 사항: 안전을 위해서 구명조끼를 착용해야만 이용 가능.
> 구명조끼가 없을 경우 대여 가능합니다. (하루 이용 요금: 3천 원)
> ※ 우천 시 운영이 변경 혹은 취소될 수 있습니다.

① 야외 수영장 이용 요금은 3천 원이다.
② 수영장 이용 종료일은 9월 30일이다.
③ 구명조끼가 없으면 수영장에서 빌릴 수 있다
④ 이 수영장은 날씨에 상관없이 이용할 수 있다.

16. 다음을 순서대로 맞게 배열한 것을 고르십시오.

> (가) 최근 인구 증가, 기상 이변 등으로 인한 식량 문제가 전 세계를 위협하고 있다.
> (나) 곤충은 단백질이 풍부하고, 비타민과 여러 영양소도 많이 포함되어 있기 때문이다.
> (다) 이에 따라 '미래 식량'으로 주목받는 식용 곤충을 활용한 식품 개발이 속도를 내고 있다.
> (라) 그러나 아직 식품 안전에 대한 기준이 마련되어 있지 않아서 식용 곤충에 대한 의견이 대립되고 있다.

① (가)-(나)-(라)-(다) ② (가)-(다)-(나)-(라)
③ (나)-(다)-(가)-(라) ④ (나)-(가)-(다)-(라)

17. 다음 신문 기사의 제목을 가장 잘 설명한 것을 고르십시오.

> 사물 인터넷 활용 독거노인 고독사·안전사고 예방

① 사물 인터넷이 일상에서 유용하게 쓰이기 위해 노력해야 한다.
② 사물 인터넷을 이용하여 혼자 사는 노인들의 안전을 지킬 수 있다.
③ 사물 인터넷으로 인한 피해를 줄이기 위한 예방책 마련이 시급하다.
④ 사물 인터넷을 통해서 노인들에게 다양한 콘텐츠를 제공할 수 있다.

18. (　　　　)에 들어갈 말로 가장 알맞은 것을 고르십시오.

> 홍채는 눈 안쪽에 있는 근육이다. 눈을 감았다가 뜨면서 눈으로 들어오는 빛의 양을 홍채가 조절한다. 사람은 두 눈에 각각 홍채가 한 개씩 있는데 한 사람의 눈에 있는 홍채인데도 서로 다른 형태를 보인다. 이 패턴은 부모로부터 유전되는 것이 아니라 아기가 눈을 뜨고 감을 때 홍채 근육 조직이 움직이면서 다양한 모양으로 만들어지는 것이다. 지문과 같이 홍채의 패턴은 사람마다 다르고 시간이 지나도 (　　　　　) 오늘날 본인 확인을 하기 위해 종종 사용된다.

① 많이 유전되기 때문에

② 거의 변하지 않기 때문에

③ 확인이 불가능하기 때문에

④ 근육의 양은 똑같기 때문에

19. 다음을 읽고 글의 내용과 같은 것을 고르십시오.

> 정부는 2024년 1월 1일부터 식품 유통 기한 대신 소비 기한을 표기하는 '소비 기한 표시제'를 본격적으로 실시 한다고 밝혔다. 유통 기한은 유통, 판매가 허용되는 기간인 데 반해 소비 기한은 보관 방법을 준수했을 경우 식품을 안전하게 먹을 수 있다고 판단되는 기간이다. 그동안 소비자들은 유통 기한이 하루 지난 우유나 일주일 지난 햄을 먹는데 망설였고 유통업체들은 유통 기한이 지나면 폐기해야 했다. 실제 먹을 수 있는 기간을 표시하는 소비 기한 표시제가 도입되면 불필요한 음식 쓰레기 배출이 줄어들 것으로 기대된다.

① 정부는 소비 기한 표시제를 2025년 부터 실시한다.

② 소비 기한은 유통이나 판매가 허용되는 기간이다.

③ 유통 기한이 지났더라도 먹을 수 있는 식품은 유통할 수 있다.

④ 소비 기한 표시제 시행으로 낭비되는 음식물 배출을 막을 수 있을 것이다.

※ **[20~21] 다음을 읽고 물음에 답하십시오.**

> 오늘은 바쁜 일이 끝나서 회사에 휴가를 냈다. 매일 바쁘다는 핑계로 아이와 잘 놀아 주지 못했는데 오늘은 아이와 하루 종일 시간을 보내기로 마음먹었다. 7살 아들은 아침부터 진짜 회사에 안 가냐며 들뜬 표정으로 놀이공원에 가자고 했다. 놀이공원에서 신나게 놀이기구도 타고 사진도 찍었다. 점심 먹을 때쯤 아들이 인제 그만 집에 가자고 했다. 나는 아직 점심시간밖에 안 되었는데 왜 벌써 집에 가자고 하는지 물었다. 그러자 아이가 "하루에 반은 내가 하고 싶은 것 했으니까 나머지는 엄마가 하고 싶은 것 하자."라고 말했다. 그 순간 나는 아이가 벌써 이렇게 컸나 싶었다. 매일 회사 일과 육아 때문에 힘들다고만 생각했는데 <u>나를 이렇게 생각하는 어린 아들을 보니 눈물이 날 것 같았다.</u>

20. 밑줄 친 부분에 나타난 나의 심정으로 알맞은 것을 고르십시오.

① 걱정스럽다 ② 감격스럽다
③ 당황스럽다 ④ 만족스럽다

21. 윗글의 내용으로 알 수 있는 것을 고르십시오.

① '나'는 회사를 그만뒀다.
② '나'는 육아에 전념하기로 했다.
③ 아이는 놀이공원을 별로 안 좋아한다.
④ 아이는 평소에 엄마와 시간을 많이 못 보낸다.

제2회 미니 모의고사

Mini Mock Exam 2

TOPIK Ⅱ

1교시	듣기(Listening)
2교시	읽기(Reading)

수험번호(Registration No.)		
이름 (Name)	한국어(Korean)	
	영어(English)	

TOPIK Ⅱ 듣기(1번~10번)

1. 다음 대화를 듣고 이어질 수 있는 말로 가장 알맞은 것을 고르십시오.

① 내일은 학교에 오실 거예요.
② 이따가 김 선생님 오시면 전화 주세요.
③ 지금 자리에 안 계신데 곧 오실 거예요.
④ 오늘은 일이 있어서 일찍 퇴근하겠습니다.

2. 다음을 듣고 남자의 중심 생각으로 가장 알맞은 것을 고르십시오.

① 줄임말 사용을 해도 된다.
② 아르바이트를 하는 것이 좋다.
③ 줄임말을 사용해야 더 친해질 수 있다.
④ 외국인은 줄임말을 따로 공부하는 것이 좋다.

※ [3~4] 다음을 듣고 물음에 답하십시오.

3. 남자가 말하는 의도로 알맞은 것을 고르십시오.

① 비행기 앞좌석의 공간을 설명하려고
② 비행기 앞좌석의 문제를 지적하려고
③ 앞좌석 승객의 태도에 대해 비판하려고
④ 앞좌석 승객의 공간을 늘려야 한다고 강조하려고

4. 들은 내용과 같은 것을 고르십시오.

① 남자는 비행기에서 다툼을 벌였다.
② 여자는 앞좌석을 선호하는 편이다.
③ 항공사 규정을 꼼꼼하게 확인해야 한다.
④ 여자는 의자를 눕혀서 가는 것에 찬성한다.

※ **[5~6] 다음을 듣고 물음에 답하십시오.**

5. 남자의 중심 생각으로 가장 알맞은 것을 고르십시오.

① 동물원의 환경이 야생보다 좋다.
② 동물원에서 동물들이 자유롭게 생활할 수 있다.
③ 동물원은 동물을 지키고 연구할 수 있게 유지되어야 한다.
④ 동물원에서 사람들은 동물들이 스트레스를 받지 않게 조심해야 한다.

6. 남자의 태도로 가장 알맞은 것을 고르십시오.

① 상대방의 의견을 존중하고 있다.
② 상대방의 의견에 반대하고 있다.
③ 상대방의 의견에 대해서 비판하고 있다.
④ 상대방에게 근거를 제시하며 타협점을 찾고 있다.

※ **[7~8] 다음을 듣고 물음에 답하십시오.**

7. 무엇에 대한 내용인지 알맞은 것을 고르십시오.

① 커피 찌꺼기 활용 방법
② 커피 찌꺼기 버리는 방법
③ 커피 찌꺼기 활용 시 주의 사항
④ 커피 찌꺼기 보관 시 고려 사항

8. 들은 내용과 같은 것을 고르십시오.

① 커피숍에서 커피 찌꺼기를 구매할 수 있다.
② 커피 찌꺼기는 식물의 해충을 없애는 데 효과가 있다.
③ 커피 찌꺼기를 이용해서 다양한 물건들을 만들 수 있다.
④ 철로 만들어진 제품에 커피 찌꺼기가 닿으면 쉽게 녹이 생길 수 있다.

※ **[9~10] 다음을 듣고 물음에 답하십시오.**

9. 무엇에 대한 내용인지 알맞은 것을 고르십시오.

① 범고래의 성격
② 범고래의 형태
③ 범고래의 사냥법
④ 범고래의 서식지

10. 범고래가 물개를 혼자 사냥하지 않는 이유로 맞는 것을 고르십시오.

① 범고래의 개체 수가 많기 때문에
② 파도 때문에 빙하에 다가가기 힘들어서
③ 물개를 장난감처럼 가지고 놀 수 있어서
④ 자신을 보호하며 먹잇감을 잡기 위해서

TOPIK Ⅱ 읽기(11번~20번)

11. 다음 밑줄 친 부분과 의미가 가장 비슷한 것을 고르십시오.

앞을 볼 수 <u>없을 정도로</u> 비가 내렸다.

① 없을 만큼　　② 없는 덕분에　　③ 없을 텐데　　④ 없는 바람에

12. 다음은 무엇에 대한 글인지 고르십시오.

발이 편해야 몸이 편합니다. **이제 걷기의 매력에 빠져 보세요.**

① 옷　　② 신발　　③ 가방　　④ 자전거

13. 다음 글의 내용과 같은 것을 고르십시오.

여행 사진전

국내 작가 5인의 여행 사진 전시회가 열립니다.

한국의 이곳저곳부터 해외 유명 휴양지까지 여행을 기록한 사진을 만나 보시길 바랍니다.

- 전시 기간: 2월 4일(금) ~ 4월 30일(일)
- 관람 시간: 10:00 ~ 19:00 (관람 종료 1시간 전 입장 마감)
- 관람료: 10,000원 (8세 이하 무료)

마음전시관

① 여러 나라 작가가 전시회에 참여했다.

② 8살 어린이는 관람료를 내지 않아도 된다.

③ 이 전시회에서는 한국의 풍경만 볼 수 있다.

④ 오후 7시 전에는 언제든지 전시회에 들어갈 수 있다.

※ **[14~15] 다음을 읽고 물음에 답하십시오.**

14. (　　　　)에 들어갈 말로 가장 알맞은 것을 고르십시오.

> 곧 겨울 방학을 맞이하면 아이들이 대부분의 시간을 집에서 보내게 된다. 아이들이 가장 많은 시간을 보낼 아이 방을 꾸미는 데에 부모님들의 관심이 높아지고 있다. 작은 변화로도 아이의 정서 발달을 도와줄 수 있는데 바로 아이 방에 초록색 식물을 들이는 것이다. (　　　　), 열매가 잘 열리거나 꽃이 잘 피는 식물을 고르는 것이 좋다. 이렇게 변화가 잘 보이는 식물들은 아이가 적극적으로 식물 키우기에 동참하게 하여 책임감과 성취감을 기르게 하기 때문이다.

① 비록　　② 결국　　③ 특히　　④ 하필

15. 윗글의 주제로 가장 알맞은 것을 고르십시오.

① 아이들은 방에서 많은 시간을 보내야 한다.
② 초록색은 아이의 정서 발달에 큰 도움을 준다.
③ 아이 방을 꾸밀 때는 아이의 의견을 확인해야 한다.
④ 아이 방에 식물을 두면 정서 발달에 긍정적인 효과가 있다.

16. 다음을 읽고 글의 주제로 가장 알맞은 것을 고르십시오.

> 지구 기온의 변화가 철새들의 생명을 위험하게 만들고 있다. 환경 파괴가 심각해져서 지구 전체의 기온이 올라가고 날씨는 예상하기 더욱 힘들어졌다. 철새들은 계절이 바뀌면 살기에 적당한 날씨와 음식을 찾아 이동해야 한다. 그러나 지구 기온 변화로 인해 철새들이 목적지에 너무 일찍 또는 늦게 도착하게 되면 먹을 것을 찾기 어렵다. 철새들이 사라지면 생태계 변화로 인간 또한 위기를 맞이하게 될 것이다. 이러한 최악의 상황을 방지하기 위해서 에너지를 절약하고, 새로운 대체 에너지를 개발해야 한다.

① 철새들을 위한 먹이를 항상 준비하는 것이 좋다.
② 지구 기온 변화는 앞으로 더 예상하기 어려울 것이다.
③ 심각한 환경 파괴 때문에 철새들의 개체 수가 줄었다고 생각한다.
④ 기후 변화를 막기 위해 환경 보호를 하고 대책을 마련할 필요가 있다.

17. 주어진 문장이 들어갈 곳으로 가장 알맞은 것을 고르십시오.

이런 까칠까칠한 혀가 빗 역할을 해서 혀로 자기 몸의 털을 빗는다.

사람의 혀는 여러 가지 맛을 느낄 수 있는 역할을 한다. (㉠) 하지만 동물마다 혀의 역할이 다르다. (㉡) 개는 피부에 땀구멍이 없기 때문에 침을 혀로 증발시켜서 체온을 낮추는 역할을 한다. (㉢) 그래서 혀를 내밀고 있는 개를 자주 볼 수 있다. 고양이의 혀는 가시처럼 생긴 돌기가 있다. (㉣) 뱀은 갈라진 혀끝으로 냄새를 파악한다. 이렇게 동물의 혀는 모양과 쓰임새가 다양하다.

① ㉠ ② ㉡ ③ ㉢ ④ ㉣

※ **[18~20] 다음을 읽고 물음에 답하십시오.**

영화 속이나 먼 미래에서나 가능하다고 생각했던 인공 지능(AI) 시대가 현실이 됐다. 인공 지능 기반의 스마트 가전제품부터 자동차, 의료 분야까지 인공 지능은 우리 일상의 많은 부분에서 중요한 역할을 하고 있다. 인공 지능이 수많은 빅 데이터를 분석해서 인간의 판단력을 초월하기도 한다.

동전에 양면이 있듯이 모든 일에는 장점과 단점이 있기 마련이다. 인공 지능이 대량의 데이터를 수집하고 분석하는 과정에서 개인 정보가 유출되고 침해될 수가 있다. 예를 들어 개인의 위치 정보, 소비 습관 등이 무분별하게 수집되고 공유될 경우, 여러 범죄에 ( ) 또한 인공 지능의 발전으로 일자리가 감소할 수 있고 이로 인해 경제적 불평등이 심화될 수 있다는 문제점도 제기된다.

많은 전문가들은 인공 지능 기술의 무분별한 도입보다 안전하고 효율적인 방법으로 인공 지능을 활용하는 방법을 연구해야 한다고 경고하고 있다. 인공 지능 기술의 문제점과 위험성에 대한 사회적 공감대를 형성하고 알맞은 규제와 대책을 마련하는 것이 중요하다.

18. 윗글을 쓴 목적으로 알맞은 것을 고르십시오.

① 인공 지능 기술의 장점을 소개하려고
② 개인 정보 유출의 문제점을 지적하려고
③ 빅 데이터 분석에 대한 혼란을 경고하려고
④ 인공 지능 시대의 제도와 윤리 정비를 강조하려고

19. (   )에 들어갈 말로 가장 알맞은 것을 고르십시오.

① 대비할 수밖에 없다.

② 노출될 가능성이 많아진다.

③ 처벌 기준이 만들어질 것이다.

④ 악용되는 것을 방지할 수 있다.

20. 윗글의 내용과 같은 것을 고르십시오.

① 인공 지능 기반의 자동차는 아직 현실과 먼 이야기이다.

② 인공 지능 기술을 빨리 도입하기 위해 연구를 강화해야 한다.

③ 인공 지능의 발전으로 직업을 잃게 되는 사람도 생길 것이다.

④ 인공 지능의 단점 때문에 많은 사람들이 기술 도입을 반대하고 있다.

미니 모의고사 해설

Mini Mock Exams' Explanations

미니 모의고사 1회 Mini Mock Exam 1

듣기 Listening

1. ②

남자: 제주도를 여행하려는 관광객들의 목적은 '자연 경관 감상'이 가장 많았습니다. 다음으로 '맛집 방문'과 '등산'이 뒤를 이었습니다. 그렇다면 제주도를 여행하려는 관광객들은 누구와 제주도에 갈까요? '가족'이 48%로 가장 많았고, '친구'가 24%, '혼자'가 17%로 나타났습니다.

M: The most common goal for tourists wanting to visit Jeju Island was "to appreciate the natural scenery." Next, "visiting good restaurants" and "hiking" followed. And in that case, whom will tourists wanting to visit Jeju Island go with? "Family" was the answer given most, at 48%, then "friends" at 24%, and "by myself" at 17%

You need to check what each graph is about. First you should check what the information in the graph is. Graphs ① and ② are about goals of tourists to Jeju Island, and ③ and ④ are about people to travel together with. The graph that matches the survey question about "tourist goals" is graph ②. There is no graph about "people to travel together with" that matches the survey results.

2. ③

남자: 다음 달에 유럽 여행 간다면서요? 준비는 다 했어요?
여자: 네. 비행기 표와 숙소는 다 예약했고 짐도 거의 다 챙겼어요.
남자: 환전도 다 했어요? 요즘 환율도 좋다고 하더라고요.
여자: 그래요? 아직 안 했는데 지금 하는 게 좋겠네요.

M: I heard you're going on a trip to Europe next month. Are you all prepared?
W: Yes. I booked my plane ticket and lodging, and I've almost packed all my luggage.
M: Did you exchange your money too? They say the exchange rate is good these days.
W: Really? I haven't done it yet but it'd be good to do it now.

They are talking about preparing for a trip. At the end, the woman answers that "it'd be good to do it now." The woman will go to exchange her money.

※ [3-4]

3. ④

여자: ❸ 지금 사는 집이 마음에 안 들어서 이사하고 싶은데 ❹ 어떻게 하면 좋은 집을 구할 수 있을지 모르겠어.
남자: ❶ 집을 소개해 주는 스마트폰 앱이 있는데, 알려 줄까?
여자: 그래? ❷ 응, 좀 알려 줘. 너도 이용해 본 적이 있어?
남자: 그럼. 작년에 이 앱을 통해서 새집을 구했는데 직접 가지 않아도 사진으로 설명이 잘 되어 있어서 좋더라고.

W: ❸ I don't like the house I'm living in right now so I want to move, but ❹ I don't know how to find a good house.
M: ❶ There's a smartphone app that introduces housing; shall I tell you the name?
W: Really? ❷ Yes, please tell me. Have you used it too?
M: Of course. Last year, I found my new house through this app, and it was good because it was all described well with pictures so I didn't even have to go in person.

① 남자는 ~~집~~(앱)을 소개해 주고 있다.

The man wants to introduce ~~a house.~~ (an app.)

② 여자는 집 구하는 앱을 ~~이용해 봤다~~(이용해 보지 않았다).

The woman ~~has tried using~~ (has not tried using) the app that finds housing.

③ ~~남자는 여자와 함께~~ 집을 구하려고 한다.
여자는 자기가 살

~~Together, the man and woman are~~ looking for a house.
The woman is / for her to live in.

④ 여자는 집을 구하는 일 때문에 고민하고 있다.
The woman is worrying about finding a house.

4. ④

남자: 안녕하세요. ❶ 맛있는 밥상 가족 여러분. 주말까지는 날씨가 따뜻했는데 오늘 아침에는 곧 겨울에 접어드는 가을답게 쌀쌀해졌네요. 출근하는 길에 보니 형형색색의 단풍잎이 바람에 날려서 단풍 비가 내리는 것 같았습니다. ❹ 저는 가을이 되면 항상 가족들에게 해 주는 음식이 있는데요, 바로 새우구이입니다. ❸ 만들기도 간단한 데다가 ❷ 재료비도 부담 없어서 만들기 참 좋은 음식입니다. 무엇보다도 입안에서 퍼지는 바다 향기가 쌀쌀한 가을을 즐길 수 있게 해 줍니다. 자, 그럼, 재료를 한번 살펴볼까요?

M: Hello, ❶ Delicious Table family. The weather was warm through the weekend, but this morning it turned cold, like autumn just before winter sets in. Looking at the road on the way to work, autumn leaves of various colors were flying with the wind, and it looked like a rain of autumn foliage was falling. ❹ When autumn comes, there's a food that I always prepare for my family, and that's grilled shrimp. ❸ Not only is it simple to make, ❷ the cost of the ingredients isn't burdensome, so it's a great dish to make. And above all, the aroma of the ocean that bursts in your mouth allows you to enjoy the chilly autumn. Well, then, shall we take a look at the ingredients?

① 남자는 ~~일기 예보~~를 하고 있다.
요리 방송을

The man is doing ~~a weather forecast~~.
a cooking broadcast.

② 남자가 소개하는 요리는 재료비가 ~~비싸다~~.
부담이 없다 = 싸다

The cost of the ingredients for the dish the man is introducing is ~~expensive.~~
is not burdensome = is inexpensive.

③ 남자가 소개하는 요리는 요리 방법이 ~~복잡하다.~~
만들기가 간단하다.

The method of cooking for the dish the man is introducing is ~~complicated.~~
simple to make.

④ 남자의 가족들은 가을이 되면 먹는 요리가 있다.
There is a dish that the man's family eats in the autumn.

※ [5-6]

남자: 고용 노동부지요? 무료 노동 법률 상담을 신청하고 싶어서 전화 드렸습니다. **5.** 어떻게 신청하면 되나요?

여자: 네, 그러시군요. 무료 법률 상담 **6.** ❶ 신청은 노동부 전화 222번으로 거셔서 원하는 날짜와 시간을 예약하시면 됩니다.

남자: 감사합니다. 상담을 신청한 후에 노동부 상담실로 찾아가면 되나요?

여자: 네, **6.** ❹ 상담실은 노동부 별관에 있습니다. **6.** ❷ 상담 시간은 30분이니까 미리 궁금한 사항을 정리해 오시는 것이 좋습니다.

M: This is the Ministry of Employment and Labor, right? I'm calling because I want to register for free legal counseling regarding employment. **5.** How can I register?

W: Right, I see. To register for free legal counseling, **6.** ❶ you can call the Ministry of Labor at 222 and reserve the date and time that you would like.

M: Thank you. After I register for counseling, I can go to the Ministry of Labor counseling office?

W: Yes, **6.** ❹ the counseling office is in the annex of the Ministry of Labor. **6.** ❷ The counseling session is 30 minutes long, so it's best to organize your questions before you come.

5. ①

The man is asking questions about how to register for free legal counseling regarding employment.

6. ④

① 무료 상담은 ~~노동부에 가서~~ 예약해야 한다.
전화로

You have to register for free counseling ~~by going to the Ministry of Labor.~~
over the phone.

② 무료 법률 상담은 ~~한 시간 동안~~ 진행된다.
30분 동안

The free legal counseling takes place during ~~one hour.~~
30 minutes.

③ ~~상담 시간 30분이 지나면 돈을 내야 한다.~~
(본문에서 언급되지 않음.)

~~If your counseling time goes over 30 minutes, you have to pay.~~ (This isn't mentioned in the passage.)

④ 무료 법률 상담은 노동부 별관에서 진행된다.
Free legal counseling takes place in the annex of the Ministry of Labor.

※ [7-8]

여자: 이 초등학교에는 교실마다 학생들의 관심과 흥미를 고려한 '교실 속 작은 교실'을 운영한다고 들었습니다. 교장 선생님, 소개를 좀 해 주시겠습니까?

남자: 네, 우리 학교에서는 전통적인 교육 방식에 얽매이지 않고 학생이 중심이 되는 교육을 추구하고 있습니다. **7.**학생들이 스스로 자신의 능력을 발견하고 발휘할 수 있도록 환경을 조성해 주고 싶었습니다. '교실 속 작은 교실'은 학생들이 예술, 과학, 수학 등의 분야에서 자신이 더 흥미를 느끼는 분야를 **8.** ❸ 스스로 탐구하고 능력을 개발하길 바라는 마음으로 시작하게 됐습니다. 예를 들어 그림에 관심이 많거나 소질이 있다고 생각하는 **8.** ❷ 학생들끼리 모여서 때로는 같이, 때로는 각자 만들고 싶은 작품을 구상하고 완성까지 할 수 있는 작은 모임이 '교실 속 작은 교실' 제도입니다. 이러한 교실 속 작은 교실 제도를 통해 많은 학생들이 성취감을 얻고 자신의 적성과 특기를 찾기를 바랍니다. 저는 학교에서 학업과 사회성을 발달시키는 것도 중요하지만 학생들이 **7.** 자신에 대해 스스로 알고 자신이 잘하는 것을 잘 가꿔 나가는 것이 중요하다고 생각합니다.

W: I've heard that each classroom in this elementary school runs a "little classroom in a classroom" that considers the interests of the students. Mr. Principal, can you please introduce this?

M: Yes, our school isn't tied down by traditional educational methods and is pursuing student-centered education. **7.** We wanted to construct an environment that allows students to discover and demonstrate their abilities for themselves. We began the "little classroom in a classroom" with the hope that **8.** ❸ students could explore and develop their abilities for themselves in fields they are most interested in, such as art, science, math, etc. For example, the "little classroom in a classroom" system is **8.** ❷ a small gathering where students who are very interested in or think they have aptitude in drawing can gather and, sometimes together and sometimes on their own, plan and complete pieces that they want to create. Through this system of a little classroom in a classroom, I hope that many students can gain a sense of achievement and find their aptitudes and special skills. I think that developing studies and social skills at school is important too, but I also think that **7.** it's important for students to know about themselves and cultivate the things that they do well.

7. ④

The man answered that he wanted to create an atmosphere where students could discover and demonstrate their abilities on their own, and that students should cultivate their abilities on their own in that kind of school environment.

8. ③

① 이 학교는 ~~선생님들이 매우 친절한 편이다.~~
(본문에서 언급되지 않음.)

At this school, ~~the teachers tend to be very kind.~~ (This is not mentioned in the passage.)

② 이 학교는 학생들 스스로 ~~수업을 만들어야 한다.~~
원하는 분야의 작품을 만들 수 있다.

The students at this school ~~have to make their own classes.~~ can make pieces in the field that they want.

③ 이 학교는 학생들이 스스로 즐거운 일을 찾게 도와준다.
This school helps the students to find things that they like.

④ 이 학교는 교실 속 교실을 운영하기 때문에 ~~학교가 매우 크다~~. (본문에서 언급되지 않음.)
Because this school runs classrooms inside of classrooms, ~~the school is very big.~~
(This is not mentioned in the passage.)

※ [9-10]

여자: 코로나19로 인해 비대면 시스템이 급속하게 확산되고 있습니다. 그중에서도 요즘 상점에서 자주 볼 수 있는 키오스크를 알고 계시나요? **9. ❶, ❸** 키오스크란 신문, 음료 등을 파는 매점을 뜻하는 영어 단어로 정보 서비스와 업무의 무인, 자동화를 통해 대중들이 쉽게 이용할 수 있도록 공공장소에 설치한 무인 단말기를 말합니다. 기업이나 상점을 운영하고 있는 업주들은 비대면 문화가 사회 전반적으로 확산되고 있고 무엇보다 인건비를 최소화할 수 있다는 장점을 꼽으며 만족하고 있다고 합니다. 반면에 키오스크 이용 경험이 있는 고령 소비자 200명을 대상으로 설문 조사한 결과 키오스크 **9. ❷, ❹** 이용이 불만족스럽다는 대답이 60% 넘게 차지했습니다. 과학의 발전으로 간단하고 편리한 생활을 누릴 수 있게 됐지만 디지털에 쉽게 접근할 수 없는 사람들도 있습니다. 과연 이 키오스크를 모두가 편리하고 원활하게 사용하고 있을까요?

W: As a result of COVID-19, non-face-to-face systems are spreading rapidly. Among these, do you know about the kiosks that you can often see inside stores these days? **9. ❶, ❸** "Kiosk" is an English word meaning a stall that sells newspapers, beverages, etc., and refers to unstaffed stalls that are installed in public places so that the public can easily use information services and businesses without staff, through automation. Owners who run companies or stores say that they are satisfied, considering the benefits that non-face-to-face culture is spreading throughout the country and that, above everything, they can minimize labor costs. On the other hand, in the results of a survey of 200 elderly consumers who had experienced using these kiosks, **9. ❷, ❹** over 60% answered that the use of kiosks was dissatisfying. Through the development of science, we have become able to enjoy a simple and convenient life, but there are also those who cannot easily approach the digital. In the end, will these kiosks be used by conveniently and smoothly by everyone?

9. ③

① 키오스크는 온라인 ~~결제 시스템~~이다.
결제뿐만 아니라 정보 서비스와 업무의 자동화를 말한다.
Kiosks refer to online ~~payment systems.~~
payments but also to the automation of information services and businesses.

② 60%의 노인들은 키오스크를 ~~사용한 경험이 없다.~~
이용이 불만족스럽다고 했다.
60% of the elderly ~~have not used~~ kiosks.
said they found it dissatisfying to use

③ 키오스크는 계산을 해 주는 사람을 대체할 수 있다.
Kiosks can replace a person who rings up your purchase.

④ 고령 소비자는 ~~키오스크에 대해 찬성하는 입장이다.~~
60% 이상 키오스크 이용이 만족스럽지 못하다고 했다.
The opinion of elderly consumers is ~~in favor of kiosks.~~
that more than 60% said the use of kiosks was not satisfying.

10. ①

Together with an explanation of kiosks, the experiences of the elderly were surveyed and presented. As an example of the negative opinions about the use of kiosks that were the results of the survey, the question is presented as to whether everyone feels the use of kiosks is convenient.

읽기 Reading

11. ①

I was walking on the road while looking at my cell phone + (result)

When discussing an action followed by an unexpected result, "-다가" is used.

12. ②

Keep throwing away garbage like this and the (→ repetition)
whole world will be covered with garbage.

Can be swapped and used with the connective ending "-다 보면," which indicates the result of frequent, continued, or repeated actions.

※ [13-14]

13. ③

온 가족이 즐길 수 있는 **마시는 비타민**
매일 아침 **신선함을 느껴 보세요.**

A **drinkable vitamin** the whole
family can enjoy!
Feel the **freshness** every morning.

The key words are "마시는 비타민 (drinkable vitamin)," "신선함 (freshness)," and "느끼다 (to feel)."

14. ④

담배 연기 때문에 가족을 **못 찾고** 계시나요?
지금 당장 끊으면 사랑하는 가족이 보입니다.

Unable to find your family
due to **cigarette smoke**?
Quit now and your beloved family will appear.

The key words are "담배 연기 (cigarette smoke)," "못 찾다 (to be unable to find)," and "끊다 (to quit)."

15. ③

야외 수영장 무료 이용 안내

- 운영 기간: 5월 ~ ❷ 9월, 종료일은 별도 공지 예정
- 운영 시간: 매주 토요일, 일요일 오전 10시 ~ 오후 5시
- 주의 사항: 안전을 위해서 구명조끼를 착용해야만 이용 가능
  ❸ 구명조끼가 없을 경우 대여 가능합니다.
  ❶ (하루 이용 요금: 3천 원)

※ ❹ 우천 시 운영이 변경 혹은 취소될 수 있습니다.

Announcement of Free Use of Outdoor Swimming Pool

- Period of Operation : May to September,
  ❷ final date to be announced separately
- Hours of Operation : 10 am to 5 pm, every Saturday and Sunday
- Caution : For your safety, usage is only permitted when wearing a life jacket.
  ❸ If you do not have a life jacket, you can rent one.
  ❶ (Cost per day: 3,000 won)

※ ❹ When raining, operation may be changed or canceled.

① 야외 수영장 이용 요금은 ~~3천 원~~ 무료이다.

The fee to use the outdoor swimming pool is ~~3,000 won.~~ free.

② 수영장 이용 종료일은 ~~9월 30일~~ 9월에 별도 공지 예정이다.

The final day for use of the swimming pool is ~~September 30.~~ in September, to be announced separately.

③ 구명조끼가 없으면 수영장에서 빌릴 수 있다.

If you don't have a life vest, you can borrow one at the swimming pool.

④ 이 수영장은 ~~날씨에 상관없이 이용할 수 있다.~~ 우천 시 이용 못 할 수도 있다.

This swimming pool ~~can be used regardless of the weather.~~ may be unavailable for use when it rains.

16. ②

(가) 최근 인구 증가, 기상 이변 등으로 인한 식량 문제가 전 세계를 위협하고 있다.
(나) 곤충은 단백질이 풍부하고, 비타민과 여러 영양소도 많이 포함되어 있기 때문이다.
(다) 이에 따라 '미래 식량'으로 주목받는 식용 곤충을 활용한 식품 개발이 속도를 내고 있다.
(라) 그러나 아직 식품 안전에 대한 기준이 마련되어 있지 않아서 식용 곤충에 대한 의견이 대립되고 있다.

(가) Recently, due to population increases, extreme weather, etc., food supply issues are threatening the entire world.
(나) This is because insects are rich in protein and contain vitamins and many nutrients.
(다) Accordingly, the development of food products that make use of edible insects, which are receiving attention as a "food of the future," is speeding up.
(라) However, as safety standards for food products have not yet been established, there are conflicting opinions on edible insects.

Options ① and ② start with (가) and options ③ and ④ start with (나). Between (가) and (나), the first sentence is the one that has the most general and broadest content. Because (가) is general content beginning with a discussion of food supply issues, it is the first sentence. As what follows the conjunction "이에 따라 (accordingly)" in (다) is a discussion of food supply issues, (다) is the sentence after (가). (다) explains that edible insects are receiving attention, and (나) continues by explaining the advantages of edible insects. (라) starts with the conjunction "그러나 (however)," which presents information that is opposite to the preceding content, so the passage ends with negative content about there being no safety standards for edible insects.

17. ②

사물 인터넷 활용 독거노인
고독사·안전사고 예방

Usage of Internet of Things Prevents Safety Accidents and Lonely Deaths Among Single-Person Elderly Households

"사물 인터넷 (the Internet of Things)" is a new technology that was created recently. "예방 (prevent)" means to stop an accident or incident beforehand. You can guess from the positive title of the article, which says that the technology called the Internet of Things can stop accidents that can happen to elderly people who live alone.

18. ②

홍채는 눈 안쪽에 있는 근육이다. 눈을 감았다가 뜨면서 눈으로 들어오는 빛의 양을 홍채가 조절한다. 사람은 두 눈에 각각 홍채가 한 개씩 있는데 한 사람의 눈에 있는 홍채인데도 서로 다른 형태를 보인다. 이 패턴은 부모로부터 유전되는 것이 아니라 아기가 눈을 뜨고 감을 때 홍채 근육 조직이 움직이면서 다양한 모양으로 만들어지는 것이다. 지문과 같이 홍채의 패턴은 사람마다 다르고 시간이 지나도 (   ) 오늘날 본인 확인을 하기 위해 종종 사용된다.

The iris is a muscle inside of the eye. The iris controls the amount of light that enters your eye when you close and then open it. People have one iris in each of their two eyes, but even the irises in the eyes of one person can have different appearances. This pattern isn't inherited from our parents; instead, when a baby opens and closes its eyes, the movement of the muscle tissue of the iris creates various shapes. Like a fingerprint, the pattern of the iris is different for each person, and even as time passes, (   ) Today, it is sometimes used in order to confirm a person's identity.

If every person has a different pattern and it can be used when confirming identity, then even as time passes, it cannot change.

19. ④

정부는 ❶ 2024년 1월 1일부터 식품 유통 기한 대신 소비 기한을 표기하는 '소비 기한 표시제'를 본격적으로 실시한다고 밝혔다. ❷ 유통 기한은 유통, 판매가 허용되는 기간인데 반해 소비 기한은 보관 방법을 준수했을 경우 식품을 안전하게 먹을 수 있다고 판단되는 기간이다. 그동안 소비자들은 유통 기한이 하루 지난 우유나 일주일 지난 햄을 먹는데 망설였고 ❸ 유통업체들은 유통 기한이 지나면 폐기해야 했다. 실제 먹을 수 있는 기간을 표시하는 ❹ 소비 기한 표시제가 도입되면 불필요한 음식 쓰레기 배출이 줄어들 것으로 기대된다.

The government announced that beginning January 1 ❶ 2024, it will fully implement "a use-by date label system" that will display the use-by date on food products instead of the sell-by date. ❷ Sell-by dates show the period during which distribution and sale of a product is allowed, while use-by dates show the period during which it is judged that a food product can be safely eaten if it has been properly stored. Until now, consumers have hesitated to eat milk a day past its sell-by date, or ham a week past its sell-by date, ❸ and distributors have had to dispose of products that passed their sell-by date. ❹ When the use-by date label system is introduced, showing the period during which a product can actually be eaten, it is anticipated to reduce the amount of unnecessary food waste produced.

① 정부는 소비 기한 표시제를 ~~2025년~~부터 실시한다.
2024년

The government is implementing the use-by date label system from ~~2025~~.
2024

② ~~소비 기한~~은 유통이나 판매가 허용되는 기간이다.
유통 기한

~~The use-by date~~ is the period during
The sell-by date
which distribution or sale is allowed.

③ 유통 기한이 ~~지났더라도 먹을 수 있는 식품은 유통할 수 있다.~~
지나면 유통할 수 없다.

Food products ~~that can be eaten even after they've passed~~ the sell-by date ~~can~~ be
when they've passed cannot
distributed.

④ 소비 기한 표시제 시행으로 낭비되는 음식물 배출을 막을 수 있을 것이다.

Through implementation of the expiration date label system, it will be possible to stop the production of wasted food.

※ [20-21]

오늘은 바쁜 일이 끝나서 **21.** ❶ 회사에 휴가를 냈다. **21.** ❹ 매일 바쁘다는 핑계로 아이와 잘 놀아 주지 못했는데 오늘은 아이와 하루 종일 시간을 보내기로 마음먹었다. **21.** ❸ 7살 아들은 아침부터 진짜 회사에 안 가냐며 들뜬 표정으로 놀이공원에 가자고 했다. 놀이공원에서 신나게 놀이기구도 타고 사진도 찍었다. 점심 먹을 때쯤 아들이 인제 그만 집에 가자고 했다. 나는 아직 점심시간밖에 안 되었는데 왜 벌써 집에 가자고 하는지 물었다. 그러자 아이가 "하루에 반은 내가 하고 싶은 것 했으니까 나머지는 엄마가 하고 싶은 것 하자."라고 말했다. 그 순간 나는 아이가 벌써 이렇게 컸나 싶었다. **21.** ❷ 매일 회사 일과 육아 때문에 힘들다고만 생각했는데 나를 이렇게 생각하는 어린 아들을 보니 눈물이 날 것 같았다.

Today, I finished up a busy job and **21.** ❶ took a day off from the office. **21.** ❹ I haven't been able to play well with my child due to the excuse of being busy every day, but today, I made up my mind to spend a whole day with my child. **21.** ❸ My 7-year-old son started asking in the morning if I really wasn't going to work, and with an excited expression, said, "Let's go to the amusement park." At the amusement park, we had fun riding the rides and took pictures. Around the time we had lunch, my son said that it was enough and we should go home now. It was only lunch time and I asked why he wanted to go home already. And then my child said, "Since we spent half the day doing what I wanted to do, let's spend the rest doing what you want to do, Mom." In that moment, I wondered if my child had really grown up this much already. **21.** ❷ I had only thought about how hard I had it every day because of work at the office and raising a child, but seeing my young son think about me like this, I felt like I was going to cry.

20. ②

If you look at the content that comes before the underlined section, the child says "let's do what you want to do, Mom," and "I" has the thought "my child had grown up." Seeing how her child had grown up and was thinking about their mother, they said they felt like they were going to cry. Accordingly, the correct answer is "감격스럽다 (touched)."

21. ④

① '나'는 회사~~를 그만뒀다.~~
에 휴가를 냈다.

"I" ~~quit~~ the office.
took time off from

② '나'는 ~~육아에 전념하기로 했다.~~
일과 육아 때문에 힘들다고 생각한다.
"I" ~~decided to fully occupy myself with raising a child.~~
thought things were hard because of work

③ 아이는 놀이공원을 별로 ~~안 좋아한다.~~
좋아한다.

The child ~~doesn't really like~~ the amusement park.
likes

④ 아이는 평소에 엄마와 시간을 많이 못 보낸다.
The child usually can't spend a lot of time with their mother.

미니 모의고사 2회 Mini Mock Exam 2

듣기 Listening

1. ③

남자: 어떻게 오셨어요?
여자: 김 선생님을 좀 만나 뵙고 싶어서요.
남자: ____________________

M: What are you here for?
W: I'd like to meet with Professor Kim.
M: ____________________

The woman is looking for Professor Kim. It is most natural for the man to tell her Professor Kim's situation or location. Option❶ is also explaining Professor Kim's situation, but in the conversation between these two people, option ❸ is more natural because it would be difficult to know that Professor Kim hadn't come to school.

2. ①

여자: 며칠 전에 한국인 친구가 '알바 구함'이라고 메시지를 보내서 그게 무슨 말인지 물어본 적이 있어요.
남자: 젊은 사람들이 많이 사용하는 줄임말은 알아 두면 사용할 때 간단해서 편한 것 같아요.
여자: 저는 외국인이니까 줄임말이 나올 때마다 물어봐야 해서 불편해요. 누가 들어도 알 수 있는 말을 사용하면 좋겠어요.
남자: 그 말도 맞기는 하지만 저는 그렇게 부정적으로 생각하지 않아요. 친구들끼리 사용하면 친근한 느낌도 들어서 좋던데요.

W: A few days ago, a Korean friend sent me a message saying "알바 구함" ["looking for P/T"] and I asked what it meant.
M: If you know the abbreviations that young people use frequently, I think they're simple and convenient to use.
W: Since I'm a foreigner, every time there are abbreviations, I have to ask about them, so it's uncomfortable. I wish people would use words that anyone can understand.
M: That's true too, but I don't think of it that negatively. If you use abbreviations among friends, you feel close, so it's nice.

This is a conversation between a man and woman about the use of abbreviations. As you have to find the man's main idea, it's good to listen carefully to the man. The man is talking about advantages of using abbreviations.

※ [3-4]

남자: 얼마 전에 비행기 안에서 의자를 뒤로 최대한 눕혀서 가는 앞자리 승객한테 **4.** ❶ 뒷자리 승객이 항의하다가 싸움이 났대. 근데 긴 시간 비행을 할 때는 누워서 가는 것을 이해하겠는데 나는 뒷사람이 불편할까봐 의자를 뒤로 잘 안 젖혀서 이렇게 배려 없이 의자를 많이 뒤로 눕히는 사람을 이해하기 힘들어.

여자: 그래? 나는 앞자리 승객도 자기가 돈을 내고 자기의 좌석을 샀으니까 의자가 설계된 만큼 뒤로 젖혀서 가는 건 당연한 권리라고 생각해.

남자: 뒷자리 승객도 자기가 돈을 주고 자리를 샀는데 앞사람 때문에 불편하게 가야 하잖아. 공간도 좁은데 내 자리라고 내가 편한 대로만 하려는 건 너무 이기적인 행동인 것 같아.

여자: **4.** ❸ 항공사 규정에도 의자의 등받이를 뒤로 젖히지 말라는 규정은 없어. 나는 식사 시간에 주의하는 등 정해진 규정만 지킨다면 **4.** ❹ 앞좌석의 등받이는 앞사람의 마음대로 해도 된다고 생각해.

M: I heard that a little while ago, on an airplane, **4.** ❶ a person complained to the person in front of them who had laid their seat back as far as possible, and a fight broke out. I can understand lying down when taking a long flight, but I worry that the person behind me might be uncomfortable so I don't lean my seat back often, so it's hard for me to understand a person who lays their seat back a lot without consideration like this.

W: Really? I think that the person in front spent their money to buy their seat too, so of course it's their right to lean the seat back as far as it's designed to go.

M: The person in the back spent their money to buy their seat too, but they have to travel uncomfortably because of the person in front of them. The space is narrow, and I think it's such selfish behavior to say that it's my seat so I'm going to do what makes me comfortable.

W: **4.** ❸ In the airline regulations, there are none that say not to lean the back of your seat back. **4.** ❹ I think the person in front can do as they please with the back of their seat if they just adhere to the set regulations, such as being careful during meals.

3. ③

The man said that he doesn't lean his seat back because he worries the person behind him might be uncomfortable. Because he also says that people who lay their seat back a lot have no consideration and are selfish, you can understand that he's criticizing the attitude of the passenger in the front seat.

4. ④

① 남자는 비행기에서 ~~다툼을 벌였다.~~
다툼이 일어난 사건을 들었다.

The man ~~got into a fight~~ on an airplane.
heard about a fight that occurred

② 여자는 앞좌석을 ~~선호하는 편이다.~~
(본문에서 언급되지 않음.)

The woman ~~prefers to sit in the front seat~~.
(This is not mentioned in the passage.)

③ 항공사 규정~~을 꼼꼼하게 확인해야 한다.~~
에 의자 등받이에 대한 규정이 없다.

Airline regulations ~~should be checked carefully.~~
don't include a regulation about seat backs.

④ 여자는 의자를 눕혀서 가는 것에 찬성한다.
The woman approves of traveling with your seat laid back.

※ [5-6]

여자: 동물들은 자연에서 자유롭게 살아야 한다고 생각합니다. 동물원 우리의 좁고 열악한 환경에 갇혀 살면서 겪는 동물들의 스트레스와 고통을 우리가 더 이상 외면하면 안 됩니다.

남자: 동물원은 동물들을 보호·연구하고 동물에 관한 지식을 교육하는 기능을 합니다. 특히 오늘날 환경 오염이 심각해지면서 멸종 위기 개체도 점점 늘고

있습니다. 따라서 동물원은 앞으로 종을 보존할 수 있는 역할이 커질 것이며 동물을 보호하는데 큰 도움이 될 것입니다.

여자: 동물 보호도 중요하지만 보호의 역할보다는 인간의 즐거움을 충족시키기 위해 동물원이 존재하는 것 같습니다. 하루라도 빨리 동물원을 폐지해야 한다고 생각합니다.

남자: 동물원을 없애고 동물들을 야생으로 보낸다고 하더라도 그 동물들은 야생에 적응하기 어려울 것입니다. 동물원을 폐지하기보다는 동물원의 기능을 동물 관리와 보호 중심으로 바꾸고 환경을 개선하는 것이 좋다고 생각합니다.

W: I think that animals should live freely in nature. We should no longer turn a blind eye to the stress and pain encountered by animals as they live trapped in a narrow, inadequate environment in zoos.

M: Zoos carry out the function of protecting and studying animals, and educating people with knowledge about animals. Today especially, as environmental pollution intensifies, the number of endagered species is continuously increasing. Therefore, in the future, the role of zoos in being able to conserve species will grow, and they will become a big help in protecting animals.

W: Protecting animals is also important, but I think zoos exist more to satisfy the enjoyment of humans than the role of protection. I think we have to abolish zoos as soon as possible.

M: Even if you get rid of zoos and release animals into the wild, those animals will have difficulties adjusting to the wild. Rather than abolishing zoos, I think it's best to change their function to focus on caring for and protecting animals, and improve the environmental conditions.

5. ③

The man repeatedly explains that zoos can play a positive role in animal management and conservation.

6. ②

The man presents the positive role of zoos and refutes the woman's opinion which points out the issues of zoos. At the woman's argument to abolish zoos, he points out the issue that if zoos are immediately abolished and the animals are released into the wild, the animals will actually have difficulty adjusting to the wild environment.

※ [7~8]

여자: 요즘 커피숍에서뿐만 아니라 가정에서도 커피를 많이 드시는데요. 마시고 난 커피 찌꺼기를 그냥 버리시지는 않나요? 커피 찌꺼기는 우리 생활 속에서 **8.** ❸ 다양하게 활용할 수 있습니다. 커피 찌꺼기에는 많은 영양소가 함유되어 있어서 식물이 자라는 데 도움이 됩니다. 집안에 화분이나 화초를 가꾸시는 분들이라면 커피 찌꺼기를 거름으로 사용하면 좋습니다. 커피 찌꺼기는 거름으로 사용할 수 있을 뿐만 아니라 **8.** ❷ 벌레 퇴치 효과도 뛰어납니다. 또한 커피 찌꺼기에는 지방 성분이 있어서 **8.** ❹ 철로 만들어진 오래된 물건의 녹을 제거할 수 있습니다. 오래된 자전거나 각종 장비들에 녹이 슬어서 못 쓰고 있었다면 지금 바로 커피 찌꺼기로 문질러 보세요. 녹이 제거되는 것은 물론 녹이 생기는 것을 방지할 수 있다고 하니까 꼭 기억해 두세요.

W: These days, people drink a lot of coffee not just at coffee shops but at home too. Don't you just throw out the grounds of the coffee after you drink it? Coffee grounds **8.** ❸ can be used in various ways in our daily lives. Coffee grounds contain a lot of nutrients, so they help plants to grow. If you have flower pots or plants at home, it's good to use coffee grounds as fertilizer. Not only can coffee grounds be used as fertilizer, **8.** ❷ they're remarkably effective in getting rid of bugs. Additionally, coffee grounds contain fat, **8.** ❹ so they can remove rust from old objects made of metal. If you haven't been able to use your old bicycle or other equipment because it's rusty, try rubbing it with coffee grounds right now. Not only does it remove rust, it's also said to prevent rust, so make sure to keep that in mind.

7. ①

If you look at the options, they all contain the words "커피 찌꺼기 (coffee grounds)." Looking at the listening content, it is explaining various ways to use coffee grounds in daily life.

8. ②

① 커피숍에서 커피 찌꺼기를 ~~구매할 수 있다.~~ (본문에서 언급되지 않음.)

At coffee shops, ~~you can buy~~ coffee grounds. (This isn't mentioned in the passage.)

② 커피 찌꺼기는 식물의 해충을 없애는 데 효과가 있다.
Coffee grounds are effective in getting rid of bugs on plants.

③ 커피 찌꺼기를 ~~이용해서 다양한 물건들을 만들 수 있다.~~ 는 생활 속에서 다양한 방법으로 활용할 수 있다.

Using coffee grounds, you can ~~make various items.~~ use them in various ways in your daily life.

④ ~~철로 만들어진 제품에 커피 찌꺼기가 닿으면 쉽게 녹이 생길 수 있다.~~ 철은 커피 찌꺼기로 쉽게 녹을 제거할 수 있다.

~~If items made of metal touch coffee grounds, they can rust easily.~~ Rust can easily be removed from metal with coffee grounds.

※ [9~10]

남자: 여기 거대한 빙하 위에 물개 한 마리가 앞으로 닥쳐올 위험을 모르고 누워서 쉬고 있다. 그때 멀리서 범고래들이 물개를 사냥하기 위해 다가왔다. 범고래는 빙하 위의 물개를 한 번에 잡아먹을 수도 있지만 바로 사냥을 하지 않았다. 잠시 후 한 범고래가 거대한 파도를 만들어 빙하를 들어 올리자 다른 한 쪽에서는 빙하에서 미끄러진 물개를 물어 마치 공놀이를 하듯이 던지거나 꼬리로 튕기기 시작했다. 얼마 후 물개가 움직이지 않자, 범고래들은 물개를 잡아먹었다. 먹이를 가지고 노는 듯한 범고래의 행동은 다소 잔인해 보인다. 하지만 이것은 반항이 심한 물개를 완전히 죽인 후 잡아먹으려는 방법으로 혼자 사냥하지 않는 범고래들의 집단 사냥 전술 중 하나이다.

M: Here, a seal lay resting on a large glacier without realizing the danger to come. Just then, orca whales approached from afar in order to hunt the seal. An orca could catch and eat a seal in an instant, but they didn't hunt right away. A short time later, one orca created a large wave, and when it lifted the glacier, another orca came from another direction to bite the seal that slipped off of the glacier, and began to throw it and flick it with its tail, as if playing with a ball. After a while, when the seal stopped moving, the orcas ate it. Orcas' behavior of playing with their food seems rather cruel. However, this method of eating a highly resistant seal after it has been completely killed is one of the group hunting tactics of orcas, who do not hunt alone.

9. ③

This documentary about "범고래 (orca whales)" is describing and explaining a scene where they hunt a seal.

10. ④

If you look closely at the sentence in the final section that begins with "하지만 (however)," it said that orca whales eat seals after they have been completely killed because when they hunt seals, the seals are highly resistant. Therefore, you can understand that they don't hunt alone in order to protect themselves.

읽기 Reading

11. ①

It's raining to the degree that you cannot see.

You can swap "-(으)ㄹ 정도" with "-(으)ㄹ 만큼," which indicates a degree or amount.

12. ②

발이 편해야 몸이 편합니다.
이제 걷기의 매력에 빠져 보세요

For your body to be comfortable,
your feet have to be comfortable.
Try falling now for the charms of walking.

The key vocabulary words are "발 (feet)," "편하다 (to be comfortable)," and "걷기의 매력에 빠지다 (fall for the charms of walking)."

13. ②

여행 사진전

❶ 국내 작가 5인의 여행 사진 전시회가 열립니다. 한국의 이곳저곳부터 ❸ 해외 유명 휴양지까지 여행을 기록한 사진을 만나 보시길 바랍니다.

- 전시 기간: 2월 4일(금) ~ 4월 30일(일)
- 관람 시간: 10:00 ~ ❹ 19:00 (관람 종료 1시간 전 입장 마감)
- 관람료: 10,000원 ❷ (8세 이하 무료)

마음전시관

Travel Photography Exhibition

An exhibition by 5 ❶ Korean travel photographers is opening.
We hope you can come see pictures recording travels from here and there around Korea to ❸ famous vacation spots around the world.

- Exhibition Period: February 4 (Fri) – April 30 (Sun)
- Viewing Hours: 10:00 – ❹ 19:00 (Entry closes 1 hour before viewing ends.)
- Admission Fee: 10,000 won ❷ (Free for children under 8.)

Heart Exhibition Gallery

① ~~여러 나라 작가~~가 전시회에 참여했다.
국내 작가
~~Photographers from several countries~~ participated in the exhibition.
Korean [local] photographers

② 8살 어린이는 관람료를 내지 않아도 된다.
Children who are 8 years old don't have to pay the admission fee.

③ 이 전시회에서는 ~~한국의 풍경만~~ 볼 수 있다.
한국과 해외 유명 휴양지까지
At the exhibition, you can see ~~only Korean scenery.~~
Korea and famous vacation spots around the world.

④ ~~오후 7시 전에는 언제든지~~ 전시회에 들어갈 수 있다.
관람 종료 7시의 한 시간 전인 6시까지
You can enter the exhibition ~~at any time before 7 pm.~~
until 6 pm, one hour before viewing ends at 7 pm.

※ [14~15]

곧 겨울 방학을 맞이하면 **15.** ❶ 아이들이 대부분의 시간을 집에서 보내게 된다. 아이들이 가장 많은 시간을 보낼 아이 방을 꾸미는 데에 부모님들의 관심이 높아지고 있다. 작은 변화로도 **15.** ❹ 아이의 정서 발달을 도와줄 수 있는데 바로 아이 방에 **15.** ❷초록색 식물을 들이는 것이다. (   ), 열매가 잘 열리거나 꽃이 잘 피는 식물을 고르는 것이 좋다. 이렇게 변화가 잘 보이는 식물들은 아이가 적극적으로 식물 키우기에 동참하게 하여 책임감과 성취감을 기르게 하기 때문이다.

Soon, during their winter vacation, **15.** ❶ children will spend most of their time at home. Parents are increasingly interested in decorating their children's rooms, where the children will spend most of their time. Even a small change **15.** ❹ can help a child's emotional development, and this change is **15.** ❷ bringing green plants into their room. (   ), it's best to choose plants that bear lots of fruit or flower well. This is because plants like this with changes that can be easily seen encourage children to participate actively in growing them, cultivating their sense of responsibility and accomplishment.

14. ③

The sentence before (   ) includes content about bringing in "식물 (plants)," and the sentence that follows (   ) explains types of plants. As it explains types of plants in detail, ③ "특히 (especially)" is the most correct answer.

15. ④

① 아이들은 방에서 많은 시간을 ~~보내야 한다.~~ 보낸다.

~~Children should~~ During winter vacation, children do spend a lot of time in their room.

② ~~초록색은~~ 초록색 식물은 아이의 정서 발달에 큰 도움을 준다.

~~The color green~~ Green plants helps a child's emotional development.

③ 아이 방을 꾸밀 때는 ~~아이의 의견을 확인해야 한다.~~ (본문에서 언급되지 않음.)

When decorating a child's room, ~~you should check the child's opinions.~~ This isn't mentioned in the passage.

④ 아이 방에 식물을 두면 정서 발달에 긍정적인 효과가 있다.

If you put plants in a child's room, it has positive effects on their emotional development.

16. ④

지구 기온의 변화가 철새들의 생명을 위험하게 만들고 있다. 환경 파괴가 심각해져서 지구 전체의 기온이 올라가고 날씨는 예상하기 더욱 힘들어졌다. 철새들은 계절이 바뀌면 살기에 적당한 날씨와 음식을 찾아 이동해야 한다. 그러나 지구 기온 변화로 인해 철새들이 목적지에 너무 일찍 또는 늦게 도착하게 되면 먹을 것을 찾기 어렵다. 철새들이 사라지면 생태계 변화로 인간 또한 위기를 맞이하게 될 것이다. 이러한 최악의 상황을 방지하기 위해서 에너지를 절약하고, 새로운 대체 에너지를 개발해야 한다.

Global climate change is putting the lives of migratory birds in danger. As environmental destruction worsens, the temperature of the entire Earth has risen and weather has become harder to predict. When the seasons change, migratory birds need to move to find suitable weather and food. However, when migratory birds arrive too early or too late at their destination as a result of global climate change, it is difficult to find food. If migratory birds disappear, humans will also face an additional crisis as a result of changes to the ecosystem. In order to prevent this dire situation, we must conserve energy and develop alternative energy sources.

"-해야 한다" in the final sentence is the writer's main idea and topic. Therefore, you can choose from the options the content that says we need to make efforts to protect the environment.

17. ④

이런 까칠까칠한 혀가 빗 역할을 해서 혀로 자기 몸의 털을 빗는다.

사람의 혀는 여러 가지 맛을 느낄 수 있는 역할을 한다. (㉠) 하지만 동물마다 혀의 역할이 다르다. (㉡) 개는 피부에 땀구멍이 없기 때문에 침을 혀로 증발시켜서 체온을 낮추는 역할을 한다. (㉢) 그래서 혀를 내밀고 있는 개를 자주 볼 수 있다. 고양이의 혀는 가시처럼 생긴 돌기가 있다. (㉣) 뱀은 갈라진 혀끝으로 냄새를 파악한다. 이렇게 동물의 혀는 모양과 쓰임새가 다양하다.

This rough tongue acts as a brush, and they brush the hair on their body with their tongue.

A person's tongue is used to taste different flavors. (㉠) But the function of the tongue varies from animal to animal. (㉠) Because a dog's skin has no pores, their tongue is used to lower their body temperature through the evaporation of saliva. (㉠) This is why you can often see dogs sticking out their tongues. A cat's tongue has bumps shaped like spines. (㉠) Snakes detect smell with the ends of their forked tongues. In this way, animal's tongues have various shapes and uses.

The designator "이런 (this)" in the answer refers to the form of cats' tongues, "가시처럼 생긴 (shaped like spines)," in the preceding sentence. Because it explains the role of a cat's tongue, saying that a tongue shaped like this is used to brush hair, ④ is the answer.

※ [18~20]

영화 속이나 먼 미래에서나 가능하다고 생각했던 20. ❶ 인공 지능(AI) 시대가 현실이 됐다. 인공 지능 기반의 스마트 가전제품부터 자동차, 의료 분야까지 인공 지능은 우리 일상의 많은 부분에서 중요한 역할을 하고 있다. 인공 지능은 수많은 빅 데이터를 분석해서 인간의 판단력을 초월하기도 한다.

동전에 양면이 있듯이 모든 일에는 장점과 단점이 있기 마련이다. 인공 지능이 대량의 데이터를 수집하고 분석하는 과정에서 19. ❷ 개인 정보가 유출되고 침해될 수가 있다. 예를 들어 개인의 위치 정보, 소비 습관 등이 무분별하게 수집되고 공유될 경우 여러 범죄에 ( ) 또한 20. ❸ 인공 지능의 발전으로 일자리가 감소할 수 있고 이로 인해 경제적 불평등이 심화될 수 있다는 문제점도 제기된다.

많은 전문가들은 20. ❷ 인공 지능 기술의 무분별한 도입보다 안전하고 효율적인 방법으로 인공 지능을 활용하는 방법을 연구해야 한다고 경고하고 있다. 인공 지능 기술의 문제점과 위험성에 대한 사회적 공감대를 형성하고 18.❹ 알맞은 규제와 대책을 마련하는 것이 중요하다.

The age of AI, artificial intelligence that we once thought was possible in movies or the distant future, 20. ❶ has become a reality. From smart home appliances based on AI to cars and the medical field, artificial intelligence is playing an important role in many parts of our daily lives. AI also can surpass human judgment through the analysis of countless big data.

Just as coins have two sides, everything is bound to have advantages and disadvantages. In the process of collecting and analyzing large quantities of data, AI can 19. ❷ expose and infringe upon our personal information. For example, when personal information about your location, spending habits, etc., is indiscriminately collected and shared, ( ) to various crimes.

Additionally, 20. ❸ through the development of AI, the number of jobs may be reduced, and this raises the issue of the potential intensification of economic inequality as a result.

Many experts are warning that 20. ❷ rather than indiscriminately introducing AI technology, we have to study ways to safely and effectively use artificial intelligence. It is important to form a social consensus regarding the issues and risks of AI technology, and 18. ❹ develop appropriate regulations and countermeasures.

18. ④

To know the writer's goal, you need to find the main idea of the passage. In this passage, after explaining the advantages and disadvantages of AI, they assert that it is important to develop countermeasures. Therefore, the answer is that the goal of the passage is to emphasize countermeasures to the ethical issues of AI technology.

19. ②

The blank is in a sentence that is describing by using an example. You can use similar expressions from the previous sentence. This is a situation explaning when personal data is leaked and infringed upon. An expression similar to "개인 정보가 유출되고 침해될 수가 있다 (personal information can be leaked and infringed upon)" is "범죄에 노출될 가능성이 많아진다 (the possibility grows of being exposed to various crimes)."

20. ③

① 인공 지능 기반의 자동차는 ~~아직 현실과 먼 이야기이다.~~ 현실이 됐다.

Cars based on AI ~~are still far from reality.~~ have become a reality.

② 인공 지능 기술을 ~~빨리 도입하기 위한 연구를 강화해야 한다.~~ 안전하고 효율적인 방법으로 활용하는 방법을 연구해야 한다.

In regard to AI technology, ~~research should be strengthened in order to introduce it quickly.~~ ways to use it safely and effectively should be studied.

③ 인공 지능의 발전으로 직업을 잃게 되는 사람도 생길 것이다.

People may lose their jobs through the development of AI.

④ 인공 지능의 단점 때문에 많은 사람들이 ~~기술 도입을 반대하고 있다.~~ (본문에서 언급되지 않음.)

Because of the disadvantages of AI, many people ~~are opposing the introduction of AI technology.~~ (This is not mentioned in the passage.)